哈艳秋
艾红红 主编

粗缯大布裹生涯
腹有诗书气自华

赵玉明教授纪念文集

中国国际广播出版社

图书在版编目（CIP）数据

粗缯大布裹生涯，腹有诗书气自华：赵玉明教授纪念文集 /
哈艳秋，艾红红主编. —北京：中国国际广播出版社，2022.8
ISBN 978-7-5078-5187-8

Ⅰ. ① 粗… Ⅱ. ① 哈… ② 艾… Ⅲ. ① 赵玉明—纪念文集
Ⅳ. ① K825.42-53

中国版本图书馆CIP数据核字（2022）第140174号

粗缯大布裹生涯　腹有诗书气自华
　　　——赵玉明教授纪念文集

主　　编	哈艳秋　艾红红
责任编辑	张晓梅
校　　对	张　娜
版式设计	陈学兰
封面设计	赵冰波

出版发行	中国国际广播出版社有限公司 ［010-89508207（传真）］
社　　址	北京市丰台区榴乡路88号石榴中心2号楼1701
	邮编：100079
印　　刷	北京启航东方印刷有限公司

开　　本	710×1000　1/16
字　　数	430千字
印　　张	31
版　　次	2023 年 3 月 北京第一版
印　　次	2023 年 3 月 第一次印刷
定　　价	128.00 元

赵玉明（1936.9.22—2020.8.30）

我与广院 60 年（代前言）

赵玉明

今年是始创于 1954 年的中国传媒大学建校 65 周年。北京广播学院于 1959 年挂牌。机缘巧遇的是，我于 1959 年从中国人民大学新闻系毕业分配到北京广播学院新闻系任教至今，度过了 60 多年的时光。抚今追昔，不禁回忆起了一个甲子的往事。作为 20 世纪 50 年代末，"文化大革命"前参加教学工作的新中国第二代新闻教师，也是我校的第二代新闻教师，究竟为新中国的新闻教育事业或者为中国传媒大学的新闻教育做了哪些值得记忆之事呢？

我们这一代人生于战乱年代，成长于新中国时期。作为"十七年一代"的知识分子，与新中国新闻教育的第一代创业者丰富的革命经历和渊博的学识修养相比，由于历史和个人的原因，大都理论功底欠缺、文史修养不足、外文基础薄弱。加上 20 世纪 60 年代初以来政治风云变幻，十年"文化大革命"斗批改不断，这代人下乡劳动、干校改造历经磨难；但共同的特点是追求进步，听从党的召唤，立足岗位奉献。特别是改革开放以来，这代人焕发青春，更上一层楼。就我个人而言，作为从教 60 年、入党近 40 年的老教师，可以说：不忘初心，尽心尽责办好新中国的广播电视新闻教育事业；牢记使命，全力以赴培养新中国的广播电视新闻人才。在新中国新闻教育继往开来的历史上，尽到了自己应尽的职责。回顾从教治学 60

年的人生，可以说亲身经历了广播学院从艰苦创业、曲折发展到改革创新、开放办学的艰辛光彩的岁月，大概做了如下四个方面的工作。

第一，最基本的是终生从事广播电视史、新闻史的教学研究工作。作为本校 1959 年的第一批本科教师、1979 年的第一批硕士生指导教师和 1999 年的第一批博士生指导教师，我参与培养了新中国最初一批广播电视新闻人才，指导了改革开放时期我国的第一批新闻学专业广播电视史方向的硕士生、博士生。所招的第一个硕士生成为我校培养的第一个硕士；所招的一名博士生 2010 年成为我校首位全国"百优"博士论文获奖者。

为了满足教学工作的需要，20 世纪 60 年代初，我在"老广播"的指导下开始收集、整理、编印多种解放区广播史料。在此基础上，改革开放之初，我编写出版了我国第一本广播史著作——《中国现代广播简史》。21 世纪之初，在主持完成我校首个国家社科项目的基础上，我主编出版了《中国广播电视通史》。这两部著作均多次再版重印，并先后获奖。

为使我校在读学生和初入广电行业的人员获得比较系统、全面的广电知识，受曾参与编纂新闻词典百科的启示，我倡议并主持编纂出版了我国第一部《广播电视词典》和第一部《中外广播电视百科全书》，从而促进了广电知识的归纳、概括和创新。

退休以后，我主持完成了教育部重点人文社科基地——我校广播电视研究中心——重大项目"广播电视学学科体系建设研究"，比较全面地总结了近 90 年来从广电研究到广电学科建设的进展，提出了广电学科的内容架构和学科定位的建议。

第二，在不中断上述教研工作的情况下，我先后担任了新闻系和学校的领导工作 10 多年（1984—1998）。在新闻系期间，我与其他系领导一起将 1980 年分系后仅有一个编采专业的新闻系逐步发展成为从短训班、本科班到硕士生班的多层次办学实体，开展了广播课程的函授、刊授、电大等多种形式的教学活动，开办了大陆高校第二个广告学专业（现已发展成为全国高校首个广告学院），积极支持教师发挥主动性，开设了节目主持、新闻心理和广告学等创新型课程，编印了本校乃至全国高校第一套广电特色的新闻学系列教材。新闻系先后被评为全校、北京市新闻系统的先进集体。

从 1989 年起，我担任北京广播学院副院长，在分管教学科研工作期间，向广电部提出设立部属高校科研立项和评奖的建议并获准实施，对我校申报博士点发挥了积极作用。经过近 10 年的不懈努力，1998 年在我卸任后，我校终于成功获批新闻学博士点，并于次年开始招收新闻学博士生。在职期间，我先后在学校办公会议上建议制定校训，每学期开学时举行升旗仪式等，均付诸实施，为校风建设增光添彩。

在新闻系期间，我于 1985 年作为《中国广播电视年鉴》（简称《年鉴》）编委出席首届年会，参与筹办广电年鉴。从 1989 年起，作为校领导，我分管《年鉴》日常工作并任副主编。从 1992 年起任主编至 2017 年，先后 20 多年，我是唯一参加过第 1 至 32 届《年鉴》年会者。在任期间，我广泛联系广电部（总局）、中央三台及地方局台有关领导和部门共同携手努力办好《年鉴》。在主管《年鉴》期间，我主持制定了《年鉴质量管理标准》，并提出把《年鉴》办成全国一流年鉴的奋斗目标。在广电部（总局）有关领导支持下，我们彻底解决了《年鉴》出版和日常经费的短缺问题，使编辑部集中精力精编《年鉴》。在中央级年鉴评比中，《年鉴》多次获得一等奖，为我国广电事业的发展留下了一笔宝贵的精神财富，为学校增添了荣誉。

在任期间，我参与主持筹建了学校首届董事会，为筹措办学资金开辟了新的渠道，采取多种措施，初步缓解了学校图书馆购置经费的紧张状况。此外，1990 年，我倡议并促成中央三台在我校设立了首个社会性奖学金，后又于 1997 年倡议董事会董事单位——星光集团，在我校设立研究生奖学金。卸任校领导职务后，我又于 2000 年牵线，促成中共中央文献研究室等单位在我校开始评选"周恩来班"。这三项活动持续至今。21 世纪初，这三项活动曾冠以我校"三大奖"的荣誉，每年 12 月初颁发评选结果，召开颁奖大会，成为我校一大盛事。我曾应邀两次在大会上发言，勉励获奖同学诚信为本、励志成才、感恩回报，努力把自己锻炼成为优秀的社会主义建设者。

1998 年离开学校领导岗位后，我经常应邀外出参加学术性活动，最初每次回校后口头向学校主要领导汇报有关情况并提出相应建议。从 2001 年起，我每半年撰写一份参加有关会议归来汇报呈送，至 2016 年共 30 份。从 2017 年起，我外出活动逐渐减少，不再报告。

第三，积极参与广电系统和新闻传播教育的学术性社会活动，把我校的办学影响扩大到广电系统和全国新闻院系。在这方面，我主要做了以下几件事。

其一，1986 年我代表学校参与筹建中国广播电视学会，并任首届副秘书长；1987 年参与成立该会的第二个二级分会——广播电视史研究委员会，历任副会长（负责日常工作，1987—1997）、会长（1997—2007）；先后参与主持召开了七次全国性广电史志研讨会，每次均编印专刊，2008 年卸任前主持编印了 20 周年纪念册。

其二，20 世纪 80 年代末 90 年代初，我参与筹建中国新闻史学会，历任副会长、常务副会长、会长至 2009 年。在主持日常工作期间，我筹办了多次国际、国内大型学术研讨会，每次均编印出版一册《新闻春秋》专辑，同时组建成立了最初的三个二级分会。2009 年，编印中国新闻史学会 20 周年纪念专辑。

其三，从 1992 年起，国家哲学社会科学基金项目办公室首次组建新闻学科规划评审组，我作为成员之一，前后参与会议评审工作 10 多年。我将参会了解到的全国新闻传播科研进展情况及时向学校通报，同时作为校领导专门召开会议，积极推动我校教研人员申报有关项目，使我校获准的立项项目逐年增加，为申报博士点提供了有力的支持。

其四，1997 年 5 月，国务院学位委员会首次组建新闻传播学学科评议组。评议组由三人组成，我为成员之一。在任 5 年间，评议组先后评审通过我校为 1998 年继人民大学和复旦大学之后的高校第三个新闻学博士点；2000 年我校与人民大学、复旦大学同时成为首批新闻传播学一级学科授权点，经学位办批准后开始招生，提高并完善了学校的办学层次。

此外，我还代表学校应聘担任国家教委（教育部）新闻学学科教学指导委员会副主任委员、原中国新闻教育学会副会长、中国记协理事兼学术委员会委员和多所大学新闻院系的特聘教授等，积极参与全国有关新闻学学科规划、评审和学术交流活动，为办好新中国的新闻传播教育事业竭尽绵薄之力。

正是由于上述各方面工作的需要，改革开放 40 多年以来，以北京为中心，从东海之滨到青藏高原，从东北大地到海南宝岛，我的足迹遍及现今 31 个省、市、自治区及港澳台地区。此外，我还曾受学校派遣访问过日本、美国、东南亚及欧洲一些国家的有关高校和新闻传播机构。令我欣慰的是，到处都有中传学生的身影，中传学子遍天下。

第四，感恩回报，继续完成未竟的捐赠事宜。

一个人的成长和工作中取得的成绩离不开父母的养育之情，社会和国家的培育之恩。作为一名新中国的高校教师，我是在党的教育方针指引下，在学校的教学环境和学生的学习氛围中成长起来的。感恩回报是题中应有之义。作为教师应做好本职工作，教书育人是对社会和国家最根本的回报；除此之外，力所能及地做一些有益于学校建设和学生健康成长的实事，也是责无旁贷的。

21 世纪以来，本人的感恩回报主要集中在两个方面。一是对公益事业的捐赠。我陆续向学校基金、原新闻传播学院阳光基金、非典救助、中国新闻史学会等捐款两万多元。二是向图书馆的书刊捐赠。我先后向学校图书馆、新闻学院资料室、国家图书馆等捐赠书刊 800 多册。此外，我还陆续向学校传媒博物馆、校史馆捐赠有关书刊、照片、获奖证书、音像资料等约 300 件（册）。目前尚有两项待最后完成的捐赠。

其一是将 2010 年起因指导博士生论文荣获全国"百优"博士论文所得的学校给予的各项奖励 30 万元设立"赵玉明教授研究生助学金"。每年奖励 10 名学生、每人 3000 元，今明两年即将发放完毕。这是我校迄今第一个以本校教师命名的长达 10 年的助学金。

其二是 2010 年决定将毕生购买、获赠、交换等所得的一批有广播电视史志特色及相关的书刊资料近万册（件）捐赠给学校图书馆，设立广播电视史志书刊资料研究中心，供从事相关教研工作的教师学生参考。目前，资料正在整理之中，将于年内完成。

除了我本人的上述捐赠外，经我中介有过几次重大捐赠。北京广播学院首任院长周新武同志及其夫人夏之平同志于 21 世纪初将周新武同志保存的自 1949 年 10 月创刊以来 50 年的《新华月报》及在华东新华广播电台的工作日志，还有一批全国广播工作会议史料捐赠我校，现保存在广播电视史志书刊资料研究中心。2014 年 10 月，原中央广播事业局局长梅益同志的子女梅京等将其父 1948 年至 1996 年近半个世纪的全部日记原件 200 多本和大批历史照片捐赠给我校传媒博物馆。我应邀对日记整理、印制工作给予指导。此前，原广电部纪委书记李凡笑同志（其丈夫张文蓁同志曾长期在我校工作）和原广电部副部长马庆雄的夫人向我校图书馆捐赠政治文史书刊 3000 余册。

除了上述诸事外，近 40 年来作为业余爱好，我还收集、整理、研究周恩来题词，撰写并发表了一批专文，先后出版了《周恩来题词集解》和《周恩来题词记事暨研究文集》，倾注了对老一辈无产阶级革命家的敬仰之情。

党、政府、社会和学校对我半个世纪以来从教治学作出的上述业绩给予了肯定和褒奖，使我深受鼓舞，倍感欣慰。除所著、主编的有关广电著作、辞书荣获教育部、国家广电总局和本校的多次奖励外，1992 年我开始领取国务院颁发的政府特殊津贴。1998 年，应中共中央办公厅邀请，我出席了当年元宵联欢晚会。2007 年退休之后，荣获本校首批"突出贡献教授"称号。2009 年，我荣获中宣部、新闻出版总署颁发的《中国大百科全书》（第二版）编纂出版荣誉证书；2010 年荣获教育部、国务院学位委员会颁发的"全国优秀博士学位论文指导教师"荣誉证书；此外，21 世纪以来，我先后获四个国家一级学会和两个二级学会的表彰——中国广播电视学会首届全国"十佳百优"广播电视理论工作者评选"十佳"之一（2001），中国老教授协会颁发的"老教授科教工作优秀奖"（2012），中国高等教育学会"从事高教工作逾 30 年高教研究有重要贡献学者"称号（2013），中国新闻史学会第二届"终身成就奖"（2016），以及中国高等教育学会新闻学与传播学专业委员会（原中国新闻教育学会）"中国新闻教育贡献人物"称号（2008），中国出版协会年鉴工作委员会（原中国年鉴研究会）"杰出年鉴工作者"称号（2015）。

2019 年是新中国诞生 70 周年。10 年前，我曾写了一篇题为《欢庆新中国沧桑巨变 60 载 我为祖国健康地工作五十年》的文章以为纪念。文中回顾，"我这一生可以说有三个'没有离开'，一辈子没有离开广播学院（今中国传媒大学），一辈子没有离开新闻传播教研工作，一辈子没有离开学生"。文末说，我将"度过健康愉快的晚年迎接新中国 70、80 华诞"。今逢新中国 70 周年华诞，中国特色社会主义建设迈入了新时代。我将满怀信心地继续发挥晚年余热，做些力所能及的有益于学校建设、有益于学生健康成长之事，迎接中华民族伟大复兴的第一个百年梦想，欢庆中国共产党成立 100 周年，期盼我国全面建成小康社会的光辉愿景早日成为现实。

2019 年 7 月 15 日

目录

第一编　史火传薪

赵玉明教授论文选编

中国人民广播事业创建纪念日的由来及其意义	003
试论中国广播电视发展的历史分期及其特点	016
谈谈广播电视研究和广播电视学学科建设	033
我与中国广播电视史	046
——半个世纪从教的回忆	
中国广播电视史教学的回顾和展望	070
新中国新闻教育 50 年	076
治学自述	081
30 年来我校历史上的 10 个"第一"	083
学习和研究新闻传播的几个问题	095

赵玉明教授学术思想研究

赵玉明广播电视史学思想研究　　　　　　何　婧　哈艳秋　100

赵玉明广播电视史学思想初探　　　　　　　　　　燕　频　122

第二编　永远的怀念

讣告、致辞

中国传媒大学讣告　　　　　　　　　　　　　　　　　　135

中国新闻史学会讣告：沉痛悼念名誉会长赵玉明先生　　　　137

中国传媒大学新闻学院院长隋岩教授在告别仪式上的致辞　　139

赵玉明教授女儿赵虹在告别仪式上的致辞　　　　　　　　141

挽联、挽诗

赵玉明教授夫人聂雯怀念文字　　　　　　　　　　　　143

中国人民大学方汉奇教授致悼词　　　　　　　　　　　144

安徽大学芮必峰教授为方汉奇教授悼词试注　　　　　　145

日本友人古贺克己的悼词　　　　　　　　　　　　　146

武汉大学新闻与传播学院周永固教授致挽联　　　　　　147

贵州电视台杨桐年致挽联　　　　　　　　　　　　　148

《安徽工人日报》梁久朝致挽联　　　　　　　　　　　149

中国国际广播电台吕佩浩致悼文　　　　　　　　　　150

国家广播电视总局黄勇致挽联　　　　　　　　　　　156

国务院新闻办公室贺亚生致挽联　　　　　　　　　　157

广西电视台林杰谋致挽联 158

《巍巍昆仑》作者东生之子李晓都致慰问 159

中国传媒大学王武录教授致挽联 160

教育部语言文字应用管理司姚喜双教授致挽联 161

中国教育电视台袁小平台长致唁函 162

北京广播学院 1999 级新闻续本班全体同学唁函 163

中国传媒大学宫承波教授致挽联 164

第三编　缅怀与崇敬

亲朋师生纪念文章

悄悄地，你走了　　　　　　　　　　　　　　　　吴廷俊　167
　　——赵玉明老师的故事

一生只做一件事　　　　　　　　　　　　　　　　张振华　179
　　——怀念赵玉明老师

赵玉明教授关心"九头鸟"扩音器　　　　　　　　马元和　182
　　——深切怀念赵玉明老师

怀念恩师赵玉明　　　　　　　　　　　　朱宝贺　贾延龄　188

谢谢您，赵老师！　　　　　　　　　　　　　　　杨天恒　190

回忆赵玉明老师　　　　　　　　　　　　　　　　王春林　192

怀念赵玉明老师　　　　　　　　　　　　　　　　徐永清　194

赵玉明老师的道路　　　　　　　　　　　　　　　陶国锋　195

忆赵玉明老师　　　　　　　　　　　　　　　　　朱月昌　196

铭记著名学者赵玉明教授对我院的指导与帮助　　　乔云霞　198

虽未有幸入师门　终身铭记赵师恩　　　　　　　　倪延年　208
　　　——忆念赵玉明先生的指导和教诲

怀念赵玉明先生　　　　　　　　　　　　　　　　张　昆　216

高山仰止，明灯在前　　　　　　　　　　　　　　戴美政　221
　　　——深切追怀赵玉明老师

学术育人千古事　薪火相传寸心知　　　　　　　　陈昌凤　236
　　　——怀念敬爱的赵玉明老师

清瘦、幽默、力量　　　　　　　　　　　　　　　王润泽　252
　　　——纪念赵玉明教授

点滴见真情　润物细无声　　　　　　　　　　　　钱晓文　257
　　　——深切悼念和缅怀赵玉明先生

敬悼赵玉明老师　　　　　　　　　　　　　　　　刘决育　261

怀念中国广播电视史学的奠基人与开创者赵玉明先生　高铁军　266

玉汝于成　明心见性　　　　　　　　　　　　　　常志刚　270
　　　——怀念乡贤赵先生

怀念赵玉明师　　　　　　　　　　　　　　　　　郭镇之　279

恩师赵玉明：引领我走上学术之路的人　　　　　　哈艳秋　284

忆恩师赵玉明老师二三事　　　　　　　　　　　　袁　军　302

此情可待成追忆　　　　　　　　　　　　　　　　曲宗生　307

老赵和小赵　　　　　　　　　　　　　　　　　　赵　均　312

桃李不言，下自成蹊　　　　　　　　　　　　　　薛文婷　316
　　　——记恩师赵玉明教授二三事

纸短情长念恩师　　　　　　　　　　　　　　　　高金萍　322
　　　——怀念赵玉明教授

那长长的身影 ………………………………………… 金梦玉 325
　　——怀念恩师赵玉明先生

点点滴滴忆吾师 ……………………………………… 谢鼎新 332

回忆"严师"赵玉明先生 …………………………… 王文利 337

一生广院人　一世广电情 …………………………… 庞 亮 340
　　——追忆恩师赵玉明先生

探究广电古今，一生教书育人 ……………………… 刘书峰 346
　　——怀念我的导师赵玉明教授

惦念终生的一世师生缘 ……………………………… 刘英华 353
　　——缅怀恩师赵玉明教授

碎影如流忆恩师 ……………………………………… 贾临清 359
　　——怀念导师赵玉明先生

立志欲坚不欲锐，成功在久不在速 ………………… 赵琳琳 362
　　——忆敬爱的赵玉明老师

中国广电史研究的开创者与奠基人 ………………… 艾红红 365
　　——怀念恩师赵玉明教授

相距圲载校友缘　延续一生祖孙情 ………………… 冯 帆 371

关于赵玉明老师的点滴回忆 ………………………… 赵康帅 396

缅忆赵玉明先生 ……………………………………… 陈 芝 399

缅怀赵爷爷 …………………………………………… 刘雅婷 401

缅怀赵玉明教授 ……………………………………… 徐 瑶 402

怀念赵玉明教授 ……………………………………… 周 微 404

资助中心与受助学生缅怀

缅怀赵玉明教授 ………………………………………………… 407

第四编　学校纪念与媒体报道

学校纪念

中国传媒大学新闻学院师生沉痛缅怀赵玉明教授　　　　421

广院的那个老头儿，走了……　　　　446

媒体报道

中国新闻史学会名誉会长、新闻学界泰斗赵玉明逝世　　　　458

这位"一嘴天津话"的广播史研究大师走了！　　　　462

新闻教育家赵玉明：为广电作信史，为新闻育传人　　　　469

后　记

　　　　475

第一编

史火传薪

》》赵玉明教授论文选编

中国人民广播事业创建纪念日的
由来及其意义

1990 年 12 月 30 日是中国人民广播事业创建 50 周年纪念日。这是我国广播电视战线上几十万干部和职工的共同节日。1990 年 11 月底，广播电影电视部发出通知，决定隆重纪念广播电视战线这个具有历史意义的日子，以便更好地继承和发扬人民广播事业的优良传统，总结历史经验，振奋革命精神，建设有中国特色的社会主义广播电视事业。

在我国广播历史上，曾经有过两个中国人民广播事业创建纪念日：一个是 20 世纪 40 年代中期确定、"文化大革命"前沿用的纪念日，即 1945年 9 月 5 日；另一个是 20 世纪 80 年代初期重新确定的纪念日，即 1940 年12 月 30 日。中国人民广播事业创建纪念日的确定、更改都与中国人民的第一座广播电台——今中央人民广播电台前身延安新华广播电台（简称延安台）的早期历史紧密地联系在一起。现根据个人所知，将中国广播事业创建纪念日的由来及有关问题分述如下。

延安台的筹建、开播、停播及恢复

在"文化大革命"以前，对于延安台的早期历史，一般认为该台是

1945 年 9 月中旬试验播音，同年 9 月 5 日正式播音的；在此之前，在 1941 年皖南事变前后曾经试播，但未成功。

根据 20 世纪 70 年代以来对延安台早期历史的调查研究，延安台的筹建始于 1940 年春天，首次播音的日期是 1940 年 12 月 30 日。

当时中共中央决定成立以周恩来同志为主任的广播委员会，领导筹建广播电台，委员会的成员有中央军委三局局长王诤同志、新华社社长向仲华同志等。周恩来同志赴重庆后，朱德同志主持筹建工作，担负具体建台任务的是三局九分队。台址在延安西北的王皮湾村，台名为延安新华广播电台，呼号为 XNCR，广播稿是由新华社广播科提供的。

中共中央机关报《新中华报》、山东地区党组织机关报《大众日报》、中共中央北方局机关报《新华日报》（华北版）、中央军委三局机关刊物《通信战士》等分别刊登了延安台开始广播、改变播音时间的消息、启事和广播稿。中共中央于 1941 年 5 月 25 日发出指示，要求"各地应经常接收延安新华社的广播，没有收音机的应不惜代价设立之"。6 月 20 日，中宣部有关文件强调了发展广播事业的重要性。中共中央还通报各地要求将收听情况及时汇报，以便改进播音工作。

国民党重庆当局曾"每日指定专员收听，逐日俱报"延安广播内容，同时策划干扰、破坏延安台。

1943 年春天，由于广播发射机出现重大故障，延安台停止了播音，后经多方努力修复，于 1945 年 8 月中旬在抗日战争胜利声中恢复广播。

1945年9月5日纪念日的由来及有关纪念活动

据现有材料，公开宣布延安台成立日期为 1945 年 9 月 5 日一事，最早见于新华社 1946 年 7 月 25 日从延安发出的一则电讯。电讯称，"延安新华广播电台，为总结一年来的工作并改进业务起见，顷发表公开信，广泛征求全国及南洋各地听众之意见",电文结尾称"按该台于去年 9 月 5 日成立……"①

为纪念成立一周年,延安台于 1946 年 9 月 5 日播出了纪念节目,主要内容为陆定一同志的文章《延安广播电台一周岁》和《大家都来说话——XNCR 周年纪念广播》②。两文分别称,"去年今日,延安广播电台开始播送中国人民的声音""我们是延安新华广播电台,XNCR,在去年 9 月 5 日正式开始播音,现在整整一年了"。

自此以后,1945 年 9 月 5 日就被作为延安台成立或正式播音的纪念日,新中国成立后又被作为中国人民广播事业创建的纪念日。

1947 年 9 月 5 日,适逢延安台成立两周年。当日延安台已撤出延安,经两次转移至今河北省涉县沙河村播音,并于同年 3 月 21 日改为陕北新华广播电台(简称陕北台)。当天,陕北台播出了《陕北新华广播电台二周年告听众》广播稿③,并播出了改进节目的通知。

1948 年 9 月,陕北台未举办纪念性节目。1949 年 3 月,陕北台迁入北平,改名为北平新华广播电台。同年 9 月 5 日,该台播出了温济泽写的《延安和陕北新华广播电台艰苦奋斗克服困难的情形》广播稿和孟启予、丁一岚的演讲稿《我在延安和陕北新华广播电台的回忆》《我在晋察冀新华广播电台工作的回忆》④。

新中国成立以后,直到 1964 年,均未举行过纪念活动,但在有关刊物上发表过一些纪念性的文章和回忆录。如在中国人民广播事业 10 周年之

---

① 原载于晋冀鲁豫《人民日报》1946 年 7 月 29 日。引自:中央人民广播电台研究室,北京广播学院新闻系.解放区广播历史资料选编(一九四〇——一九四九)[M].北京:中国广播电视出版社,1985:70.

② 两文均载于 1946 年 9 月 5 日延安《解放日报》。引自:中央人民广播电台研究室,北京广播学院新闻系.解放区广播历史资料选编(一九四〇——一九四九)[M].北京:中国广播电视出版社,1985:15,71.

③ 原件存于广播电影电视部档案室,已收入《解放区广播历史资料选编(一九四〇——一九四九)》第 79—82 页。

④ 载于《新华广播稿》第 146 期第 47—51 页,1949 年 9 月 6 日编印。

际，1955 年 9 月号《广播爱好者》发表了温济泽《十年来的人民广播事业》、廖盖隆《广播工作的光荣任务》两篇文章，另在 7 月号、8 月号上分别刊登了韦君宜、孟启予回忆延安台编播工作的文章。在延安台成立 15 周年之际，1960 年 9 月号、11 月号《广播业务》分别发表了齐越同志的《播音员日记》和《在南京收听解放区广播》的回忆录。

1965 年 9 月 5 日，在中国人民广播事业创建 20 周年纪念日时，中央广播事业局举行过较大规模的纪念活动。毛泽东、周恩来，刘少奇、朱德、邓小平、彭真、陈毅和陆定一等同为之题词。8 月底，周恩来同志接见中央广播事业局负责同志听取工作汇报。9 月 6 日，彭真、陆定一同志出席纪念大会。陆定一同志讲话号召继承延安革命传统，战胜一切困难，让全世界听到毛泽东思想的声音。会后，他们参观了纪念展览。9 月 8 日，大会继续举行，丁莱夫同志做了报告。《广播业务》编印了纪念专刊（1965 年 9 月号，实际上在 12 月出版）。

1966 年"文化大革命"开始之后，再也没有举行过中国人民广播事业创建日纪念活动。但在毛泽东同志拟题词——"努力办好广播，为全中国人民和全世界人民服务"的日子，即 1965 年 9 月 15 日，举行过多次庆祝活动。

对延安台成立于 1945 年 9 月 5 日之说的两点质疑

将 1945 年 9 月 5 日作为中国人民广播事业创建纪念日，特别是 1965 年 9 月较大规模纪念活动之后，已为人们所公认。

但从 20 世纪 60 年代初期起，随着对延安台早期历史研究的逐步深入，我不禁对延安台 1945 年 9 月 5 日成立或开始正式播音的说法产生了某些疑问。

疑问之一是，延安台既然是 1945 年 9 月 5 日成立或正式开始播音的，为什么迄今为止发现的当年有关史料另有说法？

例如，据延安《解放日报》1945 年 9 月 11 日刊登的当天新华社延安电称："延安广播电台，即日起开始中国国语广播。"①

又如，据延安《解放日报》1945 年 10 月 25 日刊登的《介绍 XNCR》称："延安新华广播电台是今年 9 月诞生的……"②

再如，据延安《解放日报》1946 年 1 月 2 日刊登的《庆祝新年 XNCR 自我介绍——XNCR 元旦广播》称：延安台"自从去年 8 月出世起，到现在已经有三个多月了！"③

以上三份延安台恢复播音后的早期史料都没有说延安台是 9 月 5 日成立或开始正式播音之事。那么第二年，即 1946 年，（新华社 7 月 25 日延安电）是根据什么宣布延安台是 1945 年 9 月 5 日成立的呢？

疑问之二是 1947 年 6 月 10 日新华总社语言广播部《XNCR 陕北阶段工作的简单总结》中的第一节《XNCR 的简史》称，延安台"皖南事变时，曾试验播音，未成"④。但 1960 年的时候，北京广播学院新闻系广播史教研组曾收到总参通信兵部转来的傅英豪同志写的一篇回忆录（征求意见稿。该文后来发表于 1961 年 12 月 31 日《人民日报》，题为《第一座红色广播电台》；后又收入《星火燎原》第 6 集，人民文学出版社 1961 年 12 月第 1 版），文中比较详尽地回忆了作者本人在 1940 年秋冬参加筹建延安新华广播电台及该台开始播音的情况。文中有时间（尽管开始播音的确切时间未写清楚）、有地点、有人物，且又是作者的亲身经历，显然是可信的。如果这是事实的话，那么延安台成立于 1945 年 9 月 5 日之说显然更不能成立了。

当时对延安台历史的研究刚刚起步，虽然疑问产生了，但因历史条件

---

① 中央人民广播电台研究室，北京广播学院新闻系.解放区广播历史资料选编（一九四〇——一九四九）[M].北京：中国广播电视出版社，1985：61.
② 中央人民广播电台研究室，北京广播学院新闻系.解放区广播历史资料选编（一九四〇——一九四九）[M].北京：中国广播电视出版社，1985：63.
③ 中央人民广播电台研究室，北京广播学院新闻系.解放区广播历史资料选编（一九四〇——一九四九）[M].北京：中国广播电视出版社，1985：67.
④ 原件存于广播电影电视部档案室，已收入《解放区广播历史资料选编（一九四〇——一九四九）》第122页。

的限制，我未能进行深入调查，又由于缺乏足够的第一手材料，所以不可能动摇延安台于 1945 年 9 月 5 日成立之说。

大约 10 年以后，正是"文化大革命"的年代。在广播史的教学和研究工作早已停顿之后，却发生了一件对广播史研究工作很有意义的事情。

1970 年冬，邓颖超同志听取了中共延安地委的有关汇报后，建议在延安恢复新华社、《解放日报》社和延安台的旧址，并筹办有关展览（此事直到 1986 年 10 月才成为现实，即今清凉山上的延安新闻出版革命纪念馆）。当时，中央广播事业局组织了专门小组（参加者有杨兆麟、阎玉、彭飞、郭宝新和赵玉明同志等五人）对延安（陕北）台的历史进行了比较详尽的调查研究。在此次调查中，一批 20 世纪 40 年代初期有关延安台早期情况的珍贵史料重见天日。这批史料大致分为三类：第一类为中共中央及中央宣传部有关广播工作的文件；第二类为延安及其他抗日根据地出版的革命报刊中的广播史料；第三类为国民党重庆广播机构侦测延安台广播的记录。与此同时，专门小组还访问了部分健在的参加延安台艰苦创业的老同志，如向仲华、王净、刘寅、李伍、毛动之、汤汉璋、徐路以及梅益、温济泽等同志。他们中的大多数当时尽管身处逆境，但在力所能及的范围内仍然提供了许多回忆资料及文物。已发现的文字材料与他们的回忆情况两相印证，得出了一个无可争辩的结论：延安台的历史并非始于 1945 年 9 月，它的筹建可以追溯至 1940 年春天，而首次播音的日期是 1940 年 12 月 30 日。[①]

但由于历史的原因，当时大家既没有考虑到，事实上也不可能提出更改中国人民广播事业创建纪念日的建议。筹办中的延安广播历史展览，只是从 1971 年 8 月中旬起在内部陈列了二十几天，于"九一三"事件后草草收场。

---

① 引自山东《大众日报》1941 年 1 月 16 日。

更改人民广播创建纪念日的来龙去脉及有关纪念活动

党的十一届三中全会之后，党的实事求是的优良传统得到恢复和发扬。历史科学的研究重新出现了新的生机，中断 10 多年的中国广播史的教学和研究工作也开始恢复。

1980 年春天，新华社酝酿更改创建纪念日之事，引起了我们的联想。

新华通讯社原名为红色中华通讯社（简称红中社），1931 年 11 月 7 日在江西瑞金革命根据地开始播发新闻。长征以后，红中社于 1937 年 1 月改名为新华通讯社。但长期以来，大家对上述历史不甚清楚，新中国成立后，一直认为新华社是于 1937 年 4 月 "正式诞生" 的，并于 1957 年举办过 "创立 20 周年" 纪念大会。

1980 年 5 月出版的《新闻研究资料》第 3 辑刊登蒋齐生、于继华同志的文章《新华社的由来及诞生年月》指出："新华社的历史应该从其前身红中社算起"，而 "红中社是 1931 年 11 月 7 日在江西瑞金建立的"。这一结论后来被新华社领导机关肯定，并决定于 1981 年 11 月隆重纪念新华社成立 50 周年。

5 月，温济泽同志与杨兆麟同志和我谈新华社更改纪念日之事，并说起 20 世纪 70 年代初期关于延安台早期历史调查的成果，建议写一篇调查报告交由《新闻研究资料》发表，并由他给该刊编辑部写一封信表示同意确认新华社诞生日期应为 1931 年 11 月 7 日，同时建议将延安台的诞生日期定为 1940 年 12 月 30 日，并以这一天作为中国人民广播事业创建的纪念日。这就是该刊第 4 辑（1980 年 8 月出版）刊登温济泽同志《关于新华社和延安新华广播电台诞生日期》和由我执笔的调查报告《延安新华广播电台的筹建和试播始末》的缘由。

温济泽同志在信中回顾了延安台诞生日定为 1945 年 9 月 5 日的用意

和经过，最后表示同意调查报告的结论，并认为"从人民广播事业的全部历史来看，应把 1940 年 12 月 30 日，即延安台第一次试播的日期，定为延安新华广播电台的诞生日期，并应把这一天定为我国人民广播事业创建的日期"。

同年 12 月，中央广播事业局局长张香山同志在收到温济泽同志建议修改人民广播创建纪念日的信和所附的调查报告后，专门召开了老同志座谈会听取了意见，然后主持党组会议通过了有关决定。在报请中央宣传部批准后，于 12 月 23 日发出中央广播事业局的《关于将人民广播诞生纪念日改为 1940 年 12 月 30 日的通知》，并附上《关于人民广播创建的历史资料》发给各省、市、自治区广播事业局。[①]

12 月 29 日，中央广播事业局召开了纪念人民广播创建 40 周年座谈会，座谈会由张香山局长主持，原新华社副社长吴文焘、原中央广播事业局首任局长李强以及延安（陕北）台的编播人员温济泽、韦君宜、杨慧琳、齐越等同志在会上发言。《北京广播学院学报》1981 年第 1 期以"回顾人民广播的战斗历程，发扬延安时代的革命精神"为题刊登了上述发言摘要。座谈会消息发表和播出后，在广播系统特别是老同志中间引起了热烈的反响。会后，中央广播事业局党组根据座谈会上老同志的提议作出了关于征集人民广播回忆录的决定，并由局办公室发出通知，具体工作委托北京广播学院新闻系承担（现已出三集，约 75 万字）。该系于 1981 年编印的《纪念人民广播创建四十周年》一书收入了有关材料。

重新确定人民广播创建纪念日一事给我们的启示

1980 年 12 月中央广播事业局决定更改人民广播创建纪念日一事，对

---

① 已收入《解放区广播历史资料选编（一九四〇——一九四九）》第 3—5 页。

我们来说从中至少可以获得两点有益的启示。

其一是要重视对广播历史的研究。1980 年 5 月，温济泽同志在《关于新华社和延安新华广播电台的诞生日期》中，回顾了 1946 年将延安台诞生的日期定为 1945 年 9 月 5 日的经过和目的以后，认为这么做"不仅没考虑从 1940 年起那一段试播的历史，连 1945 年 9 月 5 日以前半个多月的试播，也没有提到"。究其原因是"当时没有研究广播的历史，也没有想到要研究广播的历史"。在革命战争年代，当时那么做，今天看来是可以理解的。全国解放迄今，特别是党的十一届三中全会以来，广播史的研究工作在走过了一段曲折缓慢的道路之后已初步呈现出"盛世修史"的可喜景象。在各级广播电视领导部门的重视和支持下，经过一批专职和兼职的广播电视史志工作人员的十载辛勤耕耘，在解放区广播史、中国现代广播史、当代广播电视史、地方广播电视志诸方面都获得了比较显著的研究成果，编印出版的各类广播电视史志书刊数以百计。在重温 20 世纪 80 年代广播电视史研究工作走过的道路的时候，不能不提到"两会一书"，即 1983 年在长春召开的首次中国广播电视史座谈会、1987 年在大连召开的第一次中国广播电视史志研讨会，以及《当代中国的广播电视》一书的编写出版，对全国广播电视史志研究工作所起的积极的推动作用。广播电视史志研究的成果对广播电视事业的发展和广播电视专业人才的培养所起的"资政、存史、教育"作用，将会随着历史的推移而被越来越多的人所认可。

其二是要坚持实事求是的原则。广播电视史的研究应以马列主义、毛泽东思想为指针，实事求是地从广播电视事业发展的具体过程中引申出相应的结论。这里，实事求是是史学研究的基石。周恩来同志生前曾经说过，只有忠实于事实，才能忠实于真理。按照实事求是的原则来指导研究广播电视史是一个不断探索的过程。以更改人民广播创建纪念日一事为例，虽然早在 20 世纪 60 年代初期就对原来的纪念日产生了疑问，但直到 20 世纪 70 年代初期，通过比较详尽的调查研究才初步找到了问题的症结。此后，又通过多方面的说明、论证、宣传，直至 20 世纪 80 年代初期有关领导机关始作出了关于更改人民广播创建纪念日的决定。人民广播史上一个悬而未决的问题，前后历时 20 年才得到比较圆满的解决。由此可见，在史学研究中坚持实事求是的原则，不可能是一条平坦的大路，而是需要我们付出艰辛的努力才可以取得成效的。类似的研究课题，在广播电视历史绝不会是仅此一个。许许多多的未知数，包括对广播电视事业发展规律的探讨，以及历史经验的总结等，需要我们一代一代的广播电视史学研究人员不断地钻研、探索。只要坚持实事求是的原则，我们终究会越来越接近真理。

举办人民广播创建纪念日活动的意义及其作用

1985 年，中国人民广播事业创建 45 周年的有关活动由中央人民广播电台和北京广播学院承办。中央电视台于 12 月 30 日播出了反映革命战争年代以延安（陕北）台为代表的解放区广播电台艰苦创业历程的录像片《人民广播风云录》，在此前后编印出版了纪念画册和一批有关书刊。[①] 上述各项活动虽然名义上是纪念中国人民广播事业创建 45 周年，但因实际上由中央台主办，因此只能算是一次台庆活动，未在全国广播电视系统引起较大的反响。

20 世纪 80 年代后期，国际广播电台（1947 年 9 月 11 日开播）、中央电视台（1958 年 9 月 2 日正式开播），先后为开播 40 周年和建台 30 周年举办了纪念活动，在此前后，也有一批地方广播电台和电视台分别为自己的台庆举办了纪念活动。部分电台、电视台的台庆活动扩大了该台在听众和观众中的影响，同时也通过举办座谈会、纪念会、展览会和编印书刊等活动，对该台职工进行了有意义的台史教育，对于激励广播电视工作人员办好广播电视事业起了一定的积极作用。但令人遗憾的是，由于宣传工作

---

① 主要有《延安（陕北）新华广播电台广播稿选》、《解放区广播历史资料选编》和《人民大众的号角——延安（陕北）广播史话》等，均由中国广播电视出版社出版。

没有跟上，广播电视系统内外迄今还有一些同志把中国人民广播事业创建纪念日仅仅认为是广播工作者的节日，而没有把中国人民广播事业创建纪念日当作广播电视系统几十万干部和职工的共同节日。

1990年11月30日，广播电影电视部发出《关于隆重纪念中国人民广播事业创建50周年的通知》（简称《通知》）。《通知》中称："12月30日不仅是中央人民广播电台的诞生纪念日，也是中国人民广播事业创建纪念日。为了隆重纪念广播电视战线这个具有历史意义的日子，更好地总结历史经验，继承和发扬优良传统，振奋革命精神，促进广播电视事业的繁荣和发展……"同年12月10日，广播电影电视部又发出《关于向从事广播电视工作满30年的干部、职工颁发荣誉证书的决定》（简称《决定》）。《决定》中称："为了继承人民广播的光荣传统，弘扬为广播电视事业的献身精神，特决定在纪念中国人民广播事业创建50周年之际，向从事广播电视工作30年以上（含30年）的干部、职工颁发荣誉证书，以示表彰；并号召广播电视工作者向他们学习，继承革命传统，发扬延安精神，为建设有中国特色的社会主义广播电视事业而努力奋斗。"上述两个文件以及纪念中国人民广播事业创建50周年活动的开展已经确切地表明，每年的12月30日已经成为广播电视系统几十万干部、职工的共同节日。这是广播电视系统的一件大事，在广播电视历史上也值得大书一笔，其意义和作用，个人认为有以下四点。

第一，通过举办人民广播创建纪念日活动，来缅怀毛泽东、周恩来、刘少奇、朱德等老一辈无产阶级革命家高度重视和亲切关怀广播电视事业的光辉事迹以及老一代广播工作者艰苦创业、奋发图强的崇高革命精神，用来激励今天正在献身于社会主义广播电视事业的人们。根据广播电影电视部的决定，将表彰从事广播电视工作30年以上的干部、职工，作为1990年纪念活动的一项重要内容。这是一个富有远见的决定，对一大批兢兢业业、艰苦奋斗，为广播电视事业的发展奉献了自己的大半生乃至毕生精力的老同志是极大的慰藉，同时也将进一步增强中青年同志对广播电视事业的凝聚力和向心力，这对于今后广播电视事业的发展必将有着巨大的作用和影响。

第二，通过举办纪念活动发扬人民广播事业的优良传统。经过老一辈无产阶级革命家培育，在革命战争年代形成的以延安广播为代表的人民广播事业的优良传统，是广播电视系统极为宝贵的精神财富，艾知生同志在纪念大会上的讲话中对人民广播的优良传统进行了很好的概括和阐述。他强调指出，结合当前的形势和任务，为了建设具有中国特色的社会主义广播电视事业，今天要继承和发扬人民广播艰苦奋斗、自力更生的优良传统，努力搞好广播电视事业建设；要继承和发扬人民广播坚持高度党性原则的优良传统，自觉地当好党、政府和人民的喉舌；要继承和发扬人民广播密切联系群众的优良传统，坚持广播电视为人民服务的根本宗旨。我们要把人民广播的这些"传家宝"一代一代地传下去，使它不断富有新的现实意义。

第三，通过纪念活动及时总结历史经验，特别是改革开放以来的新鲜经验。广播电视宣传工作是一项时间性极强的工作，平时每天大量的工作，从普通的编播技术人员至部、局、厅、台、站的领导干部，几乎是以小时来计算的，很少有时间坐下来总结经验。但是近几年来一些广播电台、电视台的台庆活动中都把总结经验、撰写文章作为一项重要内容来抓，为及时总结历史经验闯出了一条新路。如《广播宣传与改革论文集》《中国之声　友谊之桥》《中国中央电视台 30 年》《天津人民广播事业四十年纪念文集》《只不过是起步：上海人民广播电台建台四十周年文选》《内蒙古广播四十年》等书刊的编印、出版，都从一定程度上总结了历史的经验，同时又对当前的广播电视工作的改革有着一定的指导意义。我们相信，只要每隔 5 年或 10 年持之以恒地把这项工作进行下去，无疑将对提高广播电视队伍的素质和宣传质量发挥出应有的作用。

第四，通过纪念活动促进广播电视史学研究工作的进一步开展。广播电视史学的研究工作是一项长期的任务，需要有耐心、有毅力，坚持不懈地进行下去。但是每隔几年，凭借着人民广播创建周年纪念活动或台庆活动促进史学研究工作，以期引起有关领导部门的重视和广播电视系统人们的注意，是一项不可或缺的工作。最近10年来，在人民广播创建40周年、45周年、50周年纪念活动的前后一段时间，可以说是广播电视史学研究工作的"黄金时间"。专职的和兼职的广播电视史学研究工作者应当注意利用、发挥这段"黄金时间"的作用，借以推动广播电视史学建设工作向纵深开展，为建设有中国特色的广播电视史学作出自己的努力。

（本文据1990年12月26日作者在中国广播电视学会学术年会上的发言提纲补写而成，原载于《北京广播学院学报》1991年第1期）

试论中国广播电视发展的历史分期及其特点

历史的研究和史书的写作都离不开分期问题，无论是宏观的中国历史、中国现代史、中国当代史等，还是中国新闻史、中国广播电视史等专门史或行业史，概莫能外。

关于中国新闻史如何分期的问题已引起了新闻学者的注意。暨南大学的吴文虎教授发表的《从本体论角度研究中国新闻史》（载于《新闻春秋——中国新闻改革学术研讨会暨中国新闻史学会年会论文集》，四川大学出版社 2003 年 6 月出版），对比几种新闻史的分期方法，对中国新闻史的分期问题进行了有益的探讨。此前，复旦大学黄瑚教授在 2001 年出版的《中国新闻事业发展史》一书对中国新闻史的分期进行了新的尝试。我相信，凭借众多新闻史学者的不懈努力，经过若干年后，关于中国新闻史的分期研究定会有新的成果问世，一种或几种有新闻特色的专门史或行业史分期方法必将出现。

中国广播电视史作为新闻传播史或广播电视学中一门新兴的分支学科，在叙述我国广播电视历史发展的过程中不可避免地也要涉及历史分期问题。笔者在主编的《中国广播电视通史》（简称《通史》，2004 年 1 月北京广播学院出版社出版）的"后记"中曾写道："《通史》的分期基本上是按照中共党史、中国革命史和中华人民共和国史的分期模式处理的。"一是因为在我国广播电视作为政治性强的舆论宣传工具，它的成长和发展，特别是宣传的内容和社会影响都与一定时期的政治环境密不可分，离开大的政治环境和历史背景，广播电视发展中涉及的许许多多的问题很难分析清楚；二是因为广播电视史作为专业史或行业史，如何突出它的自身特点，做出新的分期，我虽有考虑，一定历史阶段尚可，贯穿几十年通史，却很难统筹安排，与其顾此失彼，还不如走"老路"，从总体上说更妥当一些。说得明白一些，这部《通史》的分期是仿照已出版的绝大多数中国新闻史著作分期而成的。这也可能是我这一代人的历史局限性——守成有余、创新不足造成的。

在《通史》的成书过程中，我根据前述"三史"的分期模式，将 20 世纪我国广播电视发展的近 80 年历史分为两大历史阶段、八个历史时期，并初步探讨了不同历史阶段和历史时期广播电视事业发展的特点，试图从中探索出广播电视事业发展的某些历史规律。

两大历史阶段，即中华民国时期的广播事业和中华人民共和国时期的广播电视事业，据此将《通史》分为上下两卷（上下卷合印本于 2004 年 1 月出版）。在上卷中，民国时期的广播事业依次分为中国早期的广播事业、抗战前的广播事业、抗日战争时期的广播事业和解放战争时期的广播事业，共四章。在下卷中，中华人民共和国时期的广播电视事业依次分为向社会主义过渡时期的广播电视事业、初步探索建设社会主义道路时期的广播电视事业、"文化大革命"时期的广播电视事业和社会主义建设新时期的广播电视事业（上、下），共九章。考虑到 1949 年以来，中国香港、中国澳门和中国台湾广播电视事业的特殊情况，另立第十章专门加以叙述。兹根据上述历史分期，将不同历史阶段和历史时期中国广播电视事业发展的特点分述如下。

一

中国早期广播事业的发展及其特点　在半殖民地半封建的旧中国，广播电台也同近代报刊、通讯社一样最早都是由外国人创办起来的。1923 年

1月23日，美国人创办的我国境内第一座广播电台在上海开始播音，揭开了我国广播史的第一页。此后，中国人创办的第一座广播电台于1926年10月1日在哈尔滨出现，为奉系军阀支持所办。1927年3月18日，我国第一座民办广播电台在上海开播。在此期间，1925年8月9日，日本在其占领下的大连建立起了中国领土上的第一座殖民地性质的广播电台。在1928年8月国民党的中央广播电台出现以前，北洋军阀统治时期的广播事业只是初具雏形。先后有外商、中国人办的广播电台10来座，发射功率一般较小，收听范围也限于广播电台所在城市及其周围地区。当时还没有一个全国性的中央台。据有关材料估计，这个时期全国约有收音机一万台。

抗战前广播事业的发展及其特点　1927年4月，南京国民党政府成立，不久即在全国实现了形式上的"统一"。1928年8月1日，国民党的中央广播电台在南京开始播音。从此后到1937年"七七事变"抗战全面爆发前的近10年间，中国的广播事业有了较大的发展。据1937年6月统计，国民党地区共有官办、民营广播电台78座，总发射功率近123千瓦，此外还有少数外商办的广播电台。从数量来看，民营台虽然有55座，占半数以上，但发射功率有限，仅占总发射功率的5.4%。由此可见，官办广播事业占据着中国广播事业的统治地位，是国民党推行专制独裁统治、"围剿"革命力量的重要舆论工具。此外，国民党当局还通过制定条例、法规等手段，极力控制民办广播电台，妄图把民营台的广播节目纳入其反动宣传的轨道。按地区分布来看，国民党统治区江苏省（包括南京、上海在内）有广播电台43座，占全国总发射功率的68.47%；浙江省8座，河北省（包括北平、天津在内）7座，山东省3座；有2座的省份为安徽、江西、四川、福建和广东；有1座的为湖北、湖南、河南、陕西、山西、广西、云南等。全国收音机总数，据有关材料统计，国民党统治区有收音机8.6万余台，东北沦陷区的广播收听户13万户，两者合计大约有收音机20万台以上。

抗日战争时期广播事业的发展及其特点　从1937年7月全面抗日战

争爆发到 1945 年 8 月日本宣布无条件投降，共经历了 8 年时间。抗日战争初期，在中国共产党的正确主张和政策的推动下，国民党当局慑于全国日益高涨的抗日救亡运动的压力，同时也为了维护其自身的政治、经济利益，被迫同意联共抗日。国共两党再度合作，抗日民族统一战线正式形成。全国亿万军民浴血奋战 8 年，付出了巨大的民族牺牲，终于打败了日本帝国主义，取得了近百年来第一次反对外来侵略的全面胜利。抗日战争期间，国民党政权偏居西南。中国共产党领导下的人民武装力量积极开展敌后游击战争，建立和发展了敌后根据地。国民党、共产党和日本侵略者三种不同政治势力互相较量的结果，在中国广大领土上形成了三种不同性质的政权，即国民党统治下的大后方、共产党领导下的抗日根据地和日伪占领下的沦陷区。在广播事业方面，基于上述原因，在三种不同性质的政权下存在着五种类型的广播事业，即大后方的国民党广播事业（电台曾一度减少至 10 余座）、沦陷区的日伪法西斯广播事业（日伪广播电台多达 60 余座）、沦陷区的民营广播事业、抗日根据地的人民广播事业，以及苏联广播电台和美军广播电台。中国境内的收音机 100 万台左右。总之，抗日战争时期的中国广播事业走过了艰难曲折的道路，有以下几个特点：第一，中国的广播事业虽然受到日本帝国主义的严重摧残，但并没有也不可能被摧垮，国民党的广播事业经历挫折后有了一定的发展。在抗日战争烽火中诞生的人民广播事业虽然幼小，但具有强大的生命力，揭开了中国广播历史的新篇章。第二，第二次国共合作的实现和抗日民族统一战线的建立，使得国民党广播宣传中的抗日爱国的进步内容有所增长，对于动员和激励全国军民的抗日斗志和加强世界进步力量的反法西斯斗争起了积极的作用，尤其是抗战初期可歌可泣的救亡宣传，写下了中国广播史上的悲壮篇章，值得人们永远怀念，这是国民党广播历史上颇有光彩的一页。令人遗憾的是，由于国民党一些主要当权者没有放弃反共方针，致使反共反人民的广播宣传屡屡发生，某些时候甚至还相当嚣张，这就在很大程度上削弱了前述积极作用的发挥。第三，抗日战争的伟大胜利彻底打垮了日本帝国主义对中国的侵略战争，从而永远结束了日本帝国主义对中国主权的侵犯和日伪广播的殖民奴化宣传。自20世纪20年代中期以来，帝国主义列强在中国办广播的活动至此趋于尾声。这在中国广播史上是一件具有转折意义的事件。

解放战争时期广播事业的发展及其特点　1945年8月，中国的抗日战争取得了全面胜利。战后，中国共产党提出了和平、民主、团结的主张，联合一切爱国民主力量，力争把中国建设成一个独立、民主、富强的新中国；国民党集团则力图使中国恢复到战前的社会状态，继续维持其在半殖民地半封建国家中的统治地位。在两种前途、两个命运的决战中，中国共产党领导全国人民经过复杂而激烈的斗争，终于推翻了美帝国主义支持的国民党集团的统治，取得了解放战争的伟大胜利，建立起了工人阶级领导的、工农联盟为基础的人民共和国。

解放战争时期是中国两种前途、两种命运的决战时期。这个时期，中国广播事业发展的特点是与解放战争形势的发展紧密相关的。其特点表现为：第一，在抗日战争胜利后的和平阶段，国民党统治区的官办广播事业经历了短暂的繁荣。国民党当局发动的内战在遭到人民解放战争的沉重打击后，随着解放区的扩大，国民党的广播事业日益萎缩，最终走向了崩溃的道路。第二，国民党统治区的民营广播事业在战后一度复苏，但在国民党的政治高压和经济危机的双重打击下，不久就一蹶不振走向了衰落的道路。第三，在解放战争中，国民党的广播和解放区的广播在宣传战线上也展开了一场激烈的斗争。国民党"戡乱"广播的宣传曾在短时间内甚嚣尘上，但在宣扬和平、正义、真理的解放区广播之声的强大攻势下，不久即宣告破产。解放区的广播在国民党统治区的影响日益扩大，成为推动第二条战线斗争开展的强大动力。第四，在抗日战争胜利声中重建起来的人民广播事业，在解放战争中经历了曲折发展的道路，但随着解放战争的不断胜利，终于逐步成长壮大起来。各解放区先后建立广播电台40余座，这个时期全国约有收音机 100 万台。1949 年 10 月 1 日，中华人民共和国的成立，宣告了旧中国广播的终结和人民广播事业新阶段的开始。

民国时期广播事业的发展及其特点 古老的中国自从 1840 年鸦片战争以来，逐步走向半殖民地半封建的社会。1911 年，孙中山领导的辛亥革命推翻了长达两千年的封建王朝统治，建立了中华民国。但是，中国的社会性质并未发生根本的变化，仍然是半殖民地半封建的社会，帝国主义、封建主义和官僚资本主义依然统治着中国。与此同时，不堪压迫和剥削的中国人民在中国共产党的领导下，同帝国主义、封建主义和官僚资本主义统治展开了不屈不挠的斗争。在上述错综复杂的历史背景下产生和发展起来的民国时期的广播事业有着以下三个明显的特点。

第一，外国在华开办广播电台时间之早、数量之多和影响之大在世界各国中是绝无仅有的。

众所周知，在半殖民地半封建的旧中国，帝国主义列强享有种种特权，控制着中国的海关、电信大权，以租界的名义霸占我国领土，甚至公开侵占中国领土，建立殖民统治。广播领域也不例外。1920 年 11 月，美国开办了公认的世界最早的广播电台。仅仅过了两年，美国人把一套无线电广播设备运到上海，于 1923 年 1 月办起了中国境内的第一座广播电台，随后美商又陆续在上海建立了两三座广播电台。按照当时北洋政府的有关法律，美国人私自把无线电器材运进中国，并擅自开办广播电台属于违法。但美国商人凭借着列强在华特权，软弱的中国政府也对之无可奈何。1925 年 3 月，日本国内的第一座广播电台问世，仅隔 4 个月，日本帝国主义在其占领下的大连办起了一座带有殖民性质的广播电台。上述事例都发生在中国人自办的广播电台出现之前。据不完全统计，在中国境内开办广播电台的国家除美国、日本外，还有英国、法国、德国、意大利、瑞士和苏联等，它们所办广播电台累计近 100 座，时间达 20 多年之久，直到 1949 年，外国在华广播电台才在中国绝迹。

　　各国在华广播电台，由于其主办者和出现的背景不同，对中国社会产生的影响和作用也不尽相同。各国在华广播电台主要可以分成三种类型：第一种是外商以推销无线电器材为目的开办的，如美国人早期在上海开办的广播电台；第二种是帝国主义列强为侵略中国而开办的，如日本帝国主义从20世纪20年代中期起在其占领区先后建立的60多座日伪广播电台；第三种是苏联在上海建立的广播电台和抗战后期美军进驻中国作战后建立的军用广播电台。苏联当时是在日本占领下的上海为进行反法西斯斗争而建立的广播电台，其历史的进步作用应予肯定。而美军广播电台在抗战后期为支持国民党打内战所起的作用迥然不同，应给予不同的评价。

　　第二，国民党的官办广播电台在旧中国几百座广播电台中长期居于统治地位，国民党当局利用其统治权力控制着中国的广播事业。

　　1928年，国民党新军阀取代北洋政府旧军阀在南京建立了全国政权。在此前后，国民党先后办起报刊、通讯社和广播电台为其统治服务。据不完全统计，国民党党政军机关创办的各类广播电台累计约有150座以上，从数量上来说比民营广播电台少得多，但由于官办广播电台发射功率强、频率高，所以它的收听范围以及作用和影响远甚于民营广播电台。以1937年6月的统计为例，当时全国有国民党官办广播电台23座，民营广播电台55座，但从发射功率来看，在120多千瓦总功率中，民营台不足6%，而国民党官办广播电台却超过94%。再以1947年9月统计为例，当时全国有国民党官办广播电台41座，民营台虽然有90座，但其发射功率不足406千瓦总功率的2%。国民党官办台一个台的发射功率最强的达几十千瓦，拥有几个频率，而民营台一个台的发射功率最强者不过1千瓦，少的只有几十瓦，甚至10瓦左右，一般一个台只有1个频率，有时甚至两三个台共用一个频率。中国民族资产阶级的先天不足、经济力量薄弱在广播领域中也得到了反映。

　　国民党当局不但拥有一大批颇有实力的广播电台，更重要的是它还凭借手中掌握的权力控制着中国的广播事业。起初通过负责电信的交通部门管理广播事业。1936 年 2 月，国民党成立了中央广播事业指导委员会，作为全国广播事业的决策机构。此后，中央广播事业指导委员会连续颁布了一系列管理广播事业和审查广播节目的法令，竭力把全国的广播电台都纳入国民党当局的宣传轨道之中。凡违反规定的广播电台，轻者给予警告或停播处分，重者则吊销执照。

在国民党政权 20 多年的统治中，官办广播电台成为它的御用宣传工具，总的来说是为国民党的四大家族统治服务的。但在某些特定的历史阶段，如抗日战争时期，国民党的广播宣传具有双重性，既有反共反人民的消极作用，同时也有促进国共合作、共同抗日的积极作用。

第三，中国共产党领导的人民广播事业在经历了众多的挫折和磨难之后，随着人民革命斗争的最后胜利，终于成为中国广播事业的中坚力量，并形成了自己独有的优良传统。

人民的广播事业创建于抗日战争的艰苦年代。1940 年 12 月，延安新华广播电台的诞生标志着中国广播事业发展新阶段的开端，解放区的广播事业是随着人民解放战争的胜利发展而逐步壮大的。1945 年 8 月抗日战争胜利之际只有延安台 1 座，1947 年 9 月时增加到 10 座，1948 年 9 月时有 20 多座，至 1949 年 9 月新中国成立前夕已近 40 座。这其中除了少数几个台是自力更生、自行建立（如延安台）和接收日伪广播设备改建而成的（如张家口及东北地区的某些台）外，大多数是利用接管的国民党官办广播电台改建而成的。从解放区建立并逐步发展起来的人民广播事业既是中国广播事业的中坚力量，又为新中国的广播事业奠定了基础。

人民的广播电台虽然大部分是利用接收国民党的广播设备建立起来的，但作为一个宣传机构来讲，特别是就它的编采播工作来说，却同旧中国的广播事业没有直接的继承关系。人民广播在新华社的襁褓中成长起来，并直接继承了中国共产党党报和新华社的优良传统，并在实践中形成了自己独有的传统。解放区广播的传统可以概括为三句话，即自力更生、艰苦奋斗的创业精神，实事求是、严肃认真的宣传作风和联系群众、联系实际的工作方法。

1949 年 10 月，中华人民共和国的成立标志着旧中国广播事业的终结和人民广播事业发展新阶段的开始。

二

向社会主义过渡时期广播事业的发展及其特点　1949 年 10 月，中国人民革命的胜利和中华人民共和国的成立，揭开了中国历史的新篇章。它标志着一百多年来帝国主义同封建统治者勾结起来奴役中国人民和内外战乱频繁、国家四分五裂的历史从此结束，人民企盼已久的独立、统一的新民主主义新中国终于诞生。中国共产党一直重视、积极领导的人民广播事业由此进入新的历史阶段。从 1949 年 10 月到 1956 年底，是中国共产党发动、组织全国人民恢复国民经济、贯彻执行党在过渡时期的总路线，把新建立的人民共和国由新民主主义国家变为社会主义国家的历史时期，也是中国共产党和人民政府通过接管、改造旧中国的广播电台，在全国范围内开创、建设人民广播电台，为发展具有中国特色的人民广播事业奠定基础的历史时期。

在我国从新民主主义向社会主义过渡的时期，广播事业的发展是与新中国成立初期国民经济的恢复和第一个五年计划紧密相关的。这个时期广播事业的发展有三个特点：第一，建国初期的广播事业经过恢复、改造和重建顺利地完成了第一个五年计划规定的任务，到 1956 年底，全国已有广播电台 58 座，市、县广播站 1458 座，收音机约为 180 万台，并初步建立了对外广播，为我国的社会主义广播事业奠定了初步的基础。第二，按照新中国成立初期规定的发布新闻、传达政令，普及知识和提供文化娱乐三大任务，中央和地方各级人民广播电台展开了大规模的全国范围内的宣传活动，迈出了广播"要学会自己走路"的第一步，显示出了人民广播的威力和影响。人民广播在广大群众中开始享有很高的声誉。第三，在此期间相继召开的第一次至第四次全国广播工作会议，均总结了前一阶段广播事业建设和广播宣传取得的成绩并为今后的发展制定了正确或比较正确的方针，特别是在社会主义改造基本完成后召开的第四次全国广播工作会议，明确地提出了广播要更好地为社会主义建设服务的方针，推动广播宣传迈开了改革的步伐，并取得了初步成果。

初步探索建设社会主义道路时期广播电视事业的发展及其特点　1956年社会主义改造基本完成以后，党和政府领导全国人民开始了全面的大规模的社会主义建设。从这时至1966年春"文化大革命"发生之前，近10年的社会主义经济建设取得了很大成就，总结积累了丰富的建设经验。但是也应该看到，由于国际国内斗争的尖锐复杂，加上建设社会主义道路还在探索之中，20世纪50年代中后期"左"的倾向比较严重，党的指导思想上有过严重错误，致使社会主义经济建设遭受挫折。

在我国初步探索建设社会主义道路的最初近10年间，在党和政府的领导下，广播电视事业的发展虽然受到了"左"的指导思想的影响，经历了曲折的道路，但总的来说，取得的成绩是主要的，但同时也有严重的失误和偏差，积累了正反两个方面的经验。具体分析有如下的几个特点：第一，在社会主义计划经济体制下，经过近10年的不懈努力，我国已建成初具规模的广播电视事业，对内广播有了较大的发展。1965年统计有广播电台87座，市、县广播站2365座，收音机约800万台。对外广播的实力和影响已跃居世界广播大国的前列。电视事业迈开了创业的步伐。1965年已建电视台12座，有电视机近3万台。广播电视工业和广播电视教育事业也取得了初步的成果。第二，近10年间的广播电视宣传从其主导方面来看，作为团结教育和鼓舞全国人民艰苦奋斗、奋发图强投身于社会主义建设的重要舆论工具，作为党和国家进行国际宣传和国际斗争的强有力的武器，工作成绩是重大的，宣传效果是良好的，影响是很大的，受到国内外听众和观众的欢迎和信任。但由于"左"的指导方针的影响，也出现了严重的失误和偏差。作为历史经验教训，值得认真加以总结。1964年中央广播事业局党委提出的《为进一步提高广播、电视宣传的质量而奋斗——宣传业务整改提纲（草案）》主要总结了新中国成立以来广播电视宣传的工作经验，对提高广播电视宣传质量有着重要的指导意义。第三，10年间初步建成了一支以编、播技术为主体的几万人的广播电视队伍，广播电视从业人员的文化结构有了明显的改善。第四，在此期间，先后召开的第五次至第九次全国广播工作会议，无论是总结前一阶段的工作经验和成绩，还是制定下一阶段的工作方针，总的来说，是比较正确的，但都不同程度地受到"左"的指导思想，特别是"以阶级斗争为纲"方针的严重影响，使广播电视事业的发展和广播电视队伍建设受到不少挫折，广播电视宣传也未能正确地发挥应有的作用和影响。

"文化大革命"时期广播电视事业的发展及其特点　1966年5月开始的长达10年之久的"文化大革命"给党、国家和各族人民带来了严重的灾难。在这场内乱中，林彪、江青反革命集团控制了广播电视的领导权，广播电台、电视台的数量和视听工具虽然都有不同程度的增长，但被用来为"文化大革命"鸣锣开道，为他们篡党夺权制造舆论，使得广播电视事业遭受挫折，广播电视队伍遭到摧残迫害，在新中国的广播电视史上留下了沉痛的教训。

回顾和反思"文化大革命"10年广播电视走过的道路，有以下三条重大的教训值得永志不忘：第一，广播电视的领导权必须牢牢掌握在党和人民手中，绝不允许被林彪、江青一类野心家、阴谋家篡夺。广播电视作为现代化的传播工具，威力巨大，影响广泛，掌握在什么人手里至关重要。第二，正确认识广播电视的性质、任务和作用，绝不允许把社会主义的广播电视变成对人民实行"全面专政的工具"。广播电视就其基本职能来说是宣传教育性质的传播工具，但从20世纪50年代中期起，受"左"的指导思想的影响，对广播的性质、任务和作用的认识发生了偏差，先后提出了"广播是阶级斗争的工具""广播是无产阶级专政的工具"等观点；在"文化大革命"中，林彪、"四人帮"更进一步把广播电视当作对人民群众实行"全面专政的工具"，用来鼓吹"文化大革命"，煽动阶级斗争，造成了无穷的祸害。第三，坚持和发扬人民广播的优良传统，绝不允许践踏或败坏优良传统。在革命战争年代和新中国成立初期形成的人民广播的优良传统，如自力更生、艰苦奋斗的创业精神，实事求是的宣传路线和作风，联系实际和联系群众的工作方法，准确、鲜明、生动、活泼的文风等，都对发展广播事业、创办电视事业、改进广播电视的宣传发挥了积极的作用。林彪、"四人帮"一伙肆意践踏或败坏人民广播的优良传统，使得传统不传、传统失传，造成社会主义广播电视在广大人民群众中的声誉急剧下降的恶果，丧失了国内外听众和观众的信任。

社会主义建设新时期广播电视事业的发展及其特点　1978年12月举行的党的十一届三中全会之后，我国进入了社会主义建设的新时期。在邓小平理论的指引下，中国共产党领导全国人民齐心协力开创了改革开放和社会主义建设的新局面。随着"六五""七五""八五""九五"等四个五年计划的相继胜利完成，我国的社会主义现代化建设取得了举世瞩目的伟大成就，综合国力得到加强，到20世纪末，我国人民生活总体上已达到小康水平。在这20多年里，我国的广播电视事业得到迅猛发展，成为世界上为数不多的广播电视大国之一。广播电台由1978年的93座增至304座，电视台由32座增至354座，收音机由7500余万台增至5亿台，电视机由300多万台增至3.5亿台。广播电视宣传坚持"自己走路"的方针，"扬独家之优势，汇天下之精华"，各类节目的改革与时俱进、导向正确、精品迭出、成绩斐然，为我国的改革、开放、稳定做出了重要的贡献，积累了许多成功的、丰富的新鲜经验。

截至20世纪末20多年来广播电视工作发生的根本性变化，有如下三个方面：第一，广播电视宣传的指导思想和根本任务由"以阶级斗争为纲"转向"以经济建设为中心"。20 多年来的实践表明，广播电视已成为我国改革开放和实现社会主义现代化的强有力的新闻舆论工具和宣传教育工具。第二，广播电视由传统的计划经济体制下的事业管理模式逐步转向适应社会主义市场经济体制的产业经营管理模式。广播电视作为第三产业在多种经营（主要是广告）、人事管理、节目制作和管理等方面都开始逐步与市场接轨，广播电视集团的组建已初露端倪。第三，广播电视系统由封闭、半封闭型转向竞争、开放型。广播电台和电视台数量的增多和新兴传播手段的出现，使广大受众可选择的范围加大，导致媒介市场竞争日趋激烈，从而打破了广播电视系统原有的封闭、半封闭状态，在广播电视系统内部、在广播电视媒体和其他媒体之间乃至与国外的媒体之间出现了在合作中竞争、在竞争中合作的新局面。

1949 年以来中国香港、中国澳门和中国台湾广播电视事业的发展及其特点　香港、澳门和台湾自古以来就是中国的神圣领土。香港、澳门和台湾的广播电视事业理所当然是中国广播电视事业的组成部分。但是，由于历史的原因，香港、澳门和台湾曾分别长期为英国、葡萄牙和日本殖民者霸占。20 世纪 90 年代末期，根据中英两国协议，中国政府于 1997 年 7 月 1 日对香港恢复行使主权，成立了香港特别行政区；随后，根据中葡两国协议，中国政府于 1999 年 12 月 20 日对澳门恢复行使主权，成立了澳门特别行政区。遵循"一国两制"的方针，按照"互不隶属、互不干涉"的原则，香港、澳门自行规划和发展自身的广播电视事业，同时多方面开展与内地广播电视界的交流与合作。1945 年 8 月，日本投降后，台湾回归中国。1949 年 10 月，中华人民共和国成立后，台湾为国民党当局占据。在大陆与台湾处于长期隔阂的状态下，台湾的广播电视事业自行发展。20 世纪 80 年代后期以来，随着"一国两制"构想的提出和形势的发展，海峡两岸关系有了新的突破，大陆与台湾的广播电视的交流和合作也随之开展起来。

　　香港、澳门及台湾，由于不尽相同的政治、历史背景，广播电视的创办和发展也有各自的轨迹与特色。尽管如此，我们还是可以归纳出它们的一些共同特点：第一，这三个地方，虽然香港和澳门已经先后回归祖国，但仍然实行"一国两制"，即它们的社会制度仍然是资本主义，因此，这三地的广播电视，从性质上仍然是资本主义制度的广播电视，虽然其中有政府出资经办的电台，如香港电台和政府控股的澳广视，但其性质未发生根本性的变化。第二，从经营方式上，其基本上属于恶性竞争，以是否赚取利润为目标，较少考虑社会责任。第三，由于历史的原因，它们对广播电视的监管早就有一套比较完整的法规和监管机制，并且能够紧跟变化的形势，及时修订有关的法规。第四，在体制类型方面，这三个地方既有政府出资办或控股的广播电视机构，又有民营的商业机构，还有弥补商业广播电视之空缺的公营广播电视台，这样可以满足不同受众的需要。第五，香港和澳门回归祖国之后，中央政府有关部门严格执行基本法和国家对港澳在传媒方面的方针政策，即港澳的传媒是两个特别行政区自治范围内的事务，相信他们会管好。尽管如此，香港和澳门的广播电视界在回归以后，更进一步加强了与内地同行的业务合作，联合制作节目大大增多，相互购买节目的现象也在不断增加。回归之后的香港、澳门广播电视的发展跨入了一个新的阶段。

　　新中国时期（截至 2000 年底）广播电视事业的发展及其特点　　1949年 10 月 1 日，中华人民共和国的成立标志着旧中国的结束和新中国的诞生，中国的历史从此开始了新的纪元。20 世纪的后半期，是建设新中国的时期。在中国共产党的领导下，在马克思列宁主义、毛泽东思想和邓小平理论的指引下，中国人民通过社会主义改造、建设和改革开放等艰苦卓绝的斗争，经历了艰难曲折的道路，终于使新中国逐步实现了民族的独立、国家的兴盛和人民的共同富裕。在以 1978 年 12 月党的十一届三中全会为起点的社会主义建设新时期，全力推行改革开放的新政策，探索出一条建设有中国特色的社会主义新道路，为 21 世纪中叶基本实现现代化、建成伟大的社会主义强国奠定了坚实的基础。

在上述历史环境中迅速发展起来的新中国的广播电视事业有着以下四个特点。

第一，新中国的广播电视事业是由国家主办经营的。

在新中国成立前夕，1948 年 11 月 20 日，中共中央在《对新解放城市的原广播电台及其人员的政策的决定》中明确规定了"新中国之广播事业，应归国家经营，禁止私人经营"的原则。根据这一原则及其他有关决定，在新中国成立前后，中国共产党和人民政府全部接管了新解放城市中原国民党党政军及各派系的广播电台，并陆续改建为人民广播电台，停办了外国资本及外国人创办经营的广播电台，对上海、北京、天津等大中城市中为数不多的私营广播电台在 20 世纪 50 年代初期相继进行了社会主义改造，至 20 世纪 50 年代中期，中国大陆的广播事业已完全实现了全部由国家经营。20 世纪 50 年代末期，国家又开办了电视事业。在社会主义计划经济的体制下，完全依靠国家财政拨款逐步建立起了新中国的广播电视事业。20 世纪 80 年代改革开放以来，中央和地方各级广播电台、电视台虽然逐步开展以广告为主的多种经营，但广播电视事业由国家主办经营的根本原则并未改变。在计划经济体制向社会主义市场经济体制过渡的转型期，广播电视事业虽然急需调整结构、重组资源、扩大融资，借以谋求更大的发展，但广播电台、电视台作为国有资产，承担着国有资产保值增值的重任，既不吸收境外资本和私人资本，也不允许私人资本和境外资本在中国内地开办广播电台和电视台，以确保广播电视事业由国家主办经营。

第二，新中国的广播电视事业是党、政府和人民的喉舌。

新中国是中国共产党领导的社会主义国家，这决定了中国的广播电视事业是党、政府和人民喉舌的根本性质。广播电视事业作为现代化的传媒，既有一般的行业属性，又有意识形态的特殊性，既是大众传媒的工具，又是党和政府的重要宣传思想阵地。新中国广播电视事业走过的半个世纪的历程表明，确保党对广播电视事业的领导，把握正确的舆论导向，坚持以正面宣传为主的方针，坚持为人民服务、为社会主义服务的宗旨，是充分发挥广播电视喉舌功能基本经验的概括和总结。

广播电视是具有多种功能的大众传播媒介。但在我国宣传党的纲领、路线、方针和政策，激励和鼓舞全党和全国人民为建设具有中国特色的社会主义伟大国家而奋斗则是广播电视的基本功能。广播电视台所办的各类节目虽然具体功能有所不同，但都要体现出这一基本功能，只有这样才能使党和国家的声音进入千家万户，使中国的声音传向世界各地。

第三，新中国的广播电视事业具有"一国两制"的特点。

1949年10月新中国的成立从根本上改变了旧中国四分五裂的局面，实现了国家空前的统一。但由于历史的原因，台湾、香港和澳门尚未回到祖国的怀抱。20世纪90年代以来，中国政府在"一国两制"基本国策的指引下，经过与英国、葡萄牙政府反复谈判，并签订有关协议，从1997年7月1日、1999年12月20日起，中国政府先后对香港、澳门恢复实行主权，迈出了实现国家统一的重要步骤。台湾则主要由于台湾当局的错误主张，迄今与祖国大陆处于分离状态。

中国大陆实行社会主义制度，香港、澳门和台湾长期以来实行资本主义制度。香港、澳门回归以后，根据《香港基本法》《澳门基本法》的规定，在坚持一个中国的前提下，香港、澳门原有的资本主义制度不变。在资本主义社会下产生并发展起来的香港、澳门和台湾的广播电视事业有着自身的特点和一整套管理体制。为了保证"港人治港"、"澳人治澳"和高度自治的实现，中央人民政府所属的广播电视部门对港澳的广播电视事业不得干预，台湾的广播电视事业现仍由台湾当局管辖。在一个国家内，既存在着社会主义的广播电视事业，也存在着资本主义的广播电视事业，这是客观事实。但是两种制度下的广播电视事业是可以互相交流合作的。地区间广播电视开展多种形式、不同层次的频繁交流合作活动，对加深人民之间的互相了解和促进祖国最终完全统一有着积极的意义和作用。

第四，中国正由广播电视大国向广播电视强国迈进。

新中国成立之初，作为一个 4 亿人口的泱泱大国，1949 年底全国仅有广播电台 49 座，市、县广播站 11 座，收音机 100 万台左右，有线广播喇叭 900 个，广播电台的全部发射功率不过 100 多千瓦。当时尚无电视事业。比起 20 世纪 50 年代之初的世界上广播电视的发达国家，中国只是广播小国。50 年后，到 2000 年底，中国已有县级以上广播电台 304 座，电视台 354 座，县级广播电视台 1446 座，收音机的社会拥有量超过 5 亿台，电视机的社会拥有量超过 3 亿台，广播、电视的人口覆盖率分别达到 92.74%、93.65%，全国拥有的广播电视受众人数在 10 亿以上。广播电视的发射功率有了极大的增长。由于电子工业的急速发展，我国已由新中国成立之初尚不能生产制造收音机的国家一跃成为世界上彩色电视机年产量第一的国家。总之，就广播电视事业的整体规模和受众人数以及其在社会上所起的重大影响和作用来说，我国已进入了世界为数不多的广播电视大国的行列。但是，广播电视大国不等于广播电视强国。与当今世界上的广播电视强国相比，我国广播电视事业的科技含量还不够高，广播电视产业的经济实力尚不够强大，尚有不少地区特别是西部地区的众多人口还听不到或听不好、看不到或看不好广播电视，我国对外的广播电视虽然基本上能覆盖全球，但广播电视节目的落地情况还不理想，在和西方的广播电视媒体竞争中，西强我弱的状况尚未根本上改观。

随着 21 世纪的到来，我国已经迈出了从广播电视大国走向广播电视强国的步伐。借鉴世界上广播电视强国的成功经验，广播电视搞好集团化建设是把我国的广播电视事业做大做强，使之成为国内媒体的主力军，达到亚洲一流、世界前列水平的必由之路。广播电视是 21 世纪的朝阳产业，21 世纪的中国也必将谱写广播电视史的新篇章。

［原载于《新闻传播学前沿 2004》，北京广播学院出版社 2004
年版，又载于《现代传播（中国传媒大学学报）》2007 年第 4 期］

谈谈广播电视研究和广播电视学学科建设

广播电视是 20 世纪问世的传播工具。中国的广播事业诞生于 20 世纪
20 年代初期，电视事业产生于 20 世纪 50 年代末期。随着广播电视事业的
建立和发展，对广播电视的研究也逐渐开展起来，经过近 80 年特别是改革
开放 20 多年来众多教学研究者的悉心钻研，有中国特色的广播电视学已逐
步建立起来，成为一门发展中的新兴学科。

一、从广播研究的起步到广播电视学的建立

从广播研究的起步到广播电视学的建立，其间经历了四个阶段。

1. 第一阶段：缓慢起步（民国时期对广播的研究）

1923 年，上海最早出现了外国人办的广播电台，1926 年中国人自办的
广播电视台在哈尔滨诞生。在此期间，1924 年 8 月，上海《东方杂志》发
表曹仲渊的《三年来上海无线电话之情形》是目前见到的中国人写的有关
广播的第一篇专文。作者自称该文是"上海播送站之沿革史"。20 世纪 20
年代末，国民党中央台编印了我国第一本广播年鉴——《中央广播无线电
台年刊》，收入了吴道一等有关广播的专文。

在国民党统治区，广播事业虽然有了较大的发展，但对广播的研究进
展迟缓。其成果可分为三种情况：一是少数专家学者在其无线电史、交通

史、新闻史著作中对广播的论述和记载。而关于广播的著作只有《无线电播音》《广播常识》等几种常识类的小册子，此外，还有一些广播期刊上发表的有关文章。二是国民党广播机构及其负责人（如吴保丰等）对广播事业调查所编印的专刊、专文，如《十年来的中国广播事业》《广播事业》等。三是少数作家，如鲁迅、茅盾、叶圣陶等对广播节目的评述。1946年胡道静的《新闻史上的新时代》较早地涉及广播电视新闻的发展过程。

在日伪统治区，20世纪40年代初出版了两本伪满《放送年鉴》（1939年版、1940年版）。

在抗日根据地和解放区，1940年12月30日，中国共产党领导创办的第一座广播电台在延安诞生。在解放战争期间，1946年温济泽起草的《新华总社语言广播部工作细则》中提出语言广播部（延安新华广播电台编辑部）的基本任务，即研究语言广播，编写稿件、指导播音。解放区对广播的研究是与如何办好人民广播、总结经验教训以及介绍解放区广播事业紧密联系在一起的。

2. 第二阶段：曲折前进（新中国成立至改革开放前对广播电视的研究）

从20世纪50年代初期至"文化大革命"前，中央广播事业局先后召开的第九次全国广播工作会议所形成的文件和有关负责人的报告、讲话、文章，是对广播事业发展的记述和基本经验的总结，从一定意义上也可以看作对广播电视理论、历史和业务研究的成果。在此期间，对苏联广播工作经验的研究和各种专题研讨会的举办，有助于推动广播研究工作的开展。1955年中央广播事业局创办《广播业务》，至"文化大革命"前夕先后出版了百期，代表了当时对广播电视研究的成果及水平。1958年，中央广播事业局成立研究室开始比较系统地收集、整理广播文件、史料和译介外国广播电视材料，除继续承编《广播业务》外，还编印了《广播工作文献集》（一）、《广播业务译丛》3期。

1959年，北京广播学院的成立，标志着广播电视研究迈上新的台阶。

北京广播学院新闻系依照综合大学新闻系设置了新闻理论、广播史、广播业务、播音、文艺和摄影等教研室（组）并开设相关课程，在新闻学的框架内开始了广播电视的教学工作，并结合教学需要开展研究工作。前述中央广播事业局原研究室也并入新闻系，继续编印《广播业务》和《广播电视参考资料》。大学新闻系设有研究室在当时仅此一家，副院长左荧兼新闻系主任和研究室主任。

在康荫、温济泽、高而公等"老广播"的带领下，一批大学毕业的青年教师开始了广播电视的教学研究工作，并得到了中央广播事业局、中央电台及部分地方台的支持，短短五六年的时间，初步取得了一批研究成果。编印成书的有《中国新闻广播文集》（上下册）、《陕北台广播范文选》、《广播稿选》（第一集）、《新闻工作与语言》、《马恩列斯论报刊宣传·列宁论广播》、《毛泽东同志论报刊宣传工作》、《大跃进广播稿选》、《主要资本主义国家广播电视事业概况》、《社会主义国家广播电视事业概况》等。未印成书的有《广播电视概论》《中国广播史稿》等。

20世纪60年代初期，受"左"的思潮影响，曾对一些教材进行过错误的批判，影响了对广播电视研究的进展。"文化大革命"前夕，《广播业务》停刊。"文化大革命"初期，北京广播学院停办。"文化大革命"期间，极左思潮泛滥，大批判横行，正常的广播电视研究中断，仅对延安（陕北）台的历史调查取得了新进展。"文化大革命"后期，1973年北京广播学院恢复，教学研究工作重新启动。

3. 第三阶段：恢复成长（改革开放以来至20世纪80年代末对广播电视的研究）

1978年，党的十一届三中全会之后，广播电视事业出现了蓬勃发展的新景象。1980年举行的第十次全国广播工作会议总结了新中国成立以来广播电视工作的基本经验。1983年举行的第十一次全国广播电视的工作会议提出了立志改革、开创广播电视工作新局面的历史任务。

为适应总结历史经验和开创广播电视工作新局面的需要，广播电视研究工作迅速开展起来，以 1986 年中国广播电视学会成立为标志，可以作为前后两个阶段。

1986 年以前，广播电视研究除了北京广播学院，广电研究基本上处于分散状态。广电系统外，几乎无人专门研究广播电视。

1980 年，北京广播学院进行学科调整，原新闻系重新组建为新闻系、播音系、文艺编辑系和电视系，并成立新闻研究所。结合教学需要，广播电视研究开始突破新闻学的框架，向建立广播电视学迈出了第一步。此前，1979 年北京广播学院开始招收新闻学专业广播电视方向的硕士研究生，同年 9 月，《北京广播学院学报》创刊，1981 年新闻研究所创办《新闻广播电视研究》（1981—1989）。由新闻系主持的解放区广播史调研工作开始，根据调研结果，经中宣部批准，从 1980 年开始，中国人民广播事业创建纪念日由 1945 年 9 月 5 日更改为 1940 年 12 月 30 日。1983 年 7 月，广电部政策研究室和北京广播学院等在长春联合召开了第一次中国广播电视史座谈会，《当代中国的广播电视》编写工作启动。1985 年，《中国广播电视年鉴》首届年会在北京召开，《年鉴》编纂工作启动。1986 年，北京广播学院、广电部政策研究室先后在北京、庐山分别召开解放区广播史讨论会和首次广播电视学研讨会。

1986 年 10 月，中国广播电视学会在北京成立。温济泽在大会发言中建议把广播电视研究从新闻学的框架中分离出来，建立独立的广播电视学，并形象地说，在新闻学母体中孕育的广播电视学已经成熟，欢呼广播电视学婴儿的诞生。

20 世纪 80 年代后期，可以说是广播电视研究的第一个"黄金时期"，其标志性事件有：

——中国广播电视学会成立，并组建了第一批专业研究委员会（已增至 30 多个），各省、自治区、直辖市均建立了省级学会并组建若干研究委员会（组）；该会主办的《中国广播电视学刊》于 1987 年创刊，并主持编写《中国广播电视学》。

——根据中共中央宣传部决定，由广电部主持编写的《当代中国的广播电视》（上下册）于 1987 年 3 月出版。

——根据国务院决定，由各省级广电厅局主持的本地广播电视志编纂工作启动。

——北京广播学院有关系所主编的第一代原创性广播电视教材（1986 年）和第一部广播电视专业辞典（1989 年）问世。

——北京广播学院、广电部政策研究室主编的首卷《中国广播电视年鉴》（1986 年版）于 1987 年出版。

——一些综合大学的新闻院系开始设置广播电视新闻专业，中央三台和部分省级广电局、台成立研究室或（广电）史志办公室。

4. 第四阶段：走向成熟（20 世纪 90 年代初至今对广播电视的研究）

20 世纪 90 年代以来，广播电视学术研究呈现以下几个特点。

一批以中老年为主的具有高中级职称的专兼职广播电视研究队伍已初步形成；广播电视研究从分散、以个体为主逐步走向有组织、有计划的以课题研究为主；广播电视科研成果已初步构建起广播电视学的框架，学术论著的评奖活动已走向规范化，1992 年召开了全国广播电视理论研究工作会议，2000 年国家级高校广播电视研究中心在北京广播学院建立，与此同时，广播电视学作为一门新兴的学科已逐步得到社会的认同。

第一，1992 年 11 月，国家技术监督局颁布的国家标准《中华人民共和国学科分类与代码国家标准》中把"广播与电视"列为"新闻学与传播学"学科范围内与新闻理论、新闻史、传播学等并列的二级学科。在"广播与电视"范围内列入了"广播电视史"、"广播电视理论"、"广播电视业务（包括广播电视采访、写作、编辑等）"、"广播电视播音"和"广播电视其他学科"等三级学科；同时在"文艺学"学科范围内将"广播电视文艺"

与戏剧、戏曲、电影等并列为三级学科。

第二，1997 年 3 月出版的全国哲学社会科学规划办公室主编的《哲学社会科学各学科研究状况与发展趋势》中"新闻学"章节中论及广播电视研究时称："90 年代以来，广播电视已成为一个独立的学科，研究进展迅速，但由于起步较晚，理论方面还比较薄弱。"（见该书第 690—691 页）

第三，1997 年，国务院学位委员会、国家教委颁布的研究生学科、专业目录中，在"艺术学"一级学科的范围内首次列入"广播电视艺术学"。

第四，1998 年，国家教委颁布的本科生专业目录中将"新闻传播学类"中与新闻学专业、广告学专业等并列的"广播电视新闻专业"改称为"广播电视新闻学专业"；同时在艺术类中设有"播音主持艺术""广播电视编导"等专业。

第五，2002 年经国务院学位办同意复旦大学将"广播电视学"列入"博士学位授权一级学科范围内自主设置的学科、专业"之一，该校徐培汀教授的《二十世纪中国的新闻学与传播学》中已将广播电视学列为独立学科加以评述。

综上所述，本人认为，至此，广播电视有学、无学之争已告一段落，广播电视学作为一门新兴学科的地位业已确立。

二、广播电视学的界定、对象和学科体系及其特点

广播电视学是研究广播电视传播活动及其规律的一门学科，属于人文社会科学的范畴。

就广播电视传播活动来讲，大致包括传者（广播电视台）、传什么（宣传、节目、编采播等）、用什么传（技术设备）、怎么传（管理）以及受者（听众、观众）等诸方面的内容。据此，广义的广播电视学应包括广播电视宣传学（广电新闻学、广电文艺学等）、广播电视技术学、广播电视管理学和广播电视受众学等。

狭义的广播电视学指建立在新闻传播学基础上的广播电视学，主要包括广播电视理论研究、广播电视实务研究、广播电视史学研究以及某些交叉性的学科（如广电心理学、广电法学、广电经济学、广电广告学等）。

也有学者将广播电视学的研究分为五大分支学科，即广电节目学、广电受众学、广电传播工程学、广电管理学和广电史学等。

还有学者认为，广播电视学的研究对象应以广电节目为中心，分为5个层次。

第一层次：广播电视节目研究——广电节目学（采、编、播、导或广电新闻学、广电评论学、广电文艺学、广电播音学、广电广告学）；

第二层次：节目的制作和接受研究（广电人才学、广电受众学）；

第三层次：广播电视台研究（广电管理学）；

第四层次：广播电视系统研究（内部纵横关系、体制、运行机制等也属广电管理学）；

第五层次：广播电视与外部（国内、国际）环境关系的研究（广电社会学、广电文化学、广电法学等）。

以上五个层次的研究均含有基础理论研究、基础应用研究和历史研究三个方面。

我从事广电史教学研究工作40多年，我认为，广电史的研究既是广播电视学的一个重要分支，从某种意义上来说也是广电学研究的基础。在一门独立学科的形成和建立过程中，其史学研究往往走在其他分支学科的前列。

衡量一门独立的学科，一般来讲应有三个条件：

第一，是否有特定的研究对象；

第二，是否构建起相对完整的理论体系；

第三，是否能与其他学科划清界限。

作为一门新兴的独立学科的广播电视学有三个特点：

第一，时代性。我国的广播电视学形成于 20 世纪和 21 世纪之交，适逢我国社会由计划经济向市场经济过渡的时期；

第二，实践性。广播电视学应源于实际，高于实践，而又能指导实践，办好节目，吸引受众，发挥其应有的社会效益和经济效益。

第三，综合性。广播电视学的研究涉及人文社会科学，如新闻学、传播学、社会学、法学、文艺学、经济学、心理学等以及某些自然科学，如传播科技等诸多方面。它的研究过程是多学科交叉、综合的结果。

三、广播电视研究队伍和主要成果

20 多年来，广播电视研究的蓬勃发展，已逐步培养和形成了一支老中青相结合的、专兼职皆有、具有高中级职称的广播电视研究队伍。这支研究队伍主要由以下三个方面的力量构成：

第一，以中国传媒大学（原北京广播学院）为代表的包括一批综合大学新闻院系中从事广播电视教学研究的人员（含在读的博士生、硕士生）；

第二，以国家广电总局、中央三台的研究机构、史志办为代表的包括一批省级广电厅局、台的研究室和史志办的专兼职研究人员；

第三，以中国广播电视学会学术部及 30 多个专业研究委员会为代表的有关广电学术团体的专兼职研究人员。

此外，还有中国社会科学院及部分省级社科院新闻研究机构中的专兼职从事广播电视研究的人员等。

正在广播电视第一线从事编、采、播、录、导等工作，积累了丰富实践经验的高中级职称人员中具有的潜在研究能力正在逐步显现出来。

2001 年，中国广播电视学会在全国广电系统中首次评选出广播电视理论工作者"十佳百优"100 名，2004 年第二届评选中从广电系统及部分高校中评选出"十佳百优"110 名。

综合 20 多年来广电学的研究成果，除广电刊物发表的学术性、业务性文章及研究生论文外，以专著、教材、工具书形式出版的概括起来有以下几种。

第一，广播电视学基础及应用理论类的主要有以下作品。

20 世纪 80 年代出版的有：康荫著《新闻广播学研究》（1982）、裴玉章著《荧屏前后：电视理论与实践问题探析》（1983）、苑子熙著《新闻广播电视学——理论与应用研究》（1985）、李宜著《怎样做好广播编辑工作》（1985）、康荫编著《广播学基础》（1988）、刘志筠编著《电子新闻媒介——广播与电视》（1988）、13 所大学编著《应用广播学》（1988）、鲍祖安著《广播受众学简说》（1988）、王珏编著《新闻广播电视概论》（1989）、北京广播学院新闻系主编《实用广播电视新闻学（上、下）》（1989）、陆锡初著《广播编辑》（1989）、张舒著《录音报道》（1989）、林兴仁著《实用广播语体学》（1989）等。

20 世纪 90 年代出版的有：阎玉主编《中国广播电视学》（1990）、周鸿铎著《广播电视经济学》（1990）、刘树林等主编《电视文艺学》（1990）、吴信训著《实用电视传播学》（1990）、刘炘著《电视意识论》（1991）、方亢等著《中国电视新闻学》（1991）、陈志昂主编《电视艺术通论》（1991）、武子芳等主编《中国广播电视管理学概论》（1992）、北京广播学院电视系学术委员会等编著《中国应用电视学》（1993）、刘志明著《电视学原理》（1993）、杨伟光主编《电视新闻分类与界定》（1994）、张君昌编著《应用电视新闻学》（1995）、张骏德著《现代广播电视新闻学》（1996）、杨伟光主编《中国电视专题节目界定——研讨论文集锦》（1997）、苗棣等著《电视文化学》（1997）、苗棣《电视艺术哲学》（1997）、曹璐等著《卫星电视传播》（1997）、杨伟光主编《中国电视论纲》（1998）、宋友权主编《中国广播受众学》（1998）、涂光晋著《广播电视评论学》（1998）、朱月昌著《广播电视广告学》（2000）等。

播音学基础及应用理论方面的著作有：张颂著《播音创作基础》

（1990）、徐恒著《播音发声学》（1985）、吴郁主编《播音学简明教程》（1988）、陆锡初等著《节目主持艺术通论》（1998）、祁芃著《播音心理学》（1992）、张颂主编《中国播音学》（1994）等。

21世纪初出版的有：朱羽君等著《电视采访学》（2003）、饶立华等著《电子媒介新闻教程——广播与电视》（2003）、周小普著《广播新闻与音响报道》（2003）、吴郁等著《广播电视新闻语言与形体传播教程》（2001）、周鸿铎等著《广播电视经营与管理》（2005）、胡正荣著《媒介管理研究——广播电视管理创新体系》（2000）、杨伟芬主编《渗透与互动——广播电视与国际关系》（2000）、张振华主编《中国广播电视新论》（2004）等。

第二，广播电视史志类的著作有：赵玉明著《中国现代广播简史》（1987）、左漠野主编《当代中国的广播电视》（上下册）（1987）、广播电影电视部政策研究室编《梅益谈广播电视》（1987）、杨波主编《中央人民广播电台简史》（2000）、郭镇之著《中国电视史》（1991、1997）、艾知生等主编《中国改革开放辉煌成就十四年·广播电影电视卷》（1993）、艾知生著《广播影视工作谈》（1997）、于广华主编《中央电视台简史》（1993）、陈飞宝等著《台湾电视发展史》（1994）、赵玉明著《中国广播电视史文集》（1993）、艾红红著《中国广播电视史初论》（2002）、钟艺兵主编《中国电视艺术发展史》（1994）、康荫著《往事五十年断忆》（1996）、吴素玲著《中国电视剧发展史纲》（1997）、张振东等主编《香港广播电视发展史》（1997）、杨正泉著《我与广播》（1996）、中国广播电视报简史编写组编《中国广播电视报发展简史（1953—1995年）》（1997）、杨伟光主编《中央电视台发展史》（1998）、赵玉明主编《中国广播电视通史》（上卷，2000）、《中华人民共和国广播电视简史》编辑部编《改革开放中的广播电视（1984—1999）》（2001）、徐光春主编《中华人民共和国广播电视简史（1949—2000）》（2003）、赵玉明主编《中国广播电视通史》（2004）等。

还有吉林、湖北、陕西、山东、河南、河北、新疆、云南、青海、黑龙江、四川、湖南、安徽、辽宁、山西、广东、江西、贵州、上海、广西、江苏、福建、内蒙古和天津等 23 个省、自治区、直辖市的广播电视志（1991—2004）。

近年来先后出版的纪念性文集有：《周新武纪念文集》、《永远的怀念——温济泽纪念文集》、《艾知生纪念文集》、《怀念吴冷西》和《八十年来家国——梅益纪念文集》等。

第三，广播电视工具书有：《中国广播电视年鉴》编辑委员会编《中国广播电视年鉴》（1986 年版为首卷，已出版 1986—2004 年共 18 卷）、中央电视台研究室编《中央电视台年鉴》（1994 年版为首卷，已出版 1994—2004 年共 11 卷）、《当代中国的广播电视》编辑部选编《广播电视史料选编》（共 8 册，1987）、赵玉明主编《广播电视简明辞典》（1989）、王云缦等主编《电视艺术辞典》（1991）、赵玉明等主编《中外广播电视百科全书》（1994）、赵玉明等主编《广播电视辞典》（1999）和中国广播电视人物词典编辑委员会编《中国广播电视人物词典》（2000）等。

第四，广播电视系列教材、丛书：北京广播学院电视系《电视节目制作丛书》（共 18 册，1987）、中央电视台《电视丛书》（共 12 册，1993）、中央电视台《跨世纪电视丛书》（共 9 册，1998）、北京广播学院新闻系《广播电视新闻系列教材》（修订本，共 10 册，2002）、中国国际广播电台《国际广播丛书》（共 8 册，2001）等。

中国广播电视学会从 1988 年起每两年举行一次全国广电学术论文评选，目前已举办 8 届。从 1990 年起每四年举行一次全国广电学术著作评选，目前已举办 4 届。

概括以上广电研究成果，可以说已经基本具有中国特色的广播电视学的框架和学科体系，主要表现在以下几个方面。

第一，在广播电视基础理论研究方面，对我国社会主义广播电视的性质、任务和作用，在认识上突破了过去"左"的错误观念，如"广播是阶级斗争工具"等。根据中央已将广播电视列入第三产业的范围，探讨了广播电视的双重或三重属性问题，既具有很强的政治属性、喉舌功能，同时又有经济属性、产业功能，具有文化属性、娱乐功能，并且基本上取得了一致的意见。

第二，在广播电视应用理论研究方面，20多年来广播电视节目的多次重大改革为广电应用研究提供了广阔的天地，研究的热点问题层出不穷。例如，广电舆论导向、广电舆论监督、各类节目改革、节目主持与播音、热线电话、广电经营管理、广电广告、广电管理体制和运行机制的改革等，都有新的成果不断出现。

第三，在广播电视决策管理研究方面，提出了不少新的课题。例如，广电受众调查已从根本上改变了过去只靠受众来信被动调查的局面，开始运用传播学的调查系统和方法，多次开展全国性的听众、观众调查，并取得了可喜的成果，为广电节目的下一步改革提供了切实可信的依据。又如，广电发展战略的研究探讨了世纪之交我国广电的发展趋势、应对境外卫星广播电视的挑战等问题，均有了初步的成果。

第四，在广播电视史志研究方面，已在中国现代广播史、中国当代广播电视史、地方广播电视史志等几个领域取得一批代表性的成果，为探讨中国广播电视发展的历史规律和总结广电工作的历史经验做出了贡献。

广电研究可以说是当前社会科学研究中的显学，甚至新闻传播学的第一个博士后的课题也是电视产业研究。广电行业有一句流行语叫"热运行、冷思考"。广电宣传是以时、分、秒来计算的，以往第一线的人员只管"当天"不顾"当代"的状况，现在从领导起已有了很大的改变。原广电部部长孙家正同志在1994年的一次讲话就很有代表性。他说当前"广播电视事业的迅猛发展与理论建设、队伍建设、法规建设的滞后形成明显的矛盾。作为事业要长远发展、有序地发展、科学地发展，急需理论的支持……对我们系统来说，就是如何建立有中国特色的广播电视学"。

中国广播电视学会于 1999 年、2003 年先后制定了《1999—2002 年广播电视理论研究规划纲要》和《2003—2007 年广播电视理论研究规划纲要》。两次"纲要"的制定和实施，对广播电视研究工作的深入开展和推动广播电视学科建设发挥了重要作用。

　　[本文为 2002 年 5 月在南京大学新闻传播系专题讲座的讲课提纲，后略加补充，载于《现代传播（中国传媒大学学报）》2007 年第 4 期]

我与中国广播电视史

——半个世纪从教的回忆

2017 年初夏，在整理我捐赠给中国传媒大学图书馆作筹建广播电视史志资料研究中心的书刊资料时，艾红红教授意外发现了我久寻未见的"文化大革命"前整理保存的中国人民广播史讲课提纲一卷，封面署"新闻系教学资料""自 1961 年 2 月至 1964 年 7 月""新闻系本科 59 级、60 级、64 级适用"等字样，还有当年的广播概论课讲课提纲一卷。翻阅之余，不由得引起我对半个世纪以来从事中国广播电视史教学的回忆。

一、"文化大革命"前广播史课教学回忆

1955 年，我考入北京大学中文系，后分配到新闻专业学习。1958 年，新闻专业并入中国人民大学新闻系。1959 年 8 月，我从人民大学新闻系毕业分配到刚创办的北京广播学院（今中国传媒大学）新闻系工作。当年，新闻系根据全系教学课程的计划和个人对从教课程的意见，分配我到广播史教研组。当时，广播史教研组组长由新闻系副主任康荫同志兼任，教研组副组长（后为组长）为张纪明同志。教研组除了我外，还有一位山东大学中文系毕业的王广咸同志（不久调离）。当时的教学任务是为首批入学的 59 级学生准备开设新闻广播史课。课程内容包括新闻史和广播史两个部分。

备课前后

从 1959 年初秋到 1961 年初春，我集中全部精力投入广播史的备课工作。在北大、人大学习时只上过报刊史的课，除了偶尔听过广播外，对广播的知识可以说是一无所知。一切从零开始，万事从头学起。

首先，向系里的"老广播"请教学习，康荫、张纪明等老同志均从事广播宣传工作多年，有着丰富的实践经验。康荫还写过几篇关于广播史的文章发表在内部刊物上。1960 年到系里工作的温济泽同志对我的指导、帮助尤大。我已另有专文回忆，这里从略。从这时候起，作为一名广播新闻方面的教师，我开始逐步养成早上听中央台"报摘"、晚上听"联播"、白天看报纸的习惯，一直坚持至今（后来晚上"联播"改为看电视了，但听"报摘"从未中断）。

其次，到人民大学回炉听报刊史课，这回着重学习老师的讲课方式，包括备课、板书、时间掌握等，同时向方汉奇老师请教如何收集广播史料、编写教材等。方老师告知的可以从报刊上收集广播史料的方法，使我受益终生。

再次，到北京图书馆（今国家图书馆）、中央广播事业局档案资料室等处查找广播史料，特别是查阅有关延安（陕北）新华广播电台的原始档案，为此后上课时讲延安广播的历史和优良传统提供了难得的第一手史料。其间，我还经手为教研组购买了全套国民党办的《广播周报》（创刊至抗战前）和国民党《中央广播无线电台年刊》以及影印全套重庆《新华日报》等，并从中央广播事业局资料室索取了一套延安《解放日报》影印本。这些书刊后来均移交学校图书馆收藏。当年，正逢《毛泽东选集》第四卷出版，结合学习《毛泽东选集》，我大量阅读有关解放战争的回忆文章，从中寻找有关人民广播的史料线索。

在备课过程中我还领受了一项任务，即在"老广播"指导下编写《中国人民广播事业大事记》，于 1960 年 6 月完成，并以"草稿"名义印发征求意见，全文以编年体形式记载了从 1945 年 9 月至 1959 年底人民广播事业发展的重要史实，约 10 万余字，后作为内部资料存用，未公开出版。同时，我还为 59 级、60 级学生编印了两本油印的新闻广播史教学参考材料，以满足上课需求。1961 年 9 月，为配合新闻广播史学课教学需要，我负责编选的《中国人民广播史资料》（上册）在内部印了 800 册。全书 7 万多字，收入人民广播初创时期文献史料、介绍和回忆人民广播的文章 20 多篇，以及《第三次国内革命战争时期人民广播大事记》（初稿），并附旧中国广播文章 5 篇。下册原拟编选社会主义革命和建设时期的有关广播史料，后因故未编选。与此同时，我与其他老师经初步讨论后分别开始编写广播史各章的讲课提纲，并着手写自己主讲部分的讲稿。

从 1959 年下半年起至 1960 年全年，我在紧张备课的同时还担任了为无线电系 59 级、60 级学生组织开设广播业务常识课的任务。这是根据学院副院长兼新闻系主任左荧同志的意见。他认为新闻系学生应当学习有关广播技术常识的课，无线电系学生应当学习有关广播宣传知识的课。今天看来，这是富有远见的措施。他亲自为无线电系 59 级学生主讲有关广播性质和任务的内容。此后各讲由我根据课程要求请中央人民广播电台各部门的负责人分别讲授有关新闻广播、工业广播、农业广播、文艺广播等内容。我每次都认真听课，整理笔记印发给学生学习。1961 年初为无线电系 60 级开设本课时，我主讲前言和广播史部分。第一讲和外国广播事业由张纪明主讲。其间，我还负责邀请中央广播事业局对外部各外语部门的负责人为外语系学生开设对外广播业务讲座。我参与组织这两门课的教学工作，每次都要整理笔记印发给学生，还要组织讨论、参观，对我来讲这是难得的学习机会，同时还结识了上述有关各广播部门的主讲人，对我此后的工作大有裨益。在北京广播学院"文化大革命"前，一个教师先后为全校三个系的学生讲过课（或主持上课），我大概是唯一的一个，也是空前绝后的一个。

新闻广播史课初次亮相

1961 年 2 月春节过后，新闻系 59 级第四学期开学迎来了一门新课——新闻广播史课。其中第一部分新闻史主要是邀请中央新闻单位人民日报、新华社有关领导同志讲课，内容为党的新闻工作历史、现状和优良传统。原重庆《新华日报》总编辑熊复讲《新华日报》的历史和光荣传统、新华社副社长海稜讲新华社历史和现状及从事新闻工作的体会、《人民日报》副总编辑安岗讲关于记者工作等。

第二部分为广播史，保存下来为 59 级开课的广播史讲课提纲分为前言、第一章［第三次国内革命战争时期的人民广播（1945.9—1949.9）］、第二章［国民经济恢复时期的人民广播（1949.10—1952.12）］、第三章［第一个五年计划建设时期的人民广播（1953—1957）］、第四章［社会主义建设"大跃进"时期的人民广播（1958—1960）］。其中前言、第一章由康荫主讲，第二章由我主讲，第三章由苑子熙主讲，第四章由张纪明主讲，我负责辅导工作。今天翻阅这份提纲，有几点值得注意。

第一，关于广播史的教学和研究对象，开宗明义，"广播史是研究广播电视产生和发展的历史的科学"。这里，明确讲广播史课是一门历史的科学。课程名称虽叫广播史，但同时包括电视在内。第四章会讲到我国电视的产生。

第二，关于广播史教学内容从人民广播诞生直到 20 世纪 60 年代初，这在当时也是个突破。当年，人民大学、复旦大学新闻系的新闻（报刊）史课只讲到新中国成立前。

第三，受当时党内"左"倾错误思想的发展和泛滥的影响，提纲中充满了"左"的提法和观点，如认为"广播和电视是帝国主义走向崩溃和社会主义走向胜利时代产生的现代化宣传工具""广播、电视是阶级斗争的产物""广播电视就成了阶级斗争的强有力的武器"等。

第四，全部提纲以人民广播为主体，对此前中国的广播只在前言中略有提及，对已出现的广播电台除"苏联呼声"广播电台外，其余全盘否定。

此后，为 60 级、64 级学生开课的提纲内容虽有调整和补充，但上述政治评价的基调未变。

新闻系 59 级学生当时尚未分专业。面对 200 多个学生，他们三位"老广播"虽未为本科生讲过课，但有丰富的广播工作实践经验，底气十足，讲起来侃侃而谈。对我来说则是如履薄冰，战战兢兢，只能拿着写好的并经过领导审阅过的讲稿念着讲，不时抬头看看学生的反应，在下课铃声中终于完成了此生的第一次讲课任务。

为新闻系 60 级学生开设新闻广播史课提前到二年级第一学期，即 1961 年的初秋，也可以说是紧接着 59 级学生开设的。这次开课仍分为两个单元，将广播史列为第一单元，报刊史列为第二单元。报刊史部分改变了此前请中央新闻单位负责人做报告的方法，改请人民大学报刊史教研室教师，分四章系统地讲授"五四运动"以来至新中国成立前夕无产阶级报刊产生和发展的历程。

广播史部分，由于康荫主持全系工作，随着教学机构的调整，成立广播业务教研室，原史论编采教研组撤销，张纪明调离，讲课教师有所调整。前言、第一章、第二章和结束语由我主讲，第三章仍由苑子熙主讲，第四章改由 1960 年从复旦大学新闻系毕业分配来的王珏担任。讲课提纲各章节的基本观点与 59 级学生的相同。

在国民经济困难、全国高校调整时期，1961 年至 1963 年新闻系未招收本科生。这段时间，我先是参加 59 级学生采访写作课的辅导工作，和同学们一起在京采访，返校后共同讨论如何写作成文。1963 年上半年，59 级学生到各地广播电台实习，我随部分同学到湖北武汉人民广播电台一起实习采编工作。1964 年上半年，本拟同部分 64 级学生到江苏人民广播电台实习，但临时指派到北京市郊区延庆靳家堡公社参加"四清运动"。1964 年，新闻系恢复招本科生。当年初秋，新闻系 64 级 40 多名新生入学。我从"四清运动"前线抽调回校，准备为新生开课。新闻广播史课再次提前到 1965 年第二学期开设。本次开课的广播史部分定名为中国人民广播史，分为前言、第一章（第三次国内革命战争时期的人民广播）、第二章（国民经济恢复时期的人民广播）、第三章（第一个五年计划时期的人民广播）。原第四章（1958 年以后的广电史）鉴于当时的政治、经济形势未列入教学内容，全部讲课辅导任务均由我一人承担。这是"文化大革命"前新闻广播史最后一次开课。1965 年的暑期，为纪念人民广播创建 20 周年（当时以延安新华广播电台从 1945 年 9 月 5 日开始播音计算），我参与了纪念展览中的广播史部分筹展工作，首次将解放区广播的教学内容形象化地展出。新闻系 65 级学生入学后，广播史课与广播概论课合并，统称为广播概论，于第一学期开设。我负责其中包括广播史在内的部分章节的教学工作。第二学期 1966 年初春开学不久，"文化大革命"爆发，教学工作停止。1971 年，北京广播学院停办，直至 1973 年恢复。在此期间，我从"五七"干校调回北京，参与筹建延安广播展览，一年多的时间，收集、查阅了大批延安广播史料，访问了一些"老广播"，初步办起了展览。展览结束后，我被分配到中央人民广播电台新闻部工作了近两年，后又回到了北京广播学院新闻系任教。从 1974 年起新闻系招收两届工农兵学员至 1977 年恢复高考 77 级新生入学，均开设新闻广播概论课，直到 78 级学生入学后始恢复广播史课，这已是后话了。

二、改革开放初期广播史课的回忆

1978 年 3 月恢复高考制度后，北京广播学院新闻系 77 级新生 100 多人入学。77 级学生第一学期沿袭旧制仍开设包括广播史在内的新闻广播概论课。当年 12 月，于"文化大革命"前 1959 年、1960 年陆续来校的青年教师定职为讲师。1979 年 78 级学生在第二学期开始恢复广播史课。当时新闻系有四个专业，除了电视专业外，编采、文艺、播音三个专业均开设广播史课，这种状态延续了两三年。78 级、79 级学生的课程名称仍为中国人民广播史。1980 年该课开始正式定名为中国广播史，但包括广播电视在内。从现在保存下来 1981 年的讲课提纲中可以看出，课程已初步摆脱了"文化大革命"前教材中"左"的思维定式，开始在前言中比较客观地对待和讲述世界广播的产生、发展的历史和现状；同时将旧中国的广播单列讲授，在新中国广电部分中根据中共中央《关于建国以来党的若干历史问题的决议》的精神对广播系统的反右派斗争和"大跃进"及十年"文化大革命"期间的广播电视进行了适当的评价。

从此开始，我为本科生主讲中国广播史一直延续到 1988 年，其间还曾为新闻系 83 级、84 级干专班、84 级、85 级大专班开设广播史课。从 1989 年起，我将该课主讲任务移交给青年教师负责。

参与更改人民广播创建纪念日有关活动

1980 年，党的十一届三中全会之后，党的实事求是的优良传统重新得到恢复和发扬，历史科学研究再现新的生机。其间，广电系统发生了一件与广播史教学密切相关的大事，即将人民广播诞生的纪念日由原来的 1945 年 9 月 5 日更改为 1940 年 12 月 30 日。我有幸参与了有关活动，并将收获运用于课堂教学和教材编写之中。

当年春天，原延安（陕北）新华广播电台编辑部主任，后曾任中央广播事业局副局长，当时已调任中国社会科学院研究生院副院长的温济泽同志，把我和原延安（陕北）台编辑曾参与 1971 年筹办延安广播展览的杨兆麟同志找到一起，提出根据 1971 年筹办展览发现的延安广播史料，延安台早在 1940 年 12 月 30 日已开始播音。为恢复历史原貌，真实反映当年延安广播艰苦创业的情景，有必要建议更改人民广播纪念日。三人商定后，由我负责起草一份调查报告，说明 20 世纪 40 年代初延安台筹建和开播的情况，然后再商定建议更改人民广播创建纪念日之事。

我起草的调查报告名为《延安新华广播电台筹建和试播始末》，经温济泽修改后和他所写的《关于新华社和延安新华广播电台诞生日期问题》一文于同年6月一并报送中央广播事业局局长张香山同志，同时致函建议更改人民广播创建纪念日。上述两文均刊于中国社科院新闻研究所主办的《新闻研究资料》第4期（1980年8月出版）。

中央广播事业局党组讨论了温济泽的建议报告并报中央宣传部批准，于当年12月23日发出将人民广播创建纪念日从1945年9月5日更改为1940年12月30日的通知。当年12月29日，张香山同志主持召开了纪念人民广播创建40周年座谈会，我参加了座谈会并整理了与会者的发言摘要（刊于《北京广播学院学报》1981年第1期）。同时，我根据宣传安排，撰写了《人民广播第一声》一文，刊于《光明日报》同年12月30日。

倾力编写教材

为适应教学需求，广播史教材的编写工作也逐步提到日程上来。在原有的讲课提纲的基础上，我着手开始编写中国广播简史，并在新创办的《北京广播学院学报》［今《现代传播（中国传媒大学学报）》］上陆续刊出。1981年《北京广播学院学报》第1期、3期、4期以"《中国广播简史》选载"为题分别刊登了《人民广播的创建》、《反对内战争取民主的号角》、《解放战争中的人民广播》和《迎接新的历史时期》四篇文章。1982年《北京广播学院学报》第1至4期，再次以"《中国广播简史》选载"为题分期刊登了《旧中国广播的产生、发展和终结》一文。《中国广播简史》全文总计约6万字，奠定了以后撰写中国现代广播史的基础。我没有料到的是《中国广播简史》居然引起了全国新闻高级职称评审委员会的注意。1983年5月，该会编印的《全国新闻系统测试复习提纲》中各门课均附有正式出版的参考书。"广播电视"部分参考书为：北京广播学院：《中国广播简史》、吴冷西在第十一次全国广播电视工作会议上的报告、北京广播学院新闻系的有关教材和学报。将《中国广播简史》列为参考书之一，实出我的意料。为适应职称评审考试的需要，我于当年7月将《北京广播学院学报》各期连载的"中国广播简史"略加订正印制成册，供应试使用。

在倾力编写教材的同时，我还将历年来收集到的有关人民广播的历史资料，包括有关文件、报道、会议和回忆录等先后编印了五本《中国广播史料选辑》，于 1979 年至 1983 年陆续印成，其中第一辑为延安（陕北）台历史资料，第二辑为《中国人民广播回忆录》（初稿），第三辑为《纪念人民广播 40 周年》专辑，第四辑为延安（陕北）台《广播稿选》，第五辑为抗日战争和解放战争时期解放区广播历史资料，既为校内教学研究使用，同时也分发广电系统的有关部门，供举办培训班参考。在此期间，1980 年原新闻系调整建制，分为新闻系、播音系、电视系、文艺编辑系四个系。我留在新组建的新闻系，不久担任该系广播史教研室主任，教研室除了我之外还有两位毕业留校的青年教师。1982 年广播史教研室被评为全校先进集体，1983 年我晋升为副教授，后任新闻系副主任、主任等职。

1986 年，北京广播学院开办函授专修科教育，其中新闻采编专业开设中国广播史课，课程分为旧中国广播的产生、发展和终结，解放区广播的创建和发展以及中华人民共和国的广播电视事业三个单元。为适应函授教育的需求，新闻系将包括我所编著的《中国现代广播简史》在内的 8 本"新闻广播业务系列教材"统一印发给函授学员参考。从此，新闻系自 1959 年开办以来有了自己的第一套具有广电特色的新闻学教材。

1987 年，《中国现代广播简史》经修订后由中国广播电视出版社公开出版。中国人民大学方汉奇教授在序言中称该书为"中国历史上第一部比较系统、全面的论述 1923—1949 年间中国广播事业发展的专著"。全国高等教育自学考试指导委员会新闻类专业委员会将该书列为中国新闻史课的参考书。此后该书多次再版印刷。1988 年，我晋升为教授。

多方培训在职干部

粉碎"四人帮"后拨乱反正，各地广播电台先后恢复正常广播，从社会上吸收了大量知识青年参加编采工作，他们虽有做好广播工作的热情，但大都缺乏有关广播的基本知识，急需要短期培训。20世纪70年代末80年代初，新闻系教师除了校内教学外，利用寒暑假和教学之余又承担了大量短期班的培训工作，教课内容为广播史论编采的基本知识和技能。从1977年春天山东广播局的短训班开始，在五六年时间内，新闻系教师陆续在辽宁、浙江、河北、河南、山西、广西、四川、湖北、吉林、云南、湖南和江苏等10多个省、自治区开办短训班。上述主办单位尽职尽责，除安排好教学工作外，还把各门课程的讲稿或提纲印发给学员参考，延边台还将我的广播史讲稿译成朝文在内刊上发表。有的短训班结业时还举行了结业考试。学员学习热情高涨，白天听课，晚上自习，还经常与教师相互交流。我的讲课以延安广播艰苦创业的历程和人民广播的优良传统为主要内容。记得在四川办班时，有个学员听课后问我，延安广播的历史生动、具体，听后很受教育，想写成个电影剧本，不知可否。以延安广播的战斗历程为主题的故事影片《声震长空》于2002年拍成上映。此是后话，以后有机会再谈吧。

此外，1984年新闻系还曾为广电部地方宣传局、中央人民广播电台举办的短训班上课。地方宣传局还将全部讲稿印成《广播新闻写作理论与实践》一书，供学习参考。1986年安徽举办刊授教学，将我的讲稿在《新闻刊大》上发表。1987年，新闻系还为中央广播电视大学开设广播专题讲座课，广播史为其内容之一。广播专题讲座及其参考资料均印制成书，公开出版发行。

三、指导广电史方向硕士研究生的回忆

1978年，我国恢复招收和培养（硕士）研究生制度。当年，中国人民大学、复旦大学和刚组建的中国社会科学院新闻研究所开始招收新闻学专业研究生。当时，我应温济泽同志的召唤，参加了新闻与传播研究所招收研究生的部分阅卷、口试和录取工作。受此启示，我向学校建议次年北京广播学院也应该招收研究生。后来果然如愿。

　　1979 年春，北京广播学院发出招收研究生的信息。当时，招生政策比较宽松，像我这样的"文化大革命"前大学毕业刚刚定职为讲师的也可以招收研究生。同时，在读的 77 级大学生经学校同意推荐也可报考研究生。我在为新闻系 77 级学生讲广播史课时，郭镇之的一篇有关延安广播传统的作业引起了我的注意。我决定推荐她报考广播史方向的研究生。经学校同意后，她报名考试合格后被录取为广播学院第一批两名硕士生之一，成为我指导的第一个广播史方向的硕士生，我也有幸成为北京广播学院第一批硕士生指导教师。由此，从训练班起步开办 20 年的北京广播学院在教学和人才培养的工作上迈向了一个新的阶段。

　　从 1979 年郭镇之开始至 1998 年，我共招收和指导了新闻学专业广播电视史方向的硕士生 10 人，先后经答辩合格均获得硕士学位，现将其姓名、入学年份和论文选题列入表 1。

表 1　1979 年至 1998 年招生和指导的硕士研究生

年级	姓名	论文选题
79 级	郭镇之	论旧上海民营广播电台的历史命运
84 级	哈艳秋	伪满广播简论
85 级	孙鸥	中国国际广播宣传改革探析
87 级	李琦	广播电视法刍议
	喻山澜	新时期中央电视台新闻改革探析
88 级	袁军	论十年来中国大陆的广播电视广告
91 级	徐晖明	广播电视志刍议
94 级	范晓晶	民国时期广播报刊研究
95 级	梁波	中国大陆唱片业研究
98 级	赵琳琳	新时期中央电视台经济节目发展研究

　　这里需要说明的有三点。

　　第一，从 1980 年起，学校规定讲师不再招收硕士生，故从 1980 年至

1983 年我未招生。1983 年我晋升为副教授后，1984 年又开始招生。1988 年我晋升教授后，继续招收硕士生至 1998 年。

第二，1989 年，我调到学校担任副院长。作为首个指导硕士生的校领导，为保证行政领导工作的时间，决定少招研究生，原则上毕业一个，再招收一个。故从 1989 年至 1998 年 10 年内我只招生 4 人。担任校领导后，我之所以仍在招收硕士生并承担相应课程，主要出于两点考虑，一是参加学校领导工作是短期的，退下来后，仍然要从事教研工作，故不宜中断。二是作为分管教研工作的校领导，直接参加教学工作，有利于了解情况和做好相关的工作。

第三，从 1999 年起，我开始招收博士生，从此停招硕士生。

另外，在此期间新闻系还先后为中央人民广播电台、中国国际广播电台开办了两期研究生班（85 级、87 级），同时开办了一期新闻学助教进修班（87 级）。我为各班主讲了广播史课。

我首招的研究生虽然只有一人，但这是一项新的工作，我没有经验，从学校来讲，如何培养研究生也是一项正在探索的工作。我的教学方法是边教边学，边学边教。从何着手学呢？一方面，我借助从 1978 年起在中国社会科学院新闻研究所参加有关活动的机会，旁听当年新闻界的胡绩伟、安岗、钟沛璋、温济泽、戴邦、熊复和方言等有关领导关于党的新闻事业光辉历史、优良传统和正反面经验教训的讲课（听课笔记我至今尚保存着）；另一方面，我到人民大学向甘惜分、方汉奇老师请教指导研究生学习的方法，然后结合广播史的教学内容加以融会贯通，付诸实践。

指导研究生学习，我的主要体会有两个方面，一是鼓励学生进一步掌握和提高文史和外语的知识和技能，打好基础功底；二是在广电史的一般基础上，鼓励学生就广电史相关章节提出进一步思考的问题，师生共同探究，写出相应的研究文章。经过几年指导广电史方向研究生的教学实践，1988 年，我起草的《中国广播史研究》教学大纲（草案）分为四个单元，依次为前言（包括中国广播史研究进展概况与研究的意义和方法，广电史料检索法和案例）、旧中国广播史研究、解放区广播史研究和中华人民共和国广播电视史研究，并将广电史料检索法和案例附后，供参考。

指导研究生学习和重头戏之一是学位论文的选题。我的做法是，其一，研究生可根据自己的学习方向和兴趣自主选题，经师生沟通后最终确定，如表1中孙鸥、喻山澜和赵琳琳的选题；其二是我根据学生的情况和广电史研究的缺项提出选题，经师生沟通后最终确定。如哈艳秋，她会日语，当时伪满广播研究尚是空白；李琦、袁军、徐晖明、范晓晶和梁波的选题也都是为填补广电史研究的缺项而确定的。后来的实践证明，这样做既确保了论文的质量和水平，同时也丰富和充实了广电史的教学内容，可谓教学相长、师生两益。上述10人除一人推迟半年答辩外，其余均如期毕业并获硕士学位。

关于郭镇之的论文选题，我起初建议她以延安广播的历程和光荣传统为题。为此，1980年我策划和组织延安广播历史调查活动时，安排她参加，通过具体调查延安（陕北）台旧址并与"老广播"齐越、杨兆麟等的亲近接触一起活动，加深学习体会。之后她写了有关调查报告，并获温济泽等"老广播"的首肯。如果写此题，史料丰富、主题明确，可谓驾轻就熟。后来她觉得上述选题难以写出新意，1981年初，她提出要以研究新中国成立前的上海民营台为题撰写论文。这是一个新课题，我也很少接触，但我对她勇于探索新课题的精神予以肯定，表示同意她的选题，但要做大量的准备调研工作，也包括我在内。

我首先想到周新武同志。他当时是中央广播事业局副局长，"文化大革命"前担任北京广播学院院长，与我住在一个院内。上海解放后，他担任上海人民广播电台台长，负责对旧上海广播电台的接收和改造工作，对上海广播的情况可以说了如指掌。新武同志虽身居高位，但平易近人，他当时还担任人民广播回忆录征集领导小组组长，而我恰恰在他领导下负责具体工作。我多次向他请教上海民营台的有关情况并讨教如何指导写好这篇论文。他和我详细谈了旧上海广播事业的情况、民营广播电台的特点和改造事宜等，并说必须到上海做实地调查，访问有关部门，查找档案资料，用事实说话写好论文，还向我推荐了几位了解当年情况的同志。根据他的意见，1981 年我带着郭镇之于当年 10 月到上海进行了调研，最后了解到有关民营台的档案均藏于上海市档案馆。上海市档案馆的刘光清同志热心地指导郭镇之查阅有关档案，并从此结下友谊，至今 30 多年仍保持着联系。一周的时间内，郭镇之还访问了当年民营台的有关人士，初步完成了史料调研工作。1982 年春，郭镇之的论文写出初稿后，我又请新武同志审阅提出意见。同年 7 月 9 日，新武同志应邀主持郭镇之硕士论文毕业答辩，担任评委的还有人民大学方汉奇老师等。郭镇之的论文顺利通过毕业答辩并获较好的评价。由于当年北京广播学院尚无新闻学硕士学位授予权。在方老师的大力协助下，当年她又参加了人民大学彭明教授主持的学位论文答辩并获通过，人民大学授予她法学硕士学位。郭镇之也成为我校培养的第一个硕士生。

郭镇之毕业后留校任教，和我同在广播史教研室，分担有关系所学生的广播史教学工作。她在外语系任课时与美国专家相识。美国专家对她的硕士论文甚感兴趣，要求她译成英文推荐给美国的一家传媒刊物发表。这在 20 世纪 80 年代初也是一件中美学术交流的幸事。1983 年初，我和她谈起，准备硕士论文时收集的一批上海广播史料如果用过后放置一边，就无法再利用了。我建议她将有关史料编辑成书，以供广泛使用，她也同意这一意见。为此，我先后与上海市广电局、上海市档案馆初步联系获得同意。同年春，我俩再赴上海，她与上海市档案馆刘光清主要负责收集、整理、编辑有关档案史料，我与上海广电局商谈，请他们在出版经费上予以支持，并获同意。这就是后来 1985 年 12 月由档案出版社、中国广播电视出版社联合出版作为"上海档案史料丛编"第一本的《旧中国的上海广播事业》

一书的由来。郭镇之完成编选档案工作后，还将入选的档案史料全部复印件带回了学校，现收藏于学校图书馆广播电视史志资料研究中心。1985年，郭镇之考取中国人民大学方汉奇教授指导的首批两位博士生之一，获得进一步深造。三年后，她以"中国电视史"为题的博士学位论文通过，荣获博士学位。其后，她先在中国社会科学院新闻研究所任职，1994年到北京广播学院任教，评为研究员。10年后，她又到清华大学担任博士生导师至今。上述已毕业的硕士生中，哈艳秋、袁军留校任教，现均为教授、博导，其余诸人各有高就。

在硕士生教学方面，除了指导广电史方向的研究生外，我还为学校文科有关专业招收的新闻学专业硕士生和有关研究生班开设中国新闻史课，这项任务从1986年开始一直延续到1998年，后由新到我校任教的李磊博士接替。

如果说为本科生开设专业史学类课程主要是"授人以鱼"的话，那么研究生课程就应当在"授人以渔"方面下功夫，在学习和研究的指导思想和方法上对学生有所帮助。

根据我校培养人才的需求，在1997年的教学大纲中，我将中国新闻史课分为两个部分。第一部分为中国报刊史部分，从古代到新中国成立前中国报刊事业发展的历史；第二部分为中国广电史部分，从1923年到1995年的中国广电事业发展的历史。对前后几届学生，教师大体均以此大纲进行教学。

在报刊史部分，第一单元为中国古代新闻事业的起源，指导学生用溯源法追溯中国古代报纸的起源，介绍几种不同观点引发学生思考。第二单元为资产阶级改良派报刊和资产阶级革命派报刊的比较，从两种报刊的时代背景、代表性人物及报刊比较其同异之处及对后世的影响。第三单元为中国现代报刊史，从五四时期至解放战争时期的新闻事业，着重分析不同的时间和地域的报刊，重点讲评代表性人物如邵飘萍、戈公振、范长江和邹韬奋等，并相应布置作业，如向范、邹学习什么？

在广电史部分，第一单元为中国现代广播史，分为八章，从无线电传入中国和早期广播电台至旧中国的广播事业的终结和人民广播的新发展。第二单元为中华人民共和国广播电视事业，分为四章，从社会主义改造时期的广播事业至社会主义建设新时期的广电事业（1949—1995）。在教学中，结合当时我正在承担的国家社科项目"中国广播电视通史"的写作，引发同学就有关问题展开课堂讨论，鼓励发表不同意见，引起争鸣。我曾写过几篇"名人与广播"的短文，但个人所知有限，于是我在布置作业时，以"名人与广播"为题，让学生自选人物，自找史料完成作业，并建议外语系硕士生以外国人物为主选题。其中有几位写戴高乐、丘吉尔、罗斯福、希特勒的作业甚佳，我均推荐到国际台的《国际广播》发表，后又收入我主编的有关文集中。1997年第7期《中国广播电视学刊》发表了王友枚的文章，称茅盾1937年8月28日发表的《关于时事播音的一点意见》一文是"中国作家最早评述广播节目的论文"。我读后，认为在此之前鲁迅于1934年发表的如《偶感》《知了世界》《儒术》等杂文早于茅盾，"可能是中国作家最早评述广播节目的文章"，并将之成文刊于《中国广播电视学刊》同年第11期中。我在上广电史课时提出此事，并要求听课学生如有兴趣，可以在现代作家的作品中找一下，看看是否有比鲁迅还早的。当时上课的何涛涛同学在课外阅读中发现叶圣陶于1932年12月写的《文明利器》一文中曾对广播节目加以评述，并写成作业交给我。随后我向《中国广播电视学刊》推荐此文，该刊于1998年第9期刊登，题为《最早评述广播节目的中国作家之我见》。每学期课程结束之前，我请同学不具名以书面形式对教学提出意见和建议，这对我改进教学帮助甚大。一次我在讲抗战时的中国广播时，说到当时许多广播电台都播出了现为国歌的《义勇军进行曲》，对鼓舞民众抗日发挥了积极作用。我当场每人发白纸一张，要求写出国歌的歌词。20多人交出答卷，当堂检查，大约1/3的同学完全写出，其中一位同学还把曲谱一并写出。有 1/3 的同学基本写出。有 1/3 的同学写得不完整，有的还与《国际歌》的歌词混淆。这件事引起了我的思考：作为未来国家栋梁的大学生，有的竟然连国歌都茫茫然，这是爱国主义教育的缺失。作为当年的校领导，我在办公会议上提出，学校每学期开学升旗和举行有关大会时不能仅是奏国歌曲调，应提倡师生齐唱国歌，但遗憾的是，试唱一两次后没有坚持下去。现在，每当我从电视上看到党和国家领导人在隆重集会上带头齐唱国歌的情景时，深深感到爱国主义教育比当年更加深入人心。近日，全国人大常委会已审议通过《国歌法》（草案）。相信今后随着《国歌法》的实施，全国人民"……前进！前进！进！"的嘹亮雄壮歌声必将更加响彻中华大地，鼓舞亿万人民奋勇前进，为实现中华民族伟大复兴的中国梦而奋斗！

四、指导新闻传播学博士生的回忆

1999 年，我校开始招收新闻学方向的博士生，成为继中国人民大学、复旦大学后的第三个培养新闻学博士生的高校。这是我校继 1979 年招收硕士生，20 年后又迈上的一个新台阶，对提高我校办学层次和人才培养具有里程碑的意义。同年，我开始招收新闻学广电史方向的博士生，有幸成为我校第一批博士生导师。2000 年我校又与中国人民大学、复旦大学同时获得新闻传播学一级学科博士授权点。从 1999 年到 2007 年，我共招收和指导了 12 名博士生，先后经答辩，均获得博士学位。其中薛文婷的论文被评为 2010 年全国优秀博士论文。我也荣获教育部、国务院学位委员会颁发的"全国优秀博士学位论文指导教师"的荣誉。这是自 1999 年全国开始评选"百优"博士论文以来获奖的第四篇新闻学博士学位论文，我校首次获此殊荣。2011 年我用学校奖励各项所得 30 万元设立了"赵玉明教授研究生助学金"，用于资助学习成绩优良的贫困研究生。2007 年我办理退休后，不再招收博士生。现将上述 12 人姓名、入学年份及论文选题列入表 2。

表2　1999 年至 2007 年招生和指导的博士生

年级	姓名	论文选题
99 级	艾红红	新时期电视新闻改革研究
00 级	姚喜双	中国解放区新闻播音语言规范研究
01 级	金梦玉	中国网络媒体发展研究
02 级	李煜	国民党广播研究（1928—1949）
03 级	谢鼎新	中国当代新闻学研究的演变 ——学术环境与思路的考察
	刘英华	中国当代广告的社会文化史研究（1979—2009） ——以广告的镜像功能为视角
	庞亮	梅益广播电视宣传思想研究
	范晓晶	中国电视节目历程变迁研究
04 级	王文利	中国广播电视学术研究史稿（1920—2011）
	刘书峰	广播电视志理论与实践初探
	薛文婷	中国近代体育新闻传播历史研究（1840—1949）
07 级	贾临清	从学生报人到笔战领袖 ——周恩来新闻实践研究（1914—1949）

上述 12 人绝大多数都是在职博士生，其中姚喜双、李煜、刘英华、庞亮、范晓晶和薛文婷均是我校毕业的硕士，其余则分别为毕业于其他高校的硕士。10 多年以来指导博士生的教学研究经历和体会主要有以下两点。

其一，良性互动，教学相长。

作为一名新任博士生导师，自感出身低，我既不是硕士，也不是博士，1959 年大学毕业时连学士学位也尚未设立。其中缘由，众所周知，不必多谈。我之所以先后成为硕导、博导，大概是因为第一个中学教师只能是小学毕业。作为"半拉子"导师，无论是指导硕士生还是博士生，对个人来讲如履薄冰、如临深渊，实际上是一个边教边学的过程，教学相长的探索。概括从 1979 年开始指导硕士生 20 多年来的体会，大概有三点，即少招生、勤交流、严要求。

第一，少招生。研究生的培养质量要放在首位，只有少招生，才能精培养，招多了，必然顾此失彼。我从1979年开始招收硕士生，到1998年10年共招收10人，平均一年一个。我自1989年担任校领导以后，主要精力放在全校的教学科研管理上，所以原则上三年招一个，即毕业一个招收一个，以保证确有时间指导研究生。我自1999年开始招收博士生，停招硕士生，到2007年退休时，9年招收12人，平均每年1.3人。录取时合格即取，不合格则不录取，2005年、2006年两年缺招。

第二，勤交流。师生之间除了上课外要勤交流，我的方法有两种。一种是集体式的。一般每学年或学期开始，不同年级的博士生，包括博士后集中在一起，由我讲近年来新闻传播学研究进展概况，当年或此后一个时期新闻传播学方面有关的研讨会和学术争鸣情况。例如，2005年初秋开学时，我就博士生教学研究工作给博士生讲了知主流、抓机遇、守规范、出成果四个方面的情况和要求。他们也分别就自己所在岗位和撰写论文的进展各述所知，师生之间互相交流。另一种是个别方式。他们可以随时找我，就有关问题进行交流，我则随时与他们保持热线联系，及时通报有关情况。

师生共同协作、开展科研也是交流方式之一。艾红红在读期间参加了我主持的国家社科项目"中国广播电视通史"的编研工作。李煜在读期间，协助我将民国时期的代表性广播史料编辑成《中国现代广播史料选编》，由汕头大学出版社出版。2005年，庞亮、谢鼎新、王文利、高金萍（博士后）都参加了我领衔申请的教育部人文社科重点研究基地——中国传媒大学广播电视研究中心的重大项目"广播电视学学科体系建设研究"课题组的调研活动，经师生和课题组其他成员共同努力于2012年结项，2015年课题成果出版。

第三，严要求。这既包括对自己，也包括对学生，其内容包括两个方面，即治学严谨、学风严肃。道理我不多讲，具体做法有以下几点。

每年春末夏初是博士生论文答辩之前匿名评审的集中时期，我常常收到一些兄弟新闻院系寄来要求评审的论文，为了尽力确保评审质量，我给自己定了个"三不看"的框。一是最多看3篇（包括自己指导的一篇），超过3篇或退回，或征得寄送单位同意后推荐给其他导师评审。二是我的专业方向是中国新闻史、中国广播电视史，不是这一方向的论文，我不审阅，以免误人子弟。三是看不懂的不看，有的论文洋洋洒洒几十万字，题目竟然有五六十字，参考书目多达几十页，限于自己的水平，实在看不懂，只能退回，另请高明。在论文答辩阶段，我给自己提出了"三坚持"：第一，凡是我指导的博士生申请答辩的论文，定稿后、答辩前我坚持至少再看两三遍，做好最后的把关；第二，坚持进行博士论文的预答辩，学校有一段时间规定博士论文必须有预答辩，后来又规定可有可无，但我觉得预答辩无论对学生还是对导师来讲都是有利无弊的，应予以坚持，最近有的高校已将预答辩列为必备项目；第三，坚持半日答辩，即一个上午答辩一篇论文，确保有答有辩，不走过场，这样做，学生认真准备，答辩教师也有充裕的时间与学生交流，确保答辩质量。我记得20世纪80年代硕士生论文答辩均为半日一位。现在有的高校新闻学博士论文答辩多数是半天两位，有的竟然一个下午三四位，学生心存侥幸，教师得过且过，培养质量难以保证。

其二，因材施教，扬长补短。

古人云："因材施教。"在博士生的学习中，重要的一环是论文的写作。我认为论文从选题到完成要"过三关"。

首先，定题。定题要因人而异，因材而定。作为新闻传播学科来说，要尽可能定前人未有之选题，一可避免抄袭之嫌，二有创新之余地。作为新闻传播史类的选题，既要有历史价值，也要有时代特征。"学林探路贵涉远，无人迹处有奇观。"以前述获"百优"论文的作者薛文婷为例，她是我校新闻学硕士，又在北京体育大学体育传媒系任教，在职攻读博士学位，2004年考取我校博士生。此前，她曾与我交流提出，如考取拟以体育

新闻史为研究课题，我当即予以肯定。她在北京体育大学传媒系任教，而
体育新闻史又恰是一项研究空白。这一选题对她来说是因材定题的成功一
例。我指导的另一位在职博士生王文利是湖南师范大学新闻与传播学院广
播电视系主任，经商定后，其选题定为广播电视学术史研究。而另两位在
职博士生均是省办大学新闻传播系教师，若给他们定题为广播电视类的选
题，毕业后可能与教学任务不挂钩。最后，谢鼎新的选题定为中国新闻学
术史研究，贾临清的选题确定为周恩来新闻实践与思想研究。本校在读的
博士生选题均与他们的教学研究工作有直接关系，如姚喜双原是齐越的硕
士生，在本校播音主持艺术学院任教，他的选题既与播音有关，又是解放
区广播史的组成部分。刘英华在本校广告学院任教，选题为广告研究。李
煜在本校新闻学院任教，选题切合教学内容，金梦玉在南广学院任教，选
题现实性强烈。庞亮和唯一的脱产博士生刘书峰的选题是根据我的建议确
定的。艾红红、范晓晶的选题是自己提出、我同意的。

　　其次，"资料关"。博士论文选题确定后，如何多方广泛收集查阅有关
史料至关重要。不掌握丰富的第一手史料，"巧妇难为无米之炊"，很难写
出内容充实的论文来。以薛文婷为例，她在北京体育大学新闻系任教，一
般性的体育新闻史料比较容易收集，这是她的长处。但我国主要新闻媒体
的体育传播史料、奥运会在华传播史料等，她并不完全掌握，这又是她的
短处。为了扬长补短，扩展她的视野，多方掌握体育传播史料，我拜访了
她的系主任易剑东教授，并提议以中国新闻史学会名义与北京体育大学共
同召开一次学术研讨会。这就是北京奥运会前夕，2007 年 12 月在北京体
育大学举办的"奥运传播暨体育新闻传播史研讨会"的由来。她尽心竭力
地筹备了这次研讨会，会后参与主编出版了 50 万字的研讨会论文集。所
有这些都为她写论文、多方收集史料打下了良好的基础，开创了"为一篇
论文，开一次研讨会"的特例。艾红红、金梦玉、刘英华和范晓晶等人的
论文资料，我仅能提供若干线索，主要是他们自己收集的。而姚喜双、李

煜、谢鼎新、庞亮、王文利、刘书峰和贾临清所需要的历史性资料，我平时积累甚多，可供他们选择使用。为多方收集周恩来的有关新闻史料，我特地与中央文献研究室第二编研究部的同志联系，请他们给予支持，当时还与二编部初步商定编选周恩来新闻文选之事，贾临清也参加了有关活动，同时我还将贾临清的有关周恩来新闻实践活动的文章推荐到相关刊物发表。刘书峰则经我引导参加了国家地方志有关机构的活动，借以了解地方志编纂情况和成果。21世纪之初，我担任会长的中国新闻史学会、中国广播电视学会广电史研究委员会经常举办学术性的研讨活动，我也尽可能安排有关博士生积极参加，借以收集有关资料，结识有关研究人员。为了使更多的广电史料公之于众，有益于研究者，近年来我分别和毕业后留校工作的艾红红、庞亮和刘书峰等先后主编、出版了《中国广播电视图史》、《新修地方志早期广播史料汇编》（上、下）、《日本侵华广播史料选编》和《中国抗战广播史料选编》等书。与此同时，我还倡议于2014年召开了"广播电视史学：机遇与挑战"学术研讨会。我在会上进行了题为"新中国广播电视史学研究的回顾、反思和建议"的发言，会后出版了哈艳秋主编的研讨会论文集。

最后，写作。作为新闻传播史类的论文写作，关键在有史有论、史论结合、论从史出，切忌有史缺论或有论缺史，这是史学论文的两大忌项。以薛文婷的论文为例，一部近现代体育传播史，长达百年（1840—1949），体育传播的事例很多，不胜枚举。但要总结概括出"脉门点"确非易事。联系近百年中国的近现代史的发展，经过反复思考，终于提炼出"启蒙救亡是近代体育传播的时代主题"，从而提升了论文的理论水平，增添了论文的理论色彩，最终成为一篇公认的优秀博士论文。其余的博士论文也各有所长，兹不赘述。

博士论文通过答辩，学生获得博士学位后，切不可将论文束之高阁，而应将论文公开出版，成为公共文化财富。截至目前，我指导的12篇博士论文，其中艾红红、姚喜双、谢鼎新、庞亮、王文利、刘书峰、薛文婷和贾临清的 8 篇论文已分别由海峡两岸的出版社公开出版发行，为新闻传播学特别是广播电视学研究增添了新的光彩。

在我指导博士生期间，我校于 2004 年开办新闻传播学博士后流动站。同年起，我也开始首次招收博士后，开展合作选题研究。从 2004 年到 2006 年共有三个博士进站，现将其姓名、进站年份及合作选题列入表 3。

表3　2004 年至 2006 年招收的博士后

进站年份	姓名	合作选题
2004 年	高金萍	西方电视理论评析
2005 年	刘兴豪	清末报刊舆论与维新运动
2006 年	蒋海升	语境变迁与范式转换：中国新闻史学导论

三个博士后毕业于不同的高校，进站之前分别在中国语言大学、湖南邵阳学院和山东政法学院任教。在站期间，高金萍因曾赴美国进修，故特邀她参加了我主持的上述广播电视学学科体系建设研究课题研究，并作为子课题——西方广播电视研究的负责人，一身二任。刘兴豪主要从事中国近代报刊教学研究工作。蒋海升从教中国新闻史，现担任该校传媒学院院长，故从中国新闻史的宏观研究上确定选题。三个博士后均按学校有关规定与我合作完成不同的科研项目，并分别经专家评审通过于 2007 年至 2012 年间陆续出站，返回自己的教研岗位。

2007 年，我退休后不再招收博士生和博士后合作研究人员。当年，作为学校首批退休博导，荣获"中国传媒大学突出贡献教授"称号，同时资助出版《赵玉明文集》（三卷本）。2011 年，我将几十年来收集、获赠、购买和交换所得的有关书刊资料捐赠学校图书馆，作为筹建广播电视史志资料研究中心之用。在此前后，21 世纪以来，我先后荣获四个国家一级学会和两个二级学会的表彰，其中有中国广播电视学会首届全国"十佳百优"

广播电视理论工作者评选的"十佳"之一（2001），中国老教授协会颁发的"老教授科教工作优秀奖"（2012），中国高等教育学会"从事高教工作逾30年高教研究有重要贡献学者"称号（2013），中国新闻史学会第二届"终身成就奖"（2016）以及中国高等教育学会新闻学与传播学专业委员会"中国新闻教育贡献人物"称号（2008），中国出版协会年鉴工作委员会"杰出年鉴工作者"称号（2015）。

[赵玉明口述，赵康帅记录整理原载于《中国传媒大学老教授文集》（2017—2018），收录于《赵玉明近作文集》，中国广播影视出版社2020年版]

中国广播电视史教学的回顾和展望

中国广播电视史的教学始于北京广播学院。1959 年北京广播学院新闻系开办之初即设有新闻广播史课，开大专院校新闻系开设中国广播电视史课（简称中国广电史）之先河。中国广电史的教学历经了 40 多年的风雨沧桑，其中值得总结的经验教训甚多，值此 21 世纪开启之时，回顾 20 世纪 60 年代初以来中国广电史教学走过的历程，展望 21 世纪初期中国广电史教学的前景，当恰逢其时。

一

北京广播学院的中国广电史教学大体经历了两个时期，即"文化大革命"前的起步阶段和改革开放以来的发展阶段。

在"文化大革命"前，20 世纪 60 年代初，北京广播学院新闻系开设的新闻广播史课包括两个单元。以 60 级学生的课程为例，第一单元为广播史部分，系统讲述中国人民广播事业的产生和发展的历史进程；第二单元为报刊史部分，扼要讲述"五四运动"以来到新中国成立前夕，我国无产阶级新闻事业产生和发展的过程，这个单元的讲授是请中国人民大学新闻系报刊史教研室担任的。

在大学新闻系开设广播史课，北京广播学院是首创，当时人民大学、复旦大学的新闻史课的教学中没有（或几乎没有）广播内容，有时课程名称就叫报刊史，当然也就不包括广播史的内容。北京广播学院新闻系的广播史课程虽然叫广播史，但实际上包括电视。北京广播学院广电史课不同于其他大学新闻史课的另一特点，是把新中国成立后的当代广播电视列入教学内容。这在当时也是一个创举。以 60 级教学大纲为例，广播史单元由前言和四个章节组成，其中第一章为第三次国内革命战争时期的人民广播，第二章为国民经济恢复时期的人民广播，第三章为第一个五年计划建设时期的人民广播，第四章为社会主义建设"大跃进"时期的人民广播。内容截止到 1960 年，而开课时间是 1961 年下半年。由于广电史的教学刚刚起步和备课时间紧张，这几个章节的课是以老带新，由三个教师分别主讲，从内容来看以人民广播史为主，旧中国的广播史放在前言部分，只简要讲述，因此可以说是一个不完整的广电史课。

当时，广播史课的教学指导思想，虽然也强调继承和发扬无产阶级新闻事业和人民广播事业的优良传统，但在 20 世纪 60 年代前期"阶级斗争为纲"的年代，"左"的错误思想不可避免地渗透在广播史教学的各个章节之中。

北京广播学院新闻系的广电史课前后仅开过三届（59 级、60 级、64 级）。从 65 级开始，由于教学课程的改革，广电史课停开，有关内容并入广播概论中。新闻系成立之初设有广播史教研室，后并入广播业务教研室。先后直接参加广播史教学课的有康荫（副系主任兼广播史教研组组长）、张纪明（广播史教研组副组长、组长）、苑子熙（广播业务教研室主任）、赵玉明和王珏等人。

在"文化大革命"前广电史教学的起步阶段，先后编印了一些参考教材，其中有《新闻广播史学习参考材料》广播史单元第一册、第二册（均为油印）和《中国人民广播史资料》（上册）等，当时曾组织地方广播电台的几位老编辑集中半年时间编写了一部中国广播史稿，由于条件限制未能打印，"文化大革命"中不幸散失。康荫本人也曾编写了一部中国广播史初稿，同样原因也未能保存下来。还需要指出的是，当年被错划为"右派分子"的温济泽同志也正在新闻系任教。他虽然不在广播史教研室，但很关心广播史的教学工作，力所能及地对青年教师给予指导帮助。他在广播业务课的教学中，结合解放战争时期从事延安广播的实践，既讲广播编辑工作又讲广播历史知识和优良传统，很受学生的欢迎。他主持编写了《新闻广播稿选》（1945—1949，油印本）《陕北台广播范文选》和《广播稿选》等，最早把毛泽东撰写或修改的广播稿作为示范教材讲稿。

1966 年春天"文化大革命"爆发，不久北京广播学院被迫停办，直至 1973 年恢复重办。1974 年，新闻系恢复招生，到"文化大革命"后期曾招收 74 级、75 级两届工农兵学员，1977 年恢复高考，到 1978 年底先后有 77 级学生、78 级学生入学。其间，新闻系的教学还处在不正常阶段，课程的设置还很不规范，在教学中虽然有广播史的内容，但并没有专门课程，内容也主要是讲述革命战争年代的人民广播史及延安广播的光荣传统，曾经油印了一些教学参考材料。当时从事广播史教学工作的除了赵玉明外，又先后增加了哈艳秋、曹焕荣两人。

二

党的十一届三中全会以后，教育战线和广播系统经过实践是检验真理标准的大讨论，正本清源、拨乱反正，各项工作逐步走上正轨。北京广播学院于 1980 年进行了教学机构的调整，原属新闻系的播音、文编、电视摄影等专业分别从新闻系划出，另行组建新的教学机构。调整后的新闻系于 1981 年重建广播史教研室，由赵玉明任主任，除哈艳秋、曹焕荣（1978—1982）外，又增加了郭镇之（1982—1985）和袁军（从 1990 年起）等人。

在改革开放 20 多年间，中国广电史的教学与时俱进、逐步发展、不断创新，大体上以 20 世纪 80 年代末 90 年代初为界分为两个阶段。

从 20 世纪 70 年代末到 90 年代初，北京广播学院的广电史教学工作有了新的进展，主要表现为以下几个方面。

第一，恢复了本科生的广播史课，广播史课的内容也从以人民广播史为主的不完整的中国广播史课逐步过渡到完整的中国广播史课，内容由旧中国广播史、解放区广播史和新中国广播电视史三部分组成。新闻系、播音系和文艺编辑系均开设广播史课。在广电史的教学指导思想上也逐步克服了"左"的错误思想的影响，恢复了党的实事求是的思想路线，以《关于建国以来党的若干历史问题的决议》为指针，力求实事求是地评价和总结广播电视历史发展的过程和经验教训。

第二，北京广播学院开始招收新闻学专业中国广播史方向的研究生，提高了广播史的教学层次和人才培养的规格。1979 年，郭镇之成为第一个广播史方向的硕士生，后因故中断，1984 年起恢复招收广播史方向的硕士生，到 20 世纪 90 年代初共招收 7 人，均先后获得硕士学位。在新闻学专业研究生基础课中国新闻史的教学中，广电史的内容约占 2/3。

第三，广播史的教学走出北京广播学院，引起广电系统和兄弟院校的关注。从 1979 年起北京广播学院新闻系在中央广播事业局和 10 多个省、自治区广电部门开办的新闻短训班里，中国广播史均作为讲课内容之一。1979 年，中国人民大学新闻系的中国新闻史课也增加了广播史的专题。1983 年人民大学新闻系主办的高校新闻史师资培训班教学也列入了广播史教学的专题讲授，1984 年厦门大学新闻传播系在开办之初，也把广播史作为培训师资的内容之一。与此同时，中国社科院新闻研究所招收的新闻史方向硕士生的教学中也列入广播史的专题报告。1983 年，全国新闻系统高级职称评委会编印的《全国新闻系统测试复习提纲》中将《中国广播简史》列为参考书目之一。北京广播学院的函授教育和中央广播电视大学的新闻学专业教学中，也均有中国广播史的课程（专题）。还需提及的是，中国广电史研究也日益成为新闻学专业高层次教学的课题，1985 年中国人民大学新闻系方汉奇教授指导的博士生郭镇之的博士论文题目即为中国电视史研究（1991 年以《中国电视史》为名出版）。

第四，中国广播史方面的第一部教材——赵玉明著的《中国现代广播简史》于 1987 年公开出版。此前，《北京广播学院学报》曾于 1981 年至 1982 年连续 8 期连载了该书的初稿《中国广播简史》，此后连载稿结集作为内部参考教材，各地曾多次印刷。1986 年，前述《中国现代广播简史》曾作为北京广播学院内部印刷使用的函授教材。自 1984 年广西大学、暨南大学和北京广播学院合作编写的《中国新闻业史（古代至 1949 年）》起，中国人民大学、复旦大学等新闻院系编著的中国新闻史教材中均增添了有关广播史的内容。

第五，广电史教学之所以能够取得上述发展，与 20 世纪 80 年代以来广电史研究的深入开展是分不开的。广电史的教学需要广电史研究成果的支撑，反之，广电史的研究也需要广电史教学提供人才的支撑，两者互为因果、相互促进。20 世纪 80 年代以来，在盛世修史的大好形势下，内部编印和公开出版的广电史志书刊达几百种之多，远远超过此前半个世纪的成果。本人对此已有专文论述，兹不赘述。

进入 20 世纪 90 年代以后，随着北京广播学院新闻学专业教学改革的深化和课程设置的调整，中国广电史的教学又出现了一些新的变化和发展，主要表现为以下几点。

第一，新闻学专业本科中国广播史的教学已由单独设课逐步融入中国新闻史课程的教学之中。在新闻学专业硕士生的教学中，有关广电史的内容也从 20 世纪 90 年代末期起，逐步融入中外传播史的课程中。

第二，中国广电史的教学由以本科生为主逐步转变为以研究生教育为主。北京广播学院新闻学专业广电史方向的硕士生招生数量有所增加，1997 年至 2003 年又有 11 人获得硕士学位，目前在读的有 14 人。从 1999 年起又开始招收新闻学专业广电史学方向的博士生，第一个博士生已于 2002 年毕业并获得博士学位。目前在读的广电史学方向博士生有 7 人。

第三，中国广电史的第一部通史式专著以北京广播学院为主撰写的《中国广播电视通史》于 2004 年 1 月出版。

这部《中国广播电视通史》第一次全面、系统地反映了从 1923 年起至 2000 年近 80 年间中国广播电视发展的历程，也可以说是中国广电史教学 40 多年来的概括和总结。此前，1996 年有张庆等主编的《中国电视史》和 2001 年乔云霞著的《中国广播电视简史》先后问世。

三

回顾 40 多年来中国广电史的教学，可以说是走过了一条曲折的发展道路，其取得的成绩是明显的，如上所述，但不容回避的是，广电史的教学也存在着不少问题。以北京广播学院为例，突出的有以下几点：

第一，中国广电史的教学内容相对滞后，相当长一段时间内，当代广播电视部分特别是改革开放以来的广电史的教学跟不上形势的发展，使教学内容不同程度地脱离了实际。

第二，教学方法比较陈旧、呆板，课堂讲授缺乏启发式，不利于调动学生的学习兴趣和积极性。

第三，教学力量萎缩，专门从事广电史教学的师资后继乏人。

造成上述问题的原因是多方面的，如在教学计划的制订和课程设置的安排上，重业务课、轻史论课，重实践课、轻基础课，新兴课程的增多对传统基础课形成冲击；在市场经济的影响下，浮躁学风泛起，造成许多师生急功近利、急于求成，认真刻苦读书、深入调研思考很难蔚然成风等。

展望 21 世纪初期的广电史教学，可以说正处于深化改革的十字路口。

（系中国新闻史学会 2004 年年会暨全国新闻传播史教学学术研讨会上的发言）

新中国新闻教育 50 年

　　中国的新闻教育萌芽于"五四运动"时期，从 1918 年北京大学新闻学研究会开设新闻学课程起，经历了 30 年缓慢曲折的发展，到 1949 年 10 月中华人民共和国成立之际，旧中国遗留下来的只有北京燕京大学、上海复旦大学等寥寥几所大学设有新闻系科，学历层次限于本专科。据统计，当时在校生不足 500 人，此外，还有新解放区刚开办的几所以培训新闻干部为主的新闻学校。总的来说，当时新闻教育的情况是规模小、底子薄，学制也不健全。新中国成立初期，在对原有的新闻教育进行初步调整、改造的同时，又创办了新型的新闻教育机构。在 1952 年的全国高校调整中，上海的华东新闻学院、暨南大学新闻系、圣约翰大学新闻系和中国新闻专科学校先后并入复旦大学新闻系。北京燕京大学新闻系并入北京大学中文系，改为编辑专业（后改称新闻专业），并对新闻教育的课程设置和教学内容进行了初步改革。1955 年，中国人民大学成立，当年该校新闻系就开始招生。1958 年 6 月，北京大学中文系新闻专业并入中国人民大学新闻系。1959 年 9 月，北京广播学院成立，当时设有新闻、外语、无线电三个系，是一所以培养新闻人才为主的学校。中国人民大学新闻系、复旦大学新闻系和北京广播学院都是以本科教育为主，兼办专科，其中复旦大学新闻系在 1961 年还曾招收过两名新闻史的研究生。新闻教育除了上述学历教育外，培训在职干部的非学历教育的新闻教育机构先后有北京新闻学校

（1949年10月开办，1951年8月停办，共办两期）、中央宣传干部训练班（1951年10月开办，1953年5月停办）和中央马列主义学院（今中共中央党校）新闻班（1954年9月开办，1957年11月停办，共办三期）。此外，在20世纪50年代末60年代初，江西大学、杭州大学、暨南大学（广州）、吉林大学和山东大学等都曾一度开办过新闻系（专业），但由于种种原因未能坚持下来。从新中国成立到"文化大革命"爆发的17年间，新闻教育虽然受"左"倾错误的影响在规模和数量上时有起伏，在教学指导思想上片面强调"报纸是阶级斗争的工具"，并把它绝对化，错误地批判了一些正确的观点，造成了师生思想上的混乱，但总的来说，新闻教育有了新的发展。1966年春在校学生最多时达到1500多人，为新中国初期的三倍多，专职老师也由新中国成立初期的约50人增加到约200人，为新中国的新闻教育奠定了基础。在此期间，先后为新闻单位和其他部门输送了大批专业人才，其中仅北京广播学院就输送达2000多人。"文化大革命"初期，由于林彪、"四人帮"一伙的破坏和极左思潮的泛滥，中国人民大学、北京广播学院相继被迫停办，复旦大学也停止招生，中国的新闻教育受到了严重的摧残。1970年以后，北京大学中文系率先恢复新闻专业，开始招收工农兵学员。随后，复旦大学、北京广播学院的新闻专业也陆续恢复招生，但由于仍然处于不停的政治运动中，学生人数有限，教师队伍残缺不全，教学秩序不正常，教学质量也难以保证。这种状况一直持续到"四人帮"被打倒才开始有了转机。1977年起，随着高等学校招生制度的改变，特别是党的十一届三中全会以后改革开放新时期的到来，中国的新闻教育开始走上蓬勃发展的道路。1978年是新闻教育史上有意义的一年。这一年春天，参加公开考试后录取的第一批新闻专业的大学生分别迈进了北京大学、复旦大学、北京广播学院和广西大学的大门。同年，中国人民大学复校，该校新闻系开始招生，原北京大学中文系新闻专业再次并入人民大学新闻系。也就是在这一年，中国人民大学、复旦大学和中国社会科学院研究生院的新闻系开始招收新闻学专业的硕士研究生。20 世纪 70 年代末 80 年代初，为满足新闻事业发展对人才的迫切需求，国际政治学院、暨南大学、河北大学、四川大学、郑州大学、江西大学等一批院校又相继恢复或开办了新闻系（专业）。据 1987 年统计，全国共有十多所高校设有新闻系（专业），在校生约 1500 人，专职老师 360 多名。改革开放 20 年来，特别是在 1983 年中共中央宣传部和教育部联合召开新闻教育工作座谈会并印发《关于加强新闻教育工作的意见》以来，中国的新闻教育在 20 世纪 80 年代中期和 90 年代初期曾经出现了两次办学热潮。目前，据不完全统计，全国开办新闻类专业的高校已达 60 所左右，新闻学类专业点 100 个左右，几乎遍布各省、自治区、直辖市，在校学生人数 1 万人左右，专职教师也在千名以上，先后为国家输送了 3 万多名新闻专业人才。

近几年来，我国的新闻教育在马克思主义、毛泽东思想、邓小平理论的指引下，进一步贯彻党的教育方针，抓住机遇，深化改革，在学科建设、科学研究、教材建设和人才培养方面取得了显著的成绩，为新中国新闻传播事业的发展做出了很大的贡献。综观当前中国新闻教育的发展和现状，有如下几个明显的特点：第一，新闻教育已由单一的本科教育发展为多层次、多方向、多规格的新型教育体系。在改革开放前，新闻教育基本上是本科教育。从 1978 年开办新闻学专业研究生教育以来，1984 年起中国人民大学、复旦大学又开始招收新闻学博士研究生。与此同时，大专续本、第二学位、函授、自学高考等不同层次和不同规格的新闻教育也相继开办。在本科专业目录上，新闻学类专业除了新闻学外，还增添了广播电视新闻学、广告学等新兴专业，进一步满足了社会主义市场经济体制下对新闻人才的需求。第二，新闻学作为一级学科的地位进一步得到确认，为新闻教育的发展提供了良好的机遇。继 1992 年国家技术监督局发布的国家标准《中华人民共和国学科分类与代码国家标准》中将"新闻学与传播学"列为一级学科之后，1993 年 7 月国家教委颁布的《普通高校本科专业目录》

中也将"新闻学"列为一级学科。1997 年，经过多年的酝酿和研讨之后，国务院学位委员会和国家教委颁布的《授予博士、硕士学位和培养研究生的学科、专业目录》中终于将新闻学由二级学科升为一级学科，并定名为新闻传播学，下设新闻学、传播学两个二级学科。这意味着，新闻传播学的一级学科地位最终得到确认。这对于促进新闻传播学学科建设和培养高层次的新闻传播人才具有现实和长远的意义。通过 1998 年的评审，我国的新闻学博士点已由 2 个增加到 4 个，硕士点由 20 个增加到 26 个，另有新闻学博士后流动站 1 个，此外，还新增加了传播学博士点 2 个，硕士点 9 个。据不完全统计，自 20 世纪 80 年代以来，我国培养的新闻学博士和硕士已超过 500 人。第三，新闻教育通过改革开放 20 年的建设，在几十个新闻院系中已逐步形成了中国人民大学新闻学院、复旦大学新闻学院和北京广播学院三大新闻教育基地。上述三个新闻教育单位都是我国重点建设的新闻院系。其中，中国人民大学新闻学院于 1988 年被国家教委确定为全国新闻院系中唯一的重点学科。

北京广播学院的新闻学学科于 1995 年被广电部确定为部级重点学科，最近又被命名为部级研究基地之一。复旦大学新闻学院于 1995 年被批准为全国新闻院系中唯一的国家"211 工程"重点建设学科。这三个新闻学学科的共同特点是办学历史较长，除了"文化大革命"期间外，几十年来持续招生未断；本科专业齐全，办学层次完整，均具有博士学位授予权；拥有一批学术水平较高的教授和博士生导师，教学科研结合较好，均有各具特色的专著、教材科研成果问世，并分别主办新闻传播学的学术刊物；教学实验设备投入较大，教学手段现代化程度较高，历年来为新闻传播部门和其他部门输送的专业人才较多，许多毕业生已成为我国省级以上新闻单位的负责人和业务骨干，在全国新闻传媒界有较大的影响。伴随着共和国前进的脚步声，新中国的新闻教育已经走过了半个世纪的风雨历程。面临 21 世纪，我国的新闻教育任重道远，有待进一步深化改革，诸如合理调整新闻专业教学点，调整课程体系和教学内容，增加经费投入、更新教学实验设备等，以提高办学效益和教学质量，为有中国特色的社会主义新闻事业培养更多更优秀的新闻人才。

（原载于《新闻事业的辉煌——新中国新闻事业五十年优秀论文集》，收录于《赵玉明文集》第三卷，中国广播影视出版社2014年版）

治学自述

　　回顾新中国成立半个多世纪以来中国广播电视史研究的发展历程，目前，广播电视史学作为广播电视学或者新闻史学的一门新兴的分支学科，基本上得到了学界与业界的认同。今天，从广电史学科建设角度反思已有的广电史研究成果，从我亲身的教学研究经历来说，以我主编的《中国广播电视通史》为例，受个人和时代的局限，其不足之处主要是不同程度地存在着简单化、片面化和泛政治化的问题。

　　广电史学作为新兴的分支学科，不同于其他传统史学之处在于起点低、无师承，是在借鉴报刊史、新闻史的基础上白手起家、逐步成长起来的。广电史学的研究过程实质上也是不断创新的过程，从无到有是创新，从有到好也是创新，而且是高层次上的创新。如果说20世纪是广电史学研究的开创和建立阶段，那么21世纪必将是广电史学研究的创新和发展阶段。立足当今，已有的中国广电史研究成果在以下几个方面还有待提高和突破。

　　第一，从对广电属性的认知来看，已出版的广电史著作基本上是将广电作为宣传工具展开述评的，而对广电的技术属性、产业属性则着墨不多，从广电的文化属性来探讨其发展之路还有待深化。

　　第二，从广电史的分期来看，基本上是按革命史、党史、国史的分期模式处理的，而如何从专业史、行业史的角度探讨突出广电特点的分期模式尚待探讨。

第三，对错综复杂的民国时期的广播史来说，解放区部分比较充实，而对北洋时期的广播以及后来的国民党广播、民营广播、宗教广播和形形色色的外国在华广播来说，无论是史料的占有还是对不同形态广播的述评都比较单薄，缺乏如实、深入的记载和分析。

第四，对中国广电史料的搜集、整理和使用，基本上还处于手工操作阶段，而如何运用数字化手段加以处理尚属空白。民国时期的广播史料散见于各种相关档案、报刊、书籍，可谓少而散。新中国时期广电史料又可以说多而杂。期盼中青年同志能够有志于运用数字化的手段将丰富多样的广电史料加以整理出版，为教学研究提供方便。

第五，广电史学的研究有待在"引进来"和"走出去"方面寻求突破。从国内来讲，"引进来"是指引进其他相关史学学科的治学理念、经验和成果，借以提高广电史学的研究水平。"走出去"是指要使广电史学的研究与其他相关史学学科研究加强交流互动，使之了解广电史学的成果。从国际来讲，"引进来"是指将国外的广电史著作译成中文，供我们研究中国广电史参考。"走出去"是指将中国的广电史著作译成外文，使中国广电史的成果为国外同行所知。目前，我们在这两方面几乎还是空白，期盼有朝一日能形成中外广电史著作互动交流的良好格局。

（收录于《赵玉明近作文集》，中国广播影视出版社 2020 年版）

30 年来我校历史上的 10 个 "第一"

改革开放 30 年来，中国传媒大学（原北京广播学院）发生了巨大的变化，创造了学校历史上许许多多个 "第一"。每个 "第一" 都凝聚着千百个教职工和各级领导不懈奋斗的创新精神。也正是这许许多多个 "第一"，使我校不断开拓前进，成为自立于高校之林的佼佼者。

这篇短文记录的我校的十个 "第一"，都是我亲身经历或直接参加的。需要说明的是，首先，30 年来我校发展史上绝不仅有十个 "第一"，可能有二三十个乃至上百个 "第一"；其次，即使是我本人倡议的 "第一"，也并非皆为个人行为，只是从一个侧面反映出从北京广播学院到中国传媒大学的发展变化。再次，由于我已届古稀之年，记忆减退，资料欠缺，这里写的 "第一" 也有可能不是 "第一"。错漏不当之处，尚望识者补充、指正。

第一次评定教师职称

"文化大革命" 前北京广播学院基本上没有开展过评定教师职称的工作。据我的记忆，只在 1960 年春天进行过一次，当时新闻系有三四十名教师，被评为讲师的只有两人，即张保安（已去世）和施济博（后改名施旗）。此外，其他无线电系和外语系大概还有几名讲师。

20 世纪 60 年代初期，政治运动不断，"左" 的思想泛滥，不少教师包括当时的一些校系领导可能都把教授视为资产阶级知识分子的代名词，谁也不愿意戴这顶帽子。至于我们这批刚参加工作的大学毕业生都尚在试用期，连申请助教的资格也未具备。因此，可以说"文化大革命"前的北京广播学院是一座没有教授的高校。当然，这并不意味着北京广播学院没有高水平的教师。

1978 年春天，根据教育部的部署，我校开始了"文化大革命"后的第一次教师职称评审工作。经过将近一年的时间，最后经上级教育领导部门批准，我校产生了第一批具有高级职称的教师，包括教授两名，副教授 4 名，其中新闻系各 1 名，分别为齐越和徐恒。我们这批"文化大革命"前到校任教已步入中年阶段 40 岁左右的老大学生有五六十人均定为讲师。

从 20 世纪 80 年代初起，我校的职称评审工作逐步走上规范化的道路。随着教师职称的评定，教师的待遇也逐年有所提高，党的知识分子政策的落实，调动了广大教师从事教研工作的积极性。

第一次招收硕士研究生

1978 年，我国恢复了中断 10 多年的研究生培养制度。据我的记忆，当时有关招生规定中有两点是与现在不同的，一是允许除了教授、副教授外符合规定的讲师招收研究生；第二，允许推荐在读的 77 级、78 级优秀学生直接报考研究生。经学校研究决定，当时新闻系确定可以招收研究生的教师共 7 人，他们是：齐越（教授）、徐恒（副教授）、王珏、赵玉明、任远、朱羽君和矫广礼（后面 5 人均为讲师）。经我联系 1979 年招生专业简介免费刊登于中央人民广播电台编印的《广播电视节目报》上。据我所知，可以招生的教师分别推荐了一些优秀的在读生报考研究生。其中我着力推荐的是 77 级的新闻系学生郭镇之。由于当时新闻系的一位负责人不批准她报考，最后经孟介夫副院长直接审批同意后，她才在报名截止的最后一天完成了报考手续。当时有多少考生报名，我不清楚，但最后录取的只有两名，一是王珏招收的我校新闻系 65 级毕业生朱月昌，一是我招收的郭镇之。如今 30 年过去了，王珏同志不幸于 1997 年病逝，当时我校的第一批硕士生导师中，我可以说是仅存的了。

1982 年 7 月，朱月昌、郭镇之经过三年学习顺利结束学业，成绩优良，分别通过了硕士论文毕业答辩。当年我校虽是硕士学位授予单位，但尚无新闻学（当时隶属于法学门类）硕士学位授予权。故郭镇之向中国人民大学提出学位申请。最后，经答辩合格，她获得了中国人民大学授予的硕士学位，成为我校培养的第一名硕士。朱月昌则在我校 1984 年获得新闻学硕士学位授予权后，通过在校内答辩获得学位。

从 1980 年起，我校招收硕士生工作步入正轨。由于我当时仍是讲师，不具备招生资格。直到 1983 年，我被提升为副教授后，从 1984 年起开始又招收硕士生。从 1979 年至 1998 年 10 年间，我共指导硕士生 10 名，均获得相应学位。

第一次调整教学机构

自 1959 年北京广播学院建立起，全校教学机构分为三大系，即新闻系、无线电系和外语系，以及政治理论教研室。在改革开放之初，随着教师人数的大量增加和教学研究工作逐步开展，上述教学体制难以适应发展形势的需要，故从 20 世纪 70 年代末起开始酝酿调整教学机构的布局。

1980 年，经中央广播事业局批准，我校的教学机构进行了较大幅度的调整，以新闻系为例，有七八十个人 4 个专业的大系分为四系、一所、一部，即新闻系、播音系、文艺编辑系和电视系，以及新闻研究所和语言文学部，基本上奠定了目前我校教学机构的格局。

当时我留在了新闻系。调整后的新闻系仅剩下一个专业，即编采专业

（后改为新闻学专业），10 多名教师，100 多名学生。张保安为副主任（后为主任），主持日常工作。除 1 名副教授（娄才杰）外，其余均为讲师和助教。1984 年系副主任李宜、邱文仲调离后，我和曹璐接任副主任。一年后，因张保安长期生病，我开始主持系务工作，后为代主任，1988 年起为系主任。全系教工陆续增至 30 多人，高级职称增至近 10 人。经过近 10 年的不懈奋斗，除本科班外，先后开办了新闻学专业干专班、大专班、研究生班和助教进修班等，并从 1980 年起开始招收硕士研究生，1988 年起又筹办广告学专业。因教学科研成绩优异，1986 年、1987 年新闻系先后被评为本校和北京市新闻系统先进集体，为以后扩建为新闻学院奠定了基础。1989 年 3 月，我调离新闻系，开始担任副院长，直至 1998 年 2 月。

第一次学术性调研活动

教学科研工作要不断提高水平必须与调查实践结合起来，才可收到事半功倍之效。我从 20 世纪 50 年代末 60 年代初开始从事广播史教学工作，从"老广播"处得知我党创建的第一座广播电台是延安新华广播电台。从那时起，我就萌生了到延安去的念头，既是瞻仰革命圣地，又得以考察延安台的旧址，以充实教学研究的内容。但几番提起，几番挫折，直至 1980 年秋天这一愿望才得以实现。据我所知，这是我校的第一次学术性调研活动。

1979 年夏天，我随新华社历史调查组到延安和瓦窑堡走了一趟，初步了解了延安台旧址的情况，为调研做了准备。当年，我向新闻系正式提出调研计划，经康荫主任同意并报学校批准，决定以"北京广播学院"的名义组成延安（陕北）新华广播电台历史调查组，1980 年夏天完成组建工作。组长由播音系齐越教授担任（齐越是 1947 年 8 月在太行参加播音工作的，此前他并未到过延安，但多年来一直有访问延安的愿望）。成员有我、刘洪庆（播音系助教）和郭镇之（研究生），并聘请延安台原编播技术人员杨兆麟、钱家楣和李志海同志作为顾问。本拟请当年延安台编辑部主任温济泽同志也一起前往，但他工作繁忙，难以抽身，即便如此他仍多次为我们回顾在延安（陕北）台工作的情况，并告知我们在清凉山上可能埋藏延安台材料的地点。离京之前，他又亲自到我家为我们送行。学校领导杨一明副院长再三告知陕北路况不好，一定要注意安全，并根据他的意见改变了原定坐汽车从西安到延安的方案，改由乘飞机前往。

从 8 月 29 日我们一行到达延安起，经过近一个月，行程约 3000 公里的调查访问，在沿途陕西、河北两省和有关市县广播局的热情协助下，先后考察了延安（陕北）台的编辑部、播音室和发射台的 14 处旧址，记录和拍摄了大批人民广播史的第一手资料。回到学校后，我和郭镇之整理编写了调查报告和调查日记。这次调查为当年中央广播事业局更改人民广播诞生纪念日（由 1945 年 9 月 5 日改为 1940 年 12 月 30 日）和以后筹备清凉山上的延安广播历史展览提供了可靠的史实依据。同时，就我个人来说也丰富充实了广播史课的教学内容，为编写第一部广播史教材做了准备。通过这次调查，组内的老同志重温了延安广播的战斗历程，中青年受到了一次生动的革命传统教育。

第一次举办学术性研讨会

1986 年 6 月 12 日至 13 日，解放区广播史讨论会在我校举行，据目前校史材料，这是我校主办的第一次学术性研讨会。这次会议是由新闻系倡议召开的。我作为系副主任兼广播史教研室主任组织新闻系部分教工承担有关会务事宜。

出席这次讨论会的有原延安（陕北）台和原张家口、东北、华东、西北新华广播电台的部分负责人和编播技术人员 30 多人。他们齐聚一堂共忆当年艰苦创业历程，并与到会的教学研究人员共议编写解放区广播史志、进一步发扬人民广播优良传统等问题。

应邀到会并发言的"老广播"有曾任和时任中央广播事业局局长李强、副局长温济泽、左漠野、周新武，中央三台负责人罗清、丁一岚和孟启予，北京市、陕西省广电局局长林青、武英，以及当年的编播技术人员王唯真、杨兆麟、刘衡、萧岩、麦风、钱家楣、齐越、傅英豪、毛动之和唐旦等。今天回忆起来，他们中的大多数已先后逝世，这恐怕是解放区"老广播"生前最后一次的大聚会了。应邀到会的还有中国人民大学方汉奇教授以及新华社、总参通信部兵史编委会、电子工业部编写史志的人员。广电部副部长聂大江、中宣部新闻局局长钟沛璋应邀到会讲话，我校常振铮院长致开幕词，李振水副院长在讨论会结束时讲话。

我在会上的书面发言中回顾了解放区广播史研究工作的进展，并就编写解放区广播史志提出了初步意见，还就受广电部委托正在负责筹备延安清凉山新闻出版革命纪念馆中新华广播电台的陈列方案进行了说明，向与会的"老广播"请教。

这次会议期间成立了解放区广播史研究组，由杨兆麟任组长，林青和我任副组长。第二年以此为基础组建了中国广播电视学会广播电视史研究委员会，我们三人分任正副会长，1997年以后我接任会长。1990年，我主编的《中国解放区广播史》完稿，后由中国广播电视出版社出版。温济泽同志题写了书名。全书共分五章，近20万字，附录中收入了"解放区广播电台序列表"、"解放区广播电台简志"（共46座）和"解放区广播人物志"（共85人）。

第一次国家社科基金立项

1988年，中国人民大学方汉奇教授主编的《中国新闻事业通史》被批准列为国家社科基金"七五"重点项目。当时，我参与了该项目的申报工作，分工邀请温济泽，并经他提出又邀请人民日报社原社长秦川同志共同作为推荐人。受此事启发，经我与杨兆麟同志商定，以我为课题负责人提出申报"中国广播电视通史"为国家社科基金项目。1990年底，该项目荣获批准，成为我校乃至广电系统的第一个国家社科基金项目。

1992年起，我应聘开始担任国家社科基金项目新闻学学科规划、评议组成员至今。从这一年起，我校每年均有新闻传播学方面的申报课题被批准列入国家社科基金项目，少则一项，多至两三项，课题申报人先后有曹璐、王纪言、张颂、胡正荣、张舒、郭镇之和哈艳秋等。与此同时，广电部则陆续有白谦诚、胡耀亭、杨伟光和刘习良等同志申报的课题被批准列为国家社科基金项目。

1996年，我第五次参加国家社科基金项目评审会议，经初评、复评和审批，我校一举获批新闻传播学方面3项课题。资助金额超过了此前4年的总和。会后，我趁热打铁就此事起草了向广电部分管我校工作的田聪明副部长汇报的报告，同时再次提出广电部设立高校科研立项和奖励的建议。田部长很快批准了上述建议并在6月召开的部属高校工作会议上进行了进一步讨论，将设立部级科研立项和奖励写入部属高校人文社科研究"九五"规划要点之中。当年，我校获部级人文社科立项24个，第二年部级科研奖励也成为现实。这是广电部首次设立部级科研项目和奖励。此后我校历年均有一批课题获准立项，并有一批优秀成果获奖。国家社科基金和广电部级课题的立项以及历年的获奖成果，对提高我校和广电系统的科研水平起到了积极的促进作用，也为我校申报新闻传播学博士点和进入"211工程"高校增添了有力数据。

第一次颁发中央三台奖学金

1990年12月8日，首届中央三台奖学金颁奖大会在我校主楼礼堂举行。我代表学校汇报了中央三台奖学金的设立和评审经过，并向与会的中央三台的领导表示衷心感谢。大会向首次获奖的 8 名优秀学生和 6 名优秀教师（含教育工作者）颁发了获奖证书和奖金。从此，每年一度的中央三台奖学金的评审和表彰成为我校重大活动之一，受到了全校师生的特别关注，成为学校最高荣誉的奖励。

中央三台奖学金是如何设立的呢？1989 年春天，我刚进入学校领导班子不久，了解到我校对学生的奖励除了国家设立的人民奖学金外，尚无社会上提供的奖学金。有一天，我在看报时发现人民日报社在中国人民大学、复旦大学设立了奖学金，奖励两校新闻学院的优秀学生。当时联想到 30 多年来，我校为中央三台（中央人民广播电台、中国国际广播电台和中央电视台）输送了几百名优秀的毕业生，不少学生已成为我国广播电视系统的精英骨干。可否请中央三台在我校设立奖学金呢？这样既可以奖励我校的优秀学生，又便于中央三台从中发现和选用合格人才，可以说是一举两得的大好事。我的设想得到了学校主要领导的同意和支持。经我和其他有关校领导与中央三台领导和人事部门多次联系磋商，很快达成一致意见并签署了协议书。协议书的大致内容是：中央三台为发展广播电视教育事业，支持鼓励北京广播学院培养更多更好的合格人才，决定从 1989 年起联合在北京广播学院设立奖学金，奖金额为每年 1 万元，用于奖励优秀师生。在当年 9 月举行的校庆纪念会上，中央三台代表宣读了上述决定，受到了全校师生的热烈欢迎。这即是中央三台奖学金的由来。

今天看来区区 1 万元实在不算多，但在当年是个不小的数目。更何况获奖的优秀师生看重的不是钱，而是一项崇高的荣誉。从学校领导来说，更注重的是把评选、奖励看作关系到学校的办学方向，树立学习的榜样，培养优秀的青年教师和学生的大事。从 1990 年至 1997 年，我先后主持了 8 届中央三台奖学金的评审和表彰工作。中央三台把获奖的优秀学生列为调入的首选目标，奖金的额度也陆续逐年增加，到 1994 年已增至每年 15 万元。随着奖金的额度的增加，奖励的范围和对象也有所扩展。中央三台对我校人才培养所起的重大作用是不言而喻的。

1997 年，在广西北海举行的学校首届董事会第六次董事长会议期间，在董事长、广电部副部长何栋材同志的支持下，我又促成到会的副董事长、民营星光集团总经理陈瑞福先生慷慨允诺每年提供 20 万元支持我校发展研究生教育，其中包括奖学金在内。此外，经我联系社会上有关单位一度在我校设立奖学金的还有浙江改革月报社的"韬奋园丁奖"、"韬奋新苗奖"以及山东滨州九环公司的研究生奖学金等。所有上述奖学金，不论金额多少、时间长短，都对我校教育事业的发展和兴旺有着积极的促进作用，也是我们办学之人永志不忘的。

第一次颁发政府特殊津贴

根据广电部的部署，1991 年我校首次评选享受政府特殊津贴的专家。经评审和广电部批准，当年 12 月齐越、康荫教授成为我校首批获得国务院颁发的政府特殊津贴证书者，每月领取特殊津贴 100 元，他们两人既是老革命，又是我校较早获得教授职称者，获此殊荣当之无愧。向为我国科学文化教育事业做出突出贡献的专家颁发政府特殊津贴，是党中央、国务院为表彰优秀知识分子采取的重要举措之一。奖金额度虽然不高，但意义重大。

从 1992 年起，政府特殊津贴的发放名额有了较大幅度的增加，并将奖金分为 100 元与 50 元两档。我校经推荐、评审和广电部批准，共有 4 人获 100 元档特殊津贴，8 人获 50 元档特殊津贴。他们分别是：李孝勤、朱羽君、张颂和赵玉明；吴为章、许俊基、金荣景、王珏、张永辉、甘章泉、李栋等。这批专家中除李栋为副教授外，其余皆为 1987 年至 1990 年间确认或晋升的教授。

当年，我领取到大红封面印有国徽的"政府特殊津贴证书"，内容为"赵玉明同志：为了表彰您为发展我国高等教育事业做出的突出贡献，特

决定从一九九二年十月起发给政府特殊津贴并颁发证书，国务院（印章）
一九九二年十月一日"，证书编号为："政府特殊津贴第（92）3590048号"。
此后，我校每年都有一批人数不等的为我国高等教育事业做出突出贡献的
教授荣获国务院颁发的政府特殊津贴。

第一次招收博士研究生

1999年，我校首次招收博士生。这是从1959年开始招收本科生，20
年后的1979年开始招收硕士生后，又经过20年的不懈努力，我校学科建
设和人才培养迈上的又一新台阶。我校招收新闻学硕士生仅比中国人民大
学、复旦大学晚一年，但招收博士生比两校晚了15年，这其中有值得总结
的教训。其中之一我认为是长期以来我校注重培养应用型人才，相当程度
上忽略了学科建设。

据我所知，我校申博的历程始于1989年春天。当时我刚刚走上学校领
导岗位，作为副院长分管教学研究工作，外出参加的第一次会议就是部署关
于第四批申报博士点的工作。此后历经1992年、1996年第五、六批申博工
作，虽未能实现突破，但奋斗的脚步从未停止。特别从1993年以后，在明确
争取进入"211工程"高校行列过程中加大了对学科建设的投入力度。1993
年我校确定了9个校级重点学科，后又经广电部组织专家论证将新闻学、语
言学（播音）、电磁场与微波技术和通信与电子技术作为部级重点学科，给
予重点资助。这些都为申请博士点创造了有利条件和奠定了扎实的基础。

1997年5月，国务院学位委员会组建第四届学科评议组时，将原二级
学科的新闻学升格为一级学科定为新闻传播学，并首次组建新闻传播学学
科评议组。我有幸成为学科评议组成员（另外两人中一为方汉奇教授，一
为丁淦林教授）。我成为我校第一个进入学科评议组的成员。本届学科评议
组任期至2003年6月。在前后五年间，学科评议组先后于1998年、2000

年和 2003 年（"非典"期间，通讯评审）三次召开评审会议。第一次评审会议，我校顺利通过新闻学博士点的评审，与此同时，我校经艺术学学科评议组评审还获得了广播电视艺术学博士点。至此，我校实现了历史上乃至广电系统高校博士点零的突破。第二次评审会议，我校与人民大学、复旦大学同时成为新闻传播学一级学科点（含传播学博士点）。这一年，我校还与人民大学同时成为新闻传播学博士后流动站（复旦在 1998 年已成为博士后流动站）。这在我校新闻传播学学科建设和人才培养以及全校的发展史上都是具有重大意义的事件。

为了筹备招收博士研究生，经校内评审、广电部批准，我校确定上述两个博士点的首批博士生导师 8 名，另有校外兼职导师两名，其中新闻传播学方面导师 3 名，即赵玉明、曹璐和朱羽君，均为校内教师。1999 年 2 月 3 日《光明日报》刊出了我校首次招收博士生的信息，当年规定每名导师只能招收 1 名博士生。

经笔试、面试并经上级部门审批后，1999 年我招收了艾红红作为新闻学专业广播电视史方向的首名博士生。2002 年她学习期满，成绩优良，论文答辩合格，成为我校培养的首批博士之一。到 2007 年止，我共招收博士生 11 名，目前尚有 3 人在读，其余均已获得博士学位。从 2004 年起，我又开始招收新闻传播学博士后人员，与之共同进行有关课题的科学研究工作。到目前为止，已先后有两人完成科研任务顺利出站，目前尚有 1 人正在撰写科研报告。

根据学校 2006 年的规定，我校第一批博士生导师年满 70 岁退（离）休。2007 年初，我愉快地办理了退休手续，当年招收了最后 1 名博士生。

第一次授予"中国传媒大学突出贡献教授"称号

2007 年 9 月 10 日，在我校喜迎第 23 个教师节庆祝大会上，学校领导宣读了《关于授予赵玉明等四位教授"中国传媒大学突出贡献教授"称号的决定》（简称《决定》）。《决定》开头为："赵玉明、张颂、张凤铸、朱羽君四位教授是我校第一批博士生导师，是我校优秀教师的代表，在几十年平凡的教学生涯中，对我校教育教学、学科专业建设、校风学风建设等做出了突出的贡献，在各自的学术领域取得了丰硕的成果。"会上学校向与会获奖教授颁发了荣誉证书和奖牌。我由于没有接到授予称号的开会通知，未能躬逢盛会表达对学校感谢之情，至今引以为憾。上述信息我是从校报上得知的。三个月后，我收到有人转交的有关证书和奖牌。这是学校对退休的第一批博士生导师的荣誉性奖励。2008 年，曹璐、曾庆瑞教授也获此称号。至此，我校首批博士生导师 8 人中已有 6 人办理了离退休手续。实际上，6 人虽已年过七旬，但均退而未休，仍在继续指导着尚未毕业的在读博士生，有的还继续招收博士生。就我本人而言，已在我校工作近50 年，深感古稀之年精力有限，从今年起不再招收博士生。目前，我本着"不闲着，别累着"六个字来安排工作生活。首先，继续指导着目前仍在读的 3 个博士生和 1 个即将结束博士后流动站科研任务的教师，继续主持尚待完成的教育部文科基地的科研项目。其次，准备做好明年中国新闻史学会和中国广播电视协会广播电视史研究委员会换届，以及两个会长职务的交接工作。再次，继续做好目前尚在承担的《中国广播电视年鉴》主编和国家社科基金项目的有关评审、规划工作以及力所能及的其他学术性工作，以期为我校的新闻传播学学科建设和人才培养尽自己的绵薄之力，庶不辜负改革开放 30 年来的大好形势带给自己的难得机遇。

（原载于《中国传媒大学校报》2009 年 1 月 1 日，收录于《赵
　玉明文集》第一卷，中国广播影视出版社 2014 年版）

学习和研究新闻传播的几个问题

2018 年既是中国新闻教育 100 周年，又是中国社会科学院新闻与传播研究所成立 40 周年。当年 11 月 24 日，新闻与传播研究所召开了一次学术研讨会，我应邀出席并在大会发言。会议结束前，新闻与传播研究所举行了马克思主义新闻学专家顾问聘任仪式，我为受聘者八人之一（其中高校新闻学院有人大、武大、暨大、汕大等，传媒大学仅我一人，是年龄最大的）。既然受聘，应当尽责。作为从教 60 年的新闻教育老教师，值此习近平中国特色社会主义新时代，应当不忘初心，倾心新闻传播教育事业；牢记使命，培育新时代新闻传播人才。

作为受聘者，要和新闻与传播研究所的研究生座谈、交流。为此，我做了准备，谈谈学习和研究新闻传播的几个问题。我先和新闻学院的研究生和青年教师做个尝试，听听意见，再做修改。

新闻传播学的教学研究工作通常分为理论、历史、实务三大板块，我是从事新闻传播史、广电史教研工作的，这方面事例可能多一些，大家可以举一反三。

我们党一贯重视马列著作对新闻工作的指导作用。早在延安时期就有新闻研究室，编印了有关马列的论述。新中国成立之后，从 20 世纪 50 年代起，三代新闻教师中从事新闻理论的第一代教师如甘惜分（人大）、王中（复旦）、温济泽（北京广播学院）都分别主持和参与编选了马列论报刊（新闻）。温济泽还结合列宁对无线电的论述，编印了有关资料，但遗憾的是，限于历史条件、工作环境、个人际遇，未能在学习马列著作的宽、深、精上下功夫，没有出现代表性、突破性的成果。

第三代新闻教师在王中、甘惜分、温济泽等指导下通读马列著作、写了有关新闻传播专著，如童兵（甘惜分的博士生）、郑保卫（甘惜分的硕士生）、陈力丹（温济泽的硕士生）可以说是其中的佼佼者。他们通读马列著作，编选专门书刊，出版了代表性的著作，影响很大。

你们面临的时代是光荣的，肩负的使命是重大的。

今天新闻传播学的研究已进入了一个新的时代。1998 年，在学科目录中将新闻传播学列为一级学科。其中还有两个二级学科，一是新闻学，二是传播学。

在新闻学的研究上是有过障碍的，在新中国成立初期到"文化大革命"期间，有的认为新闻有学，有的人认为新闻无学。

现在新闻学已经列入了学科目录。不仅如此，2016 年 5 月，习近平总书记在哲学社会科学工作座谈会上的讲话中，把新闻学列为具有"支撑作用"的 11 个学科，这样就提高了新闻传播的地位（"加快完善对哲学社会科学具有支撑作用的学科，如哲学、历史学、经济学、政治学、法学、社会学、民族学、新闻学、人口学、宗教学、心理学等"）。

在新闻传播研究上还有一个问题，就是人民性的问题。胡乔木主张，人民性是文学中的概念，不同意将此引进新闻学中。2013 年 8 月 19 日习近平在全国宣传思想工作会议上提出了"党性和人民性从来都是一致的、统一的"观点。这给新闻学的研究进一步扫清了障碍，为新闻学的研究提供了新的更好的研究环境。

改革开放 40 余年来，我国新闻传播史学的研究工作在总结新中国成立以来正反两方面经验的基础上，进展迅速，成绩斐然。新世纪的新闻传播学研究应当有所创新、有所前进。科研的本质在于创新。我国新闻传播学百年（1918—2018）历程，实质上也是不断创新的过程。从无到有，是创新；从有到优、更上一层楼，也是创新，而且是更为艰辛的创新。

新闻传播学的研究如何创新？仁者见仁，智者见智。仅就个人从事教研几十年的体会提出以下五个方面，供大家参考。

（1）学习新理论，反映新时代。

首先要重温马列经典著作、毛泽东著作和邓小平著作中有关新闻传播学的基本论述，以之为指导，力求从中找出规律，总结历史经验，为改革开放服务。指导我们思想的理论基础是马克思列宁主义，但是马克思列宁主义并不能包办一切，而是要随着时代的发展提出新的理论。例如"三个代表"重要思想、科学发展观的重要思想，要结合中国特色社会主义理论体系建设，探讨新闻学研究的创新路径，同时也要结合引进国外的史学观点和方法加以分析吸收，为我所用。

以习近平新时代中国特色社会主义思想为指导，在他的治国理政的著述中，人民日报、央视的讲话中都有有关新闻理论的论述，最近又出版了《习近平新闻思想讲义》，归纳总结起来就是站起来、富起来、强起来，实现两个一百年的奋斗目标——中国梦。

（2）抓住新机遇，提出新课题。

机遇有多种，如时间、事件、人物、地点等，但我们要有预见性，否则机遇稍纵即逝。以时间为例，21世纪以来，如改革开放40年（2018），新中国70年（2019），建党100年（2021）；在新闻方面，新华社建社90周年（2021），人民日报创刊70周年（2018），中国电视事业诞生60周年（2018），新闻教育与研究100周年（2018），中国新闻研究生教育40周年（2018），中国人民广播事业诞生80周年（2020）。新闻史的研究可以以这些时间节点为线索，编印有关著作。

20世纪80年代以前缺少代表性的通史，这也是一个机遇。20世纪90年代，《中国新闻事业通史》问世后，短期内难以全面突破，这又是一个机遇，可以在断代史、专题史、地区史、人物史、口述史、日本侵华新闻史和中外新闻比较史等方面进行开拓，提出新课题，做出新成绩。提出新课题时，要考虑到自身特点、所在地区和单位等主客观条件。例如，在南京开展民国新闻史研究，在重庆开展抗战新闻史研究，这都是不同的机遇。

我们即将迎来建党 100 周年，认真总结建党 100 年以来的新闻研究是非常有意义的，可以为 2021 年实现全面脱贫、全面建成小康社会做出贡献。

（3）运用新技术，挖掘新史料。

史料是新闻研究的基础，不掌握大量可信的史料就谈不上史学和新闻传播学的研究。传统的史料可分为文字史料、实物史料和口述史料等。20世纪 80 年代以前收集、积累史料的方法比较单一，一般为人工形式，如阅读、抄录、寻访等，多用卡片进行分类整理，很少利用声像工具。进入 21世纪后，随着数字技术的普及运用，电脑、手机、网络等为传统史料的研究插上了翅膀，更便于史料的收集、整理、储存、查询、传递和利用，同时还增添了音像史料、网络史料等。但也应该注意防止利用新技术抄袭、剽窃他人成果，伪造历史，骗取名利。

中国人民大学新闻学院最近与国家图书馆合作编印了大型《民国时期新闻史料四编》，共 30 册，6 套 160 多本，将近 1 亿字。中国人民大学还编印了燕大新闻系毕业论文 34 册，我从中找到了 4 篇有关广播的论文。中国传媒大学可以在广播历史资料研究上做出贡献，编印中国现代史料、日本侵华广播史料、中国抗战广播史料、解放区广播史料，拾遗补阙，弥补一般新闻学研究的不足之处。中央民族大学可以在少数民族新闻传播史研究方面多下功夫。

（4）探索新思路，提炼新观点。

新闻学的研究离不开史料，但是史料要和观点相结合。不同的学术观点可以得出不同的结论。"学林探路贵涉远，无人迹处有奇观。"例如，体育大学就可以在体育新闻史、传播史研究上下功夫，做出新的成绩。其他院校要根据所在的地区、所处的历史环境，结合自身的特点，将研究引向深入。学校要采取请进来、走出去的方法，将人证、物证、书证、史证结合起来进行考察研究，这样得出的结论才更有说服力。

（5）倡导新评述，提升新水平。

已出版的新闻（报刊、广电）著作数以百计，每年发表的有关文章也数以千计，但赞誉过多，争鸣甚少。缺少争鸣，死水一潭，难有突破。"学贵有疑"，有疑处始有学问，无疑事乃为通识。有讨论、有争鸣，才能有新成果，才能提升新水平，否则新闻传播学的研究将陷于停顿，愧对前人。

开展新闻传播学争鸣要贯彻"三不"原则，即不打棍子、不扣帽子、不装袋子。要摆事实、讲道理，以理服人，切忌情绪化、泛政治化，力戒部门、地方因素和经济因素的干扰。用事实说话，开展正常学术争鸣，推动新闻传播学研究的健康发展。

习近平同志提出加快中国特色的 11 个学科的建设，对学习和研究新闻传播学的任务提出了新的要求，最终要加快构建中国特色新闻学的"三大体系"，即学科体系、学术体系、话语体系。这方面任重道远，也是在座的青年学子和青年教师终身的奋斗目标。

（本文整理自赵玉明教授 2020 年 7 月 11 日的录音讲话）

》 赵玉明教授学术思想研究

赵玉明广播电视史学思想研究

何　婧　哈艳秋

赵玉明不仅是新闻学界的著名学者，还是广播电视史学研究的专家与开拓者，对北洋军阀时期的广播事业史、国民党广播事业史、中国共产党领导下的广播事业史，尤其是对延安（陕北）新华广播电台的研究取得开创性成果，享誉学术界。赵玉明学识渊博，能够几十年如一日，从纵深角度研究广播电视史，从不同的视角提出问题、研究问题、分析问题，且能够本着实事求是的原则进行求证，他对于学术研究孜孜不倦的精神值得我们学习，同时他的作品语言平实、通俗易懂，提出的观点总是能引起学术界的关注，并且产生深远的影响，因此对于赵玉明广播电视史学思想值得研究和书写的内容很多。

一、结缘新闻，扎根广院

赵玉明 1936 年出生于山西省汾阳县康宁堡村，1942 年随父母迁居天津，8 岁的时候进入天津市私立第一小学读书，1949 年进入通澜初级中学。初中期间赵玉明刻苦学习，成绩名列前茅，为升入公办高中打下良好基础。1952 年秋，赵玉明以优异的成绩顺利考进天津三中，高中苦读三年，他的文理科学业均有很大长进，同时加入了共青团，初步树立了正确的人生观。1955年，赵玉明被北京大学中文系录取，就读新闻学专业，从此与新闻学结下不解之缘。1959年赵玉明大学毕业，被分配到刚创办的北京广播学院，成为最早的一批本科生教师。从1959年站上讲台开始，他便将自己的一生奉献给了北京广播学院。20世纪70年代初，北京广播学院停止招生，赵玉明被分配到中央人民广播电台工作，但是他坚守初衷，心系广院，说"我这辈子，没离开广院，没离开广电史，没离开学生"①。1973年春，北京广播学院恢复招生，赵玉明从中央人民广播电台回到北京广播学院工作，重新回到学校后他更加珍惜这份工作，在此后的从教生涯中，为广播电视学科体系的建立做出了巨大贡献。

1980年赵玉明参加了对延安（陕北）新华广播电台创建历史和中国人民广播事业创建纪念日调研工作，在"老广播"的指导下执笔撰写了调查报告《延安新华广播电台筹建和试播始末》，论证了延安（陕北）新华广播电台的诞生日期是1940年12月30日，而非1945年9月5日，解决了中国广播事业史上"一个悬而未决的问题"②，为中国广播事业史研究做出贡献，也为后人深入研究延安（陕北）新华广播电台史奠定了基础。在学术研究方面，赵玉明出版了《中国广播电视通史》（主编兼主要撰稿人）、《中国现代广播简史》以及《赵玉明文集》（三卷本）；主编《广播电视简明辞典》《中外广播电视百科全书》《中国解放区广播史》等著作；发表了关于广播电视史、新闻史的论文以及调查报告等100余篇，成果丰硕。他不仅在学术研究方面做出了突出贡献，在教学方面也硕果累累。1979年赵玉明被评为北京广播学院的首批硕士研究生导师，1999年被评为首批博士研究生导师，在将近30年的时间里，赵玉明培养了一批又一批的本科生，招收

① 陈娜.教师是我一辈子的身份：访中国传媒大学教授赵玉明［M］//赵玉明.赵玉明文集：第1卷.北京：中国广播影视出版社，2014：43.
② 赵玉明.中国人民广播事业创建纪念日的由来及其意义［M］//赵玉明.赵玉明文集：第1卷.北京：中国广播影视出版社，2014：136-145.

和培养了 10 名硕士研究生、12 名博士研究生以及 3 名博士后，在赵玉明的指导和影响下，很多学生在广播电视领域卓有建树。2010 年赵玉明指导的博士研究生薛文婷的博士论文荣获全国百篇优秀博士论文，因此他获得教育部、国务院学位委员会颁发的"全国优秀博士学位论文指导教师"证书，赵玉明将学校奖励的 30 万元奖金设立"赵玉明教授研究生助学金"，以奖励中国传媒大学成绩优良、家境贫困的研究生。

赵玉明这位出生于民国、成长于新中国的学者，身上体现的是老一辈知识分子对工作认真负责、满怀热情，对学术研究兢兢业业、刻苦钻研的精神。研究赵玉明广播电视史学思想，能够让我们从老一辈学者的学术经历中探寻对今天仍然具有启发的研究思想。

二、赵玉明广播电视史学研究领域

20 世纪 20 年代中国开始有了广播电台，发展至今已有近百年的历史。在这百年中，中国经历了北洋军阀混战时期、国民党统治和日本侵略时期及新中国 70 多年的发展时期。在不同的历史时期，广播的发展呈现不同的特点。《中国广播电视通史》上卷第一章到第四章主要分析民国广播事业发展，四章均由赵玉明撰写，从历史的角度梳理中国广播事业的产生、发展，建构民国时期广播事业发展的完整框架。在《赵玉明文集》第一卷到第三卷中，也收录了多篇关于广播电视史研究的论文，他重视研究民国广播事业发展的同时，还集中研究中国共产党领导的广播电视事业的发展。从研究时间上看，研究成果主要集中在 1980 年至 2007 年间。1979 年以前，由于受到"文化大革命"的影响，这段时期关于广播电视史的研究成果并不多；"文化大革命"结束后，赵玉明以解放思想、坚持实事求是的态度开展广播电视史研究，在广播电视史研究领域取得重大突破。2007 年，赵玉明退休后，依然坚持进行学术研究。

（一）重视研究民国时期广播事业的发展

赵玉明在《中国广播电视通史》中将民国时期的广播事业分为早期的广播事业、抗战前期的广播事业、抗日战争时期的广播事业和解放战争时期的广播事业四个历史时期，并分析了中国早期的广播事业最早是由外国人创办的，直到 1926 年我国才开始自办广播电台。1927 年南京国民政府成立，中国进入国民党统治时期。抗战前，国民党政府以南京的中央台为中心，先后在全国各地建立大小不一的广播电台，形成庞大的国民党广播体系。同时，民营广播电台也得到不同程度的发展，有教育性广播电台、宗教性广播电台和商业性广播电台。1931 年"九一八"事变后，日本妄图侵略中国的野心昭然若揭，在我国东北建立和控制数量众多的广播电台，以进行殖民宣传。随着民族意识的觉醒，尽管国民党对广播事业进行严格的管理和控制，但还是有越来越多的广播电台参加到抗日救亡中。抗日战争时期，中国共产党领导的广播事业于 1940 年 12 月 30 日开始广播，不仅在抗日战争时期，在解放战争时期也发挥了积极的作用。民国时期的广播事业是在错综复杂的环境中产生和发展起来的。赵玉明认为民国广播事业具有三个明显的特点："外国在华开办广播电台时间之早、数量之多和影响之大，在世界各国中是绝无仅有的；国民党的官办广播电台在民国几百座广播电台中长期居于统治地位，国民党当局利用其统治权力控制着中国的广播事业；中国共产党领导的广播事业在经历了众多的挫折和磨难之后，随着人民革命斗争的最后胜利，终于成为中国广播事业的中坚力量，并形成了自己独有的优良传统。"[①] "绝无仅有"道出了帝国主义在中国广播领域的殖民侵略力度之大世界鲜有；"统治地位"说明国民党专政官办电台独大，对其他民营台进行严格控制；"优良传统"说明中国共产党领导的广播事业

---

① 赵玉明.中国广播电视通史［M］.北京：中国广播影视出版社，2014：162-163.

在斗争中形成了艰苦奋斗、实事求是、联系群众的优良作风，从而得到人民的拥护和支持。

赵玉明在民国时期广播事业研究方面主要的研究成果有《外国人最早在我国办的广播电台》《我国广播事业之发轫》《北京广播事业发展概述》《抗战时期的广播事业》《民国广播历史概况》《民国的广播事业》《民国的广播管理概述》《民国时期广播期刊综述》《对"1923 年 1 月 1 日，哈尔滨广播无线电台开播"论证材料的意见》等。

《外国人最早在我国办的广播电台》分析了在中国境内最早出现的三座广播电台：1923 年 1 月 23 日在上海创办的奥斯邦广播电台、美商新孚洋行在上海创办的广播电台、美商开洛电话材料公司于 1924 年 5 月在上海创办的广播电台。通过比较提出疑问，"为什么开洛电话材料公司的广播电台比其他两座广播电台存在的时间较长？"赵玉明从主客观两方面对问题进行分析，认为北洋政府"由多方面的禁止改为有条件的限制。1924 年 8 月北洋政府公布了《装用广播无线电接收机暂行规则》"[①]，开洛电话材料公司的广播电台合法化。"开洛公司经理迪莱为了使广播电台的节目能够吸引听众，想出了不少花招"[②]，因此开洛广播电台得以存在较长时间。

《民国的广播管理概述》主要从广播管理方面进行研究，分析了北洋政府、国民党政府和日伪政权对广播的管理。从 1915 年到 1926 年间，北洋政府相继发布了《电信条例》《装用广播无线电接收机暂行规则》《无线电广播条例》《装设广播无线电收听器规则》《运销广播无线电收听器规则》，对广播的管理从无条件取缔到有条件限制。但是赵玉明认为"北洋政府时期对广播事业的管理是诉诸法律的，但仅是初步的、粗放的、局部的，其

[①] 赵玉明.外国人最早在我国办的广播电台［M］//赵玉明.赵玉明文集：第2卷.北京：中国广播影视出版社，2014：203.

[②] 赵玉明.外国人最早在我国办的广播电台［M］//赵玉明.赵玉明文集：第2卷.北京：中国广播影视出版社，2014：204.

效果也是有限的"①。关于国民党广播管理，赵玉明从抗战前、抗战时与抗战后三个方面进行了分析。抗战前国民党颁布了《广播无线电台条例》《装设广播无线电收音机登记暂行办法》《民营广播无线电台暂行取缔规则》《指导全国广播电台播送节目办法》等法规，对官办台、私营台和外商电台采取不同的管理办法。抗战时期两次修订中央广播事业指导委员会的《组织大纲》，全面禁止开办私营广播电台。抗战后颁布了《管理收复区报纸通讯社杂志电影广播事业暂行办法》《广播无线电台设置规则》。赵玉明认为《广播无线电台设置规则》是"国民党当局制定的最有代表性的广播法规则"②。日本侵略者在中国广播事业管理方面，1931年"九一八"事变后在东北攫取沈阳和哈尔滨两座广播电台，1933年4月在长春成立新京放送局，炮制《满洲电信及广播事业统制方案》，并建立满洲电信电话股份有限公司，企图垄断东北地区的电报、电话和广播三大事业；在华北地区，1940年7月成立伪华北广播协会，企图控制华北地区的广播事业，此外还有伪蒙疆广播协会，控制着晋北、察南、绥远等地的广播事业；在上海南京地区，1941年2月汪伪政府成立了中国广播事业建设协会，企图管理沦陷区的广播电台。赵玉明认为，"日本帝国主义对其在中国占领区的广播管理尽管形式上有所不同，但实质上都是殖民地的管理，目的在于配合日寇的军事政治攻势，为灭亡中国的反动目的服务"③。此外《民国广播历史概况》《民国的广播事业》《抗战时期的广播事业》等文章对不同地区、不同政权统治下广播事业发展进行研究，完整地梳理了民国时期中国广播事业的发展脉络与概况。

---

① 赵玉明.民国的广播管理概述［M］//赵玉明.赵玉明文集：第2卷.北京：中国广播影视出版社，2014：228.

② 赵玉明.民国的广播管理概述［M］//赵玉明.赵玉明文集：第2卷.北京：中国广播影视出版社，2014：231.

③ 赵玉明.民国的广播管理概述［M］//赵玉明.赵玉明文集：第2卷.北京：中国广播影视出版社，2014：235.

（二）集中研究中国共产党领导下的广播电视事业发展

中国共产党领导的广播事业是在艰苦卓绝的抗日战争年代创办的，从星星之火迅速发展成为燎原之势。赵玉明的研究主要分为抗日战争时期、解放战争时期和新中国时期三个历史阶段，对延安（陕北）新华广播电台的研究是赵玉明广播电视史学研究的重要部分，也是他最早涉足并做出重大贡献的领域。

1. 抗日战争时期创建的中国共产党领导的广播事业研究

赵玉明研究抗日战争时期中国共产党领导的广播事业创建的成果颇丰，《中国广播电视通史》详细论述了抗日根据地的广播事业，从无线电事业的创办和发展、延安（陕北）新华广播电台在艰苦卓绝的环境中创建等方面分析了中国共产党领导的广播事业的产生。此外还有《早期的人民无线电事业》《延安（陕北）新华广播电台首播时间与 XNCR 含义的探讨》《延安（陕北）新华广播电台筹建领导机构称谓考实》《延安新华广播电台筹建和试播始末（调查报告）》《关于人民广播创建情况的历史资料》等成果，主要从两个方面探讨了中国共产党领导下的广播事业的创建和广播宣传。

在《人民广播事业的诞生》和《延安新华广播电台筹建和试播始末（调查报告）》等文章中，赵玉明根据大量史料研究了中国共产党领导的广播事业创建的经过。1940 年春，在周恩来、朱德的领导下，中央军委三局九分队和陕北老乡共同努力下，12 月 30 日延安（陕北）新华广播电台在延安王皮湾村开始试播，赵玉明对延安（陕北）新华广播电台试播时间、波长、播出内容等试播情况进行详细分析，并给予高度赞扬："延安台的试验广播时间虽然不长，但在我党的新闻史、新华史上留下了珍贵的一页，开创了我党语言广播事业的新篇章。"[①]

---

① 赵玉明.延安新华广播电台筹建和试播始末（调查报告）[M]// 赵玉明.赵玉明文集：第 1 卷.北京：中国广播影视出版社，2014：150.

在宣传方面，赵玉明写了《延安新华广播电台和重庆新华日报》，本文介绍了《新华日报》与延安（陕北）新华广播电台相互配合报道新闻的情况，从侧面分析了延安（陕北）新华广播电台在抗战时期的宣传策略。比如在皖南事变中，由于国民党当局的新闻封锁，《新华日报》发行受到重重阻挠，延安（陕北）新华广播电台便配合向国民党统治区播送了毛泽东的《为皖南事变发表的命令和谈话》，向国民党统治区人民揭露皖南事变的真相。延安（陕北）新华广播电台因设备简陋，需要经常调整波长，《新华日报》便在报纸上公开告诉国民党统治区民众延安（陕北）新华广播电台的波长和播出时间，并且刊登延安（陕北）新华广播电台的广播稿，转收听众来信，使国民党统治区人民能够深入了解延安（陕北）新华广播电台。这种广播与报纸相互配合的宣传方式，对于全面宣传党的抗日民族统一战线起着重要作用。

2. 解放战争时期中国共产党领导的广播事业的战斗转移与军事宣传研究

抗日战争胜利后，蒋介石发动全面内战，中国人民解放军在中国共产党的领导和广大人民的支持下，为推翻国民党统治而英勇战斗。中国共产党领导的广播事业在解放战争中多次转移，克服重重困难坚持播音。赵玉明主要研究了解放战争时期中国共产党领导的广播事业的转移情况和在战争中的宣传策略。

第一，解放战争时期中国共产党领导的广播事业在转移中得到发展。赵玉明在《从延安新华广播电台到陕北新华广播电台》中论述了1947年3月28日延安（陕北）新华广播电台在转移前夕播发了中国人民解放军在延安东北青化砭歼灭敌军4000多人的消息，播音结束立刻进行转移，体现了延安（陕北）新华广播电台坚持斗争的精神。赵玉明认为播送青化砭大捷的消息"在人民广播历史上是一件很有意义的事情"①。在《接替陕北广播的

① 赵玉明.从延安新华广播电台到陕北新华广播电台［M］//赵玉明.赵玉明文集：第2卷.北京：中国广播影视出版社，2014：266.

一场战斗》中论述了中国共产党领导的广播事业转移前的准备情况。1946年11月，周恩来召开专门会议研究接替延安广播的问题，并且派人选定转移台址。1947年3月29日，太行广播立刻接替陕北广播继续进行播音，从太行山发射出去的红色电波把党中央的声音传播向四面八方，再次证明了中国人民的声音是任何反动势力都无法阻挡的。《人民广播事业的诞生》详细论述了延安（陕北）新华广播电台的四次转移。1947年3月中旬，延安台转移到瓦窑堡后改名为陕北新华广播电台；从1947年3月30日起，陕北台在河北涉县播音；从1948年5月23日起，陕北台迁移至平山播音；1949年3月25日，陕北台迁进北平，改名为北平新华广播电台，同年12月5日改名为中央人民广播电台，至此，中国共产党领导的广播事业翻开新的历史篇章。

第二，解放战争时期中国共产党领导的广播注重宣传方法与技巧。解放战争全面爆发后，延安台更加注重通过广播进行宣传。赵玉明认为这个时期延安台宣传的内容主要有三个方面："集中揭露国民党反动派发动内战的罪恶行径，号召解放区军民奋起自卫反抗，保卫解放区；举办国民党军起义人员广播讲话，号召国民党军队退出内战，制止内战；举办各界名人演讲，组织特别节目，声援国民党统治区的爱国运动。"[①]比如1946年7月初请第一个驾飞机起义抵达延安的国民党空军刘善本到延安台进行反内战演讲，9月举办名人演讲，先后邀请李敷仁、艾思奇等各界名人到延安台进行广播演讲，痛诉国民党的独裁阴谋与发动内战的罪恶行径。在宣传方法与技巧方面，赵玉明在《毛主席的〈目前形势和我们的任务〉是怎样播送的？》中分析了1948年元旦陕北台播送的毛泽东的《目前形势和我们的任务》，总结陕北台对重要文件的播送特点，如集中时间、连续反复播放全文与标点符号，每个部分播送完都进行简要概括和内容提要，播音注重从

---

① 赵玉明.中国广播电视通史［M］.北京：中国广播影视出版社，2014：99-100.

感情上表达原著风格。《延安台举办专题节目介绍解放区》介绍了延安台从 1945 年 10 月到 1946 年 2 月先后开办的《解放区介绍》、《解放区建设》和《解放区政策》三档节目，让全国人民都能够深入了解解放区情况。《延安台的广播讲演节目》分析了延安台通过舆论领袖的广播讲演进行宣传。《瓦解敌军的强大思想武器——〈对国民党军广播〉节目》中介绍了《对国民党军广播》节目，从思想上分化和瓦解敌军。此外还有《延安（陕北）新华广播电台的文艺节目》《陕北新华广播电台的文艺节目》《北平新华广播电台的文艺节目》等文章，从延安台的节目形式与内容分析其宣传技巧。

3. 新中国成立后中国共产党领导的广播电视事业发展研究

新中国成立后中国共产党领导的广播电视事业得到极大发展，赵玉明主要从以下两个方面进行研究。第一是深入研究新中国成立后大陆地区广播电视的发展。在《中华人民共和国成立初期暂设的广播电台》《建国初期的私营广播电台》《新中国广播事业的建立》《中华人民共和国的广播电视事业》等文章中论述了新中国成立后，中国共产党接收和恢复了广播电台，并对 34 座民营广播电台进行社会主义改造，最终形成以中央人民广播电台为中心的由中央和地方、无线和有线相结合的广播网；在全面建设社会主义时期，广播电视事业得到进一步发展，广播电视的宣传对社会主义建设起到积极的促进作用；在党的十一届三中全会后，广播电视事业得到飞跃发展，呈现百花齐放的景象。第二是重视研究香港、澳门和台湾地区以及海外华语广播电视事业的发展。在《试论中国广播电视发展的历史分期及其特点》中总结了三个不同地区广播电视事业发展的共同特点，在《华语电视发展的回顾、现状与展望》和《海外华语广播电视的现状与未来》中分析了华语电视的兴起与发展，21 世纪海外华语电视主要呈现出覆盖范围广、由以华侨为主向以华人为主转变、传播多层次等不同的特点。赵玉明认为"华语电视是全球华人的共同事业，其基本功能和作用当前可概括为三个方面，即弘扬中华文化、促进双向了解和推动中国统一"①。

4. 重视开展党的领导人与广播事业发展的研究

中国人民广播电视事业是在中国共产党的领导和支持下创建并发展起来的，赵玉明重视并集中研究了毛泽东、周恩来、刘少奇、邓小平等党的领导人与广播事业发展的关系。

关于毛泽东与广播电视的研究，赵玉明写了《毛泽东同志与广播电视》《毛泽东向黄维兵团的两篇广播讲话手稿重现始末》《毛泽东身边的视听工具》等文章，论述了不同时期毛泽东对于人民广播事业发展的支持。《毛泽东同志与广播电视》中分析了毛泽东关于无线电是革命的"鲁班石"的思想，足见毛泽东非常重视无线电事业。在解放战争中，毛泽东还注意利用广播适时揭露敌人的阴谋，瓦解敌军的意志，巧妙利用广播宣传击退企图进犯的敌军。新中国成立后，毛泽东虽日理万机，但仍然关心广播工作，提出要把党的宣传方针告诉广播、报刊工作人员，要相互转发好文章，利用广播做好民族工作和对台湾工作，并提出将"发展农村广播网"列入文化教育规划中，同时注重发展对外广播，让全世界都听到中国的声音。此外，毛泽东还是最早提出办电视的领导人，并为北京电视台题字。在《毛泽东向黄维兵团的两篇广播讲话手稿重现始末》中，赵玉明将毛泽东向黄维兵团的两篇广播讲话手稿重现经过以及手稿中毛泽东修改的内容进行详细说明，通过毛泽东对稿件的修改，体现毛泽东重视广播稿件。在《毛泽东身边的视听工具》中，展现了毛泽东在不同时期使用过的收音机和电视机，比如在延安时期使用过的美制军用收音机、在北京使用过的国产"熊猫牌"收音机、"北京牌"黑白电视机等，展现毛泽东日常生活中也重视收听和收看广播电视。

周恩来是人民广播事业的创建者，是最早在国民党统治区领导建立人民无线电事业的领导人，为人民广播事业的建立奠定基础。在《周恩来同

---

① 赵玉明.华语电视发展的回顾、现状和展望［M］// 赵玉明.赵玉明文集：第2卷.北京：中国广播影视出版社，2014：382.

志与广播电视》中展现了周恩来在不同时期对人民广播事业的建立与发展做出的贡献。比如 1929 年 10 月，在周恩来的支持下中国共产党在上海建立了第一座秘密电台；红军到达陕北后，周恩来日夜操劳筹划重建党中央在天津、上海的地下秘密电台；抗日战争时期，周恩来利用广播发表演讲，激励人民抗日的斗志；1940 年春，周恩来领导并筹建人民广播电台；解放战争时期，周恩来领导广播工作人员部署广播电台的战斗转移，使延安（陕北）新华广播电台在艰苦卓绝的战争中依然能坚持广播。新中国成立后，周恩来依然关怀广播电视事业的发展，比如支持筹办电视、提议做好农村广播节目、搞好体育转播、开办英语讲座、发展民族广播等，周恩来心系人民广播电视事业的发展，让广播电视在新的历史时期发挥了更大的作用。

此外，赵玉明还写了《刘少奇同志与广播电视》、《邓小平同志与广播电视》和《陆定一同志与广播电视》等文章，通过研究中国共产党领导人与人民广播电视事业发展的关系，可以看出党的领导人对人民广播电视事业的发展给予的全面关怀，对于广播电视工作者认真办好广播电视起到激励作用，同时也为后人了解中国共产党领导人与广播电视事业的发展提供了研究史料。

（三）积极开展名人与广播研究

研究名人与广播对于广播电视史学研究有着重要的意义，赵玉明非常重视研究不同时期的名人与广播的关系，通过名人对广播的利用与评价，可以从侧面了解广播的发展与作用，因此长期以来赵玉明积极开展相关方面的学术研究。

1. 积极开展民国名人与广播研究

1986 年至 1988 年，赵玉明曾先后在《中国广播报》发表《孙中山称赞中国出现广播是"大进步"》《鲁迅论 30 年代的上海广播》《张学良、杨虎城将军的抗日广播演说》《为拯救中华而呼吁——宋庆龄的抗日广播演说》等文章，论述民国时期的名人与广播的关系。

赵玉明在《孙中山称赞中国出现广播是"大进步"》中说中国无线电公司广播电台播出了孙中山的《和平统一宣言》，孙中山对广播电台表现出极大的信心并予以高度的评价，表现了他重视现代科学技术应用的远见卓识。在《鲁迅论 30 年代的上海广播》中，赵玉明通过研究鲁迅的杂文分析鲁迅对当时上海的广播电台的态度。20 世纪 30 年代，上海的广播多是富人享乐的工具，靡靡之音不绝于耳，鲁迅在多篇文章中对当时堕落的广播进行讽刺与批判。《张学良、杨虎城将军的抗日广播演说》论述了"西安事变"中张学良与杨虎城利用西安广播电台发表广播演说宣传抗日救亡，周恩来到达西安后也十分关心西安广播电台的广播。赵玉明认为西安广播电台在"西安事变"中向全国广播了事变真实情况，对于宣传抗日救亡以及中国人民的抗日事业做出了巨大贡献。民国时期，宋庆龄是充分利用广播进行抗日救亡宣传的名人之一，在《为拯救中华而呼吁——宋庆龄的抗日广播演说》中，赵玉明分析了四次广播演说，如 1937 年 10 月 20 日宋庆龄在上海美商 RCA 广播电台发表题为《中国走向民主的途中》的对美广播演说、1939 年 12 月 12 日在香港广播电台关于发起组织中国工业合作社国际促进委员会领导经济救亡运动的演说、1940 年 4 月 18 日在国民党中央广播电台和 1944 年 3 月 12 日在国际广播电台发表对美国广播演说，体现了宋庆龄重视利用广播进行抗日救亡宣传，为拯救中华而呼吁，并取得显著效果。

赵玉明通过民国名人对广播的评价与利用分析民国广播百态，有鲁迅批判庸俗低级、宣传封建迷信、腐蚀人心的广播，也有像西安广播电台等宣传抗日救亡的先进广播，从不同角度展现民国时期广播发展状态。

2. 积极开展新中国广播人物研究

赵玉明除了开展民国名人与广播研究外，还积极开展对新中国著名广播人物的研究，如温济泽、梅益、左荧等人。在抗日战争时期，他们把广播作为战斗武器进行抗日救亡宣传；在新中国成立后，他们为新中国广播事业的发展贡献毕生精力。

温济泽是我国著名无产阶级革命家，更是我国广播电视事业的开拓者，有着丰富的新闻实践经验。赵玉明在《为办好广播不懈探索 为培育英才尽心竭力——赵玉明教授谈温济泽同志对人民广播和新闻教育事业的贡献》中谈及温济泽的峥嵘生涯并认为温济泽在广播系统贡献颇大，他是"人民广播事业的创始人与建设者之一；主管对外国际广播工作，提出'内外有别'的宣传策略；提倡更改中国人民广播诞生纪念日和中国人民对外广播创建纪念日，并积极参与纪念活动；率先撰写广播回忆录，弘扬延安传统，总结历史经验"①。在新闻教育和研究方面，赵玉明总结了三点：一是温济泽重视筹建社会科学院新闻研究所，指导研究生工作，对新闻学研究做出初步规划；二是积极参与创办中国新闻教育学会；三是为新闻学研究事业的发展竭尽心力。温济泽毕生献身于中国共产党和人民事业，赵玉明认为他对广播系统和新闻教育的贡献远不止上述所谈及的几点，研究温济泽新闻思想任重而道远。

梅益是新中国广播事业的奠基者与缔造者，赵玉明在《梅益同志和广播学院的情缘》中回忆了与梅益交往的点滴。梅益虽工作繁忙，但仍为解放区广播回忆录撰文，1996年为《中国广播电视年鉴》题词，关心北京广播学院的发展情况和中国广播电视史的教学研究工作，给后辈提供指导和帮助。2014年1月9日梅益百年诞辰之际，赵玉明接受了《中国广播》的采访。谈及梅益对广播事业的贡献，赵玉明认为梅益在广播电视事业建设方面的贡献主要有建立以中央台为中心的全国广播网、积极发展我国的国际广播、创办新中国的电视事业、筹建北京广播学院；在广播电视理论方面的贡献主要是把中国共产党的新闻思想运用到实际的广播电视宣传中、重视广播宣传教育工作，并提出广播是群众性宣传教育的有力工具思想，具有创新性、科学性

---

① 赵玉明.为办好广播不懈探索 为培育英才尽心竭力：赵玉明教授谈温济泽同志对人民广播和新闻教育事业的贡献［M］//赵玉明.赵玉明文集：第1卷.北京：中国广播影视出版社，2014：262-267.

和系统性^①。

　　左荧是我国杰出的新闻工作者与新闻教育家，他为广播事业发展与北京广播学院的创办殚精竭虑、不懈奋斗。赵玉明在《一个有强烈事业心的领导者——追忆左荧同志》中从左荧参加新闻工作起到创办北京广播学院、培养新闻人才，追忆左荧无私奉献的一生。在抗日战争与解放战争时期，左荧以新闻为武器投身到斗争中，在新中国成立后，他走出广播大楼，参与到北京广播学院的创办中。他冒着风险任用被错划为"右派"的"老广播"，增强新闻系的师资力量；他以办有广播电视特色的新闻系为目的，闯出新的办学思路与特色；他无私奉献，将珍藏的毛泽东撰写、修改的广播手稿献出，以供新闻教学；在"文化大革命"后，他大声疾呼重建北京广播学院，强烈要求加强对广播学院的领导，使北京广播学院得以逐步恢复并发展壮大。赵玉明在文中深切地缅怀了左荧，认为"为了把初创的广播学院办好，从选才用人、办出特色和规划未来等几个方面，都充分显示出左荧同志是一个有强烈事业心的领导者"^②。

　　赵玉明还关注国外名人与广播研究，主要成果有《列宁与无线电广播》《列宁和苏联早期无线电事业的重要史料》《列宁无线电广播书信选注》《国际主义广播女战士——绿川英子》。赵玉明关于名人与广播研究横跨不同的时间与地域，时间上从民国时期到新中国时期，地域上从国内到国外，范围广、角度纵深、视角新颖。

三、赵玉明的治学态度与方法

　　端正的学术研究态度是进行学术研究的根本，良好的学术研究方法是

---

① 李晓光.让全世界都听到中国人民的声音：赵玉明教授谈梅益同志对共和国广电事业的贡献［J］.中国广播，2013（12）：52-56.
② 赵玉明.一个有强烈事业心的领导者：追忆左荧同志［M］//赵玉明.赵玉明文集：第1卷.北京：中国广播影视出版社，2014：307.

进行学术研究的重要工具。赵玉明在开展学术研究的过程中，既能够坚持正确的学术信念，也能够结合时代的发展，运用良好的学术研究方法在专业领域不断探索进取。赵玉明具有广阔的学术视野和敏锐的学术眼光。在学术领域，他提出的见解、观点总能给人以启发。因此，总结赵玉明在广播电视史学研究中的学术态度与方法，对于我们提高学术水平也具有借鉴意义。

（一）学术研究专且勇于攻克难题

赵玉明学术研究专，长期以来坚持专注研究广播电视史研究领域，不断挖掘新的史料，进行深入研究。1959 年赵玉明被分配到北京广播学院新闻系广播史教研组，他开始接触广播史教学与研究工作，经常埋头研究广播史料。他一心扑在广播电视史教学与研究上，在教学上桃李满天下，其中培养广播电视史专业硕士、博士研究生和博士后 25 名；在研究上著有《中国现代广播简史》《中国广播电视史文集》《赵玉明文集》。其中 1987 年出版的《中国现代广播简史》是我国第一部广播事业发展史专著，系统地论述了 1923 年无线电传入中国到 1949 年新中国广播的诞生与发展，史料翔实、内容丰富，填补了我国广播史研究的空白，这部著作也成为广播电视史专业师生必读经典书籍。论文有《民国广播历史概况》《新中国广播事业的建立》《我国广播事业之发轫》《抗战时期的广播事业》等，以广播电视史研究为核心内容，同时涵盖广播电视史调查报告等，共发表论文 100 余篇。赵玉明关于广播电视史的研究时间跨度大，从 1923 年无线电传入中国至今广播在中国近百年的发展史、1958 年 5 月 1 日中国电视事业的诞生至今电视 60 年的发展史都是赵玉明研究的对象；在研究内容上全面且丰富，既研究早期外国人在我国创办的广播，也研究早期国人自办广播；既研究国民党广播、日伪广播，也研究共产党领导下的广播；既研究我国广播电视，也研究海外广播电视。赵玉明长期致力于广播电视史研究，专业且专注，成为我国广播电视史研究领域的开拓者。

赵玉明在学术研究中勇于针对广播电视史研究出现的问题进行考证，反复深入研究、攻克难题。比如广播电视史领域长期以来存在一个"悬而未决"的难题，即中国人民广播诞生日的问题。赵玉明发现我国广播历史上有两个人民广播诞生纪念日，即1945年9月5日和1940年12月30日。尽管学界和业界普遍认为1945年9月5日是人民广播诞生日，但是现有史料并不能直接证明，因此赵玉明决定对此问题进行求证。1980年春，他在"老广播"的指导下，倡议组织北京广播学院延安（陕北）新华广播电台历史调查小组奔赴延安，沿着延安（陕北）新华广播电台的战斗和转移路线进行了为期一个月、行程约3000公里的实地调查，从实地考察中证实了延安台筹建时期的有关情况。写了《延安新华广播电台筹建和试播始末（调查报告）》，从挖掘到的各种文字史料与访谈记录、国民党的旁证材料证明了延安（陕北）新华广播电台成立于1940年12月30日。后来赵玉明写了文章《延安新华广播电台首播时间与XNCR含义的探讨》，比较了党中央机关报《新中华报》、中央军委三局机关刊物《通信战士》、山东地区党组织机关报《大众日报》等五份史料，最后确定延安（陕北）新华广播电台首次开播时间为1940年12月30日。人民广播诞生日的确立，对于学界和业界搞清延安（陕北）新华广播电台的开播、停播、恢复播音等广播电视史学问题有着重要的意义。

（二）坚持实事求是的研究态度

赵玉明多次在文章中指出做研究要本着实事求是的精神态度，"广播电视史的研究应以马列主义、毛泽东思想为指针，实事求是地从广播电视事业发展的具体过程中引申出相应的结论。这里实事求是是史学研究的基石"[①]。

---

① 赵玉明.中国人民广播事业创建纪念日的由来及其意义［M］//赵玉明.赵玉明文集：第1卷.北京：中国广播影视出版社，2014：136-145.

要做到实事求是，就要不断解放思想，敢于对现有的研究成果提出质疑。2011 年建党 90 周年时，中共中央党史研究室出版了两卷《中国共产党简史》。赵玉明写了《两卷〈党史〉中涉及广播电视文字表述的商榷》对《中国共产党简史》中关于广播电视事业表述存在的问题提出意见，如《中国共产党简史》第二卷第 735 页写到的 "1958 年 5 月旧北京电视台（中央电视台前身）"，赵玉明认为 "前面加个 '旧' 字，似欠妥，用 '原' 字较妥，以区别于现今作为北京市级电视台的北京电视台"①。2006 年《纵横》杂志第 5 期的文章《陕北新华广播电台在河北的日子》刊登的三幅关于延安（陕北）新华广播电台的照片，赵玉明在文章《三幅插图两幅说明有误》中指出两幅照片说明的错误之处。在《延安（陕北）新华广播电台筹建领导机构称谓考实》中，赵玉明求证了在中国共产党领导的广播事业史上有无广播委员会这一机构的问题。广播委员会的说法来源于有关同志的口述，但是赵玉明经过大量查找相关党史、军史著作和领袖人物传记，发现都没有广播委员会的记载，因此根据调查得来的史料，赵玉明认为 "广播委员会属于临时性的领导机构，称之为 '广播筹备委员会' 较妥"②。赵玉明以实事求是、解放思想的研究态度，勇于对现有研究成果存在的问题提出质疑，为了求证史实查找大量史料，根据研究资料提出意见和看法。

要做到实事求是，就要敢于否定自己过去不当的观点和结论，赵玉明在研究中多次提出自己的有些提法不妥当，勇于修正自己的观点。比如在《中国现代广播史研究中的若干问题——兼答陈尔泰同志》中就指出，"我在 70 年代末 80 年代初期的讲课和编印的小册子中，有时候确曾把奥斯邦台笼统地说成是 '我国历史上第一座广播电台' 或类似说法，后经识者提

---

① 赵玉明.两卷《党史》中涉及广播电视文字表述的商榷［M］//赵玉明.赵玉明文集：第 2 卷.北京：中国广播影视出版社，2014：606.

② 赵玉明.延安（陕北）新华广播电台筹建领导机构称谓考实［M］//赵玉明.赵玉明文集：第 2 卷.北京：中国广播影视出版社，2014：306.

醒，此说法容易引起误解"①。赵玉明勇于指出自己在广播电视史教学中出现的不妥当之处，反映了他在研究过程中具有解放思想、实事求是的精神，这种治学态度值得我们去学习。

（三）提倡百家争鸣，促进学科发展

史学研究的发展是随着史料的不断挖掘而发展的，对于史料掌握的不同，研究的推断与结论也会不同。因此史学研究提倡百家争鸣，通过争鸣繁荣学科发展，广播电视史研究亦是如此。赵玉明在多次发言中也说到"由于缺乏争鸣，难见批评，使得广播电视史学研究的水平难以提高。建议提倡积极开展广播电视史学的争鸣，各抒己见，见仁见智，推进广播电视史学的发展"②。

赵玉明与陈尔泰在 21 世纪之初曾经就中国广播电视史研究进行过一次学术争鸣，对于促进广播电视史学研究有重要意义。2000 年陈尔泰先后写了《关于 20 年代境内"外台"史料的几个问题》和《奥斯邦台不是中国的广播电台》两篇文章，对赵玉明著的《中国现代广播简史》中的若干问题提出批评意见。2001 年赵玉明在《中国广播电视学刊》第 5 期发表了《中国现代广播史研究中的若干问题——兼答陈尔泰同志》，就中国现代广播史的研究对象及范围、关于对外台的评价、关于 20 年代外台史料三个问题进行详细回答。赵玉明认为，"只要在中国境内 960 多万平方公里土地上出现的广播电台，不论是何人所为，属谁所有，为何而办，即使是外国或外国人在中国办的广播电台，也均应在中国现代广播史的研究范围之内"③，并且

① 赵玉明.中国现代广播史研究中的若干问题：兼答陈尔泰同志［M］//赵玉明.赵玉明文集：第2卷.北京：中国广播影视出版社，2014：543.
② 赵玉明.中国现代广播史研究中的若干问题：兼答陈尔泰同志［M］//赵玉明.赵玉明文集：第2卷.北京：中国广播影视出版社，2014：541.
③ 赵玉明.中国现代广播史研究中的若干问题：兼答陈尔泰同志［M］//赵玉明.赵玉明文集：第2卷.北京：中国广播影视出版社，2014：541.

认为奥斯邦台是"中国境内出现的第一座广播电台"说法无误。在关于对外台的评价中，陈尔泰认为外台"无一例外都是为了帝国主义对中国的侵略，都是列强深入侵略中国的'步骤'"[1]，但赵玉明认为奥斯邦、新孚洋行等电台"是为了推销无线电器材，与那种赤裸裸的军事侵略和经济掠夺毕竟有所区别。同时他们把无线电广播这一20世纪之初的重大科学技术成果引进中国，开阔了中国人的视野，进一步传播了无线电知识，翻开了中国广播事业发展史的第一页，从历史的观点来分析，它的进步意义是值得肯定的"[2]。在关于20年代外台史料的问题上，赵玉明认为应贯彻"双百"方针，"实行不戴帽子、不打棍子、不抓辫子的'三不主义'，造成各抒己见、畅所欲言、相互尊重、共同探讨的气氛"[3]。2013年赵玉明先后在《现代传播（中国传媒大学学报）》第2期和第3期连载了《再谈中国现代广播史研究中的若干问题——与陈尔泰同志商榷》，围绕7个问题与陈尔泰进行学术讨论。

在《商榷与补充——罗弘道〈讨论广播电视产业属性的历史回顾及点评〉读后》中，赵玉明提出尽管张香山同志在广电史上较早提出广播电视属于生产力、经济范畴，但不是第一个提出"广播电视是一种社会生产力"的观点，因此值得再商榷。在文中他提到，"一个正确或比较正确的学术观点并不是很顺利地就会得到社会（或评委们）的认可。好在我们现在有一个宽松的学术环境，为不断地深入探讨广播电视改革中的理论和实践问题提供有利的条件"[4]。此外，在《对"1923年1月1日，哈尔滨广播无线电

---

① 赵玉明.中国现代广播史研究中的若干问题：兼答陈尔泰同志［M］//赵玉明.赵玉明文集：第2卷.北京：中国广播影视出版社，2014：543.
② 赵玉明.中国现代广播史研究中的若干问题：兼答陈尔泰同志［M］//赵玉明.赵玉明文集：第2卷.北京：中国广播影视出版社，2014：544.
③ 赵玉明.中国现代广播史研究中的若干问题：兼答陈尔泰同志［M］//赵玉明.赵玉明文集：第2卷.北京：中国广播影视出版社，2014：546.
④ 赵玉明.商榷与补充：罗弘道《讨论广播电视产业属性的历史回顾及点评》读后［M］//赵玉明.赵玉明文集：第2卷.北京：中国广播影视出版社，2014：594.

台开播"论证材料的意见——2012 年 8 月 28 日在"中国第一座广播无线电台"论证会上的发言》《广播电视语言文字规范化浅谈》《"文革"前的〈广播业务〉究竟出了多少期？》《广播电视统计数据质疑两例》等文章中，赵玉明对于存在的史实问题提出质疑并进行谈论，提倡在学术争鸣与讨论中去发现广播电视史研究中出现的问题，并通过继续深入研究解决问题，以此不断推动广播电视史学术研究水平的提升与学科的发展。

赵玉明在广播电视史研究领域坚持马列主义、毛泽东思想，坚持党性原则，以实事求是的治学态度和解放思想的创新性思维不断开拓广播电视史研究的新领域，并且不断深入挖掘新的研究史料，埋头学术研究，取得了丰硕的研究成果。在研究过程中，赵玉明敢于打破常规，不断开辟新的研究领域，并且提倡广播电视史研究，积极开展百家争鸣，推动了广播电视史学的发展，成为国内广播电视史学研究领域的权威专家。在教学上，赵玉明也桃李满天下，培养出了一批又一批优秀本科生和研究生，他们成为广播电视史学研究的新力量。赵玉明这种为广播电视史学建设、为培养广播电视学科人才的奉献精神值得我们敬佩，同时也勉励我们好好做学问，为广播电视史学的发展做出自己的贡献。

参考文献：

［1］赵玉明.赵玉明文集［M］.北京：中国广播影视出版社，2014.

［2］赵玉明.中国现代广播简史［M］.北京：中国广播电视出版社，2001.

［3］赵玉明.中国广播电视通史［M］.北京：中国广播影视出版社，2014.

［4］赵玉明，王福顺.中外广播电视百科全书［M］.北京：中国广播电视出版社，1995.

［5］中共中央文献研究室，新华通讯社.毛泽东新闻工作文选［M］.

北京：新华出版社，1983.

［6］北京广播学院新闻系.中国人民广播回忆录［M］.北京：广播出版社，1983.

［7］陈尔泰.关于20年代境内"外台"史料的几个问题［J］.中国广播电视学刊，2000（4）.

［8］陈尔泰.奥斯邦台不是中国的广播电台［J］.中国广播电视学刊，2001（2）.

（作者单位：何婧，广西财经学院新闻与文化传播学院；哈艳秋，中国传媒大学新闻学院。原载于《新闻传播学前沿2019》，中国国际广播出版社2020年版，后收入《赵玉明近作文集》，中国广播影视出版社2020年版）

赵玉明广播电视史学思想初探

燕　频

赵玉明是我国新闻教育家[①]，毕生从事中国新闻史和中国广播电视史教学和研究工作，为广播电视领域人才培养、科学研究和学科建设做出了重要贡献，是中国广播电视史学的主要开创者和奠基人之一。

赵玉明广播电视史学思想丰富而系统，对学术和实践均有启示意义。本文仅以赵玉明广播电视史学研究主要领域代表性著作的分析评述为基础，结合时代发展和整个广播电视史学的发展脉络和趋势，从实事求是的唯物史观、纵横结合的专业史分期主张、论从史出的实证性研究原则、学术争鸣推动史学发展四个方面考察赵玉明的广播电视史学思想的基本内涵，反映赵玉明广播电视史学思想的价值与意义。

一、赵玉明广播电视史学思想的生成路径

作为社会中的人，赵玉明为其广播电视史学思想打上了深深的时代烙印，分析赵玉明的广播电视思想，必须将其思想放在那个时代，在与同时代人的比较中，彰显赵玉明广播电视史学思想的特色。

---

① 童兵，陈绚. 新闻传播学大辞典［M］. 北京：中国大百科全书出版社，2014：1013.

（一）关于解放区广播的研究——重要出发点

赵玉明对解放区广播的研究经过了 20 世纪 60 年代初期的缓慢起步、"文化大革命"期间的曲折前进、"文化大革命"后的恢复成长和 20 世纪 80 年代后的走向成熟。通过赵玉明等人的不断探索研究，解放区广播史从无到有，并在原来的基础上逐渐丰富了起来。赵玉明在对解放区的研究中积累了丰富的史料，并且初步形成了关于解放区广播的基本思想和论断。在这期间，赵玉明还养成了实地调查研究、随时随地注意收集史料的习惯，这对他后来的研究影响深远。

对解放区广播的研究可谓赵玉明广播电视史学研究的"重要出发点"。而赵玉明关于广播电视史学的争鸣，尤其是关于解放区广播的争鸣比较具有特色，这也从另一个侧面反映了赵玉明广播电视史学思想的成熟和自信。

（二）《中国现代广播简史》——奠定赵玉明广播电视史学思想基础

《中国现代广播简史》（简称《简史》）是赵玉明的首部学术专著，也是中国历史上第一部比较系统、全面地记述 1923 年至 1949 年间中国广播事业发展的专著。该著作于 1987 年由中国广播电视出版社正式出版，在《中国广播简史》初稿的基础上增补、改写而成。《简史》时期是赵玉明广播电视史学思想的初级阶段，在对广播历史具体问题的考察中，赵玉明实事求是的唯物史观得以体现。虽然在这一时期政治革命史对赵玉明的影响痕迹比较明显，具有政治色彩的视角使其对人物的评价、内容的取舍和历史阶段的划分产生较为深刻的影响，使得这一时期的赵玉明广播电视史学思想具有鲜明的时代特征；但这丝毫不能掩盖赵玉明广播电视史学思想的光芒，"小荷才露尖尖角"，赵玉明的《简史》为后来的广播电视史学思想奠定了重要基础。

（三）《中国广播电视通史》——标志赵玉明广播电视史学思想走向成熟

随着改革开放的深入发展和西方新闻传播学观念的广泛影响，20 世纪末，赵玉明广播电视历史的观念不断进步，考察历史的角度有所调整，历史对象的重心开始转移，研究和记叙历史的方法也随之变化。赵玉明以此克服《简史》的不足，迎接时代的挑战，使广播电视史学获得新生，孕育出新的通史和专史。《中国广播电视通史》（简称《通史》）作为广播电视史学的一部"经过学术积淀的厚实之作"，在《简史》的基础上，既吸收了近些年广播电视史学研究的最新成果，又突出了广播电视自身发展的特色，是我国第一部完整的广播电视通史，较为集中全面地体现了赵玉明这一时期的广播电视史学思想。可以说，治史严谨、论述系统、反映客观，总体上呈现出成熟、科学治史的新风貌，是《通史》的突出特征。它对夯实广播电视史学的学科基础、规范和深化广播电视史学研究、推动广播电视史学研究的科学化都有着十分重要的现实意义。

二、赵玉明广播电视史学思想的基本内涵

（一）唯物史观下的广播电视发生史

史观对史学研究的重要性不言而喻，赵玉明对此非常重视。赵玉明认为，历史是一门科学，要在实事求是的原则下力争还原其本来面目。也就是说，广播电视史学研究要实事求是，要按照历史的本来面目呈现历史，而不能为了某种需要特别是政治需要，故意歪曲历史。"信史"正是赵玉明坚持马克思主义唯物史观的体现。综观赵玉明关于广播电视史学的研究，他所坚守的唯物史观如魂一样统领着他对广播电视史料的收集、整理和忠实利用工作，也表现在他直面广播电视发展中的挫折乃至错误方面。

1. 客观追溯中国广播史的发端

《简史》是简要记述中国广播发展历程的，其中涉及最重要的一个问题和争议，就是中国广播历史的开端问题。赵玉明将中国广播历史的发端，即中国广播事业的起始定位于"中国境内的第一座广播电台"。

赵玉明认为，与中国现代史相适应，中国现代广播是指从20世纪20年代初中国出现广播电台至20世纪40年代末新中国成立之前这一历史时期内的广播事业的历史。其研究对象若以广播电台而论，应是以中国资本自办广播电台为主，兼外国在中国办的广播电台。① 纵观《简史》第一章的四节内容，赵玉明对我国早期的广播电台做了客观描述，没对哪一座电台主观定性为中国最早的广播电台，即使在后来的《中国广播电视通史》中，赵玉明依然这样表述这两座广播电台，审慎地在这两座广播电台前面加上了限定性条件，即"中国境内"和"我国自办"。显然，这是赵玉明站在历史的高度，客观看待中国现代广播这一历史事物的必然结果。

2. 辩证看待不同性质广播电台的地位和作用

新中国成立之前，外国在中国境内办的广播电台有近百座之多，赵玉明将这些外台大致分为两类，一类是外国军政当局所办或明确支持的，"为了帝国主义对中国的侵略所办"，但对于抗日战争时期的美国军用广播电台，尤其对于"孤岛"时期苏联在上海办的"苏联呼声"广播电台，则肯定了它们在世界反法西斯战争史上发挥的作用。另一类是外国商人、洋行或其他外国人办的广播电台，主要是为了推销无线电器材，与那种赤裸裸的军事侵略和经济掠夺有所区别。

显然，根据目前能够收集到的资料进行分析，最早的一批外商电台，不管是从主办人的背景，还是广播的节目内容来看，都不能充分证明它们单纯是为了"深入侵略中国"而办。在缺乏有力史料支撑的情况下，从哲

---

① 赵玉明.中国现代广播史研究中的若干问题：兼答陈尔泰同志［J］.中国广播电视学刊，2001（5）.

学的和历史的角度看，赵玉明关于外台的评价客观而全面。

在《简史》中，赵玉明还用较大篇幅介绍了国民党广播事业。赵玉明认为，国民党广播事业的发展与其加紧实行法西斯统治相适应，而不同的历史时期，国民党广播宣传的历史使命显然不同。赵玉明认为国民党的抗战宣传具有二重性。抗战时期国民党广播宣传的积极作用是显而易见的，但国民党电台的抗日宣传的片面性也是毋庸置疑的。这种辩证看待不同事物或者同一事物的不同方面，而不全盘肯定或全盘否定的态度，本身就是唯物史观的另一种表现。

3. 全面认识人民广播的历史

赵玉明对广播历史的研究就是从人民广播的历史开始的。赵玉明从我国广播事业发展的实际情况出发，将历史唯物主义和史料相结合的原则贯穿中国现代广播历史的始终，纵横结合，从历史发展的具体过程的研究中推导出规律性的论断。

关于人民广播发展的历史，赵玉明认为，从纵向来看，首先应当考虑到人民广播的发展基本上是和中国革命运动发展的进程一致的，每当革命形势发生重大变化时，在广播事业的发展上，特别是广播节目内容上，就会得到迅速的反应；其次，还要考虑到人民广播事业发展的本身的特点。根据这两个标准，赵玉明将现代人民广播历史的发展分为抗日战争时期、抗战胜利初期和解放战争时期的人民广播事业。从横向来看，赵玉明认为，中国人民广播史不是一般的研究人民广播的性质、任务和作用，而是通过研究人民广播产生、发展的历史来阐明不同历史时期党的方针政策对于广播事业发展，特别是广播宣传任务的确定所起的决定和指导的作用；不同历史时期人民广播怎样宣传和贯彻党的方针政策；不同历史时期人民广播事业建设，特别是广播宣传方面所取得的基本经验和巨大成就。[①]

---

① 根据赵玉明提供北京广播学院新闻系教学资料:《中国人民广播史讲课提纲（1961—1964）》。

史学的研究讲究还原历史的事实，直面每一个重大历史事件。对待历史，尤其是新中国成立后广播电视事业发展的曲折甚至错误，《通史》也没有像其他广播电视史书一样轻描淡写或刻意回避，而是单列章节加以叙述，在总结成绩的同时，也对出现的严重错误及其危害做了深刻反思。

总的来说，赵玉明秉持着实事求是的唯物史观，客观地看待中国现代广播的历史，以史家的秉笔直书，做到"真实客观"地描述，"历史客观"地书写历史。坚持客观真实评价国民党广播的二重性和民营广播的不同时期的表现，一改"文化大革命"极左的主观地对待历史的态度，是十分重要的。

（二）纵横结合的专业史分期主张

任何史书的写作都离不开分期问题。史学家傅斯年曾说："凡研治'依据时间以为变迁'之学科，无不分期别世，以御纷繁。"一般历史书的分期基本都是按照时间顺序，以重大政治事件和政治变革为分期界标。在中国新闻史著作中用革命斗争史代替新闻传播史，以中国政治史的分期作为新闻事业发展分期的方法长期占主导地位。但关于专业史或行业史的历史分期，不同的见解一直存在。

1. 关于历史分期问题的一般观点

在中国新闻史研究历史上，最初的新闻史著作对中国新闻事业的基本描述都是粗线条的，体例和系统不够完备。1981年出版的方汉奇的《中国近代报刊史》为新闻史学研究确立了一个基本的范式，即以时间为轴心，按照严格的历史分期依次进行陈述的"纵向"研究法。但方汉奇先生也曾说："毫无疑问，新闻史与阶级斗争史肯定有关联……可是如果只从这个角度研究新闻史，就过于狭窄。"

事实上，中国新闻史的研究者很早就注意到了这一问题。1956年，复旦大学新闻系印发了《马列学院新闻班中国报刊史教学大纲（草稿）》，当时的系主任王中在大纲讨论会上就提出"不能把报刊史讲成党史，还要从新闻事业本身发展规律来看"①。后来，宁树藩写了一篇题为《中国新闻史研究方法的若干问题》的论文，着重批评原来所犯的把中国新闻史写成中国政治史、思想史或中共党史的错误。复旦大学黄瑚教授在 2004 年出版的《中国新闻事业发展史》一书对中国新闻史的分期进行了新的尝试。

2. 赵玉明专业史分期的思想与实践

在赵玉明看来，《通史》仅仅采用纵向研究是不够的，因为广播电视作为一种媒介，自身的发展还要涉及当时的社会政治、经济、文化等各方面，需要全方位的考量。早在《简史》中，赵玉明已经在探索新的符合广播特点的历史分期模式。最终，《通史》采用了以纵向为主，横向为辅，纵横结合的研究方式。

《通史》的篇章结构主要以时间为线，按照中共党史、中国革命史和中华人民共和国史的分期模式，从时间的纵轴上回顾中国广播电视事业发展的历程。同时，《通史》根据改革开放以来广播电视事业发展的新特点和新形势，在社会主义建设新时期的广播电视部分还专门设了"下章"，横向展开分别叙述了新时期广播电视的法制建设、产业经营、科技和工业、教育、社团和研究工作，以及对外交流等。考虑到港澳台地区广播电视发展的特殊性和它们所处的政治环境和社会制度，《通史》在最后开设专门章节予以介绍，这样的纵横交错式研究，无疑有利于立体地、全方位地展现中国广播电视发展的方方面面。

（三）论从史出的史学研究实证性原则

论从史出的实证性原则，是已故史学家翦伯赞于 1959 年针对当时史学界盛行的以论带史的观点首先提出来的。后来，不从概念出发，不先提

---

① 宁树藩.关于中国新闻史研究中强化"本体意识"的历史回顾［J］.新闻大学，2007（4）：1-3.

出结论，不把概念、结论强加给具体史实，一切概念、结论皆产生于对具体史实的科学考察和分析，成了专家学者们的共识。论从史出，逐渐形成风气。

1. 历史研究必须实事求是

赵玉明在多个场合表示，学术研究必须实事求是，随着史料的不断发掘和研究的不断深入，历史的真相会越来越明。

《通史》之前80余年的广播电视历史，史料浩如烟海。那么什么样的史料不能用？什么样的可以用？写入的史料哪里详写、哪里略写？另外，广播电视的历史如何界定？开端在哪里？又该在哪里结束？港澳台地区的广播电视发展历史应该放在哪个章节？还有，广播电视历史的研究不断发展，成果推陈出新，面对这些成果，如何考证、如何使用？

对于这些史料的取舍处理，本身就反映了编者的思想观点。在《通史》中，赵玉明更多地将自己的观点融入对史料的选择、利用和处理上，寓论于史。《通史》不仅保留了《简史》的主要成果，还根据中国现代广播史学研究的新进展做了必要的调整，以求全面完整地再现历史本身，并在此基础上进行了评价和反思。

这种认识和评价显然是建立在前面充分的事实论证的基础上的。如果承认前面的史实，显然也会与前人一样得出无可辩驳的结论，而要否定前人的结论，无疑也就是否定前人所陈述的事实。评论放在历史叙述的末尾，体现了赵玉明始终秉持的寓论于史、论从史出的治学原则。

2. 寓论于史、论从史出、史论结合

历史学的基本特点是史论结合。运用辩证唯物主义和历史唯物主义的观点，分析具体的历史现象，揭示其内在的本质和规律的过程就是史论结合的过程。然而，对于两者之间关系，史学界也一直有不同的看法。

赵玉明认为，重论轻史、以论带史的观点是错误的；重史轻论、唯史料学的观点同样是错误的。搜集、整理、审查真实、可靠、有用的史料，

仅仅是历史研究的第一步，只有在马克思主义唯物史观的指导下，分析总结历史学的一般规律，才是历史研究的最终目的。为了在《通史》中达到史论结合，赵玉明在《通史》的每章之后都安排了一段未标明"小结"的小结，上下卷的篇末都各有一篇结束语，分别对不同历史阶段的中国广播电视事业发展历程进行了简要的述评，力求弥补史书中"论"的不足。

概言之，在《通史》时期，赵玉明实事求是的广播电视史观已经确立，广播电视史学思想日臻成熟，在广播电视历史分期和论述方式方面进行了谨慎的探索，并积累了初步的经验。

三、学术争鸣是广播电视史学发展的重要动力

哲学社会科学发展规律表明，学术正是在不断的争论中，学者、学派之间相互争高竞长，才推动了学科和研究的丰富和发展。中国广播电视史学作为一门新兴学科，其研究特别是对中国早期的广播史研究，因为历史条件的限制和广播本身稍纵即逝的特点，不同的学者占有的资料不同，学者本身的知识结构、思维方式、研究方法存在的差异，导致对同一问题的解读和诠释有所不同，容易产生争鸣。

（一）学术争鸣是史学繁荣的内在要求

赵玉明一直倡导学术争鸣。他认为，就有关问题展开讨论、争鸣是必要的，没有学术的讨论和争鸣，学术研究也不能发展。关于广播史的争鸣主要在赵玉明、陈尔泰之间展开，同时涉及严帆等人。争鸣的焦点主要涉及四个方面：一是关于中国广播的发端问题；二是关于外国人在中国最早创办电台的评价问题；三是关于中央苏区广播的史实问题；四是关于延安台的诞生问题。

客观事物是复杂的，由于历史条件的制约，人们对客观事物的认识是

过程的认识、有限的认识，并随着时代的发展而受到质疑。旧中国广播，包括解放区广播距今已经比较遥远，在当时也是个新生事物，研究资料较少，同时因为历史原因，很多资料没有保留下来，这就为以大量确凿史实为基础的历史本相调查研究带来极大的困难。以人民广播的创建为例，从最初产生疑问，再通过比较详尽的调查研究，后又通过多方面的说明、论证、宣传，最后做出更改的决定，前后历时 20 年才得以圆满解决。广播历史的研究中诸如此类的研究课题还有很多，这就需要我们不断地钻研、探索，才能无限地接近真相和真理。广播史学的研究就是在这样不间断的证伪与证实中前行的。

（二）学术争鸣应是学术范围内的争鸣

史学研究永无止境，任何人都不可能穷尽真相。赵玉明大力倡导和支持正常的争鸣讨论，他认为只有这样学术发展才有前途。赵玉明所说的正常的争鸣包括两个方面。

一是要营造平等的学术争鸣氛围。学术上的争论实际上是不同理解主体之间不同学术观点的交流，不存在以任何一方为标准的问题，唯一的检验标准是事实。只有坚持争鸣各方主体的平等性，学术争鸣的良好氛围才能形成。赵玉明多次强调，在学术研究领域不应该有权威和导向，一切以史料为准，只服从史实，不服从别的东西。只有敢于质疑老观点、突破旧体系、抛弃一切成见，才能进行平等的学术交流，展开无拘无束的学术争鸣。

二是规范学术争鸣的方式。赵玉明认为，学术讨论应该是摆事实、讲道理，以理服人。不能先有主观臆断，再找客观印证，也不能先有臆想结论，再找论据支持。同时，学术争鸣是学术领域的思想交流活动，因此在争鸣中务必采取谦虚礼让的态度，对于不同意见要通过深入分析、系统论证来阐明，做到有理有据。切忌违反学术规范对不同学派的学者进行不负责任的恶意造谣中伤、谩骂攻击。赵玉明认为，作为争鸣的一方，可以不同意对方的观点，但要尊重对方表达和坚持自己观点的权利。①

从温济泽"当时没有研究广播的历史，也没有想到要研究广播的历史"，到红色收藏研究者艰难收集资料对红色中华新闻台的历史考证，再到广播史志研究工作"盛世修史"的累累硕果，解放区研究不断深入。事实再次印证，学术研究离不开不同学术观点和不同学派之间的争鸣，科学的争鸣是学术和学科发展的内在动力。

结语

赵玉明的广播电视史学思想是一贯的、持之以恒的、科学发展的。从唯物史观观照下的广播电视发生史、纵横结合的专业史分期主张、论从史出的史学研究实证性原则到对学术争鸣的倡导和坚持，赵玉明的广播电视史学思想不高深、不玄奥，甚至不完美。然而，综观广播电视史学形成的过程，赵玉明不仅是至关重要的奠基人，更是一座雄视群峦的高峰。赵玉明广播电视史学思想的年代感，赵玉明所有在当下时代很难再涵养出的情怀和坚守，让人敬重。研究赵玉明的广播电视史学思想，就是要在赵玉明丰富而充实的史学思想中获取前行的指引和激励，在新时代广播电视教育的新征途上不忘初心、继续前行。

（作者单位：北京城市学院。原载于《新闻传播学前沿2020》，中国国际广播出版社2021年版）

---

① 陈娜.教师是我一辈子的身份：访中国传媒大学教授赵玉明［J］.新闻爱好者，2003（10）：63-67.

第二编

永远的怀念

》讣告、致辞

中国传媒大学讣告

中国共产党党员、著名新闻教育家、新闻史学家、国务院学位委员会第四届学科评议组新闻传播学学科（首届）评议组成员、中国传媒大学（原北京广播学院）前副校长、教授、博士生导师赵玉明同志，因病医治无效，于 2020 年 8 月 30 日凌晨 2 点 39 分，在北京逝世，享年 83 岁。

赵玉明同志 1936 年出生于山西汾阳，1955 年考入北京大学中文系新闻专业，1958 年转入中国人民大学新闻系，1959 年毕业后到北京广播学院（今中国传媒大学）任教，先后担任新闻系副主任、主任、广播学院副院长等职务，于 1992 年起领取国务院颁发的政府特殊津贴至 2007 年退休，获得中国传媒大学首批"突出贡献教授"称号。赵玉明同志先后担任国家社科基金项目新闻学学科规划评审组成员，教育部高校新闻学学科教学指导委员会副主任委员，中国新闻史学会会长，中国广播电视协会广播电视史研究委员会会长，中国广播电视学会副秘书长，中国广播电视协会学术委员会委员，原中国新闻教育学会副会长和《中国广播电视年鉴》主编，《中国新闻年鉴》《中国广播电视学刊》《现代传播（中国传媒大学学报）》编委等。

赵玉明同志主要从事中国新闻史、中国广播电视史教学研究工作。代表著作有《中国现代广播简史》、《中国广播电视通史》（主编兼主要撰稿人）、《中国广播电视史教程》（合著）及《赵玉明文集》（三卷本），主编有《中国广播电视图史》、《中国现代广播史料选编》、《日本侵华广播史料选编》、《中国抗战广播史料选编》、《新修地方志早期广播史料汇编（上、下）》、《广播电视简明辞典》、《广播电视辞典》、《中国广播电视人物词典》、《中外广播电视百科全书》、《广播电视学学科体系建设研究》及《周恩来题词集解》（特邀主编）、《周恩来题词记事暨研究文集》等。主持完成多项国家社科、教育部、国家广电总局的科研项目。所著（含参与编著）的教材、专著、论文和主编的广播电视工具书曾在教育部（国家教委）、国家广电总局（广电部）和中国广播电视学会等主办的有关论著评选中多次获奖。

赵玉明同志2009年获中宣部、新闻出版总署《中国大百科全书》（第二版）编纂出版荣誉证书，同年获中国传媒大会"金长城传媒奖·共和国60周年60名传媒影响力人物"。2010年获教育部、国务院学位委员会"全国优秀博士学位论文指导教师"荣誉证书。2011年捐赠获奖所得在本校设立"赵玉明教授研究生助学金"。新世纪以来，先后获四个国家一级学会和两个二级学会的表彰，其中有中国广播电视学会首届全国"十佳百优"广播电视理论工作者评选"十佳"之一（2001年），中国老教授协会颁发的"老教授科教工作优秀奖"（2012年），中国高等教育学会"从事高教工作逾30年高教研究有重要贡献学者"称号（2013年），中国新闻史学会第二届"终身成就奖"（2016年）以及中国高等教育学会新闻学与传播学专业委员会（原中国新闻教育学会）"中国新闻教育贡献人物"称号（2008年），中国出版协会年鉴工作委员会（原中国年鉴研究会）"杰出年鉴工作者"称号（2015年）。

赵玉明同志学术造诣深厚，是中国广播电视史学的开创者和奠基人。从教六十年，忠诚教育事业，一生诲人不倦，桃李天下，为我国的新闻教育做出了重大贡献。谨此讣告。

中国传媒大学赵玉明同志治丧小组

2020年8月31日

中国新闻史学会讣告：沉痛悼念名誉会长赵玉明先生

中国新闻史学会名誉会长赵玉明先生，于 2020 年 8 月 30 日凌晨 2 点 39 分，因病在北京逝世，享年 83 岁。

赵玉明先生历任中国新闻史学会第一、二届理事会副会长（2002—2004 年常务副会长），第三届理事会会长，第四、五、六届理事会名誉会长，曾任中国新闻史学会会刊《新闻春秋》杂志社副社长、社长，为中国新闻史学会发展壮大做出了不可磨灭的贡献，获得中国新闻史学会"终身成就奖"。

赵玉明先生是当代著名的新闻传播教育家、新闻史学家，是新中国广播电视史教学与研究的奠基人和开拓者；1959 年他从中国人民大学新闻系毕业后到北京广播学院任教，毕生从事新闻传播教育事业；他致力于中国广播电视史研究，著作等身，是杰出的新闻传播学者。他曾任中国传媒大学（原北京广播学院）副校长、教授、博士生导师，《中国广播电视年鉴》主编，国务院学位委员会新闻传播学学科评议组成员；曾享受国务院颁发的政府特殊津贴，获得教育部、国务院学位委员会颁发的"全国优秀博士论文指导老师"荣誉证书。

赵玉明先生为我国新闻传播教育事业奋斗一生。赵玉明先生的逝世是中国新闻史学会的重大损失，也是我国新闻传播学界的重大损失！沉痛悼念并深切缅怀赵玉明先生！

愿赵先生安息，一路走好！

谨此讣告。

中国新闻史学会

2020 年 8 月 31 日

中国传媒大学新闻学院院长
隋岩教授在告别仪式上的致辞

　　赵玉明教授，1936 年出生于山西汾阳，1955 年考入北京大学中文系新闻专业，1958 年转入中国人民大学新闻系，1959 年毕业后到北京广播学院（今中国传媒大学）任教，先后担任新闻系副主任、主任、广播学院副院长等职务。1992 年起领取国务院颁发的政府特殊津贴至 2007 年退休获中国传媒大学首批"突出贡献教授"称号。赵玉明教授先后担任国家社科基金项目新闻学学科规划评审组成员、教育部高校新闻学学科教学指导委员会副主任委员、中国新闻史学会会长、中国广播电视协会广播电视史研究会会长、中国广播电视协会副秘书长、中国广播电视协会学术委员会委员、中国新闻教育学会副会长和《中国广播电视年鉴》主编，《中国新闻年鉴》《中国广播电视学刊》《现代传播（中国传媒大学学报）》编委等。

　　赵玉明教授一生致力于中国新闻史、中国广播电视史学教学科研工作，著作等身，代表著作有《中国现代广播简史》、《中国广播电视通史》、《中国广播电视史教程》、《赵玉明文集》（四卷本）、《赵玉明近作文集》，主编有《中国广播电视图史》、《中国现代广播史料选编》、《日本侵华广播史料选编》、《中国抗战广播史料选编》、《新修地方志早期广播史料汇编》（上下卷）、《广播电视辞典》、《中国广播电视人物词典》、《中外广播电视百科全书》、《广播电视学学科体系建设研究》、《周恩来题词记事暨研究文集》，主持完成多项国家社科基金、教育部、国家广电总局的科研项目，所著教材、专著、论文和主编的广播电视工具书曾在教育部、国家广电总局和中国广播电视协会等主办的有关著作、论文评选中多次获奖。赵玉明教授 2009 年获中宣部、新闻出版总署《中国大百科全书》（第二版）编纂出版荣誉证书，同年获中国传媒大会"金长城传媒奖·共和国 60 周年 60 名传媒影响力人物"证书，2010 年获教育部、国务院学位委员会"全国优秀博士学位论文指导教师"荣誉证书，2011 年捐赠获奖所得，在本校设立"赵玉明教授研究生助学金"。

21 世纪以来，先后获四个国家一级协会和两个二级协会的表彰，其中有中国广播电视协会首届全国"十佳百优"广播电视理论工作者、中国老教授协会"老教授科教工作优秀奖"、中国高等教育学会"从事高校工作逾 30 年高教研究有重要贡献者"称号、中国新闻史学会第二届"终身成就奖"、中国高等教育学会"中国新闻教育贡献人物"称号、中国出版协会年鉴工作委员会"杰出年鉴工作者"的称号。赵玉明教授学术造诣深厚，是中国广播电视史学的开创者和奠基人，从教 60 年，忠诚教育事业，一生诲人不倦，桃李天下，为我国的新闻教育事业做出了重大贡献。赵玉明先生值得我们永远铭记和缅怀。

2020 年 9 月 1 日

赵玉明教授女儿赵虹在告别仪式上的致辞

首先，我代表我母亲和我的家人感谢传媒大学的领导、老师和同学们！

感谢广电总局、新闻界、新闻史学界的领导和老师们！

感谢教育界、人大、北大、清华大学的各位领导和老师们！

感谢到场、没到场的和在媒体、微信、朋友圈怀念父亲的各位他的生前好友、同事和学生们！

在我眼里，父亲是个做学问的人。一天中最多的时间，他不是在书房翻资料、写文稿，就是在客厅的沙发上看书。他沉浸于学术研究，著作等身。

在我眼里，父亲是位好老师，从大学毕业后进入广播学院，一生为之奉献，创造了很多个"第一"。他爱学生，直到这次病重时，还录制课程，为学生们的研究引领方向。

在我眼里，父亲是个简朴的人，粗缯大布裹生涯。但他在获得一次重奖后，想到的是拿出奖金，资助学校的贫困学生。

在我眼里，父亲是个幽默的人，他爱说："我培养了很多博士、硕士、学士，但我是个近视。"是的，父亲从小就视力不佳，但并没有影响他一生的追求，可以说是"腹有诗书气自华"。

疫情期间，父亲病了，而且病情来势凶猛。他没有等到今年底人民广

141

播创建 80 周年纪念日。这是他最自豪的研究成果，是被写入我们新闻专业教科书的，延安窑洞那一声 XNCR 一直在我耳边萦绕。

很多人都说他走得突然，那时他再三表示不要说，不要麻烦大家。值得欣慰的是，我们家人一直陪伴他，全力以赴照顾他，直到最后一刻，我们都在他的身边。

我挚爱的父亲，愿另一个世界没有病痛，您可以继续专注于您的学问。

我们爱您！您永远活在我们心中！

2020 年 9 月 1 日

》》挽联、挽诗

赵玉明教授夫人聂雯怀念文字

赵玉明老师：

　　一生爱国、爱党、爱学校、爱学生，

　　非常热爱自己的教研事业，更爱自己的家；

　　对工作认真负责，实事求是；

　　总是低调做人，付出了毕生的心血！！

　　　　聂雯（老伴）读《赵玉明近作文集》的深深体会和想念

　　　　　　　　　　　　　　　　　　　　　　　2021 年 1 月 30 日

中国人民大学方汉奇教授致悼词

"兰摧玉折，哲人其萎。典型尚在，垂范后昆。"

玉明仙逝，书此志哀，并为他送行，愿他一路走好！

另发回忆片段：

1958年北大中文系新闻专业在北大的最后一个学期，我作为那个专业的讲师，带过他们那个年级学生的实习。我们在一起工作和生活了三个月。当时正值全国"大跃进"，我们有很多共同的难忘的经历。他回来后，北大就一起并入了人大。

后他到广院任教，我们又同在新闻教育这一行。有了国务院的学科评议组后，我们又同在一个组。新闻史学会成立后，我们又相继主持过学会的工作。可以说大半生都在一起，同呼吸，共喜悦，共患难。我们相识相交近70年。

"人之相交，贵相知心。"我们是相互知心的人。一旦永诀，岂不痛哉！

方汉奇

9月1日

安徽大学芮必峰教授为方汉奇教授悼词试注

"兰摧玉折，哲人其萎。典型尚在，垂范后昆。"玉明仙逝，书此志哀，并为他送行，愿他一路走好！

方汉奇

9月1日

试注："兰""玉"皆君子之喻也；"哲人"，指才智极高的人，《书·伊训》："敷求哲人，俾辅于尔后嗣"；"萎"，原指草木枯萎，引申为病重或病故，《礼记·檀弓上》："哲人其萎乎？"；"典型"，亦作典刑，典范的意思，文天祥《正气歌》："哲人日已远，典刑在夙昔"；"后昆"，子孙后代，《书·仲虺之诰》："垂裕后昆。"

日本友人古贺克己的悼词

中国传媒大学赵玉明教授治丧小组：

　　我是日本海国际交流中心理事长古贺克己，多年致力于中日民间友好事业，也是大连市的荣誉市民。

　　昨日惊悉尊敬的赵玉明先生因病逝世，深感悲痛！赵玉明先生不仅作为新闻传播学的著名学者，成就卓著、备受尊敬，同时也为中日学术交流做出杰出贡献，令人景仰。我曾有幸结识先生，并承蒙先生推荐到中国传媒大学讲学，他博学多识、亲切真诚，提携后学，诲人不倦，先生的音容笑貌仍历历在目，难以忘怀。而今先生千古，唯愿安息！

　　值此之际，我谨代表日本海国际交流中心向赵玉明先生的逝世表示沉痛哀悼，并希望通过贵校向赵玉明先生的家属表示诚挚的慰问！恳切期望赵先生夫人及家属节哀顺变，保重身体！

日本海国际交流中心理事长

古贺克己

2020 年 9 月 1 日

武汉大学新闻与传播学院周永固教授致挽联

惊悉我上下铺的兄弟玉明同学仙逝，不胜悲痛，谨致沉痛哀悼。
天之涯，地之角，同学半零落。愿生者多多保重，健康长寿！

贵州电视台杨桐年致挽联

　　惊闻噩耗，沉痛哀悼！老友玉明驾鹤西去，云路漫漫，请一路走好！兄一生为广电史尽心竭力，著作丰厚。为人勤奋忠诚，堪称师表。弟在贵州遥致敬意，请嫂夫人及侄女们节哀！

《安徽工人日报》梁久朝致挽联

　　惊闻赵玉明老师辞世，甚为悲痛！就在两个月前，我和老师还通电话，他的音容笑貌如在眼前。老师研究广播史正始于我们广院首届本科班。老师教授我们广播史，兼我们班主任，我们相处可谓亲密无间。老师曾拉着我的手说："久朝记住，我们是师生，也是朋友！"老师在我的毕业留言簿上写道：久处乍离思君去，朝暮再逢贺功时。我们师生虽身分两地，然心脉相连。赵玉明，我心中永远的老师！

　　人之楷，修身齐家性如玉；
　　师之范，研史授业志自明。

北广 59 级弟子梁久朝敬挽

中国国际广播电台吕佩浩致悼文

临江仙 · 中元祭赵玉明老师（新韵）

往岁京畿相望，

今朝海角凝神。

中元时节祭亲人。

白花飞铁皿，

浊酒倒黄尘。

亦友亦师知己，

先生情谊长存。

等身著作后人论。

高风亮节在，

含泪送师尊。

附录一

缅怀赵玉明老师

吕佩浩

惊悉赵玉明老师逝世，十分悲痛！

赵老师是研究广播史的专家。早在 20 世纪 80 年代初我在广西广播电视台工作时，就收藏了一套他编写的中国广播史教材。我调回北京后，和赵老师交往日益增多。他对我的成长一直很关心，也热情支持我们校友的各项活动。

图 1　中国国际广播出版社 2015 年出版的《春华秋实五十年——北京广播学院新闻系六五级采编班校友文集》

早些年，我和谢骏同学发起倡议，由校友集资为温济泽老师塑造半身铜像，赵老师一人就出资 2000 元。2015 年，我们新闻系两个班的同学会编写《春华秋实五十年——北京广播学院新闻系六五级采编班校友文集》，我向他约写个序，他很快就交了稿。记得我到他在复兴门外真武家园家中取稿时，他兴奋地和我聊了半天，还送我好几本他新出版的文集。这些都成为他留给我的永远的纪念。

敬爱的赵老师，您一路走好！

2020 年 9 月 1 日哭书于海南陵水县清水湾南国侨城

附录二

半个世纪的师生情*

赵玉明

今年，适逢原北京广播学院新闻系65级同学入学50周年。65级编采专业两个班的同学准备于9月间返校参加今年校庆活动，同时在同学中征文编印一本回忆性文集《春华秋实五十年——北京广播学院新闻系六五级采编班校友文集》，以作纪念。值此师生即将相逢之际，又翻阅了征文书稿，不禁引起了我对早期广院和65级同学们的绵绵怀念之情。

首先，深切怀念北京广播学院和新闻系的创业者和老一辈的教师。50多年前，中央广播事业局的领导梅益、周新武等同志高瞻远瞩，预见到广播电视事业未来将会有一个大发展，需要培养大批专门人才，决定将在广播技术人员训练班基础上建立起来的北京广播专科学校升格为北京广播学院。1959年9月7日，梅益、周新武同志在59级新生的开学典礼上讲话，提出努力办好学校，为广播电视事业培养优秀的专门人才。会后，中央广播事业局领导还与全体师生合影。据周新武同志的日记记载，当年曾有梅益兼任广播学院院长之议，但他推辞了，由周新武副局长兼任院长和院党委书记，左荧任副院长兼新闻系主任（后继任院党委书记）。左荧还将他当时分管的地方广播部和研究室的

---

* 赵玉明老师为《春华秋实五十年——北京广播学院新闻系六五级采编班校友文集》写的序。

全部人员划归新闻系，充实教学研究力量。梅益、周新武和左荧同志是名副其实的广播学院和新闻系的开创者。

在新闻系的老一辈教师中，令人怀念的有康荫（系副主任）、苑子熙（教研室主任）和温济泽等同志。温济泽原为中央广播事业局副局长，1958年被错划为"右派分子"，遭遇了人生的不幸。但正如新闻系同学所说的那样，温老师被贬到新闻系教书，对他的学生来说，是一生的大幸。他渊博的学识、深情的教诲、理论联系实际的教风，给学生们留下了难忘的印象。

我这里要告诉同学们的是，梅益、周新武、左荧和温济泽等同志虽然离开我们多年了，但历史并没有忘记他们。最近几年，在有关部门和学校领导的支持下，先后公开出版了《周新武纪念文集》、《永远的怀念——温济泽纪念文集》、《八十年来家国——梅益纪念文集》和《风范长存——左荧纪念文集》。我有幸分别作为编委、副主编或主编参与了上述四本纪念文集的征稿、撰稿工作。新闻系的不少师生也撰写了回忆文章。2014年，适逢梅益、温济泽同志百年诞辰，又分别编选出版了《梅益百年纪念文集》和《温济泽百年诞辰纪念文集》。新闻系65级吕佩浩、谢骏两位同学还积极发起，在广院老校友和中国社科院研究生院新闻系早年的研究生中集资制作了温济泽半身铜像，赠予学校。曹璐老师和我也出资支持了这件事。学校博物馆还和温济泽家属合作筹备了"永远的怀念——温济泽生平事迹展"，并于4月18日在中国传媒大学博物馆举办了铜像揭幕和开展仪式，为60周年校庆活动增添了生动的校史教育内容，引起了在校师生的热情关注。

其次，深切怀念原北京广播学院所在地——复兴门外的灰楼。一座五层大楼办起一所大学，今天看来简直不可想象。当年的灰楼现在已经不存在了，原址上盖起了10多层的中国广播电视音像资料馆，但灰楼墙上当年"团结、紧张、严肃、活泼"8个大字的标语还留在不少师生的记忆之中。

广院灰楼最初几年的生活可以用三句话来概括，那就是艰苦的办学条件、勤奋的学习风尚和敬业的工作精神。这也可以说是广院创办初期的特色和优良校风。正是"艰难困苦、玉汝于成"的精神哺育了广院最初一代的学子。

新闻系65级同学入学之初，适逢国民经济恢复好转之际，学习环境有了新的改善。但世事难料，仅仅半年之后，1966年春天就爆发了"文化大革命"。校园里正常的学习生活秩序中断了，刚刚形成的优良校风也遭到破坏。不久，全校师生搬迁到今天定福庄的校址搞运动。1969年11月，全校教职工和在校的65级学生又被迫迁移到河北省望都县东张庄农村，开展所谓的"斗、批、改"运动，折腾了将近一年时光，才返回定福庄。在东张庄的几个月里，新闻系的师生可以说是同吃、同住、同劳动，结下了特殊年代独有的师生情谊。1970年夏，新闻系65级同学陆续分配走上工作岗位，广院随之停办。在校的教职员工都被送到中央广播事业局河南淮阳五七干校劳动，直到1973年广院复办，才陆续返校重建校园。

再次，深切怀念与新闻系65级同学的师生之情。50年前，同学们迈进广播学院的大门。我们之间年龄相差10岁左右，都是生在旧社会、长在红旗下的新一代知识分子。这一代青年的特点是听从祖国的召唤、甘于奉献、兢兢业业。1970年，同学们打起背包分赴长城内外、大江南北，走上了建设社会主义祖国的前沿阵地。由于历史的原因，他们中当年没有人能分配到中央级广电新闻单位工作，但大多成为地方电台、报纸的骨干，有的后来也进入了新华社、人民日报和中央三台工作。50年来，新闻系的老师们从来没有忘记他们。在新闻系建系30年、35年和40年之际，在历届校友支持下编印的纪念册其实就是一本校友的通讯录。通讯录中第一部分是按年级排列的学生名册，第二部分是按部门、地区排列的学生名册。我每逢到中央广播事业局有关部门和中央三台办事，特别是到外地出差，总是随身携带一册，走到哪里，打开一看，都能找到新闻系校友的踪迹，随之相约会见，畅谈师生之情，合影留念。50年来，世事沧桑，不变的是师生之情，怀念的是同学们为祖国建设，特别是为广播电视事业做出的贡献。我们总是关注着同学们在报刊上发表的新闻通讯，在广播电视中播出的视听节目。我知道，不少同学在边疆和基层单位贡献了自己的青春年华。所有这些都为学校争得了荣誉，写进了学校的史册。

如今，我们都已是古稀上下、白发苍苍的老人了。人走向衰老是自然规律，也应看作好事。这是人生走向成熟、走向睿智、走向完满的标志。这部《春华秋实五十年——北京广播学院新闻系六五级采编班校友文集》是同学们感恩母校、感恩老师、感恩友情的结晶，体现了同学们的成熟、睿智和完满。它是同学们献给老师和母校的最好礼物。

最后，祝同学们安逸自在度晚年、幸福健康全家欢。

愿以此为序，纪念我们半个世纪的师生情谊。

2015年8月于北京

155

国家广播电视总局黄勇致挽联

千秋岁·悼念赵玉明老师

庚年送别，耿耿情难却。钻广电，倾心血，史学开僻境，著述如楼砌。丰碑立，学科构建当书写。

从教坚如铁，板凳知寒冽。灯下夜，春秋月，双肩挑重担，创业何曾怯？桃李默，成蹊硕果崇山岳。

国务院新闻办公室贺亚生致挽联

鹧鸪天·缅怀赵玉明老师

悠悠汾水育英才，巍巍燕山唱松柏。学海驰骋丰碑落，桃李芬芳满园彩。

广播史，披肝胆。电波常忆宝塔山。鸿篇巨著传后世，园丁丰彩照人间。

广西电视台林杰谋致挽联

　　惊悉赵老师仙逝，痛作挽联：先生惠书在，泽被后学人！
望赵老师家人节哀顺变！

75 级编采专业学生林杰谋

《巍巍昆仑》作者东生之子李晓都致慰问

　　我是《巍巍昆仑》作者东生的儿子李晓都。他们当年一起重走过转战陕北的路线。哀悼！保重！

中国传媒大学王武录教授致挽联

赵玉明与中国广播史同在。

谁一生能达此境界？

教育部语言文字应用管理司姚喜双教授致挽联

广播史学泰斗

传媒教育巨擘

学生姚喜双

中国教育电视台袁小平台长致唁函

惊悉赵玉明教授不幸辞世，十分震惊，特致电以示哀悼。

赵玉明教授学术造诣深厚，是中国广播电视史学的开创者和奠基人。从教 60 年，忠诚教育事业，一生诲人不倦，桃李天下，为我国的新闻教育做出了重大贡献。

作为他的弟子，深感赵玉明教授在人生数十寒暑假中春风化雨、成风化人，引导和帮助了包括我在内的无数后辈。难忘恩师曾经的谆谆教诲和殷切希望，学生将铭记恩师的言传身教，向他学习，努力助人。愿凭爱意，温暖人间。

传媒事业永无止境，探索之路未有尽头。哲人其往，手泽长存，赵玉明教授崇高的思想、精神的造诣、奉献的精神将永垂青史！

谨向赵玉明教授家属致以最诚挚的慰问，望节哀保重！

北京广播学院 1999 级新闻续本班全体同学唁函

惊悉赵玉明老师仙逝，谨表哀悼。

赵玉明老师是我国著名新闻教育家，对中国新闻史研究造诣很深，他在中国广播电视史这一领域的研究既系统又深入，功力很高，成果累累。他埋头研究，淡泊名利，致力攻坚，自成蹊径，不追求虚名，不趋炎附势，是一代楷模。

赵玉明老师长期工作在教书育人一线，为国家和行业培养了一大批新闻传播创新人才。中国新闻教育界失去他，我们深感悲痛。

请向赵玉明老师的家属们表达深切慰问。

　　　此致

敬礼！

中国传媒大学宫承波教授致挽联

赵玉明先生千古

奠基广播史，推进史学会，上书促成新闻传播学科组；
单骑扬教鞭，率众兴广院，六十年间广电黄埔第一任。

第三编

缅怀与崇敬

悄悄地，你走了
——赵玉明老师的故事
吴廷俊

赵玉明老师走的噩耗，我最早是 8 月 30 日上午在马工程群里看到哈艳秋老师发的一则微信——"各位老师，跟大家汇报：我们敬爱的赵玉明老师今天凌晨因病永远离开我们了"知道的。哈老师的微信是 11 时 19 分发出来的，我看到后的第一感觉是不相信，不敢相信！前些时候，我还在网上看到过他的"口述史"，他怎么就这样一声不吭地就走了呢？但是，心里一下全乱了，直到 12 点 23 分，我才跟了一则微信："啊，太突然了！是不是天人感应，昨天晚上在校园里走步时，突然想起同赵老师、丁老师在哈尔滨看冰灯的情景。沉痛悼念赵玉明老师，赵老师一路走好！"

下午，我停下手中的活，准备写点悼念的文字，但是心乱如麻，脑海里不断呈现他的音容笑貌，就是理不出个头绪。直到晚上 7 点半，我鼓起勇气，给聂老师（我一直这样称呼赵老师老伴）打了个电话，她第一句话说："你在武汉，也知道了。"我说，我是上午 11 点多知道的，并要她节哀，保重身体。从电话声音中感到，聂老师比想象的要坚强些，她告诉了我赵老师从发病到病逝的一些情况：3 月发病；住院治疗；病愈出院后，一段时间情况很好；后来病复发。大约谈了 10 分钟。我怕引起她的伤心，劝

167

她别说了，自己保重要紧。

与聂老师通话后，我的心也似乎平静了一些。第二天，我开始翻笔记本找资料，回顾我与赵老师的交往，看到一次次交往记载，再次勾起我对他的思念。

虽然我对老赵思念深深，但还是不想把思念的文字写得很沉重。他本来就是开朗的人，我想，他的在天之灵也不希望看到活着的人们哭丧的样子。所以，我的这篇思念的文字起了一个轻松的标题，行文也尽可能轻松一点——讲讲赵玉明老师的故事，包括和我的，和我们学院的，和中国新闻史学会的故事。

——

我同赵玉明老师认识时间不算早。有案可稽的是，我们是在 1992 年 6 月 11 日至 13 日在北京广播学院举办的中国新闻史学会成立大会上认识的。那是中国新闻史学工作者的第一次聚会，到会的正式代表 67 人，除来自全国各省市的中国学者外，还有国外学者 6 人，真可谓盛况空前。当时，能办这么大的会是很困难的，不像现在有经费、有场地，那时没经费、没场地。方汉奇老师对大家说，我们的成立大会之所以盛况空前，首先得感谢一个人，那就是赵玉明老师，因为赵老师当时已经是北京广播学院副院长，校级领导。

这是我第一次见到赵老师，并对他留下良好印象。估计他根本不会记得我。在开幕式上，他坐在主席台上，我是坐在会场边的一个最普通的与会者，中国新闻史学会的一个普通会员。他是校领导，我只是一个普通的教师。他在广电史的研究上已经颇有建树了，我在新闻史领域还只是刚刚入门不久，机缘巧合，我同他开始有了近距离接触。老赵与我们新闻系的周泰颐老师、曹承容老师（曹老师后来做了学校宣传部长、党办主任）是大学同学，所以他每次到武汉出差，一般都要到我们学校，见见周、曹二位老同学，有时候，我也忝列末座。此外，还有层关系，我校杨淑子校长的哥哥曾同老赵住在同一个院子，因而有时候，老赵去了，我们也请杨校长来见见。这样几个情结把老赵同我、同我们学院的关系一下子拉近了许多，后来见面的时候话就多了。

当然，我和老赵深层次交往是在 1996 年之后。在中国新闻史学会常务理事会上、在中国新闻教育学会上、在教育部高等学校新闻学学科教学指导委员会上、在各种有关新闻史的专题研讨会上，我们每年总有几次见面，每次见面都感到特别亲切。他年长我 9 岁，与我亦师亦友，我在与他的接触中从他身上学到了不少东西。

凡是接触过他的人，都感觉到老赵很质朴，为人很实诚，以本相示人，以真心待人。能帮人之处，他就尽量帮人一把，能助人之时，尽量助一臂之力。我也有同样的感觉，并且我俩有相通之处。我从来没有从他嘴里听到过说他人的坏话，甚至微词。

老赵为学扎实，做史学研究，肯下笨功夫，一丝不苟，锲而不舍。方汉奇先生说，赵玉明搞广播史，只此一家，别无分店。老赵的研究工作，是开拓性的，他所需要的史料只能靠他一条一条地搜集而来。所以，他特别注意第一手资料的收集。他从不说无根之语，撰无据之文。他做学问，不"赶场子"，不"凑热闹"，他说他一辈子没有离开广播学院，一辈子没有离开过广播史，抓住一件事，执着地做，终成大学问。他之所以成为中国广播史学的开拓者和奠基人，首先归功于他的这种为学态度。

老赵一辈子，似乎只知道工作，不知道享受，不抽烟，不喝酒，不打牌，不钓鱼，他唯一的爱好就是"吃醋"，无论到哪里吃饭，都向服务员要一碟子醋，典型的山西人。他在生活上低标准，在工作上高要求。他一生参加大小会议无数，会上发言无数，每次与会，每次发言，他都事先做好充分准备，哪怕是个规模不大的会议讲话，他都有讲稿。我看到，很多时候，老赵拿的讲稿还是手写的，密密麻麻，删改的地方很多。我真担心他由于视力不好，删改的地方看不清、接不上。实践证明，我是杞人忧天。他每次都很顺畅地把稿子念完，有根有据，还充满激情，赢得热烈的掌声。

老赵很豁达、幽默，心态好，也爱开玩笑。搞史学研究，"治"本来是很严肃、很苦的事，可他说广播史、电视史、广播电视史，一堆史，搞了一辈子史，做一辈子"搅屎棒子"。他视力不好，每次外出开会，只要我在，总跟着我，尤其是晚上，还得拉着我的胳臂。如果丁淦林老师在，则我们三人在一起的机会多。2002年1月19日，我们仨跟着方先生到哈尔滨参加地方新闻史学术研讨会议和中国新闻史学会常务理事会。晚上，会务组织看冰灯。方先生说不去，赵老师问我去不去，我说："你要去，我陪你。"接着赵老师又问丁老师，丁老师说："你们去，我就跟去。"这一下，我的责任就大了，他俩年长，我理所应当保护他们。于是我居中，一条胳臂挽一个。临走时，我开玩笑地说，记住了：左边赵，右边丁，不要走丢了。赵老师突然来了这么一句："左手一只鸡，右手一只鸭。"我连忙对丁老师解释说，我可没有这样说，丁老师笑笑说，反正老了，无所谓了。

二

赵玉明老师对我们华中科技大学新闻与信息传播学院和新闻传播学科的支持，可以说是不遗余力。一则是因为他本身就喜欢助人为乐，扶持后进，二则是因为他与我们这里有几层特殊的关系，所以，他对我们学科建设、学院发展是鼎力相助，有求必应，尽力而为。平时咨询的次数数不清，就在我主政学院的10年中，赵老师专程来指导就有6次。

第一次，1999年9月23日，赵玉明老师与方汉奇先生、丁淦林老师到华中科技大学参加新闻传播学科发展咨询会，并受聘为我校兼职教授。副校长秦忆主持受聘仪式，党委书记朱玉泉颁发聘书。接着，整整一天，三位老师听取我们学科发展规划和准备申报博士点的方案。三位对我们

"入主流、创特色"学科发展思路给予了充分肯定，对我们申报博士点的方案进行仔细推敲。据记载，老赵提出了一个问题，你们的强项是新闻史论，特色是网络传播和新闻事业管理，到底是报新闻学还是报传播学？方先生和丁老师都说，老赵提的问题值得认真考虑。经过讨论，决定报新闻学，但要突出网络新闻的特色。其后，我们用整整两年时间，按照三位的意见进行准备，凝练方向，组织队伍，撰写申报书。2002 年 11 月，我们申请新闻学博士授予权，方向设置"新闻史论"、"新闻业务"、"新闻事业管理"和"网络新闻传播"。前面两个是入主流，后面两个是创特色。队伍组织得也比较合理。当年申报新闻学博士授予权的共有 6 所学校，我校得票率为93.3%，排列第一。完全可以这样说，我们第一个博士学位授予权取得的头功，应归于方汉奇、赵玉明、丁淦林三位教授。

第二次，2000 年 5 月 9 日，出席"两会"。所谓"两会"是中国新闻教育学会和教育部高等学校新闻学学科教学指导委员会。当时两会会长都是何梓华老师。每次与会者都在 100 人以上，这在当时新闻教育界是重大的学术活动。主办方是"两会"，我们只是承办方。当时承办这样会议的诉求是让全国新闻教育界的同行了解我们，所以我们承办的指导思想很明确，就是借迎接"两会"，加速我们学院的发展和学科建设。学校领导也重视，校长周济、书记朱玉泉、副校长邹寿彬、副书记刘献君、学术委员会主任杨叔子院士还专门到学院听取我们迎"两会"的准备情况汇报，帮我们解决遇到的困难。

赵玉明老师出席了此次会议。因为主办方不是我们，我们不便拉人出来开小会，加上我们忙于会务，没有向赵老师单独请教。

第三次，2002 年下半年，我校举办人文社科高层论坛。规定新闻学分论坛为 20 人左右，校内外各占一半。承蒙各老大哥院系的大力支持，我们聘请校外专家 11 人①，赵玉明老师欣然应聘来校参加高层论坛。10 月 25 日

---

① 11 人为赵玉明、丁淦林、童兵、张国良、蔡雯、尹韵公、陈力丹、邓忻忻、吴文虎、罗以澄、丁柏铨。

至 26 日，论坛在我校国际学术交流中心举行，新闻学分论坛 11 位校外专家全部参与，并发表了高论。11 位教授在参会之余，陈力丹等几位教授为我院师生做了学术报告。赵玉明、丁淦林再次来到我院，最后审核博士点申报材料。

第四次，2003 年 9 月 19 日至 20 日，赵老师来我院参加新世纪新闻传播学博士生教育研讨会。这是我院获得新闻学博士学位授予权后第一次举办这样的高层次研究会。会议规模不大，校外专家邀请 16 位 ①，赵玉明老师再次欣然应邀。会议历时两天，主要审核我们培养博士生的方案。每个专家都发表了很好的意见。据记载，赵老师主要就不脱产学生管理问题发表了意见。这次研究会使我们获益匪浅，于是隔年又举办了第二届研究会。

第五次，2005 年 5 月 14 日至 15 日，赵老师来我们学校出席第二届新闻传播学博士生教育研讨会。这次研究会的规模有所扩大，甘惜分先生与会了；规格也有所提升，由学院级提升为学校级，学校党委副书记、著名哲学家欧阳康主持研究会。会议地点选在湖北黄冈，那里有苏轼的文赤壁，还有林彪故里。专家们围绕如何提高博士生培养质量进行了研讨。据记载，赵玉明老师的发言主要提出一个问题，就是新闻传播学的二级博士点太少，他希望有了一级学科博士学位授予权的学校就如何科学而合理地设立二级科学点进行思考，提出一个意见；他对此也发表了自己的看法。

在这次研讨会上，我们大获丰收。大会套小会，请方、赵、丁三位老师审核了我们一级学科博士授予权的申报书。当时，我们学院规模不大，要组织一级学科博士点 5 个方向的队伍，颇费考量。三位的意见对我们依然本着"入主流、创特色"的指导思想表示认可，对我们设置的"新闻史论""新闻业务""广播电视""传播与科技""广告与公关""媒介经营管

---

① 16 人为方汉奇、赵玉明、丁淦林、李良荣、童兵、郑保卫、熊澄宇、龚文庠、罗以澄、戴元光、丁柏铨、邵培仁、黄昇民、陈卫星、单波、徐耀魁。

理"几个方向也表示认可，并就各个方向特点的表述提出修改意见。随后，我们把修改的申报书在研讨会上征求意见。当年 7 月，我们照此申报新闻传播学一级学科博士授予权。那次申报一级学科博士授予权的学校 6 个，限额 2 个，我校通讯评议得票率 55.56%，排列第一名。

我经常在我们学院的会上讲，学院每一点进步，每一次发展，都得到了老大哥学校和各位教授的鼎力支持。我们在任何时候都要感恩他们。赵玉明是支持力度最大者之一。

第六次，在我卸任院长之后。2008 年 1 月，赵老师来校出席华中科技大学媒介技术与传播发展研究中心 2008 年课题评审会暨基地学术委员会成立大会和媒介技术与传播发展研究中心：战略发展规划咨询会。

按照新院长张昆的想法，仿效香港地区和发达国家的做法，系办专业，研究所管研究生和科研。我们不可能成立研究所，拟成立一个类似研究所的研究中心，名为华中科技大学媒介技术与传播发展研究中心，院长兼任中心主任；聘请校内外教授成立中心学术委员会，主任由学院学术委员会主任兼任。经协商，校外聘请 5 位[①] 为校外委员，赵玉明老师在被聘之列，他也欣然应聘。19 日晚上，先举行了一个简短的学术委员会成立仪式，然后进行课题评审。当时有 8 个课题，委员看材料打分，排列顺序。据记载，余红教授的"网络时政论坛舆论领袖与网络舆论"得了 8 票（11 个委员投票），排名第一。

20 日上午，举行媒介技术与传播发展研究中心：战略发展规划咨询会，校外专家除 5 位学术委员外，还有胡正荣、张金海、黄旦、高钢。张昆主任汇报中心发展规划。之后是一整天咨询。据记载，赵玉明老师的发言说了两点：一是要有一个发展目标，中心现在是学院的基地，要争取教育部的小基地，再争取国家人文社科大基地；二是千万不要忘记自己，突

---

① 校外 5 位教授为赵玉明、丁淦林、童兵、郑保卫、熊澄宇。

出自己的特色和重点。

各位教授都认为我院的这个发展思路和管理架构相当不错，是个创新，希望取得好的成果，为其他新闻院系提供一些可资借鉴的经验。

三

赵玉明老师自 2004 年接任中国新闻史学会会长之职后，不仅继承创会会长方先生的光荣传统，保持了方先生时期的发展势头，而且有了新的发展，取得了新的成绩。

首先，他与方先生一样坚持"学术办会"的原则，努力发展新闻史的学术研究，并取得优秀业绩。在每年的年会上，他都有一个习惯，就是报告过去的一年中学会会员所获得的国家级和省部级科研项目数、出版的专著数和发表的论文数。他特别重视每年国家社科基金项目中新闻史方向数目的增加比例。

其次，在管理上，他实行原则的坚定性和策略的灵活性相结合的办法。比如在他的第一个任期内，吸收了几个学院院长为副会长（常务理事），而相应减少普通教授的常务理事名额。一些老师对此有些议论，担心新闻史学会不能办成院长联席会。此类事在个别学校还起了纠纷。有人让我向赵老师反映一下。我记得，同他提到此事时，他说他也听到议论了，但是没有办法，他有难处。他没有方老师那么高的学术威望，振臂一呼应者云集。学会搞活动，需要有人办事，吸收相关院长"入常"，是为了办事。当时各个学校不像现在这么有钱，搞活动没有钱肯定不行。再说，一个普通教授根本调不动人，只有院长才可以。

既然矛盾是确实存在的，教授们的意见也是正确的，就得想法解决。老赵很智慧，随即想出了一个两全其美的办法：为了搞活动，依然可以适当吸收院长"入常"；同时为了保持新闻史学会的本质特征，可另外设立特邀常务理事制度，吸收那些在新闻史研究上有成就的老教授为特邀常务理事。老赵的想法得到常务理事会的认可。实践证明，这是一个很好的制度，此制度一直保留到现在。

再次，积极支持学会各项工作，巩固已有成果。比如支持世界华文传媒与华夏文明传播系列活动。这项由方先生开拓的工作，在赵会长任期内，工作开展得更加有声有色。从第三届到第五届（第三届的厦门会议、第四届的香港会议、第五届的台北会议），作为会长，赵老师不仅对每次会议的筹备过问得很仔细，而且每次会议都出席，并且致开幕词。

最后，提出设立分会的想法并稳步实施。学会壮大了，时代发展了，此时"一统天下"的学会体制格局有时力不从心，因此赵老师提出了在总会下面设置分会的想法。他把他的想法告诉我，以征求我的意见。我听后表示赞成和支持，但是提出要稳妥。他以为然，并嘱我考虑一下，先试点成立哪几个分会。2007年12月26日，北京大学召开恢复成立北京大学新闻学研究会论证会，我和赵老师均被邀请与会。会后，我向他汇报了我的想法，认为有三个领域可以考虑先设立分会：新闻教育史、外国新闻史、海外华文传媒史。他原则上同意，并再次嘱我领衔申报一个。

经过论证，我以为新闻教育史可操作性最强，发展前景最好，并同相关学校新闻学院领导商量，草拟了一个关于成立中国新闻传播教育史研究委员会征求意见稿。主要内容有：①专委会设会长一名，副会长若干名，秘书长一名（在会长单位产生）。②由于研究对象特殊，专委会一般只接受团体会员，由入会学院分管学科建设或教学的副院长（副系主任）担任理事；少数对新闻教育史研究卓有成就的教授也可加入成为个人会员，成为理事，甚至常务理事。③主要工作为总结中国新闻传播教育的历史经验，以学校院系为单位编写中国新闻教育系列丛书；总结中国新闻传播教育工作者的新闻传播教育思想，遴选合适人员为专委会研究员，协同相关学院进行专题研究，出版中国新闻传播教育界人物丛书；每年编辑出版一部中国新闻传播教育大事

图1　与赵玉明教授合影留念

汇编（先内部试刊，成熟后公开出版）。④每年召开一次中国新闻传播教育发展史学术研讨会。

2008年6月26日，我与石长顺专程飞到北京。27日上午，我在北京大学同从新加坡来的郝晓明一道向赵玉明老师、程曼丽老师汇报第六届华文传媒与中华文化传播国际学术研讨会筹备事宜。下午，我与赵老师、程曼丽老师一同到人民大学找蔡雯共同商讨成立中国新闻史学会新闻传播教育专业委员会筹备事项。

在赵老师领导下，经5人商量，确定成立中国新闻史学会新闻传播教育专业委员会条件已经成熟，可以启动具体筹备事项；定于2008年10月18日北京大学新闻学研究会恢复成立大会上宣布成立中国新闻史学会新闻传播教育专业委员会，并举行揭牌仪式；委托华中科技大学新闻与信息传播学院成立筹备小组，吴廷俊任组长，石长顺任副组长兼秘书长，学院青年教师周婷婷、范龙为秘书长成员；7月上旬向全国各新闻院系发出征集学会理事函，并要求8月上旬返回，9月上旬发出大会通知；与此同时，请史学会抓紧到民政部备案，刻图章、制牌匾。

由于赵玉明老师指导得法、领导有力，中国新闻史学会第一个分会新闻传播教育史研究委员会如期成立。在揭牌仪式上，赵会长向吴廷俊颁发民政部签发的专委会证书和雕刻的图章，并代表总会提出五点要求：依法办会，民主办会，学术办会，勤俭办会，奉献办会。

第一个分会成立，为后来的分会成立提供了经验。记得在赵玉明任会长期间，总会通过并成立了由清华大学牵头的外国新闻史研究委员会，由南京大学牵头的网络新闻传播史专委会。

以上仅仅是我所知道的赵老师的一些故事，九牛一毛，完全不足以说明赵老师的全部工作、全部贡献；但是，一滴水能反映出太阳的光辉，这些故事可以反映出赵老师的精神！至少在我的眼中，他是那样高大，他对我的帮助，对我们学院的支持，对新闻史学会的工作，大家都会永远铭记在心！

　　赵玉明老师，你悄悄地走了，不带走一丝云彩，但是你留给这个世界的是一笔丰厚的财富！

2020 年 9 月 3 日

武昌喻家山

（作者单位：华中科技大学新闻与信息传播学院）

一生只做一件事

——怀念赵玉明老师

张振华

2013 年是我们原北京广播学院新闻系 59 级同学毕业 50 周年。

这年 9 月 24 号，在学校为我们举办的返校座谈会上，赵玉明老师深情地说："今天在传媒大学的历史上是个值得纪念的日子。在中秋甫过、国庆将临之际，来自全国各地的广播学院'黄埔一期'新闻系 59 级的 60 多位校友在毕业 50 年后重返母校，师生共聚一堂，实属难得。"他说："1959年在新中国历史上是个大庆之年。正是在国庆 10 周年前夕，新闻系 59 级的同学成了广播学院本科的首届'大学生'，我则是刚从中国人民大学毕业到校任教的'小老师'。绵延半个世纪的师生情谊从此开始。四年后，你们学有所成，胸怀建设祖国的壮志，奔向了四面八方。半个世纪后的今天，在我们又在学校相逢之际，引起了我的绵绵怀念之情。"

但 2020 年 8 月 30 日，我们的这位"小老师"走了，从而引起了我们这些 80 多岁的"大学生"对他的"绵绵怀念之情"。

我们入学之初的北京广播学院，其校舍和教学条件之简陋，甚至不及一些中学和小学。但正如那句话所说，大学之大不在于大楼，而在于大师。我们不敢妄称赵玉明老师为大师，但他确实是中国广播电视史，乃至中国新闻史学界的一位代表性人物，一位专家，一位学者。《中国现代广

播简史》《中国广播电视通史》《中国广播电视史教程》《中国广播电视图
史》《中国现代广播史料选编》《日本侵华广播史料选编》《中国抗战广播史
料选编》……赵老师上述有关广播电视史研究的部分著述（有的是合著及
主要撰稿人，有的是主编），已足以表明他在中国广播电视史学界的成就与
地位。

　　但是，相较于各类著述这种有形资产，赵老师留给我们的无形资产更
加弥足珍贵，这就是他的治学之道。

　　赵玉明老师的一生，无论是作为教师、作为校领导，还是作为高校或
广电系统相关学术组织的负责人，他始终如一地只做一件事，即关于中国
广播电视史的研究与教学。

　　"欲知大道，必先为史。""知古而不知今，谓之愚；知今而不知古，谓
之陋；不知古今而言未来，必陷于妄。"虽然研究历史的重要性毋庸置疑，
但也不能否认，相较于那些热门学科的研究与教学，研究历史是一种坐冷
板凳、钻故纸堆的后置性、边缘性工作，枯燥而寂寞。特别是在急功近利
成风，事事都讲"变现"——诸如知识变现、内容变现、流量变现、品牌
变现，甚至颜值变现的当下；在"好看的脸蛋很多，有趣的灵魂太少"，娱
（愚）乐代替思考、浮躁嘲弄理性、肤浅轻蔑深刻的当下；在学位、学术造
假，官学、商学相互寻租的今天……不为风趋、不为利诱，沉潜心志、心
无旁骛地致力于历史研究和教学，是需要一种担当、一种境界、一种情怀、
一种胆识、一种追求和一种毅力的。

　　此外，人的精力、才能和时间是有限的。你不可能包打天下，无所不
能。如果你四面出击，四处开花，这山望那山高，打一枪换一个地方，必
将一事无成。正如曾国藩所说："用功譬若掘井，与其多掘数井而皆不及泉，
何若老守一井，力求及泉而用之不竭乎？"因此，一生只做一件事，还是
一种人生大智慧。

　　"不是歌德创造了《浮士德》，而是《浮士德》创造了歌德。"同样，既

是赵玉明老师成就了中国广播电视史研究，广播电视史研究也成就了赵玉明老师。

一辈子，一件事，一生之缘，一个志向，一心一意，收获一种别样的成就，人生足矣！

"云山苍苍，江水泱泱，先生之风，山高水长。"赵玉明老师走了，但他关于中国广播电视史的研究成果将惠及后世；他的治学之道也将为所有立志事有所成者受用终生。

念及此，赵老师的在天之灵应该是自逸、自在和自慰的。

2020 年 3 月 20 日

（作者单位：中国国际广播电台）

赵玉明教授关心"九头鸟"扩音器

——深切怀念赵玉明老师

马元和

2020年8月30日凌晨，我国新闻传播史界的泰斗、原广播学院（今中国传媒大学）赵玉明教授驾鹤西去。听到噩耗，我无比悲痛。

1959年秋天，我与赵玉明老师同时进入刚刚成立的北京广播学院，不过他是人民大学的毕业生，来到北京广播学院担任教师，而我则是从河北赵县被录取的学生。他对我们说，他是小老师，我们是大学生。这种风趣的说法立即拉近了师生关系。

60多年来，我们来往比较频繁，特别是近年来，我们约定每天下午到住处附近的河边散步，每次见面都有说不完的话题。交谈的内容大都与广播电视有关。比如，2019年10月的一天，我谈到国家广电总局离退休干部局机关摄影协会要组织会员去香山别墅参观。他立即要求我一定去看看展品中有无"九头鸟"扩音器（扩音器由九个喇叭组成，因此俗称"九头鸟"），这是开国大典使用过的珍贵文物。

带着赵玉明老师的嘱托，在香山采风活动时，我特别留意有关"九头鸟"扩音器的展出地点。经现场查询，"九头鸟"扩音器展出地不在香山别墅区，而在香山革命纪念馆，地处香山公园外边的一棵松街。参观双清别墅等革命纪念地后，我们一行四人步行大约两公里到达纪念馆，直奔二楼的开国大典部分寻找"九头鸟"扩音器。映入眼帘的不仅有"九头鸟"扩音器（见图1），还有开国大典时毛主席使用的话筒（见图2）以及当时使用过的钢丝录音机（见图3）。看到这些与开国大典密切相关的广播器材，我真是如获珍宝，心情万分激动。那时，天安门广场尚没有安装任何扩音设备，只能依靠"九头鸟"扩音器扩音，那时的录音机使用的是钢丝录音。我在20世纪60年代刚分配到中央广播事业局工作时就听说过，档案室保存有毛主席在开国大典上的讲话录音，就是用钢丝录音机录制的。这三件开国大典的国宝级文物，使我重温了我国人民广播事业的艰苦发展历程，而原先我还真不知道"九头鸟"扩音器的故事。

图1 "九头鸟"扩音器

图2 话筒

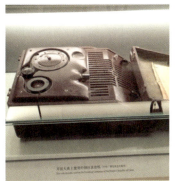
图3 钢丝录音机

遵照赵玉明教授的建议，我给这三件广播珍宝拍了照，回来后马上发给他留存。只可惜，因为文物被玻璃罩保护，无法拍出理想的效果。事后，赵玉明老师又借给我他收集的有关"九头鸟"扩音器的多篇回忆文章，我反复仔细阅读，基本搞清楚了当时的情况。开国大典时使用了两台"九头鸟"扩音器，一台在天安门城楼上，另一台在城楼下。现在香山革命纪念馆展出的这一台注明的是"中央广播电视总台提供"，钢丝录音机也是由总台提供。毛主席使用的话筒注明的是"国家博物馆提供"。（赵玉明教授亲笔批注：准确地说，应是国家广电总局提供的。1971年中央广播事业局军管小组为筹备在革命圣地延安开办延安台展览，曾在广播系统广泛征集有关文物，曾组建了以杨兆麟同志为首的筹备小组，并特地将在淮阳"五七"干校劳动的教过广播史课的赵玉明调回北京参加筹备工作。当时因身体有病未到干校的温济泽同志也参加了筹备工作。这个展览于1971年9月在内部展出，结束后有关文物保存在总局档案室。赵玉明教授的亲笔批注见图4）

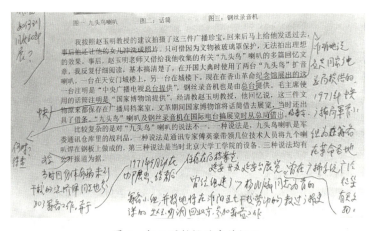

图4　赵玉明教授的亲笔批注

经请教赵玉明教授，他回忆说，这三件文物原来都保存在中央广播事业局档案室，"文化大革命"期间，国家博物馆将话筒借去展览，当时还出具了借条。"九头鸟"扩音器及钢丝录音机在20世纪末及21世纪初，在国际电台搞展览时从总局档案室借出。

尽管有关方面对"九头鸟"扩音器的来历和去处说法有些差异，但不争的事实是1949年10月1日，正是通过"九头鸟"扩音器，毛主席向全中国和全世界宣告了中华人民共和国中央人民政府的成立，它们在共和国的历史上、在中国广播历史上写下了浓墨重彩的一笔。我想，这大概就是赵玉明教授生前对此如此重视的原因。

瞻仰开国大典使用过的与广播有关的三件珍宝，对我们广电人来说是又一次革命的洗礼。同时，我回想起，当时中央广播事业局领导梅益和李伍同志坐镇负责开国大典广播实况转播的指挥工作，齐越、丁一岚同志担任播音。此前，杨兆麟、高而公等负责采访写稿，提供口播之用。李志海同志为毛主席调整话筒（见图5）等。这一帧帧画面构成了开国大典广播实况转播的生动景象。而获得这次深刻的革命传统教育的机会正是赵玉明老师亲自指点的。

图5　在开国大典天安门城楼上，中央广播事业局技术文员李志海（背影人员）
为毛主席调整话筒

　　当时我将我草拟的《开国大典与广播三宝》一文送呈赵玉明教授审阅时，他做了认真的修改。他还要求我再写一篇有关参加开国大典广播转播人物介绍的文章，逐一介绍他们在广播战线的主要工作经历，并点出了上述的人员名单：梅益、李伍、齐越、丁一岚、杨兆麟、高而公和李志海等。我当尽力完成他的遗愿。

　　在去年的一次河边散步交谈时，他还谈到今年（2020年12月30日）是人民广播创建80周年，他将撰写几篇回忆文章以兹纪念。他说，我写的《开国大典与广播三宝》加上有关广播人物的介绍，也可视为纪念文章。赵老师的女儿赵虹在向赵老师告别仪式的致辞中说：确定人民广播创建纪念日"是他最自豪的研究成果，是被写入我们新闻专业教科书的"。

赵玉明教授著作等身，学风严谨。他对同事平易近人，乐于助人；对学生有求必应，亦师亦友，如遇机会，鼎力相助。

受益于他的言传身教，有时是直接指令，我也参与了他主编的一些著作。他主编的《中国广播电视通史》第十章"1949年以来香港、澳门和台湾的广播电视事业"是他指令我起草的。他主编的《中国广播电视人物词典》中港澳台部分的内容，也是他要求我撰写的。还有《中国大百科全书》中的新闻卷内的外国广播电视60多个条目也是他指令我撰写的。《中国新闻实用大辞典》中国外广播电视条目也是如此。他在新闻系工作时，20世纪80年代上半叶，新闻系开办了国外广播电视讲座。应他的要求，我曾作为主讲人之一讲了两个学期，每周星期四讲一次。之后，他担任主编之一，编辑出版了《中外广播电视百科全书》，书中的第三部"外国广播电视事业"，我是主笔之一，内容主要是我在学校国外广播电视讲座的讲义内容。他还要求我将我们英语班的主讲老师、原《大公报》驻伦敦记者黎秀石老师的事迹写成专文发表，并在抗日战争时期的新闻人物研讨会上作专题介绍，因为黎秀石老师是1945年9月参加报道日本签字投降书仪式的三位中国记者之一。他还邀请我参加研究国外电视专题博士论文的答辩活动等。

受他治学思想的影响，我在广电部（广电总局）外事司工作末期，主编了《传诵友谊——中国广播电视的对外合作与交流》，内容是1950年至1997年中国广播电视对外交流与合作的主要事件；同时，还出版了我的工作文集《国外广播电视见闻及国际交往》。赵老师的治学思想教育我，在忙于日常国际交往的"热运行"中，一定要抽时间做些冷思考，并用文字记录下来。这两本书是我经常翻看的珍贵材料，帮助我回忆过去的经历，并用于向年轻人介绍有益的经验和教训。我们常说，忘记历史就意味着背叛。我以为，以史为鉴可以使后人变得聪明，少走弯路。这可能也是赵老师一生一心一意专注研究广播电视史的原因。

2019 年 6 月 18 日，我随同赵老师参加中国传媒大学校史馆开馆仪式（见图 6），赵教授为校史馆的创办做出了突出贡献，在开馆仪式上，学校为他颁发了获奖证书（见图 7）。

谨以此文深切怀念赵玉明老师！赵老师千古！

图 6　我随同赵老师参加中国传媒大学校史馆开馆仪式

图 7　学校为赵老师颁发获奖证书

2020 年 9 月 4 日

（作者单位：国家广电总局）

怀念恩师赵玉明

朱宝贺　贾延龄

我们是赵玉明老师的 59 级学生，毕业以后一直保持亦师亦友的师生情谊。我们两家相距不远，时常见面。特别是疫情前的几年，广电总局在音乐厅隔一周放映一次电影，我们总是不约而同前去观看，不管谁先到，一定把对方的位置占好。看完电影，我们边走边聊，相互交流，共同探讨，这是和老师共同度过的一段难忘时光。

赵老师的年龄虽和我们相差无几，却是我们心中最敬重的兄长和恩师。老师无时不在关爱着学生，真是"天涯海角有尽处，只有师恩无穷期"。老师八十大寿的时候，为了略表学生的一点心意，我特画了一幅长四尺的《祝寿图》，装裱好了后敬献给了老师，并约定九十大寿的时候，再为老师画一幅更高水准的《长寿图》。没承想，这个约定成了永远的失约。

痛失恩师，思绪万千。脑海中不由得又回忆起在母校时和老师相处的几件事：我们在灰楼广院上大三时，学校安排一次毕业实习。赵老师是我们带队的实习老师之一。当时，我（朱宝贺）分到湖北台文艺部戏曲组实习。其间，我写的第一篇稿子就得到了台长的首肯，并安排了具体的播出时间。老师得到这一好消息，第一时间告诉了我并表扬我，说稿子写得好，很有文采（此稿已收藏在校史博物馆）。这件事儿给了我莫大的鼓舞也确定了我从事广播事业的人生方向。

毕业后，我被分配到江苏台文艺部工作。1975 年，因两地分居，组织为照顾我们把我调回母校从事教学工作。从此，我和赵老师不仅是亲密的师生关系，又是友好的同事关系，处处得到老师的格外关照。

在编写《中外广播电视百科全书》时，老师特约我为此书撰稿。在编写《广播电视辞典》时，力荐我担任该书的编委之一，并负责部分词条的撰写。

图 1　与赵老师合影

赵老师担任副院长的时候，积极提倡老师们出版自己的教学专著。当时我撰写的是《广播剧编剧艺术》一书。在学校评选会上，此书毫无悬念地被评为二等奖（一等奖空缺）。这本书后来又被学校选送到广电总局参评，令人欣喜的是，又获得了部级二等奖。

我在文艺系时教授广播剧艺术，同时根据需要独辟蹊径又开了一门新课——电视文艺编导。在讲授电视文艺晚会时，老师要带学生进行艺术实践。搞此活动，如果没有经费，肯定会一事无成。老师在他有限的职权范围内，及时给予资金支持，使我圆满完成这一教学实践活动。

点点往事回忆，无尽的师生真情永存，师恩的大爱永远铭记心中。

（作者单位：中国传媒大学）

谢谢您，赵老师！

杨天恒

当我得知赵玉明老师仙逝的信息时感到很意外，有点不相信，以为是误传，因为 2019 年 9 月，我们新闻系 59 级学生进校 60 周年团聚时，他还在师生见面会上讲过话，我还和他合影留念。当时我以为以他的健康状况、性格特征，活过一百岁是不成问题的。但是当许多同学在群里陆续发信悼念时，我才知道赵老师是真的走了，我才心情沉重地赶紧发信悼念。

赵老师和中国人民大学新闻系毕业的许多同学与我们新闻系 59 级的同学差不多是同时进校园的，不过他们是来教书的，我们是来读书的，差别太大了。对这些年轻的老师，我有点敬而远之。

但是，在 2013 年 9 月我们新闻系 59 级学生毕业 50 周年的返校活动中，赵老师和我的那次不期而遇的交谈竟成为赵老师与我最后一次交谈。

事情是这样的。那次聚会到 25 日就基本结束了。在 26 日早餐后，主持这次活动的同学宣布：今天不走的同学，曹老师晚上请你们到基辅餐厅吃西餐，听俄罗斯艺术家演唱苏俄歌曲。我的返程机票是 27 日早上，我报名参加。当天下午 4 点多钟，我们在驻地集中乘车，5 点钟到达基辅餐厅。

音乐宴会开始了，曹老师致辞。她说："同学们毕业 50 年了，能够在母校聚会，这是很令人高兴的事。大家都很激动，互相问候、相互交流，流了不少激动的眼泪。今天晚上，大家不要流泪，要欢笑。这几天，大家都很累，忙参观、忙交流，没有好好吃饭，今天晚上大家都好好吃一顿。这里的西餐地道，希望大家吃饱吃好，不够还可以加菜；俄罗斯艺术家们的歌唱得也很好，祝大家过一个欢乐的夜晚！来，为这次欢乐的聚会干杯！"同学们被曹老师满怀母亲般情怀的讲话深深感动，大家举杯欢呼，祝曹老师、赵老师身体健康，长命百岁！

我和赵玉明老师坐在一起。在优美的苏俄歌曲声中，我们很随便地交谈了起来。赵老师问我："毕业后你分配到哪里去了？这些年你都干了些什么工作？"我马上向他汇报了我的工作经历。他认真地听着，有时点点头，脸上现出由衷的微笑。

在听完我的讲述后，赵老师慢条斯理地对我说："你的情况和其他的同学有些不一样，你在党报工作了18年，经历过许多跌宕起伏的政治风浪，始终工作在第一线，在编辑工作和新闻采访方面都取得了突出的成绩。后20年你在文学方面做了许多工作，取得好成绩。撇开其他工作不说，仅你主持三项国家重点艺术科研这件事就不简单。你仅用6年时间就完成了全地区九县一市800多万人口的民间文学作品的普查搜集、编辑出版工作，出版县级卷13册、地级卷6册，然后参加了两个国家卷（四川卷、重庆卷）的编辑出版工作。有了这些成绩，你可以安度晚年了！至于你想调动工作的事，人家不放你，就不要生闷气了。过去了的事，忘了算了……"

真的是同君一席话，胜读十年书。和赵老师交谈，我轻松了许多，也明白了更多道理。在起身离开基辅餐厅时，赵老师对我说："有机会我们再聊。"我回答说："谢谢您，赵老师！"

（作者单位：重庆市万州区文联）

回忆赵玉明老师

王春林

　　毕业后，我与母校交往最多的几位老师是赵玉明、曹璐、时煜华、田本相等。这些老师，我在校时就很熟悉。

　　与时、田两位老师的联系，主要是工作上的。时老师任鲁迅博物馆馆长，我约他组织出版了《鲁迅文献图传》《周作人日记》，我社出资协办了《鲁迅研究月刊》。田老师在中国艺术研究院话剧研究所任所长，我社与其合作出版了《中国音乐文物大系》和《中国戏剧图史》。

　　与赵老师、曹老师经常见面，主要是两个孩子都考上了北京广播学院。大女儿是新闻学院学生（现为新世纪出版社总编、编审），二女儿是电视学院学生（广州市委任职）。每次到京出差，顺便去看望孩子时，我都会把几位老师约到教职工餐厅，要几个小菜，谈笑风生，其乐融融。他们每次到郑州讲学、开会，也都会事先通知我，我再叫上离郑州较近的王求国，一起去找他们谈天说地，带他们走走看看。

　　我总觉得对赵老师的感情是发自内心和骨子里的。他与同学之间的关系是特殊年代形成的特殊关系。我们朝夕相处，他没有师道尊严，我们没大没小，是师非师，是兄非兄，"不伦不类"，不是那种"一日为师，终身为父"的上下关系，而是一种平等的亲情。在东张庄，我、兰春、为琛、国治同在一个炕上打呼噜，他叫刘国治"胡（糊）哥"，我们则戏谑地叫他

"赵尖（铁）咀"。给我印象最深的是，冬天他穿着一件小棉袄，头上戴一顶蓝色的掩耳棉帽。天冷的时候，他把帽耳放下来，有时他又不系上带子，把两手交插在袖口里，走起路来猫着腰，一踮一踮的，帽耳随着上下扇动，颇让人忍俊不禁，他却毫不在意。

20 世纪 80 年代初，我到上海出差，饭后到南京路逛商店。我正低头看柜里的手表，忽然一个熟悉的声线从嘈杂的混合声里激活了我的脑细胞，一个 10 多年未闻的声音清晰地出现在耳畔，是赵老师！我抬头一看，果见一个熟悉的瘦削脸庞出现在不远处。我绕到他身后，扳着他的双肩，轻轻地用普通话问："我是谁？"他不假思索地用河南口音答："你是王春林！"我们满含热泪地抱在一起。这大概就是所谓的亲人之间的心灵感应吧！

赵老师走了，他那伟大寓于平凡的人格魅力，永远留在我们心中！

作者系 65 级新闻系校友

（作者单位：河南大象出版社）

怀念赵玉明老师

徐永清

今天凌晨 2 时 39 分，中国传媒大学（原北京广播学院）前副校长、教授赵玉明老师因病医治无效在北京逝世，享年 83 岁。

我于 1978 年 3 月进入北京广播学院新闻系，不管有没有课，赵玉明老师常爱到班上来和大家聊天，是我们 77 编采班同学最熟悉、最亲切的老师之一。我们毕业 38 年了，他在任何时候都表现出对 77 级编采这个班级的喜爱，关注每个同学的成长。

赵老师主要治学广播史，在校期间，他主编《中国人民广播回忆录》，找我约请家父徐明写了一篇。我们班上同学郭镇之是赵老师招的第一个，也是全国第一个新闻学硕士研究生。去年，赵老师参加了有关《晋绥日报》的一个座谈会后，还专门给我打电话，说到山西高校的研究人员翻阅当年《晋绥日报》时看到我父亲在报纸上写的文章。好几年不见，赵老师还是那么热情爽朗，这竟是他给我留下的最后印象。

抗疫期间，不能去送别赵老师，匆匆写下几句，以志哀思。

（作者单位：中国测绘报社）

赵玉明老师的道路

陶国锋

我的母校中国传媒大学的赵玉明老师去世了，这在师生之间和社会上都引起相当大的反响。

我离开母校快 40 年了，赵老师可能已经忘记了我这个学生。但是赵老师给我的印象仍然十分亲切清晰。一个蔼然长者，明智而通达。

在我印象中，中国传媒大学老师有较大社会影响的，除了温济泽先生，就是赵玉明老师了。

新闻界是意识形态的激烈战场，所谓枪杆子之外的另一杆子，非同小可。在此战场上冲杀的人多了去了，但是有赵老师这样学术地位的却寥寥无几。

温和通达的赵老师走了一条异于其他人的道路。没有将功夫主要花在工具、喉舌上面，而是实实在在追索广电的史实，能人所未能，知人所未知。在掌握史料方面，蔚然大家。这就像走路，平坦也好，崎岖也好，泥泞也好，赵老师留下的都是自己的脚印。有的人音高嗓粗，唱的都是他人定的老调，跳得高、跺脚响，终究是在他人的脚印里面。喊破嗓子的工具、喉舌，难抵赵老师慢悠悠一句——哪个电台丢到哪个山沟沟里面了。

新闻从业者有一个极其重要的做人原则，那就是说真话，难以做到说真话，就沉默。我想新闻研究也是如此。烟雾散尽，将有事实存在。

（作者单位：经济日报社）

忆赵玉明老师

朱月昌

1979 年，北京广播学院开始招收研究生，我有幸成为第一届两名研究生之一。赵玉明老师和王珏老师则成为广院最早的研究生导师。赵老师虽负责指导研究广播史的学生，但对我多有指教和帮助。

1982 年，我经福建省赴京人才招聘组引进厦门大学，参与新闻传播系的筹建工作。1983 年厦门大学刚成立的新闻传播系决定先招研究生培养师资，研究生（3 名）入学了，但导师不足（当时挂的导师是原《文汇报》主编老报人徐铸成），我向学校推荐了人大、复旦的几位老师，并推荐了赵玉明老师和王珏老师（王珏老师因身体原因未成行）。赵老师应邀到厦门大学为研究生和全系教师授课一周，给大家留下了极好的印象——专业造诣深厚、为人谦和谨慎、待人真诚热情。赵老师授课一周，分文不取！

赵老师对厦门大学新闻传播系在全国首创广告学专业很感兴趣，向我详细了解专业设想的由来及如何打通教育部获批的经过，并听我介绍了海外有关人士的支持帮助，了解培养目标、方案及课程设置等具体情况。回京后，赵老师由系领导到学校领导，和接任的曹璐老师一起，领导并具体操作了全国第二个、北京第一个广告学专业的创建（1989 年招生）。现在中国传媒大学的广告学专业已经成为全国最好的广告专业之一（其实可以省去"之一"这两字），成为中国传媒大学的一张名片。

以后和赵玉明老师交往很多，受教不断。赵玉明老师是我永远的老师！

（作者单位：厦门大学新闻传播学院）

铭记著名学者赵玉明教授对我院的指导与帮助

乔云霞

惊闻著名新闻教育家、新闻史学家、中国广播电视史奠基人与开拓者赵玉明教授在北京病逝。初闻此信息，我怀疑是误传，翻看中国新闻史学会网和地方新闻史学会等网站，得知致力于新闻教育 60 年、著作等身、享誉中外、堪称一代宗师的赵玉明教授，确实在 2020 年 8 月 30 日凌晨 2 点 39 分驾鹤西去，享年 83 岁。我不禁悲从中来，泪如雨注。太突然了！今年春节时我还给他拜年祝他安康！没想到这竟是与我尊敬的赵先生的最后通话。一向积极、负责、亲切还幽默风趣的赵先生就这样离开了我们！先生西归，是新闻传播学界的重大损失，也让我院失去得力的指导！我心里万分悲痛，也

图 1　赵玉明教授

很乱，但是有几件事我记忆仍然很深刻，现在伴着泪水记下，以感恩赵先生，铭记赵先生的关怀与帮助！

支持与帮助我院新闻传播学科发展

1980年5月原国家教委批准建立河北大学新闻学专业，7月新闻专业筹备组建成。中文系写作教研室谢国捷先生担任筹备组组长，毕业于北京大学新闻专业，"文化大革命"前是《河北日报》记者，当时是教研科长，后为《河北日报》副总编的楼沪光任副组长，我负责图书仪器购置。万事开头难，谢先生着手安排老师进修，我9月去中国人民大学新闻系，跟新闻传播学界泰斗方汉奇先生进修中国新闻史，并在北京购置图书。谢先生与楼沪光先生还组织编印了内部刊物《新闻资料》，广泛征集稿子，其中第二期为北京广播学院（今中国传媒大学）的赵玉明教授收集的新闻学书目专辑，谢先生让我专程到赵玉明先生真武庙二条老302院的家里送新闻资料，并邀请他继续为刊物写稿。那时，全国仅有人民大学、复旦大学、北京广播学院三所大学有新闻系，包括我们有四所大学有新闻专业。我们中除了楼沪光先生做过新闻工作外，其余的人连新闻学有什么书都不知道。新闻专业开办拨款5万元，用于图书、设备购置。仪器设备当时是紧缺控制物资，申报多，批准少；又不知何处出版何书，而且图书价钱便宜，正发愁钱怎样花出去。赵玉明先生的书目，真是雪中送炭，我们正好可以按书目寻书购买。之后，河北大学新闻传播学院一直得到赵玉明教授的支持与帮助。

赵玉明教授曾多次来河北大学亲临指导，还被聘为我校的兼职教授。第一次是为河北大学中文系新闻专业与新闻单位联合办学经验的鉴定评估。1985年11月27日，签订了《河北大学与河北日报社联合办好新闻专业协议书》，并付诸实施，使实践教学取得一系列丰硕成果，得到有关方面的高度评价。国家教委于1988年11月在南宁召开的全国新闻教育座谈会上，介绍了河北大学中文系新闻专业与新闻单位联合办学的经验。同年国家教委在关于全国高校新闻教育改革的调查中再次肯定了这一经验。1992年以中国人民大学新闻系教授、国务院学位委员会新闻传播学学科评议组召集人、著名学者方汉奇先生为组长，北京广播学院副院长、国务院学位委员会新闻传播学学科评议组成员赵玉明教授等 5 人的教学成果鉴定专家组，肯定河北大学新闻专业与新闻单位联合办学的经验在全国具有首创意义。1993 年这项成果获河北省高校优秀教学成果一等奖。这使我们河北大学新闻专业在中国新闻学界有了一定影响，在河北省教学改革中走在了前面，也使我们有了信心，努力更上一层楼。

我院第一届硕士研究生答辩，请方汉奇先生做答辩主席，赵玉明先生做委员，会后他们又给了我们一些培养硕士研究生的具体指导意见。

1993 年赵玉明先生来河北大学，感慨："河北大学真大，北京广播学院真小"，"河北大学晚上真安静"。我陪方先生和赵先生在院子里散步，人极少，赵先生问我学生都干什么去了，我告诉他有上课的，大部分在上自习，方先生和他异口同声地说："学风好！"他们对我们学校留下很好的印象。在我院申报硕士点、博士点的过程中，他们都给予支持与帮助。赵先生告诉我们："对照申请表，一项一项检查，缺什么补什么，不要有短板。"我们请教他如何筹备国际会议，他告诉我们如何申请、报批、邀请专家等。之后，在他的指导与帮助下，白贵院长做了精致而有声有色的 PPT，在新加坡南洋理工大学黄金辉传播与信息学院会上展示我院及在保定举办国际会议的优势，获得全票通过。第七届世界华文传媒与华夏文明国际学术研讨会于 2011 年 8 月在我院成功举办。后来我院举办过多次国际学术会议，并与外国多所大学有了广泛交流。

正是在赵玉明先生担任中国新闻史学会会长期间，我当选为中国新闻史学会常务理事。我作为他亲自授课的弟子，得到他无微不至的关怀和栽培。我也努力做好先生的助手，尽力多做点事。第三届第四次中国新闻史常务理事会在河北大学举行时，北京广播学院参会的有赵玉明会长、丁俊杰副会长兼秘书长、李磊副秘书长及学会秘书刘书峰博士，一行四人开着面包车来参加常委会议，还带来了赵玉明会长赠我校图书馆和我院资料室半车书。

我院现在的太行红色新闻研究项目，源自赵会长委托我代表中国新闻史学会参与筹办的一次别开生面的学术讨论会——《晋察冀日报》史学术研讨会。2005年为纪念抗战胜利60周年，中国新闻史学会、中国记协、北京报业集团《新闻与写作》和《晋察冀日报》研究会共同提出在河北省举办《晋察冀日报》史学术研讨会的倡议，得到河北省委书记白克明同志首肯，河北省委宣传部的热情支持。赵会长跟我说："《晋察冀日报》在你所在地盘办报10年，由你负责筹备。以后你们院应就地取材做研究，多为地方服务。"2005年5月，几个单位三次开会，决定开一个带有纪念性质的学术研讨会。会议主题将围绕着《晋察冀日报》的办报经验、办报作风、办报理念展开研讨。研讨会于8月29日至9月2日举行。8月29日，学术讨论在石家庄召开，之后沿着《晋察冀日报》办报遗址，边走边听老报人讲述优良传统；我负责新闻史学会论文的征集和审定，与会者须提交一篇4000至6000字的论文。参加学术研讨会的正式代表42人，新闻史学会提交16篇论文，作者分别是中国传媒大学赵玉明、刘书峰、李悦，新华社新闻研究所郑德金，中国人民大学王润泽、李阳和，湖南师大王文利，安徽大学的周正昂，天津师大的马艺、刘旸，河北大学的乔云霞、田建平、刘赞、邵宝辉、张金凤、沈鸿雁，河北经贸大学的武占江、申玉山，河北省社科院王晓岚。赵玉明会长发表了热情洋溢的致辞。他认为《晋察冀日报》"一手拿笔，一手拿枪"，打着游击办报，见证了中国共产党抗战的峥嵘岁月，见证了人民和军队谱写的那段气壮山河的英雄史诗，见证了党的新闻事业在极其艰难的情况下发展壮大的艰辛经历，见证了党的新闻工作者救亡图存，把报纸当作武器，用鲜血和生命捍卫民族尊严的英雄壮举。

这次会议的论文和文章，由《新闻与写作》集为 2005 年《晋察冀日报》史学术研讨会专刊。

这次会议后，我院加强了对晋察冀边区的研究。白贵等教授主编了《吹响民族的号筒——〈晋察冀日报〉的追忆与纪念》并出版。田建平教授、张金凤副教授完成教育部课题：晋察冀抗日根据地新闻出版史研究（08JA860004）。后人民出版社出版张金凤副教授主持完成 2013 年度河北省社会科学基金项目：解放战争时期河北人民新闻事业研究（HB13XW007）；主持 2015 年度教育部青年基金项目：华北抗日根据地中国共产党报刊研究（15YJC860039）；主持 2015 年度河北省社会科学基金项目：河北境内新闻媒体的抗战宣传研究（HB15XW023）。我为柳斌杰主编、李东东副主编的《中国名记者》丛书 20 卷，写了《晋察冀日报》的邓拓、丁一岚、杜导正、张帆、仓夷、雷行等 18 位名记者。现在，我院建立了《晋察冀日报》研究室，太行红色新闻研究又立项，从邯郸涉县到西柏坡进行新闻传播的历史考察与调研，广泛搜集史料。

尊敬的赵玉明先生，可以告慰您：我们新闻学专业从蹒跚起步到新闻传播学院已经风华正茂、桃李芬芳，感谢您让我们笃学诚行！8 月 31 日，我院网站都是老师们对您的感恩哀悼，我们会铭记您的教诲，再求新发展。

学术上的引路人

人一生遇到几个好老师指引，是值得庆幸的事。对我而言，半路改行学新闻，遇到方汉奇先生、赵玉明先生是大幸。两位先生不仅是杰出有成就的长辈，是后辈学人的人生楷模，更是我学术生涯中引路的贵人。

从 1981 年我去赵玉明老师家送新闻资料，第一次见到他和师母，那种亲切、慈爱让我至今心里都温暖着。我进门时，见一家人正在吃晚饭，师母便让我吃饭。我说吃过饭了，就放下一捆新闻资料，说过会儿再来请教。

赵老师说周围没有饭店，你别客气，家常饭，吃了也再吃点。师母去盛饭，懂事的赵虹小妹妹就忙搬来凳子拉我坐下。虽然我没吃饭，但是一家人的热情、诚恳感染了我。

以后，我就与赵老师无拘无束，见面就请教，有事就打扰，有时还跟老师耍着玩儿。写到此，想起一件让赵老师发火的事。有一年，我们去中国人民解放军南京政治学院开会。我到南京时是凌晨，脑子一热，穿着半高跟鞋乘车去爬黄山。傍晚回来，见到赵会长，他问我怎么才来。等明白情况后，他的脸都沉下来了，冲我大嚷："你快 70 岁了，要知道轻重！不穿旅游鞋就去爬山，明天你还有大会主题发言，摔伤了，让会议主办方如何向你家里交代，如何向你们学院交代！"我马上说："老师别生气，我也后怕，以后不敢胡来了。"老师疼爱之情在话语中，这也是老师做事一贯从大局出发的表现。我爬了一天黄山，累了，只好上了闹铃，5 点起来准备大会发言。我的发言还得到赵老师的称赞。老师的关怀无微不至，奖罚也分明！

1983 年 9 月至 1984 年 7 月，教育部、中宣部委托人大新闻系办全国新闻师资班，谢国捷先生推荐我与李广增老师去学习。方汉奇先生是我们的班主任。赵玉明老师为我们讲中国广播电视史。我们叫他老师，他说："我是 1959 年人大新闻系毕业生，以后我们是校友。"他虽然做了北京广播学院主管教学与科研的副校长，做了中国新闻史学会会长，但也不让我们改口。我向他请教，各地广播电台和电视台都有武警持枪站岗，没有单位证明连门也进不去，怎样搜集材料进行研究。赵先生笑着说："照虎画猫。"他说自己毕业后到北京广播学院，两眼一抹黑，除了听过广播，没见过广播材料，不知道怎么讲广播史课，于是回学校找方汉奇老师。方老师告诉他：可以从报刊中找广播史料，广播方面的大事，报刊上总会有记载的。方老师一番点拨，让他豁然开朗。他一直坚持像方老师一样自己动手找史料。他从《新华日报》《解放日报》等党报、党刊中寻找人民广播史的痕迹，后来扩展到从各类报刊、档案、书籍中查找各种官办、民办乃至外国在华办广播的史料；还访问了许多曾在延安办广播的老同志，邀请他们撰写回忆录，多次考察延安（陕北）台旧址，才结集出版了《中国广播史料选辑》（第一辑）、《解放区广播历史资料选编（一九四〇—一九四九）》等。

赵玉明老师问我："你有兴趣？"我说："回学校，新闻史、广播史的课都得上，要赶着鸭子上架！"他说："那你就去查找材料。"我说："没有证明信，进不去旧报刊库。"他说："我正做项目，从广院给你开证明信，你去查旧报，查到复印 2 份，你一份，我一份，复印票、车票留着我给你报销。"后来，我按赵老师开的报纸种类、起止时间，翻阅了十几种报纸，积累了大量材料，为我编著广播电视史著作奠定了基础。

回学校后，我一面从事教学，一面进行研究，醉心于这一专题资料的搜集。涉及广播电视方面的著作、年鉴、论文、回忆录及地方台内部资料等，都在搜集之中。随着资料积累的丰富，我开始发文章。在讲稿的基础上，我不断充实、增删、修改，有时为核实一条史料四处奔走，在各地图书馆翻看资料，访问知情者，向专家请教难题，终于成书。我请方汉奇先生和赵玉明先生写序，赵先生说："很忙，没时间看书稿，祝贺你。书出来，别忘记送我。"2001 年，有新闻学界泰斗方汉奇先生作序的专著《中国广播电视简史》在内蒙古人民出版社出版；2007 年，我主编的《中国广播电视史》在中国广播电视出版社出版。这两本书都送赵玉明先生指教。我还送他我主编的《中国名记者传略与名篇赏析》，我与程曼丽主编的《新闻传播学辞典》《中国新闻传媒人物志》丛书等。

《中国新闻传媒人物志》丛书，由北京上德经纬文化传媒有限公司策划，方汉奇先生做顾问，时任中国新闻史学会会长的程曼丽和我主编。中国广播电视史人物，请赵玉明先生提供传主名单，编委会定下后，又请他帮着找作者。中国传媒大学有艾红红教授、李磊教授等四人参加。《中国广播电视年鉴》编辑部副主任刘书峰为写广播记者高尔公，多次通过越洋电话向高尔公亲属了解情况，并在赵玉明教授帮助下，到中央人民广播电台查找相关档案。《中国新闻传媒人物志》丛书10卷，于2014年5月由长城出版社精装出版。

2014年10月26日，《中国新闻传媒人物志》丛书出版研讨会在京举行。该次会议由中国新闻史学会、北京上德经纬文化传媒有限公司主办，北京大学新闻学研究会协办。出席研讨会的人员包括中国新闻史学会特约理事白润生、郑德金，常务理事万京华、曼叶平、胡连利、李润波等，清华大学李彬教授、西藏民族学院袁爱中教授、《国际新闻界》主编刘小燕教授、北京大学陈开和教授、人大赵永华教授、《中国广播电视年鉴》编辑部副主任刘书峰等七位在京丛书编者。研讨会由中国新闻史学会会长、北京大学新闻与传播学院教授、丛书主编程曼丽主持；我作为丛书另一主编介绍编写出版过程；中国新闻史学会创会会长方汉奇教授、前任会长赵玉明教授等多人发言。方先生说："现在摆在大家面前的这套书，已经不是简单的简介，是多角度的介绍、评价，人物相关的传记资料更加丰富，10卷之多，皇皇巨作，是新闻人物研究的一个很重要的成果。"赵玉明先生认为，这套

图2　一排左起郑德金、白润生、顾勇华、乔云霞、卓南生、方汉奇、赵玉明、程曼丽、赵世勋

丛书的出版标志着中国新闻史研究的一个新阶段。从最开始的"有史无人"到后来的"有史有人，但比较简单"，再到现在的"有史有人，且充分翔实"，相信未来的新闻人物研究一定能进一步发展。关于这次研讨会，人民网、光明网、中国青年报网等均有报道。

刻苦深入的研究精神

赵玉明教授有打破砂锅问到底的精神。很长时间，学界一直以 1945 年 9 月 5 日为延安新华（陕北）广播电台的开播时间。1960 年，他整理"老广播"回忆录时，发现好几篇文章提到了 1940 年冬天延安开办广播的历史。20 世纪 80 年代初，赵玉明和他的同事们用半年时间搜集了 20 世纪 40 年代延安台的珍贵史料。他加入了调查组，和杨兆麟、齐越等老师一起考察延安（陕北）新华广播电台的编辑室、播音室和发射台等 14 处旧址，并撰写了考察报告。经过反复论证，赵玉明教授写了修改延安（陕北）新华广

图 3　2016 年 6 月 26 日，乔云霞与获奖的赵玉明教授合影

播电台建立时间的报告。1980 年，中央广播事业局将人民广播创建日更改为 1940 年 12 月 30 日。赵玉明教授历时 20 年的研究，为解放区广播史书写了重要一笔。为了弄清历史细节，他开始翻阅日本出版的有关史书。赵玉明教授笔耕不辍，为中国广播电视史留下了丰厚的财富：《中国现代广播简史》《中外广播电视百科全书》《广播电视辞典》《中国广播电视通史》等一大批著作，还有厚厚的《赵玉明文集》四卷。因此，赵玉明教授获得中国新闻史学会"终身成就奖"。赵老师出版的多数著作都送我了，可以告慰老师的是，我认真读过，收获颇丰，并消化吸收。

我与赵玉明教授一起参加过多次学术会议，常见他在点评或总结发言时，纠正前面发言中的错误史料，或偏执结论，有理有据，带着出版页码，十分确凿。你只有五体投地的佩服，没有反驳的底气。赵玉明教授刻苦深入的研究精神值得我们学习，让我们继承并发扬光大，这是对赵玉明教授最好的悼念。

（作者单位：河北大学新闻传播学院）

虽未有幸入师门　终身铭记赵师恩

——忆念赵玉明先生的指导和教诲

倪延年

2021 年 1 月 26 日下午，我接到中国传媒大学艾红红老师的微信："倪老师好！刚刚跟哈老师商量，赵老师去世后有 20 多人写了纪念他老人家的文章，因为公开发表不了那么多，想在今年 5 月前编一本纪念文集出版，不知您是否有意写一篇回忆文章。"赵老师是我非常敬重的学者和长辈，在我和赵老师相识后的近 20 年中，赵老师给予了我远远超出一般学生的关心、鼓励和支持。虽未有幸入师门，终身感谢赵师恩。我当即回复说："非常愿意！谢谢艾老师和哈老师为我提供这个表达感谢、感恩和思念之情的平台。"

一

放在我面前的是 2002 年 11 月在广州暨南大学召开的中国新闻改革学术研讨会暨中国新闻史学会年会代表合影。这是我第一次参加中国新闻史学会的活动，也是第一次认识赵先生。记得在会议报到那天晚餐后，我如约去拜望自 1992 年起就开始书信交往了 10 年但从未有机会谋面的、敬仰已久的方汉奇先生。在约定时间，我敲响了宾馆房间的门，方先生开了门。

屋里还有一位身材不是很高、头发近乎全白、面容慈祥但有点瘦削的长者。方先生介绍说："这是北广的赵玉明老师，是新闻史学会副会长。"我恭敬地喊了声："赵老师好！"赵老师很客气地和我握了手。也许是他生怕影响我向方先生请教，抑或他和方先生商量工作已经结束，不久他就告辞了。由于我生性不善交流，所以对第一次和赵老师见面只留下这些印象。反倒是赵老师后来在给我主编的《中国新闻法制通史》(6 卷 8 册) 序中说得非常具体：

> 回顾我们两人，自新世纪以来，从神交到初交乃至深交已有 10 年之久。2002 年 11 月，中国新闻史学会参与主办的中国新闻改革学术研讨会暨中国新闻史学会年会在广州的暨南大学举行。会前，我与李磊同志一起为年会准备了一份发言，题为《跨世纪四年间中外新闻史研究成果巡礼》。文中有一段提及，2001 年倪延年大作《中国古代报刊发展史》出版，并获得中国新闻史学会会长方汉奇"不囿于旧说，颇有新意"的好评。年会期间，我和倪延年初次相逢，交谈之中才知道他是 77 级的毕业生，目前是从基层走出的"双肩挑干部"，在南师大既担任党政职务，又从事教研工作。他告诉我，他的研究重点已从一般报刊史研究逐步转向报刊法制史研究，并为年会提交了题为《论清中叶至清末的报刊法制》的论文。我对他的研究转向甚为赞许，并鼓励他早日拿出成果，丰富中国报刊史研究的内容。从后，我俩多有交往，得知他正在埋头于中国报刊法制史领域内的深耕细作，期盼他的成果早日问世。

现在再看到这一段文字，慈祥、热情、真诚地提携后辈的赵先生仿佛跃然纸上，禁不住思绪万千，回想翩翩，热泪盈眶。此后我参加中国新闻史学会活动逐渐增多，和赵老师相遇并向他请教的机会也就多了起来。

2004 年 4 月 23 日在河南大学举行中国新闻史学会 2004 年年会暨全国新闻传播史教学研讨会上，赵老师由常务副会长正式接任中国新闻史学会会长。说来似乎也有点凑巧，我也从这一届成了学会的个人理事。

二

2006 年 1 月，拙作《中国报刊法制发展史》（古代卷、现代卷、当代卷、史料卷）由南京师范大学出版社出版。为向一直关心鼓励我业余研究的方先生和赵老师汇报并表达感谢感激之情，我想专程去北京表示感谢。当我怀着忐忑不安的心情向时任中国新闻史学会会长的赵老师提出能不能由中国新闻史学会出面召集一次《中国报刊法制发展史》出版座谈会，听取各位专家的意见时，结果使我喜出望外，这个似乎有点冒昧的想法得到了赵老师的全力支持。正是在赵先生的精心统筹和李磊老师的具体操办下，拙作《中国报刊法制发展史》出版座谈会于 2006 年 3 月 18 日在北京顺利举行。据当时的新闻稿记载：中国新闻史学会在中国人民大学逸夫会议中心召开《中国报刊法制发展史》出版座谈会。中国新闻史学会名誉会长、中国人民大学新闻学院博士生导师方汉奇先生，中国新闻史学会会长、中国传媒大学博士生导师赵玉明先生，中国新闻史学会秘书长、中国传媒大学传播研究院院长、博士生导师雷跃捷教授，中国新闻史学会常务理事、北京大学新闻与传播学院副院长、博士生导师程曼丽教授，中国新闻史学会常务理事、清华大学新闻与传播学院副院长、博士生导师李彬教授，中国新闻史学会常务理事、中央民族大学白润生教授，中国新闻史学会常务理事、新华社新闻研究所新闻史研究室主任郑德金高级编辑，中国新闻史学会理事、中国人民大学新闻学院副教授王润泽博士，中国人民大学新闻学院副教授赵永华博士，中国青年政治学院新闻与传播系副教授陈彤旭博士，中国新闻史学会秘书刘书峰博士等参加了这次座谈会。赵老师说这是中国新闻史学会第一次为会员出版学术著作举行出版座谈会。如此高的规格，如此大的场面，为我见所未见，我深受感动，更是深受鼓舞［2010年11月，《中国报刊法制发展史：港澳台卷》（上下册）由南京师范大学出版社出版，在时任中国新闻史学会会长程曼丽教授的全力支持下，在北京大学新闻与传播学院举行了主要由在京常务理事参加的出版座谈会，谨借此机会对程曼丽教授和参加座谈会的各位学者表示真诚的感谢和敬意］。

三

就是在《中国报刊法制发展史》出版座谈会上，赵老师对我下一步的学术探讨提了两条建议：一是建议我在此基础上申请国家社会科学基金项目，二是将报刊法制史研究扩展为新闻法制史研究，将通讯社、广播电视以及刚刚兴起的新媒体等有关法制的研究包括在内。赵老师的指导性建议使我茅塞顿开，我遂认真准备以中国新闻法制发展史为研究对象申请国家社科基金项目。这是我第一次壮着胆申请国家社科基金项目，而且申请的是重点项目，而非一般项目，心里很是忐忑。承蒙有关专家抬爱，申请的国家社科基金重点项目"中国新闻法制发展史研究"获准立项。为了能在学术界众多前辈专家学者指导下开展研究工作，经学校同意，课题组聘请方汉奇先生任主任委员，丁淦林和赵玉明先生任副主任委员，程曼丽、方晓红、方延明、顾理平、黄瑚、李彬、罗以澄、尹韵公、张昆等教授为委员的学术顾问委员会，我就项目进展的重大问题向各位专家请教。2009年6月，中国新闻史学会年会暨新闻传播专题史研讨会在南京举行。我按照时任中国新闻史学会会长赵老师的要求在大会上进行了"中国新闻传播法制史研究的历史回顾"主旨发言并汇报了项目的进展情况。会议期间，身为中国新闻史学会会长的赵老师拨冗全程参加了项目顾问委员会全体会议，专题听取项目组研究进展和有关问题的汇报，并就下一步研究提出了非常具体的指导意见。正是在赵老师等专家学者的指导下，国家社科基金重点项目"中国新闻法制发展史研究"如期完成并通过有关部门的结项验收。为使研究成果尽快出版，赵老师又不辞劳苦，热情推荐项目申请国家出版基金资助。在赵老师的鼎力支持下，项目申请的国家出版基金资助获得批准。在《中国新闻法制通史》出版时，赵老师又热情地为该书写序推荐，尤其令人感动的是赵老师在序言结束时还赋诗一首："羊城初冬始识君，宁京往返逾十春。喜见秋实成华章，仲夏为序贺新篇。"浓浓师生情，盈盈满纸张。赵老师慈祥、睿智的长辈形象跃然纸上，我顿时热泪盈眶，感激之情永记不忘。

2016 年 5 月 20 日，由中国新闻史学会主办的《中国新闻法制通史》出版研讨会在中国人民大学举行。中国新闻史学会创会会长、中国人民大学一级荣誉教授方汉奇先生，时任中国新闻史学会名誉会长的赵老师，国务院学位委员会新闻传播学学科评议组成员、中国新闻史学会会长、清华大学新闻与传播学院副院长陈昌凤，国务院学位委员会新闻传播学学科评议组成员、中国社会科学院新闻与传播研究所所长唐绪军，清华大学新闻与传播学院博士生导师李彬教授，中国新闻史学会副会长、中国人民大学新闻学院博士生导师王润泽教授，中国新闻史学会常务理事、新华社新闻研究所主任万京华研究员，中国新闻史学会常务理事、天津师范大学新闻传播学院院长李秀云教授，中国新闻史学会常务理事、中国传媒大学新闻学院艾红红教授等参加了座谈会。正是在赵老师等前辈专家和新闻史同行的热情指导、鼓励和提携下，作为国内第一套多卷本的《中国新闻法制通史》出版后受到学术界的积极评价，先后获得南京师范大学 2016 年度"十项主要科研进展"、江苏省第十四届哲学社会科学优秀成果一等奖、江苏省 2017 年度优秀版权作品一等奖，2020 年又获得教育部第八届高等学校科学研究优秀成果（人文社会科学）二等奖。根据赵老师在 2012 年仲夏初在《中国新闻法制通史》序言中提出的"如能在大部头著作的基础上，删节成一本 30 万字左右的普及性著作，可能更适合一般读者（包括有关专业研究生、本科生）的需求"的要求，我在《中国新闻法制通史》四卷计 260 万书稿基础上进行了删节性重写并增加了"研究对象和研究方法"等内容，单本的《中国新闻法制史》由南京师范大学出版社于 2013 年 10 月出版。

从 2002 年开始新闻（报刊）法制史研究，我自始至终是在赵老师的具体指导下进行和不断向前推进的：《中国报刊法制发展史》的出版座谈会是赵老师直接推动和主办的；由报刊法制史拓展到新闻法制史是赵老师指导的；以报刊法制史研究成果申请国家社科基金项目是赵老师指导的；把多卷本的《中国新闻法制通史》改写成单本的《中国新闻法制史》也是遵循赵老师的指导；申请国家出版资助项目是赵老师亲自推荐的。因此上述每一个进步、每一点成功都离不开尊敬的赵老师的关心、鼓励和提携，我真是"虽未有幸入师门，有幸沐浴赵师恩"。

四

2013 年 6 月，我申请的国家社会科学基金重点项目"中华民国新闻史研究"获准立项。同年 7 月 22 日，我从黑龙江大学参加第八届世界华文传媒与华夏文明国际学术研讨会回南京，在下了飞机后的出租车上接到时任分管学院科研工作的张晓锋副院长信息："倪老师，你推荐的中华民国新闻史项目已经列入国家社科基金招标项目指南了，你抓紧准备参加竞标。"为此我开始准备撰写投标书。因此前已有申请国家社科基金重点项目"中华民国新闻史研究"的基础，最终成果很快就决定以 5 卷本《中国民国新闻史》为目标，但在考虑阶段性研究成果和承担人时却颇费周折。为此我特地向赵老师请教。在仔细听了我的想法后，赵老师一方面肯定了我设立特约研究专题、将特约研究专题稿纳入《中华民国新闻史》各卷正文，以及每个特约研究专题的成果成为单独著作，作为"民国新闻专题史研究丛书"

整体出版的设想，同时热情推荐他的高足艾红红老师承担"民国时期的新闻广播业"子课题，言语中毫不掩饰他对艾红红老师的赞许之情，"她是我的第一个博士生，做事很认真"；同时还建议设立"民国时期的图像新闻业"特约研究专题，并热情推荐南京大学韩丛耀教授承担该研究专题。我当然非常高兴，只是此前我和韩教授没有交往过，赵老师随即告知韩教授的手机号码，并嘱咐我说"你就说是中国传媒大学赵玉明让你找他的"。国家社科基金重大项目"中华民国新闻史"团队的这两位大将就由赵老师"钦点"到岗了。合作五年来，艾老师、韩老师和团队其他专家一样兢兢业业、踏踏实实、团结互助、真诚相待，在项目研究中出了大力：艾老师承担了5卷本《中华民国新闻史》的第5卷和"民国新闻专题史研究丛书"的《民国时期的新闻广播业》的研究和撰稿；韩丛耀教授在2014年竞标成功国家社科基金重大项目"中国新闻传播技术史"成为首席专家后，他负责的《民国时期的图像新闻业》分册在全套丛书所有分册中第一个完成交稿，并在书稿修改中表现出学者的宽厚和谦逊。在组织项目学术顾问委员会时，学校聘请方先生出任顾问委员会主任委员，聘请赵老师出任学术顾问委员会执行主任委员。2014年5月，年过七旬的赵老师又应我恳请专程来到南京，担任国家社科基金重大项目"中华民国新闻史研究"开题报告会的会议主席，并欣然应聘为南京师范大学民国新闻史研究所顾问。在研究过程中，我又数次进京向赵老师等专家请教，获益甚多。在赵老师等专家学者关心支持和项目组全体同人共同努力下，项目组在2018年底如期完成研究工作并申请结项验收，2019年5月通过结项验收并获得与会专家一致好评。人民出版社决定出版项目研究成果《中华民国新闻史》和"民国新闻专题史研究丛书"系列研究著作。2019年7月，人民出版社为了申请出版资助资金，希望由新闻史领域的权威专家向有关部门予以推荐，给我们的时间只有短短三天，赵老师又应请热情地向有关部门推荐资助。在整个过程中，我深切体会到赵老师对中华民国新闻史的研究真是鼎力相助、有求必应、关怀备至、不遗余力。

现在，由台湾地区花木兰文化事业公司出版的《中华民国新闻史》（5卷10册）和"民国新闻专题史研究丛书"（10种12册）精装繁体字版已出版并在全球发行。读者应该可以从《中华民国新闻史》（5卷本）正文和"民国新闻专题史研究丛书"每种子目专著正文前特别记载的"《中华民国新闻史》学术顾问委员会"名单中，深切感受到作为执行主任委员的赵老师在"中华民国新闻史"项目研究和著作出版过程中的特殊贡献及蕴含其中的浓浓长辈情、盈盈提携意。作为一直受到赵老师倾力帮助、热情扶持、精心指导和多方关心的后辈，这份情谊我永记不忘，他将永远是我努力学习的榜样。

2021 年 1 月 28 日

（作者单位：南京师范大学新闻与传播学院）

怀念赵玉明先生

张　昆

昨天在微信群里突然得知赵玉明先生驾鹤西去，万分悲痛！

先生是当代中国著名的新闻教育家、新闻史学者，致力于新闻教育 60 年，著作等身，享誉中外，堪称一代宗师。

对我而言，先生不仅是成就卓著的前辈学者，是后辈学人的人生榜样，

图 1　与丁淦林教授、赵玉明教授合影

注：照片摄于 2009 年，南京，从左至右：丁淦林、赵玉明、张昆。

更是我学术生涯中的贵人。正是在先生担任中国新闻史学会会长期间，我当选为中国新闻史学会副会长。作为先生的学生和助手，得到他无微不至的关怀和栽培。

2006年，我从武汉大学调入华中科技大学。为了学科发展，我曾多次当面请益。我深知，做过北京广播学院副校长的他，在人才培养、科学研究以及办学治院方面，其积累的丰富经验是一笔宝贵的财富。每次请教，他都毫无保留，倾囊相授。

对于华中科技大学申报的项目及举办的学术活动，先生不仅在道义上，而且在行动上予以支持。在先生的关心、支持下，由华中科技大学领衔的新闻传播教育史研究委员会作为中国新闻史学会的第一个分会于2008年正式成立。对于中国新闻史学会新闻传播教育史研究委员会如何定位，怎样与中国新闻史学会及其他二级学会相区隔，实现差异化发展，先生与我们多次商讨，为学会的发展确定了一条正确的路径。

图2 在赵玉明先生家中

注：照片摄于2015年，从左至右：张昆、赵玉明、唐海江。

　　2015 年，新一届中国新闻史学会新闻传播教育史研究委员会提出了创办中国新闻传播教育年鉴的创意。先生知道后非常高兴，专门致电我，对这一创意给予了充分的肯定。他以《中国广播电视年鉴》主编的身份表示，在年鉴体系建构和编写规范方面可以给我们提供参考借鉴。

图 3　新闻传播教育界"老八仙"

　　注：照片摄于 2016 年 11 月 5 日，辽宁沈阳。从左至右：罗以澄、童兵、邱沛篁、赵玉明、何梓华、吴高福、刘建明、郑保卫。

　　先生的鼓励给了我们巨大的精神动力。2016 年 11 月 5 日，第一本《中国新闻传播教育年鉴（2016）》在沈阳举行首发式及学术年会。先生和新闻教育界诸位前辈——何梓华、吴高福、邱沛篁、童兵、刘建明、罗以澄、郑保卫，号称新闻教育界"老八仙"，一起出席并剪彩，将这次学术会议推向高潮。

　　先生不仅在宏观上给我们把关，引领方向，而且还亲自为我们的《中国新闻传播教育年鉴》撰稿。在年鉴的重要栏目设置方面，他提出了不少

图 4　新闻教育界"老八仙"与中国新闻史学会及《中国新闻传播教育年鉴》
编委会领导在举行剪彩仪式

注：照片摄于 2016 年 11 月 5 日，辽宁沈阳，在《中国新闻传播教育年鉴（2016）》
首发式上。

建设性意见。年鉴的常设专栏《新闻教育家》《口述史》，每次在确定具体
目标人选时，先生总会在新闻史学家的高度为我们提出建议。

我们每一部新的年鉴在出版时，先生作为第一读者总会及时给我们反
馈读后意见。2019 年末，先生还微信建议我参加全国年鉴类出版物的评
奖。他鼓励我们，《中国新闻传播教育年鉴》达到了相当高的水平，应该能
够获奖。

今年，《中国新闻传播教育年鉴》编委会将如期推出《中国新闻传播
教育年鉴（2020）》，这是第五本新闻传播教育年鉴。为了这个难得的五年
庆，先生专门题词祝贺，勉励我们再接再厉："不忘初心，再上一层楼；牢
记使命，办出新水平！"

图 5　赵玉明先生与《中国新闻传播教育年鉴》

先生对我们的殷切期待言犹在耳，音容笑貌宛如昨日。可是就在昨天，先生突然归去，学界震惊，杏坛同悲！大家实在难以接受这一事实。

先生的一生，不求名利，教书育人，追求真理，是我们效法的楷模。先生西归，是学界的损失，也是我们心中最大的痛！

我们会继承先生的遗志，不忘先生的教诲，集中精力，将《中国新闻传播教育年鉴》提升到更高的水平，以履行记录历史、引领时代的重大使命；我们将群策群力，进一步办好新闻传播教育史研究委员会，将学会建设成全国同道的精神家园！

愿先生在天国安息！

（作者单位：华中科技大学新闻与信息传播学院）

高山仰止，明灯在前

——深切追怀赵玉明老师

戴美政

南北数千里，聆教 20 年，我认识赵老师时间不算短了，回想起来，满满都是欣悦和愉快！这么熟悉的尊敬长者，说走就走了，让人惋惜不已！

早年神交

我第一次知道赵老师的名字是在 25 年前，而且就与新闻史研究有关。

1995 年夏，我作为云南人民广播电台记者，单位安排到北戴河疗养，在北京逗留期间，8 月 28 日到中国社科院新闻研究所拜望《新闻研究资料》主编阎焕书老师，我给《新闻研究资料》投过稿并被采用，因此与阎主编信件来往较多。与阎老师叙谈临别时，她送我几本《新闻研究资料》，又取出一本《中国现代广播简史》说这本书是赵玉明老师送她的，对研究广播史有用。该书有"阎焕书同志指正"赠词及落款"赵玉明 1988.9.21"。这是我第一次知道赵老师的名字。以后，在新闻期刊中我不时见到赵老师的文章，印象日渐加深。不过，那些年作为广播记者，工作之余主要为写曾昭抡传记查询史料，还未想到专门研究广播史。

武夷山年会初识

2001 年 9 月，我接到中国广播电视学会将在武夷山举行年会的通知，作为论文获奖者之一，领导批准我去福建参会。那时也想到，既在广播电台工作，也该关注点广播史，恰好在查询曾昭抡史料数年中已找到些抗战广播史料，这样按中国广播电视学会 2001 年学术年会通知的要求，赶写了《抗战时期云南广播探略》一文参会。就在此次年会上，我认识了赵玉明老师。

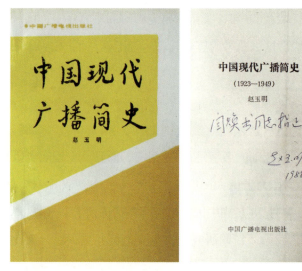

图 1 《中国现代广播简史》及赵老师题词

11 月 19 日晚，经预约到赵老师所住的 211 房间拜访，中央人民广播电台的曹仁义老师与他同住。赵老师头发半白、和蔼可亲，初见面即刻就与我拉近了距离，我向赵老师汇报了为写该文查找广播史料的情况，请赵老师给予指导。赵老师非常谦和，说这个选题很有价值，希望我继续做下去。那次初访不便多打扰，与赵老师交谈 20 余分钟我就告辞了。

图 2　本文作者与赵老师在武夷山合影

11 月 20 日上午，中国广播电视学会 2001 年年会开幕，常务副会长刘习良（国家广电部原副部长）讲话之后，副会长王甘文宣读全国"十佳百佳"广播电视理论工作者名单，赵玉明老师名列全国"十佳"广播电视理论工作者之中；接着宣读全国第七届广播电视学术论文获奖名单，协会领导王铎做工作报告。当日下午继续开会，中央人民广播电台高级编辑曹仁义、北京广播学院教授赵玉明，以及其他学者分别讲评获奖论文。其中，赵老师讲评获奖论文中的广电史学论文之得失，语调不高，评价中肯，很少说理论词汇，表述很有亲和力。此次年会，我带相机自拍，有幸与赵老师留下难得的合影。

中广年鉴主编与编辑

自福建返回昆明，安排好工作后，我一有空就到省档案馆查询昆明广播电台档案，从 2002 年起，在档案馆断续待了 90 余天。该台档案 150 余卷中的多数我都看了，摘录 30 余万字。有时，大厅里静极了，只听得见翻阅纸张和窗帘飘动的声音。

2002 年 3 月，我从省电台被借调到省广电局史志办，具体负责广电史志编撰事宜，其中一项工作就是作为云南省广电系统的特约编辑，为《中国广播电视年鉴》（简称《年鉴》）供稿。同年 9 月，我到武汉参加《中国广播电视年鉴》第 19 届年会，又与时任该《年鉴》主编的赵玉明老师相会了，赵老师见到我很高兴，说了些勉励话语。此后，几乎每年的《年鉴》年会上，我都能见到赵老师，彼此逐渐熟悉起来。

《中国广播电视年鉴》自 1986 年创刊后，赵老师就是《年鉴》编委会成员，1989 年起任编委会副主任兼主编。1998 年赵老师从北京广播学院（现中国传媒大学）副院长岗位上退下来后，便有更多精力投入《年鉴》工作中。他与编辑部同志共同努力，在上级支持下协调了各方面关系，获得了较稳定的经费来源，使《年鉴》能按时出版，并从政治、业务、编辑、

图 3　《中国广播电视年鉴》2006 年年会期间，天津电视台记者采访
赵玉明主编时合影

出版等方面制定出严格可行的质量管理标准，经编委会讨论通过后实施。《年鉴》编辑部的同志说，创刊早期，赵老师负主编重责，举凡宗旨体例、内容选择、栏目设置、条目撰写，甚至稿件编撰、版面安排，文字校对等具体事宜，均要过问或亲自动手，直至达到预定标准为止。

他和编辑部同人为全国广电系统这份最重要的工作年刊费尽心血，使年刊不断呈现新面貌。每次《年鉴》年会，一般均由《年鉴》编辑部主任曲宗生做工作报告，赵老师有时主持会议，有时做会议总结，会上讲话均简要得体，有时还说点风趣话，会场气氛顿时变得轻松。

他的作用和影响实源于身体力行之垂范。除主要栏目要操心以外，对附录等次要栏目，赵老师也精心处理，如附录连续刊出的《广播周报》《广播业务》等广播刊物的目录，从创刊至终刊均收录在册。其中，前者是 20 世纪 30 年代至 40 年代中国官方主办的广播期刊，后者是 20 世纪 50 年代中央广播事业局办公室编印，发行全国广播行业。这些广播刊物有十余种，其目录都是赵老师与助手动手整理后刊于《年鉴》上的，对研究广播史的重要性不言而喻。

赵老师作为主编，作风民主，尊重同事，有问题均能坦诚协商，时间长了，《年鉴》编辑部无形中培养起某种和谐氛围，组稿、编撰、印制、发行等繁复事宜均能分工协作，有效进行。编辑部与各省区市特约编辑也是相互尊重、协调共事、亲密无间。作为该《年鉴》特约编辑十年余，我对此感受颇深，这些应与赵老师率先垂范、善解人意的人格魅力之影响有关。

纪念抗战胜利广播史研讨会

前面说过，2011 年从武夷山返回昆明后，我就抽空到省档案馆查阅昆明广播电台档案，边查阅边动笔，重新撰写抗战中的昆明广播电台与西南联大一稿。2012 年 5 月 22 日，我收到赵老师的传真信件，对我在武夷山年会的参会论文评价说：

> 我拜读了你的大作《抗战时期云南广播探略》一文，获益匪浅。我在撰写《中国广播电视通史》（上卷）抗日战争时期的国民党统治区广播事业时，由于史料奇缺，涉及昆明广播电台部分只有寥寥几十个字，而你根据亲自发掘的云南档案史料，去粗取精，撰写了长达8000余字的广播史学论文，不但论述了昆明广播电台作为抗战时期我国最大的对外广播电台的基本情况，而且充分展示了它在反法西斯战争宣传中发挥的特殊作用。我认为这篇论文不但可以丰富《云南省志：广播电视志》的有关内容，而且对研究抗战时期的中国广播史尤有价值。

赵老师来信语言诚挚，读它如沐春风一般。其实拙文仅是初步研究，如此鼓励实在过奖了。2005年4月，省广电局总编室接到中国广播电视协会史学研究委员会的传真函件，通知各省区广电局按要求为第七次中国广播电视史志研讨会提供论文，其备选课题之一就是全国抗日广播（含国民党广播和延安台广播）的研究。看到通知后，我立即动手，依据新发现的档案史料重新调整结构，连续工作数月，写成《抗战中的昆明广播电台与西南联大》一文。当年8月我即往哈尔滨参加研讨会，这次又见到了尊敬的赵老师。

2005年是抗战胜利60周年，哈尔滨会议的主题就是抗战广播史研讨，全国广电部门30余位同人参会。8月9日上午，赵老师做主题报告，所讲内容包括中广协会史学研究会会务、广电史研究、广电志编纂、广电科技史志、广电人物研究、国外新闻史著作等。午后，与会者报告各自研究论文，会间休息时，赵老师介绍我与中广协会副会长张振华认识，张老师对我也多有鼓励。此次研讨时间较充分，每人报告多有20余分钟。会后，赵老师及其博士庞亮（当时任职北京广播学院研究生院）写成学术综述，以

图 4　赵老师给本文作者的传真信（左）和中广学会史学研究会
2005 年年会通知（右）

《全方位深化抗战广播史的研究——抗日战争广播史研讨会综述》为题刊于
《中国广播电视学刊》，其中对拙文多有肯定。

　　哈尔滨会议结束后，我在北京停留数日，借机在北京图书馆（现国家
图书馆）查阅《广播周报》等史料。回昆明后不久，赵老师给我来电话说，
11 月将在南京举行全国抗战新闻史研讨会，参会者多是高校教师，广电部
门要拿出点像样的东西，要我准备参加。稍后，赵老师又打电话给省局史
志办主任段瑛说此事，段主任也爽快地同意我到南京参会，而且中国广电
《年鉴》2005 年年会也在南京举行，也属于工作需要参会。

　　2005 年在南京举行的抗日战争与新闻传播学术研讨会是规模较大的全
国抗战新闻史研讨会，由中国新闻史学会和南京大学、南京师范大学、南
京政治学院等大学的新闻学院共同举办，分为解放区、沦陷区、国民党统
治区、新闻人物、媒介与战争研究六个专场研讨，全国高校和研究单位 50
余人参会。11 月 7 日上午研讨会开幕，赵老师作为新任中国新闻史学会会
长在开幕式上致辞。11 月 8 日上午继续进行分场报告，此时，会务组的胡

冀青博士（南京大学新闻学院）让我准备做国民党统治区分场报告的学术汇报，为此相当忙碌。各分场汇报后，赵老师致闭幕词并做学术总结，他说此次研讨会开得成功，可概括为三点：议题广泛，创新性强；方汉奇先生带头，中青年研讨为主；点评到位，有始有终。如此总结，简洁扼要，大家印象颇深。自南京返回昆明后，我抽空修改补充论文，此论文于2006年在全省广播电视优秀论文评选中获得一等奖。

拜读广播史新著

2007年9月，在兰州召开《中国广播电视年鉴》第23届年会，9月24日我抵达兰州报到，早餐时遇到赵老师及其博士生庞亮、刘书峰，随后一起到赵老师房间，赵老师问了一年来的工作情况，然后将新出版的《新闻春秋》第五辑，即南京《抗日战争与新闻传播学术研讨会 抗战广播史研讨会论文集》送我。当日下午，庞亮老师又送了赵老师的新书《中国现代广播史料选编》，并告知次日将举行该书首发式。

汕头大学出版社出版的赵老师新作有20余万字。这是赵老师从大量史料中多方挑选的精编本，清晰展现出中国现代广播发展的曲折历史。赵老师的广播史著作自第一部《中国现代广播简史》开始，就注意以历史图片形式收录重要史料，这本《中国现代广播史料选编》刊有重要历史文献和广播史料的影印件50余幅，编选严谨、史料珍贵、图文相宜，对广播史研究的指导性相当明确。

9月25日，《中国广播电视年鉴》第23届年会在兰州饭店举行。当日下午，在另一间会议室举行《中国现代广播史料选编》首发式暨座谈会，到会约20人，庞亮老师对该书进行了详细说明，大家对赵老师新作出版表示祝贺，我也说了初步浏览该书的感受。会后我认真拜读赵老师的新书，眼界豁然开阔，该书收录的《广播事业》（行政院新闻局1947年出版）原文，包含昆明广播电台机件设备的完整资料，还有《十年来的中国广播事业》等篇，以及民国时期全国收音员训练班、收音机统计等，对我撰写《抗战强音：昆明广播电台与西南联大》一书帮助很大，而赵老师著作治史思路之清晰，文字表述之得体，细读后则更有另一番收获。

时间过得真快，在此后省外举行的《中国广播电视年鉴》年会上，我都能见到赵老师。参会后返回昆明工作期间，我每年都会与赵老师电话联系，问候之余汇报广播史研究情况，总会得到赵老师的鼓励。

图 5 《中国现代广播史料选编》首发式暨座谈会

关注抗战广播旧址

2007 年 7 月，云南音像出版社举行抗战时期昆明广播电台旧址考察研讨会，就保护和利用全面抗战时期中国功率最大的广播电台旧址等问题进行商讨。赵老师获知此消息后，从北京传来信函，充分肯定了昆明广播电台在抗战国际宣传中的重要贡献及其旧址的文物价值，并祝贺研讨会举行。赵老师的传真中提到，"相信研讨会的召开，定将使有重要历史文化价值的昆明广播电台遗址的保护和利用取得新的进展"。以后经过多方面的不断努力，该电台旧址已被列为昆明广播电台旧址陈列馆和昆明市文物保护单位，我想这也有赵老师的热心促成作用。

2012 年 6 月中旬，赵老师应云南人民广播电台之邀到昆明，我再次与赵老师相遇。此行是赵老师最后一

图 6　赵老师致昆明广播电台遗迹研讨会的传真

图 7　赵玉明老师与云南广播同人在昆明大观公园

注：左起为本文作者、赵玉明及夫人、李湄燕（省电台总编室副主任）。

次到云南，他抓紧时间抽空考察了昆明广播电台发音室旧址，也就是云南人民广播电台 1950 年 3 月 4 日开播时的旧址。此行赵老师精神爽朗、心情愉快，建议保护好这座国内特有的抗战广播旧址。

为《中国广播》专栏组稿

工作紧张，时间流逝，转眼到了 2015 年春天，赵老师请中国传媒大学一位研究生转告我，当年的《中国广播》将刊载一组文章，纪念中国人民抗日战争胜利 70 周年，赵老师约我写篇东西待该刊选用。

此前，我似乎没有给《中国广播》投过稿，知道中央人民广播电台这个广播期刊采用标准较高（现今所谓的 C 刊）。随后，经电话与赵老师联系，他说："就写你研究的西南联大与抗战广播的选题吧，那个有价值。"随后，我抓紧时间仔细阅读档案笔记和相关史料，对原稿进行了较大的改动调整，增添了新发现的史实，写成《抗战救亡的时代强音——昆明广播电台与西南联大对抗战广播的重大贡献》一文。因原文较长，得到编辑部同意后，文章调整为上、下两部分，分别刊于《中国广播》2015 年第 11 期、第 12 期，算是没有辜负赵老师的嘱托。

赵老师为《中国广播》组的这组稿件（第 5 期至第 12 期连载），所刊特稿包括《日本侵华广播史略》（赵玉明）、《简论国共合作背景下的抗战广播宣传及其历史贡献》（哈艳秋、韩文婷）、《抗战胜利后中国对日伪广播电台的接收》（张立雷）、《二战后轴心国多名主播被判重刑》（广史）、《1980 年重新确定延安台开播日期的回忆》（赵玉明）等，总计10 篇，其内容不在于反映抗战广播的全貌，而在于史实的重要、新鲜和研究的深入独特。在这个领域，赵老师及其博士群体成果累累，出版了多部有分量的著作。

图 8 《中国广播》2015 年第 11 期及所刊本文作者论文

西南联大与抗战广播学术研讨会

2018 年 12 月 11 日，中国传媒大学广播电视史志研究中心主办的西南联大与抗战广播学术研讨会在学校举行，我应邀参加，在会上介绍自己的新书《抗战强音：昆明广播电台与西南联大》（简称《抗战强音》）。在此事筹备之时，我想赵老师年事已高，不便打扰。不过，艾红红老师觉得应将此事向赵老师汇报，赵老师得知后，欣然决定参加。这样，赵老师的博士生冯帆专程赶到城里，陪同赵老师来到远郊的中国传媒大学。会上赵老师对该书进行了简要的评价。他说，《抗战强音》对昆明台抗战宣传的研究涉及新闻、文艺、讲座、教学等方方面面，有效弥补了这一不足，拓展了广播史的研究视野。难能可贵的是，作者在 20 多年的时间里不断把研究成果多样化，不仅发表了大量相关论文，出版专著，还制作了音像节目，并推动了对昆明广播电台现存旧址的保护。

图9　西南联大与抗战广播学术研讨会

此次研讨会由中国传媒大学学科建设与发展规划处承办，参会的庞亮、曹培鑫、哈艳秋、艾红红、刘书峰等各位老师，以及在读博士生冯帆等对拙作的评价，让我感动难忘。会后，李淼记者以《"西南联大与抗战广播"学术研讨会在京举行》为题，在《中国新闻出版广电报》及网站刊发了专

图10　本文作者和赵老师（右）在西南联大与抗战广播
学术研讨会上

题报道。此次研讨会，我就坐在赵老师旁边，他仍是那么亲切平和，与平时没什么不同。当时我并未想到，这是我最后一次见到赵老师。

2020年8月31日，突然看到微信上赵老师去世的消息，当时我真不敢相信，但看到师生们的悼念短文，我才知道赵老师真的走了。数日之中，我无限感伤，反复翻着赵老师撰著或主编（有些是赵老师与其博士生合编）的一本本专著，包括《中国现代广播简史》（1987）、《广播电视简明辞典》（1989）、《中国广播电视人物词典》（2000）、《中国广播电视史文集》（1993）、《中国广播电视通史》（2004）、《声屏史苑探索录——赵玉明自选集》（2004）、《中国现代广播史料选编》（2007）、《赵玉明文集》（三卷，2014）、《日本侵华广播史料选编》（2015）、《广播电视学学科体系建设研究》（2015）、《中国抗战广播史料选编》（2017）、《新修地方志早期广播史料汇编（上、下）》（2016）等，总计有近20册之多，粗略统计已有千万字了，但这仅是赵老师大量著述的一部分。看着书中"美政同志留念""美政同志

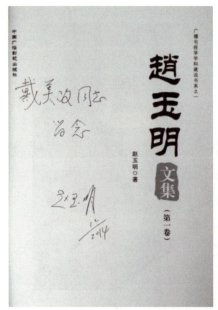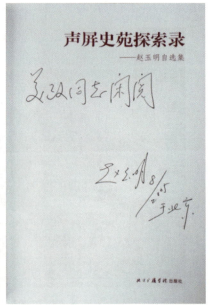

图 11　赵老师赠书及题词

图 12　赵老师的部分广电史著作（包括与其博士生合作著）

闲阅"等赵老师的亲笔赠词，他鲜活的面容犹在书页中浮现。

　　数年前，赵老师已将自己的著作和毕生收集的史料全部捐赠给中国传媒大学图书馆，陈列在好几个书架上。它们像高山，呼唤有志者去攀越；它们是明灯，照亮后继者探索之路。赵老师为学校留下这么丰富深厚的学术遗产，中国传媒大学的年轻学子是何等幸运啊！

　　高山仰止，明灯在前，良师已去，音容犹存。永远怀念赵老师！

　　　　　　　2020 年 9 月初稿，2021 年 5 月修订

　　　　　　　（作者单位：云南省广播电视局）

学术育人千古事　薪火相传寸心知

——怀念敬爱的赵玉明老师

陈昌凤

　　敬爱的赵玉明老师离开我们已经一年了，他的音容笑貌宛若眼前。他是一位幽默风趣的智者，洞察世事人生，谈笑风生间便化解了困难与沉重；他是一位仁厚的长者，在学术、在事业上总是培植新秀、扶持后辈；他是一位从未停歇的领袖型学者，既能板凳坐得十年冷，做学术、带团队又富于战略型思维。正如他身后被报道的，他是著名的新闻传播教育家、新闻史学家，是新中国广播电视史教学与研究的奠基人和开拓者。

　　而对于我，他是那么风趣，类似"我培养了很多博士、硕士、学士，但我是个近视"的金句，他见面总会脱口而出一个新的；他是那么宽容，2016 年 10 月 15 日，记得我和他的大弟子郭镇之教授分别从上海不同的上午会场各自奔回北京，拖着拉杆箱飞奔到赵老师主持的下午场——哈艳秋、艾红红等教授组织的广播电视学科论坛。我们虽然都身不由己迟到了，总担心对不住赵老师和组织者，但是赵老师见到我们时，都是用慈爱的笑容相迎，拉一拉他身边的椅子让我们入座。他是那么谦逊，即使七老八十了，仍然自甘当学生。2017 年在新闻史学会首次大型学术年会之前，我请清华大学的研究生拍摄中国新闻史学会成立 25 周年的两个纪念短片，去拍片的学生们回来说：赵老师第一句就问，有没有去拍方先生。显然那比拍他自己重要得多。2016 年他获评学会第二届"终身成就奖"，在颁奖会上他一如既往地谦虚，说自己就是一位普通的教师。

从去年 8 月 30 日惊悉他老人家离世的那天起，我就心心念念要记述对赵老师的深切怀念和崇敬之情。当时我刚从海外回来，正在上海的一家宾馆里隔离，错过了在北大人民医院向赵老师告别的仪式，承蒙涂光晋老师详细介绍当时的场景，心底里又暗自悲伤地庆幸：因为错过，我眼中、我心中的赵老师，永远都是活泼风趣而温雅的样子。我害怕告别的场景，但我郁积的悲痛也难以通透地宣泄一次。

那天我淹没在悲伤中，无法倾泻出来。我从随身携带的电脑里打开了许多与他相关的文件——他的新闻史的研究心得、他与广播电视的回忆文字、他逻辑严密的讲稿，我努力去知网等各种平台上去搜寻与赵老师相关的文章和记载，我含着泪一篇篇地读过。因为那些留有赵老师印记的文件、那些与我心气相通的网文，我曾不舍得关掉我的电脑长达一个月有余。回家后我又从书橱里搬出赵老师的著作，并试图找出他曾经赠予的有他笔迹的研究资料、上课用的录像带，他曾经在指导我主编的《新闻春秋》小样上写过一些提示文字，我去我 10 多年的微博记述里找些赵老师的活动踪迹和照片上的音容笑貌，去我的流水账里找他的指导和嘱咐，他曾多次在电话里回答我的疑问、指导我的工作。我发现有时一年有十数次见面，可叹我极粗的流水账除了记下活动和参与者的名字，根本未记那些生动而重要的细节。我又刨出储存的旧盘、旧的手机，试图在那些收藏的照片里去寻找一些赵老师的影踪——那里有很多，每一张照片上赵老师都是那么生动，或者手握水笔在赠书上签名，或者凝神静气在听会议，或者在主席台上对着话筒讲话，还有许多张合影，赵老师或被簇拥着，或挨着肩与我们并排站立着……苹果手机能清楚地提示我拍照片的时间、地点。

赵老师仿佛就在眼前。他身形消瘦却步履从容。他四季都穿着"老赵"式的简朴衣裳——春秋早年是洗旧的中山装，近年有人时的拉链衫；夏季常常是条纹衬衣，松松的领子宣示着它被洗过多次；冬天是件漂亮的深色呢大衣，围巾鼓在大衣领子里……但凡我说他今天的某件衣服很时尚漂亮，他通常都会很得意地回应：女儿送的！神态里透着孩子般的调皮。除了冬天戴着帽子，他的银发总是贴着智慧的脑门儿，有几缕还孩子气地支棱着，他厚厚的镜片后的眼睛常常笑眯眯的，在许多场景里他时不时说几句打趣的话，在许多大大小小的学术会、工作会、讨论会上，他总是胸有成竹、准备充分，说完观点之后他还会认真地抛出他的充分论据。他慢条斯理的表述极有说服力量，他说服过我这样的后辈、共事者，也在礼节性的宴席上说服过北京大学的校领导支持新闻史学会的工作……

赵老师的观察非常敏锐，记性也极好，常常像个数据库。2010 年 12 月 25 日，在一次聚会上，赵老师说起了人大书报资料中心的来历。在"大跃进"的 1958 年，北大新闻专业刚并入中国人民大学，当时新转来的老师都要做一个选题，新闻学专业张隆栋老师便做了个选题，创建了剪报公司，这个剪报公司就是人大书报资料中心的前身。如今人大书报资料中心有多种产业，并在多个领域办有"人大复印资料"，被其转载竟成了学术作品被肯定的一种证明。

虽然我憋了许多日子，但怀念之情却是难以落墨点滴。因为没看到赵老师最后的样子，所以我觉得他还是从前的样子，就在不远处；因为曾经的交集太广、太深，他的教诲和扶携仿佛从未停止；他于我既平等如同事、友好似朋友，又庄重如师、慈爱如父，但距离又情同他与许多人……我竟不知道如何写出对他的敬爱、对他的深切怀念。直到此刻，我发觉赵老师像是我远望过、盘桓过的一座大山，我以为已经很近、很熟，但是我捕捉到的只是山中一片映入眼帘的草木，几株我能见到的耸立的大树，而那蕴含丰富的全貌、那"横看成岭侧成峰"的景象，于我却如隔云雾。我意识到我早应当走得近些、再近些，我意识到我平时不该见到他总是嘻嘻哈哈，忘记了多谈谈心，我以为当我不忙碌、脱离俗事的时候，就会有机会经常拜望他老人家……但是敬爱的赵老师却倏然远去了。

于是，在纷乱的、庞杂的、找不到头绪的情感中，我只有先记些事了。我选择了中国新闻史学会、新闻史、北大和清华的点滴，记述赵老师的学术、为人和领导力。

一、中国新闻史学会的开拓型领导

1992 年 6 月 11 日，在中国新闻史学会成立大会暨第一次学术研讨会上，我第一次见到赵玉明老师和众多新闻史学界的名师，会议地点在赵老师任副校长的北京广播学院（今中国传媒大学）。成立大会简朴而隆重。当天下午，在创会会长方汉奇教授的主题演讲之后，赵老师介绍了中国广播电视史志的研究情况。当时赵老师年富力强、温雅谦和。会议正逢邓小平南方谈话不久，会议透着"实事求是"的气息，多位老师在研讨会上明确指出：做新闻史、广播电视史的研究，除了下功夫挖掘史料外，还要敢于坚持实事求是的科学态度。在隔天的小组讨论会上，作为最年轻的与会者，我这样初出茅庐的年轻教师也被鼓励着发言，说到的一点困惑还受到前辈们的重视。

事后听方汉奇先生说起，中国新闻史学会作为一级学会，通过种种努力早在 1989 年 4 月 3 日就获民政部批准登记了，却因种种原因未能召开成立大会，其中包括时政条件、办会所需的条件，而当时学会既无房亦无钱；1992 年能够在北京广播学院召开，除了当时的时政条件之外，与赵老师的贡献和领导是密不可分的。赵老师是方先生组织学会的班底成员，又是北京广播学院在新闻史领域的学术带头人，还是副校长（时称副院长），学会成立大会能在那里召开，显然是赵老师努力与组织的成果。与会者既有多位中宣部等单位的高职位领导同志、延安老革命，又有多位学界泰斗、院长、系主任；数十位学者来自全国 16 个省市，还有的来自日本、新加坡、意大利；年龄跨度也很大，从我这样 20 出头的小年轻到年逾八旬的老教授，如黄席群先生（近代名记者黄远生之子），而北京广播学院以不多的人力，将会议的组织做得井然有序，^① 在学界留下了极好的口碑。

学会创设后，赵玉明老师与宁树藩、陈业劭等老师连续两届共同担任中国新闻史学会副会长，为学会的发展做出了杰出的贡献。从 2002 年起，赵老师担任学会迄今为止唯一的常务副会长，其时他已经从学校领导岗位上退下来专攻学术，为学会发展投入了许多心力。2004 年 4 月 24 日在河南大学，赵玉明老师从方汉奇先生手上接棒，担任第二任会长（2004—2009）。当时任职于北京大学的我，被组进常务理事会并分任副会长一职，我与赵老师的工作联系便密切了起来。赵老师宽广的胸襟和思维、超强的组织能力，以及他的开拓精神和严谨作风，不仅给我留下深刻印象，而且深深地影响了我。在此仅举几例以说明。

首先值得一说的是，赵老师带领学会首创二级分会，使学会在 21 世纪向专深方向开拓。之前在方汉奇会长（1992—1998；1998—2004）的领导和学术带头下，中国新闻史学会已经积累了 10 多年的经验，学术成果也相当丰硕，中国新闻与传播学科也迈上了一个新的台阶。赵老师审时度势，在他会长任期内，2008 年学会批准设立新闻传播教育史研究委员会、外国新闻传播史研究委员会、网络传播史研究委员会三个二级分会。这三个二级分会成立后凝聚了一批学界同道，发挥了一些知名学者、学术带头人的积极作用，还扩大了中国新闻史学会的学术边界。三个分会的提议在讨论会上皆存在异议，而对网络传播史分会的提议，常务理事们的分歧尤多，因为当时网络传播的出现时间尚短，按当时的管理规定又必须在分会名称上见"史"。作为副会长，我全程参与了这些二级学会的提议和讨论，领略了赵老师作为一个领导者的开放思维、睿智的眼光、坚定的决策力。在赵

---

① 　哈艳秋.姹紫嫣红　春意盎然：中国新闻史学会成立大会暨学术研讨会综述 ［J］.现代传播（中国传媒大学学报），1992（4）：8-12.

老师的开拓下，继任者程曼丽会长在任期内（2009—2014），学会于2011年又新设了少数民族新闻传播史研究委员会、台湾与东南亚华文新闻传播史研究委员会。我先后担任两任副会长，受益于他们的引领，以及学科发展的新形势的感召，接任会长期间（2014—2019）我也努力开拓，新设了17个二级分会，从新闻史领域扩展到整个新闻与传播学科，努力团结同行们共同建设，让这个目前新闻与传播学界唯一的一级学会发挥更大的学术共同体的作用，促进我国新闻与传播学科的繁荣发展。

第二个例子是赵老师牵头，利用媒体打造《新闻春秋》这一学术品牌。

从2004年起，我受中国新闻史学会的委托，并在会长方汉奇先生的指导下，由常务副会长赵玉明老师牵头，去拓展《新闻春秋》的工作。《新闻春秋》这个品牌早在首届理事会期间已经作为刊名创出了学会的会刊，不定期出版过一些专题，之后又成了系列论文集的总名称。我们的新任务是要到专业性传媒上去开创一片新闻史的天空。

我们的第一个目标是行销一时的中国记协主办的《中华新闻报》。该报自20世纪90年代起在全国的新闻工作者和爱好者中已打出了影响。经过多次磋商，从2004年2月20日起，我们终于成功地"占领"了其第7版（副刊），计划每周出一期《新闻春秋》专版，栏花上有"中国新闻史学会协办"的标注。我以副会长的身份主编此版，实际上我只是策划和组稿，责任编辑丁华艳付出了辛苦的劳动，我在北大的研究生们则是主要的帮手。

我们的初衷是，由一班新闻史的教研者、学习者，谱写一个活泼的《新闻春秋》。读者希望历史是鲜活的，我们希望历史中体现出精神与现实价值。内容力求知识性、服务性、可读性并举，兼具新闻理念与业务、经营管理、著名案例和人物事件、新闻与法等内容。我们的计划是每期有一篇主打文章，2500字；每周出版3个固定栏目：《业务长河》《沧海流痕》《历史上的今天》；隔周出版4个固定栏目：《经营攻略》、《中外交流》、《新闻地图》、《法力有边》（新闻与法）；还有一个不定期栏目：《奈何娱记》（娱乐新闻与娱乐记者）。实际上，后来的栏目还包括：《热点溯源》《海外采访记》《外眼看中国》《春秋人物》《春秋轶闻》《沧海留痕》《新闻团体》《新闻名胜》《史学著述》《新闻之最》等。我们还对版面安排、配图等提出了建议。

方先生亲撰"开篇的话"《新闻史：新闻事业的坐标》，以史鉴今，说明这个版的意义。《中华新闻报·新闻春秋》第 1 期的主打文章是《媒体的假日经济》（作者是侯露露、严江宁），由当前的报纸周末减版、节日停刊的现象追溯历史，同时还联系国外操作的案例，说明解决问题的方法。责编在出报的当天给我来信说："既有可读性，又有思想性，报社领导都说很好。"她还列举了这一期的其他"非常棒"的新闻史文章。报社也非常赞赏《历史上的本周》栏目，那一期谈的是尼克松访华报道。此后责编与我电话、邮件不断，当时我主管着学院的教学和种种杂务，只好央请研究生们从城西头奔波到城东头去接洽各事项。在一年零三个月的合作专版中，研究生们付出了艰辛，也没有获取一点稿费或报酬。大家就是凭着一腔热情和对新闻史的热爱投入工作中。2005 年 5 月以后，由于《中华新闻报》改版，我们抱着攒下的一厚摞稿单告别了《新闻春秋》专版。

不久，在新任会长赵玉明老师的努力下，我们又开辟新战场，"移师"《新闻与写作》杂志，在那里"占有"了宝贵的一栏。赵老师亲自"督阵"，并不断与该刊沟通，《新闻与写作》的王卫国老师鼎力帮助，付出了许多劳动。我从 2005 年第 6 期起协助组过几篇稿，记得王老师非常快速地对所组稿件进行了处理和反馈，如《中国近代民营报业经营方略》长文，刊物分两期才刊完。

2004 年夏新一届理事会开展工作后，我作为副会长被赵老师分派负责《新闻春秋》的主编工作。《新闻春秋》主要配合中国新闻史学会的重要研讨活动以及纪念新闻史上的重要人物，因此逐年出版了几辑学术研讨会论文集，如 2007 年出版的第 7 辑是《纪念陆定一同志 100 周年诞辰暨中国新闻与传播理论创新学术研讨会 中国新闻史学会 2006 年年会论文集》。2008
年我才主编了第 9 期《纪念周恩来诞辰一百一十周年》专刊，第 10 期《纪
念刘少奇同志诞辰一百一十周年》则是在师妹王润泽博士的奔忙下出版的。
会长赵老师身兼《新闻春秋》社长，一直亲自指导着刊物的出版工作。他
以风趣的方式"严厉"着，我编辑工作中的粗疏被他一眼"打中"，从此再
不敢马虎。因刊物缺少一张如意的封面照片，赵老师搬出家里的大书小册，
终于找出满意的照片，耐心地让我用并不专业的技能和相机拍摄了数十张，
虽然结果只选用一张。在赵老师与各位同人的感召下，我一直希望能为学
会贡献绵薄之力，2007 年学会曾拟出一期"宣南报业"专辑，我跑了多次
南宣武地区，拜访那里的民间集报人和研究者，那个暑假我游历国外数月，
一直随身带着近 20 万字的厚厚的打印稿，有时间就一页页地修改、编校，
赵老师慈爱而锐利的目光仿佛一直指导、督促着我工作，使我不敢懈怠。

　　再举一个例子，赵老师于 2004 年担任中国新闻史会长后，2005 年元
月新创了京津冀常务理事茶话会，用他的话说，一是大家聚在一起辞旧迎
新、联络感情，二是总结过去一年的工作，对未来的工作做些讨论和准备。
按惯例，学会的常务理事会安排在年中开学术年会的时候搭车进行，这样
既不占用全国各地常务理事们过多的时间、精力，又经济有效，但是有些
需要事先讨论、沟通、准备的事，缺少一个组织机制。赵老师组织的这个
小型会议，基本上既保持了原有的成效，又增加了一个非正式却有效的组
织机制。此后，每年元月中国新闻史学会京津冀常务理事会议成为一年一
度的会议，在京的常务理事们争相组织，开始时名称并不严格，但是大家
都知道就是那个会，比如 2015 年和 2016 年称为京津冀常务理事扩大会议，
2017 年在清华大学召开时称为京津冀常务理事新春会，2018 年、2019 年
在中央民族大学和中国人民大学召开时，明确称作京津冀常务理事工作会
议了。

　　我们的京津冀会议始于 2005 年，早于国家战略提出的"京津冀"，由

此可见赵老师确实是一位有战略思维、胸中有大图景的智者。我在 2018 年 1 月发的微博上也提及了他的"京津冀"战略。虽然是一年一度的例会，但是内容年年新鲜，而退任后几乎仍年年与会的赵老师总是会拿出他事先准备好的一些内容，作为对我们晚辈的提醒，就像我们的一位守护者，总是不忘为我们保驾护航。比如，2015 年 1 月的京津冀常务理事扩大会议上，赵老师提醒一些当年的重要纪念日中包括抗战胜利 70 周年。会后我们就紧锣密鼓地组织，于 2 月 12 日发出征稿启事，于 10 月 17 日由中国新闻史学会与中国传媒大学联合举办"勿忘历史：抗战新闻史"学术研讨会。这样的提醒还有不少，比如《晋察冀日报》《晋绥日报》等相关的研讨会，时间节点也是赵老师专门提醒的。

二、广电史教学研究的奠基人和拓荒者

赵老师从 1959 年中国人民大学新闻系毕业后就投身于广播电视专业的教学、中国广播电视史的研究中，著述成果丰硕，是杰出的新闻传播学者。

中国新闻史学界泰斗方汉奇先生是赵老师大学时的老师，被赵老师认作授业恩师。赵老师常说方先生比自己长整 10 岁。他们亦师亦友，60 余年都战斗在"同一战壕"，方先生对赵老师的学术有非常充分的了解，也有极高的评价。方先生曾说：赵玉明搞广播史，只此一家，别无分店。方先生在 1986 年发表的一篇总结党的十一届三中全会以后七年（1978—1985）的新闻史研究工作的文章中[①]，说到"广播电视史、新闻摄影史、新闻漫画史的研究也取得了不少成果，其中以广播电视史的研究启动最早，成果最为丰硕"。当时全国从事新闻史教学和研究的高校教师不足百人，而赵老师和他的弟子郭镇之等就是"启动"广播电视史研究的学者。方先生在 1998 年回

---

① 方汉奇.花枝春满 蝶舞蜂喧：十一届三中全会以来的新闻史研究工作［J］.新闻研究资料，1986(1)：4-29.

顾中国新闻史学会成立以来的研究工作总结中 ①，辟专节简要介绍了广播电视史的研究，列举了 10 种有关广播电视史方面的著述，其中 3 种是赵玉明老师的编著、专著，包括《中国解放区广播史》《中国现代广播简史》等。此外，在列举的两种应用类、工具书中也有广播电视史的内容，有一部是赵玉明、王福顺主编的《中外广播电视百科全书》。方先生简洁的文字中专门突出了"杨兆麟、赵玉明等同志在这方面做了大量的工作"。文中提及的两个课题即将出成果，其中国家社科基金项目"中国广播电视通史"也是赵老师主持的项目。

赵老师一直是一位进取的学习者。勤奋好学是赵老师的习惯。20 世纪 50 年代他上大学期间，从方老师那里学了一些新闻史研究的方法。上学时，他以为会分配当记者，所以毕业后从事教研工作的他又回到人民大学"回炉"听报刊史课，并着重学习老师的讲课方式，包括备课、板书、时间掌控等，同时向方老师请教如何收集广播史料、编写教材等。他把方老师告知的可以从报刊上收集广播史料的方法付诸实践，说他受益终生。事实上，他不只为自己收集资料，他还攒下各类教研资料，留给相关的同行、学生，我便在研究和学会工作中得到过他多次给予的资料，包括剪报、留有他笔迹注解的文章。

赵老师是一位不知疲倦的学习者。他在工作中总能抓到各种学习的机会。20 世纪 60 年代，赵老师在与中国广播事业的主要创始人之一、曾担任延安新华广播电台编辑部主任的温济泽先生共同工作期间，非常有心地从温先生那里初步掌握了研究广播史的方法。1960 年以后他开始逐步养成早上听中央台"报摘"、晚上听"联播"、白天看报纸的习惯，一直坚持终生。即使后来晚上听"联播"改为看电视了，但听"报摘"从未中断。他自己就是许多历史的见证者、一手材料的提供者。

---

① 方汉奇.骅骝开道路 鹰隼出风尘——记中国新闻史学会成立六年来的新闻史研究工作［J］.新闻春秋，1998（6）.

　　他刚刚毕业就担任多门课程的教学和主持人的工作，他说北京广播学院在"文化大革命"前，一个教师先后为全校三个系的学生讲过课或主持上课，可谓空前绝后。可以想见他当年工作是多么忙碌辛苦，但是他把这样的工作同样当成了绝佳的学习机会，从来自一线的广播电视工作者那里学了不少。他从1959年下半年起至1960年全年，在紧张的备课的同时还要组织在无线电系开设广播业务常识课。赵老师根据这门课程的要求分别请中央人民广播电台各部门的负责人讲授有关新闻广播、工业广播、农业广播、文艺广播等内容。作为主持这门课的老师，他还认真听每一堂课并自己做笔记、整理印发给学生们学习。同时期，赵老师还负责邀请中央广播事业局对外部（后来的中国国际广播电台）各外语部门的负责人，为外语系学生开设对外广播业务的讲座，同样每次他都会做笔记、整理印发给学生们，并组织讨论、参观，他也将此过程当作重要的学习机会。这些学习为他的教学和研究工作打下了坚实的基础。

　　赵老师是一位严谨求实的学者。无论是讲课还是做研究，他都非常重视一手资料。中国新闻史学会前副会长的吴廷俊教授曾这样评价："老赵的研究，从不说无根之语，撰无据之文。""板凳须坐十年冷，文章不写一句空"，赵老师的研究以扎实著称：重视一手资料的收集。从刚刚工作开始，他就经常钻到北京图书馆（今国家图书馆）、中央广播事业局档案资料室查找广播史料，特别着迷于查阅有关延安（陕北）新华广播电台的原始档案，这些为之后上课讲延安广播的历史和优良传统提供了难得的一手史料。他在政治学习中也不忘史料，他回忆说在《毛泽东选集》第四卷出版后，结合学习《毛泽东选集》，大量阅读有关解放战争的回忆文章，从中寻找有关人民广播的史料线索。①

　　赵老师的研究结论总是基于对确凿的史实的考据和深入的思考。2005

---

① 参见赵玉明的《我与中国广播电视史（一）："文革"前广播史课教学回忆》。

年 9 月，中国新闻史学会参与主办的纪念抗战胜利 60 周年"晋察冀日报史学术研讨会"上，赵老师发表了他的研究成果和观点，从中可见一斑。他指出，晋察冀日报社领导下的张家口新华广播电台重视群众的意见，通过认真的调查研究，不断改进广播工作，是当时广播电台的一个基本方针。1946 年 9 月 3 日，在张家口解放一周年的日子里，《晋察冀日报》刊登了张家口电台向群众征求意见的启事。启事中提到，"现在本台为了改进工作，特向各界征求意见，举凡节目内容、时间排列、播音技术等各方面，均请提出批评"。之后，张家口电台又多次通过《晋察冀日报》向群众征求意见。据不完全统计，刊登在报眼位置上征求意见的启事至少有 5 次。赵老师在这些一手史料的基础上最后得出的结论：《晋察冀日报》留给我们的一个优良传统就是重视群众，向群众学习。人民群众是新闻工作者最好的老师。在抗日战争胜利 60 周年之际，新闻工作者有必要回顾过去，继承和发扬重视群众、学习群众的优良传统。

学界和业界特别津津乐道、也令赵老师特别骄傲的研究成果，是他修正了延安广播电台的开播时间，从而确定了中国人民广播创建纪念日。新闻学界过去一直将 1945 年 9 月 5 日当作延安广播电台的开播时间，一些"老广播"的回忆录里的好几篇文章提到是 1940 年冬天延安开始开办广播。为准确界定时间，赵玉明等学者竭尽所能搜集 20 世纪 40 年代延安台的史料，考察延安（陕北）台的编辑室、播音室和发射台等 14 处旧址，经过反复论证才确定下来。为此，1980 年中央广播事业局发出关于更改人民广播创建纪念日的通知，将中国人民广播事业的创建日从 1945 年 9 月 5 日追溯到 1940 年 12 月 30 日。去年正值中国人民广播事业创建 80 周年，赵老师曾跟朋友学生多次提及这个重要的纪念日并做了自己的相关规划，没想到最终赵老师未能坚持到 12 月 30 日……

赵老师是一位不断开拓的学者。他不墨守成规，努力开拓创新。早在1992 年中国新闻史学会成立大会的主题演讲中，赵老师在满怀热情地介绍了改革开放十多年来的广播电视史研究成果后，便提出了其学术观点：今后的研究工作，不应继续停留在史实的描述上，而应提倡深入的综合研究，提高理论水平。①

赵老师意识到新闻史研究缺乏新的方法和思路，需要引进更多的社会科学的先进方法来加强研究。他认为，广播电视史与政治史、经济史、文化史、科技史，特别是新闻史密切相关，属于历史学的范畴，也属于广播电视学的范畴。他具有创新意识，在新闻史方面，他担任学会会长时提出五个"新"：学习新理论，提出新课题，挖掘新史料，提炼新观点，倡导新评述。

三、虚怀若谷、甘为人梯

赵老师为人堪称虚怀若谷、心底无私。我在参与筹建北京大学新闻与传播学院前后，第一次感受到赵老师这些品质。

1998 年 5 月，北京大学庆祝建校 100 周年，校友们纷纷回到母校。在当代历史上，北京大学是建国初期院系调整之后，于 1952 年新设新闻专业的第一所大学（当年接收了来自燕京大学新闻系的教师和学生，至 1958 年），是"文化大革命"后期于 1970 年率先恢复新闻专业并开始招收工农兵大学生的第一所大学（至 1976 年），两度办新闻专业前后达 16 年之久，为国家输送了 864 名毕业生。② 还有一些学生入学于北京大学、毕业于人民大学，如 1977 级的学生于 1978 年合并到人民大学。这些北大新闻专业的学子在母校百年校庆之际，也纷纷回到北大，他们有的早已退休，有些则是我国新闻事业和新闻学界的骨干人才。当年中文系所设的新闻专业已经

---

① 蓝田.新闻史学研究的一次盛会：中国新闻史学会成立大会暨首届学术研讨会综述[J].新闻研究资料，1992（3）：213-218.
② 方汉奇.中国新闻学和新闻教育的摇篮：写在北京大学100周年校庆之际[J].中国记者，1998（5）：26-27.

不在，我作为人大新闻学院毕业生来到北大，在国际关系学院下设的国际传播与跨文化交流专业任教，便想到借此机会将新闻专业的连接续上，并且让校友们有一个专业的"据点"。我的想法得到了我们专业领导的支持，但是如何接上联系却是个问题。后来请教方先生，他建议我找一些核心人物，其中一位就是赵老师。赵老师非常热心，他于 1955 年入学北大，1958 年转去人民大学，1959 年毕业，他不仅带着同学们来到我们专门准备的一间教室，还介绍我认识比他早一届的校友，因为当时正值 1958 届的校友们毕业 40 周年，是个重要的庆祝年份。当时北大校园里人头攒动，我还能想起赵老师和我一起穿行于人群中的场景。

百年校庆之后，我们专业就请了当年任教于北大的老师、毕业于北大的新闻学界前辈，一起回北大召开座谈会，向他们请教教学经验。1998 年 10 月，我经方先生的指点陪同北京大学副校长、历史学专家何芳川教授去中国记协参加北京大学新闻学研究会 80 周年纪念会（由中国新闻史学会与中国记协联合主办），方先生、温济泽先生以及赵老师等进行了发言，我还带给何校长方先生写的《中国新闻学和新闻教育的摇篮——写在北京大学 100 周年校庆之际》一文，经过各种考虑，何校长带领我们开始筹办新闻与传播学院。在此过程中，我或者独自或者陪同专业领导又多次请益赵老师，赵老师总是毫无保留地把他的人脉关系，他的师友、同学和学生，连同他的办学经验一起和盘托出。比如他介绍我去请益毕业于燕京大学、在北大和人大从教多年的洪一龙老师。赵老师给予我的帮助特别大，一是他作为副校长地位显赫，二是他的为人学术也使其结交了很多有影响力的同道。

赵老师的助人为乐是大家都熟知的，但是他的境界远不止如此。他那么热心助益，不只是某个人、某个单位，而是中国新闻与传播教育研究的发展。所以他热心支持北京大学、清华大学创办新闻与传播学院，努力助益其事业发展。当中国新闻史学会会长单位转交到北京大学以后，赵老师又亲赴北京大学，游说学校领导支持学会的工作。我记得在北大校内的餐厅里，赵老师在主管的校长面前慢条斯理、一条一条地分析着，平和中却饱含说服力。之后在清华大学期间，我也亲见赵老师很有理据地给学院提出建设性意见。

他一心致力于提升中国新闻传播学科的发展，并且有宏观的、高瞻远瞩的学科思维。新闻传播学在 1998 年以前隶属于中国语言文学，在国务院学位委员会中国语言文学学科评议组中仅有一位方汉奇先生担任委员。方先生努力呼吁，建议新闻学成为文学门类中和中国语言文学并列的一级学科，这个建议得到所在组的一致支持，形成书面报告后，上报国务院学位委员会，很快得到了批准，于 1998 年升至一级学科，具有里程碑意义；同时，传播学与新闻学一道成了两个二级学科，拓宽了学科的领域。此后，国务院学位委员会学科评议组有了首届新闻学学科评议组，赵老师与丁淦林先生和方先生一道成为评议组成员，他们团结协作、与时俱进，促成了学科体系和课程体系的早期变革。

赵老师还努力为新闻传播学的研究项目扩增做出重要贡献。记得在 2004 年河南大学的一次演讲中，他如数家珍说出了新闻传播领域，特别是新闻史领域的社科项目，他曾说他参与国家社科评审工作，从 20 世纪 80 年代末持续近 30 年，在评审过程中特别关注新闻传播史类的课题。在看到陶喜红的网上文章《新闻传播类国家社科基金项目排序报告（1991—2017）》之后，赵老师又非常认真地梳理了从 1986 年开始的新闻传播史类立项的详细情况，详述了 1992 年他作为新闻学科的评委首次参加国家社科基金项目规划评审会议的情况，并总结了 1991 年至 2017 年新闻传播史方面的国家社科基金各类项目数量、研究领域和视野、题材，提炼了 27 年来新闻传播史的研究在内容、视角和方法上的拓展。主要表现在以下几个方面：第一，学者们的研究视野不断拓宽，不仅关注新闻事业本身的发展，还关注了与新闻事业相关的其他话题。第二，过去的新闻传播史研究主要关注的是文字内容，渐渐地有一些学者注意到了声音、图像方面的史学研究。第三，部分学者尝试用新的方法来研究新闻传播史，比如一些学者运用口述史方法来研究新闻史，使新闻传播史料的获取途径更加多样。[①]他深知这些信息对晚辈后生申项目、做研究有重要的意义。

他的无私奉献还体现在许多方面。去年在赵老师仙逝后，我在中国传媒大学学生资助中心的微信公众号上、从那些莘莘学子的真挚感人的怀念中，才得知赵老师退休后资助了许多经济困难的学生，得知了"赵玉明教授研究生助学金"。从赵老师的女儿的致谢中，得知那是赵老师获得的奖金。他的日常生活是那么简朴，衣服很少更新，我曾屡次去他在真武庙院子里的家和后来搬至民族大学附近的家中，他的家中也是那么简朴。从一些回忆文章中得知，他曾多次向吕梁学院捐赠图书。从媒体报道赵老师离世的信息中，许多人也才了解中国传媒大学图书馆有一间"赵玉明教授捐藏室"，用以整理和归类资料，现在被称为广播电视史志资料研究中心，里面放着赵老师陆续捐赠的 7000 多册广播电视书籍、期刊、报纸和手抄资料。

前述 2016 年 10 月 15 日赵老师亲自坐镇的广播电视学科论坛之后，我们预备了庆贺赵老师 80 岁寿诞之礼，我拟了贺联，润泽请书法家书写裱好。贺联以中国新闻史学会的名义向敬爱的赵老师致敬：

赵门桃李满天下，
期颐堂前更种花。

敬爱的赵老师永远活在我们心中！

2021 年 8 月

（作者单位：清华大学新闻与传播学院）

[①] 赵玉明.新闻传播类国家社科基金项目早期的回忆［M］//中国新闻传播教育年鉴（2019）.武汉：武汉大学出版社，2019：588-591.

清瘦、幽默、力量

——纪念赵玉明教授

王润泽

赵玉明教授已经离开我们近一年了，今日回忆赵老师，曾经的受教和交往依然历历在目。

2020年8月30日上午，忽然收到好友中国传媒大学艾红红教授发来的信息："赵老师走了。"惊愕之余，我实不敢相信，赵老师身体一直很好，怎么会呢？！后来我才慢慢知道，之前赵老师断断续续已经生病住院半年多了，因疫情肆虐没能得到及时彻底的治疗，也因为疫情原因，家人一直不让说，所以绝大部分同人没有一点点消息……

斯人已逝，想起赵老师的音容笑貌，一些细节和场景却历久弥新，不知不觉之间这些记忆已经融入我的人生，影响了我。

赵老师是我敬仰的前辈，听闻赵老师大名的时候，他已经是广播电视史研究的大家。我与他结缘当然是从新闻史研究开始的。第一次见赵老师是2005年9月末在香港中文大学召开的第四届世界华文传媒与华夏文明国际学术研讨会上，印象如此深刻，不仅仅因为那是我第一次到香港开学术会议，也因为那次会议是我和学术界有机联系的开始。那时赵老师是中国新闻史学会会长，也是会议的组织者之一，当我和导师方汉奇先生、程曼丽师姐一起到酒店的时候，赵老师特别开心地说："我们看到和方先生一起来的有他的博士生，叫王润泽的，看名字猜想到底是男的还是女的，如果是男的话，可以安排和方先生一个房间，幸亏没安排一个房间，原来是个女弟子"，说得大家都笑起来。

因为赵老师的这段话，所以十几年后，我肯定这是我和赵老师第一次见面。他清瘦、幽默，也能让人感到有一种内在的力量。那次会议安排我和当时在北大的陈昌凤师姐一个房间，真是缘分。

2005年的时候，我还没有加入中国新闻史学会，方先生嘱咐我要多参加学界会议，多关注并参加学会活动，也正是这次活动开启了我和国内外新闻史研究的诸位前辈同人的密切交往，其中如新加坡的郭振羽先生，日本的卓南生先生，中国国内的诸多前辈如白润生教授、乔云霞教授、吴廷俊教授等。2006年到2007年我到美国哈佛大学做访问学者，回国后就开始了和中国新闻史学会的密切联系。2008年11月，刘少奇诞辰110周年，赵老师嘱咐我在人民大学举办一次纪念会议。我们邀请了一批专家来参会，会后拿到各位的稿子结集成册，刊发一期《新闻春秋》纪念刘少奇的专刊。

那时大学的教育经费没有现在充裕，会场不气派，会议仪式感没有现在的强，但每一次学术研讨会，认真准备论文、期盼论文入选、快乐地坐着过夜的火车奔向远方，期待着心心念念的学术盛宴和学界同人的欢乐相聚，那种单纯的快乐可能正来源于学术的朴素和安静。

会后几个月，我们的专刊也顺利出版了，此刊直到最近还有消息传来被学界和社会重视。但我真正成为中国新闻史学会常务理事还是好几年以后的事情。赵老师言传身教地告诉我，中国新闻史学会是一个凝聚同人的平台，不仅自己要有研究，而且还要为学会做事情，做贡献，既要有为学会增光添彩的自觉意识和行动，更要有对学会的认同感和归属感。这就是我从开始就感觉到的赵老师身上那种内在的原则和力量。这种力量不知道什么时候已经感动我、教育我和影响了我。

　　赵老师做中国新闻史学会会长的时候，我还是作为一个"青椒"参加学会的学术活动，他对学会工作的管理和推动，我多从方先生和其他前辈那里偶尔听来一鳞半爪。读过吴廷俊老师纪念赵老师的文章后，才系统地了解赵会长关于史学会工作宗旨原则、路径方法的考量和执行，在当时的条件下，想方设法坚持学术立会，扩大学会影响，他对学会的制度建设和分会创设质量管控等诸多方面贡献颇多（详见吴廷俊教授的文章），对我更是一种学习和鞭策。

　　我就这样和赵老师建立起联系，日后常常一起参加各种学术活动。

　　他退休后，我们一度尊称他为"赵老"，他听后笑道："什么赵老，就是老赵！"他的微信名字就是"老赵"。"老赵"的亲切和幽默更多地显现出来。新书出来了，他就随手给我一套，我请他签字，他说："不签，签了你以后就不方便卖废品了。"但经不住请求，他还是认真地给我签了字。但对于学术，他又是极认真的，对于东北地区第一座无线广播电台到底是什么时候、在什么地方成立的，也和我详细说过一个不大的争议以及他的看法。史学重视一手史料，赵老师在这方面是一丝不苟的。我手边就有他编辑的广播史方面的史料汇编，他希望在史料整理和汇编方面，大家都能集腋成裘，共同努力。而他的博士生艾红红教授最近几年在广播史方面著作频出，其扎实的史料基础和深入到位的分析与见解，颇有赵老风范。

　　赵老师八十大寿的时候，当时中国新闻史学会会长陈昌凤教授和我到赵老师生日会场拜寿，我们请一位书画家精心创作了一幅祝寿图，送到的时候，看得出赵老师很开心。现在想来，真的很感谢昌凤会长的细心和大爱，让我在和赵老师"官方"的交往中，多了一份学生和后辈的温馨。

　　2019年第六届中国新闻史学会常务理事会换届前后，我和秘书长邓绍根老师一起去拜访赵老师，那时他已经退休在家。赵老师详细地和我讲了史学会的历史。方先生也常常和我说起学会的历史和发展，他的视角是学会规划、建设方向等大原则、大智慧，从来不提具体的意见和建议，对我的一些想法也是以积极鼓励为主，这是方先生的特点。赵老师则是循循善诱娓娓道来，有很多可以学习和借鉴的细节，学会没有什么经费来源，全靠大家的支持，在这种情况下，学会开展工作需要和很多单位和部门的沟通……那天坐了挺长时间，担心赵老师比较累了，就不舍地离开了，约好以后还来拜访，没想到很快疫情暴发，那次见面竟成最后一面。

赵老师和方先生的交往深厚，方先生于1989年到民政部注册一级学会中国新闻史学会，1992年在当时的北京广播学院举办成立大会。而方先生在会长届满的时候，就商量让赵老师接办中国新闻史学会。两位前辈在学术和工作交往中情谊深厚。方先生得知赵老师去世的消息后，发来信息：

　　"兰摧玉折，哲人其萎。典型尚在，垂范后昆。"玉明仙逝，
书此志哀，并为他送行，愿他一路走好！

方汉奇
9月1日

几天后的告别仪式就在赵老师离开的北京大学人民医院的殡仪馆中举行，而且人数控制在20人以内。方先生非常想到现场送别他一生的挚友，但主办方出于安全和保护方先生的考虑，没有请方先生亲往，我们在赵老师出殡那天也只好自行前往，事后方先生知道了，虽然遗憾也只能理解了。

之后中国新闻史学会会刊《新闻春秋》刊登了数篇纪念赵玉明老师的文章，告慰赵老师在天之灵。

赵老师已经离开我们快一年了，今天终于可以比较平静地写下以上的文字，似乎随着时间的流逝渐渐淡去了那些悲伤、思念、不舍，而赵老师的睿智、通透、幽默、淡然越发清晰起来，似乎能通过物质的阻隔照亮我，

帮助我们将眼光放得更加长远，有不变的目标，学习如何通透的智慧，也更有原则、有力量。

我想赵老师应该更喜欢我们这样来纪念他。

（作者单位：中国人民大学新闻学院）

点滴见真情　润物细无声

——深切悼念和缅怀赵玉明先生

钱晓文

　　我于 8 月 30 日晚从微信群里获知敬爱的赵玉明老师去世的消息，感觉难以置信，因为我印象中的赵老师一直身体很好，端午节时我还给他发微信问候，没有听到他提起生病的事情，怎么突然之间就走了呢。于是我从上海给北京赵老师家里打电话，但电话一直是忙音。当时已是深夜十点多，夜深人静正是休息的时间，我也顾不了那么多，就通过手机联系到中国传媒大学的哈艳秋教授，她是赵老师的大弟子，也是我相交多年的朋友，在先生去世的噩耗得到确认后，我的心情久久难以平静。哈艳秋告诉我，赵老师是今年上半年得病的，住院治疗后回家休养一段时间，病情复发，再次住院但最终不治。我认识赵玉明老师至今已有 10 多年，我作为学生和后辈之一，能够得到先生的关怀和培育，实属三生有幸。我想去一趟北京送赵老师最后一程。哈老师说，北京处在疫情防控期间，根据先生的遗愿，丧事从简，告别仪式人数不超过 20 人，除了学校学院的领导外，先生的亲属就有十几人之多，"你来了恐怕也参加不了"。既然无法去北京送别，我就写一篇纪念文字遥寄哀思和悼念之情，以告慰先生的在天之灵。

　　回顾与先生交往的点点滴滴，先生的音容笑貌如在眼前，千头万绪，不知从何说起。我与先生结缘，主要是业缘，即新闻史研究的缘故。我从复旦大学新闻学院毕业后，在上海的一所高校从事新闻传播学，包括新闻史的教学和研究工作，那时赵玉明先生已是中国新闻史学界泰斗，尤其是在广播电视新闻史研究、广播电视新闻学学科建设方面贡献卓著，先生的名字在新闻传播教育界更是如雷贯耳。早在认识先生之前，我就拜读过先生的著述，包括教材、论文、文章等，深受启迪和教益，可谓神交已久，可惜一直无缘得见。直到十几年前的一个秋天，我从上海来到中国传媒大学参加新闻史有关的学术会议才得偿夙愿。会议结束后，通过朋友的引荐，我专门登门拜访住在真武家园的赵玉明老师，那时他已经从学校工作岗位上退休，因为交通不便，除了特殊情况，他很少到学校办公室。我第一次见到赵老师，他面容清瘦，精神矍铄，性格开朗，和蔼可亲，给人仙风道骨之感，让人联想到《西游记》中太白金星的形象，我的局促不安和紧张感一下子消失了许多。寒暄之后，我开门见山地说："您是新闻史学界的大家和前辈，我作为晚辈和后生是来拜师学艺的，希望能够得到先生的指导，不知肯不肯收下我这个'徒弟'？"没想到先生爽快地答应了，我大喜过望。记得当时正值北京的深秋，外面刮着飕飕的寒风，但我坐在屋子里感觉格外温暖，临别时先生又送给我几本新闻史方面的图书，我和先生的忘年交就是这样开始的。

先生乐于助人、提携后辈，真诚地帮助别人，德高望重，这是学界有目共睹、有口皆碑的。虽然我不是先生的入室弟子，但赵老师视我如同自己的学生和弟子一样关心、爱护和教导。2011年，我的导师——复旦大学丁淦林先生去世后，赵老师在我心目中就是自己的导师。我每次去北京出差，都要去探望赵老师，顺便请教问题，聆听教诲，他也会挑选一些图书，包括他自己的著作和文集，送给我学习做参考。因为南北阻隔，我和赵老师主要是通过电话、短信或微信联系。每次遇到问题，无论是新闻史方面的还是教学科研方面的，我电话向他求教，先生有求必应，耐心地为我释疑解惑，不厌其烦、诲人不倦，对进一步提高我的业务水平和研究能力大有助益。

最令我感动、终生难忘的一件事，是2017年暮春的一个早晨，我突然接到赵老师从北京打来的电话，以前总是我给先生打电话，先生主动给我打电话还是第一次，我既感到荣幸，又有些不知所措，不知是什么事。赵老师在电话里说，今年（2017年）是抗战爆发80周年纪念，对新闻史研究也是很重要的一件大事，我可以申报一个相关国家社科基金课题，题目就是上海抗战新闻史研究之类。我有些激动，国家社科基金课题是高校教师科研实力的证明，申报国家课题对我来说非常重要，也是我渴望已久、梦寐以求的事情，但我从来没有向赵老师提起过，因为当时先生已经不担任中国新闻史学会会长，我不愿意给先生添麻烦。这次赵老师主动给我出题目，我非常感动也很感激，于是接受了先生的"命题作文"任务。抗战新闻史这一块我有些了解，但还缺乏深入研究，要写成申报书不是一件容易的事情。赵老师理解我的难处，他告诉我抗战新闻史研究方面的主要著作有哪些，国内有哪些学者在从事这方面的研究，写研究框架需要注意哪些问题等，为我指点迷津。先生在抗战新闻史研究方面造诣很深，曾主编过《中国抗战广播史料选编》《日本侵华广播史料选编》等书，还主持召开过抗战新闻史相关的学术研讨会，并结集出版了一本会议论文集。赵老师最后说："这些资料我家里也有，你下次来北京时送给你。我只是提些指导意见和建议，具体工作还要你自己去做，我可不敢越俎代庖。"此后我花了半年多的时间，按照先生提供的研究线索，认真阅读和钻研上海抗战新闻史相关文献资料，并撰写课题申报书。后来去北京开会，将申报书稿子给赵老师看，请他提提意见，把把关。好事多磨，可能是申报书还不够完善，加上时机不成熟，几经挫折，该课题于2019年终于申报成功。我在第一时间通过短信告知了北京的赵老师，我说课题申报成功，也说明上海抗战传媒史这个选题的价值得到了认可和证明。先生非常高兴，告诫我接下来要再接再厉，努力做好课题研究。去年上海开工建设出版历史博物馆时，先生专门微信告知我，这对新闻史研究很重要，希望我能够参加进去。

先生一生教书育人，桃李满天下，硕果累累。我一直在想，像我这样普通高校的普通教师，都能够得到前辈赵老师的提携和厚爱，其他人就更不用说了。"桃李不言，下自成蹊。"像这样真诚无私的帮助与支持，每位受过赵老师教诲的学生、弟子等都会感受到其中的难能可贵。先生的离去是新闻传播教育界的一大损失，对我而言，则是失去了一位关心我、爱护我和真心扶助我成长的良师和长辈。

哲人已逝，风范永存！

2020 年 9 月于上海浦东

（作者单位：上海师范大学影视传媒学院）

敬悼赵玉明老师

刘泱育

2020 年 8 月 31 日凌晨 2 时 33 分，我醒来，由于刚回国，在倒时差之中。24 小时前，赵玉明老师于此时已进入生命的弥留之际。8 月 30 日上午，惊悉赵老师逝世，我一时不敢相信，赵老师刚 80 出头，并且没听说赵老师生病啊！和我有同感的人不少，比如方汉奇先生。

一、新闻史学"四老"之一的赵老师

赵玉明老师是中国新闻传播教育界在 20 世纪 50 年代就开始从事新闻史教学的"四老"之一。

这"四老"中的方汉奇先生（1926—），于 1951 年在上海圣约翰大学新闻系开始讲授新闻史专题，宁树藩先生（1920—2016）和丁淦林先生（1932—2011）都是 1955 年在复旦大学新闻系开始新闻史教学，赵老师（1936—2020）则是 1959 年开始在北京广播学院（今中国传媒大学）从事新闻史（后来主要是广播电视史）教学。赵老师本科就读于北京大学新闻专业（后并入中国人民大学新闻系），方汉奇先生给赵老师上过中国报刊史的课，赵老师一生对方先生执弟子礼。在 2013 年 12 月 27 日中国人民大学新闻学院 611 会议室的一次发言中，赵老师幽默地说，虽然他不是方汉奇先生的硕士或博士，但他是方先生的"进士"，与方先生之间有着"一个甲子的师生情"的佳话（《新闻爱好者》2017 年第 11 期）。赵老师与宁树藩先生、丁淦林先生之间亦因编写《中国新闻事业通史》、中国新闻史学会的相关活动而多有交往。赵老师在短暂的 83 年人生中，做到了"立德"、"立言"和"立功"。就"立功"而言，比如，赵老师在担任国务院学位委员会首届新闻传播学学科评议组成员时，和方汉奇先生（召集人）、丁淦林先生（成员）一起促成了新闻学于 1997 年升级为新闻学与传播学一级学科。赵老师是中国传媒大学首批四位做出突出贡献的教授之一，指导的薛文婷博士获得了全国百篇优秀博士论文奖……就"立言"而论，赵老师主编了《中国广播电视通史》，并有《赵玉明文集》三卷本行世……

在写这篇悼念赵老师的文字时，我注意到昨天包括中国新闻史学会微信群在内的多个微信群悼念赵老师的文字刷屏。张昆教授于 8 月 31 日饱含深情地写了《怀念赵玉明先生》……下面，我就以赵老师与我十几年的交往记忆，从"立德"方面朝花夕拾，以此寄托我的哀思以及对赵老师的感恩。

二、与人为善、扶助后辈的赵老师

我与赵老师第一次见面，是在北京体育大学于 2007 年 12 月 17 日举办的奥运传播暨体育新闻传播史学术研讨会上。

这得感谢骆正林老师。当时会议负责人易剑东教授邀请骆老师参会，骆老师正好有事分身无术，便出资让我赴京代他宣读参会论文。那时，我只是南京师范大学新闻与传播学院的一名"小硕"，但赵老师毫无架子，愉快地与我合影留念，他的亲切随和，尤其是对于不知名的后辈，令人感念。

2009 年 6 月，中国新闻史学会年会由南京师范大学新闻与传播学院承办，我当时师从倪延年教授读新闻史方向的博士，便责无旁贷地成为会务联系人之一（另两位为博士同窗王庆军兄和王平姐）。由于会务，免不了与赵老师及其关门弟子刘书峰博士多次打交道。我与赵老师由"一面之交"变成了"熟人"——此时，赵老师才算真正地结识了我。

同年 8 月，程曼丽教授和卓南生教授主持的北京大学新闻学研究会首届新闻史论师资特训班请赵老师授课，我作为学员，第一次听赵老师讲课。

2010 年 4 月，我赴中国传媒大学参加全国新闻学与传播学博士生学术会议，事先与赵老师预约请教。

令我感动的是，赵老师得知我住在中国传媒大学旁边的一家旅馆后，70 多岁的他坚持从家中赶到学校，在中国传媒大学主楼二楼的一间办公室里与我会面——为了我的方便。

2012 年 7 月，赵老师应南京大学新闻传播学院之邀来宁讲学，专门打电话给我，我因而有机会到南京大学的南苑宾馆向赵老师请益。

赵老师一生指导过 12 名博士（另有数位博士后），其中的谢鼎新博士恰是我在南京财经大学新闻学院的同事，鼎新教授为表对老师的敬意，专门在南京 1912 街区一家上档次的饭店请赵老师吃饭，邀我作陪，饭后一起陪赵老师去泡脚，放松一下。赵老师在宁期间，南京师范大学新闻与传播学院也曾邀请赵老师参观新迁入的新传大楼。

2013 年 12 月，由于我的博士论文书稿出版，在中国人民大学有个小型的聚会，我与赵老师再次晤面。同年 8 月，我因参加北京大学新闻学研究会主办的第三届北大新闻史论青年论坛而来京，与赵老师电话预约，去他位于北京二环中央人民广播电台附近的真武家园家中拜访，在那次请教中，赵老师说他目前的生活哲学是 6 个字——"不闲着，别累着"。

2015 年 10 月，中国传媒大学举办了"勿忘历史：抗战新闻史"学术研讨会，会议期间，赵老师"秘密"地过了 80 岁生日，倪延年教授和我应邀参加了这次小规模的生日宴会。

2016年12月，方汉奇先生90寿辰，赵老师前来为先生祝寿。由于事先知道我也参加，他特地带给我一份珍贵礼物——与《中国新闻事业通史》有关的原件材料，供我作为研究资料之用。

2017年7月14日，我收到了赵老师安排研究生赵康帅同学发来的《一个甲子的师生情——兼祝方汉奇老师九十一华诞》文稿，供我参考。

2018年10月14日，赵老师应程曼丽教授之邀，参加北京大学新闻学研究会成立100周年学术研讨会，这次会上，我与赵老师匆匆一晤，合影留念。

没承想，随着2019年至2020年我出国做访问学者，在北大这次相值竟然是我和赵老师的最后一面！后之视今，亦如今之视昔，举一反三，思之能不怅然？！

三、"去朱自清家上厕所"的赵老师

我由于8月26日刚从疫情高风险地区伦敦回国，正在上海酒店集中隔离。因此，以上所记并非赵老师与我的全部交往——而只是限于我的记忆（依据电脑中现有的图片）。在南京师范大学随园校区的敬师楼，我还和赵老师吃过一次饭，倪延年教授和谢鼎新教授在场。

记得清清楚楚的是，2014年5月9日，我和钱珺师妹奉倪延年教授之命，陪赵老师和师母、郭振羽老师（新加坡南洋理工大学）、李彬老师（清华大学）"烟花三月下扬州"。之所以记得恍如昨日，那是因为当天在参观朱自清故居时，幽默的赵老师笑着说："走！咱们去朱自清家上厕所去！"当时就笑倒一片。

如今，斯人已逝，"笑中也有泪，乐中也有哀"。亲爱的赵老师，您留给我的不只是对我的诸多关爱，也不只是您的幽默畅达。对于同是教师的我而言，学生将会铭记您的言传身教，向您学习，努力助人，不求回报，只为心安。愿凭爱意，温暖人间。

2020 年 8 月 31 日

写于上海隔离酒店

（作者单位：南京财经大学新闻学院）

怀念中国广播电视史学的奠基人
与开创者赵玉明先生

高铁军

中国广播电视史学的奠基人与开创者赵玉明先生于 2020 年 8 月 30 日在北京仙逝。作为广播电视史学的爱好者和初学者，我与赵玉明先生相识 10 年，深受先生精神之感染、理论之启蒙，今撰文追忆，以示缅怀。

以史结缘

我是史学专业出身，之前又在广播电台工作过，学习、研究广播史也就成了顺理成章之事。研究自然要站在前人的肩膀上行事。于是，在我打开广播史的学问之门时，赵玉明这三个字就深深地镌刻在我的脑海里。赵玉明先生的《中国广播电视通史》《中国广播电视图史》等著作成了我快速了解学科知识和理论体系的指南针。

当时，我对赵玉明先生只知其名、未见其人，只是大概知道他是中国传媒大学的一位退休老教授。直到 2010 年 11 月，在人民广播创办 70 周年即将到来之际，我同中央人民广播电台的同事重返延安参加寻根活动，并为台史展搜集素材时，才有幸第一次见到赵玉明先生。不过，由于当时时间短暂又有任务在身，只与赵玉明先生有过简单的交流请教，先生对我也没有太多深刻印象。

2012 年，我撰写的《近几年我国广播史研究概况浅析》一文在《中国广播》杂志第 6 期发表。刊物出版后没几天，我就接到了编辑部打来的电话，说赵玉明先生看到文章后想同我交流一二。电话拨通之后，赵玉明先生详细询问了我的学习经历和学科背景、现在的工作岗位和职责，同时询问了我对研究广播史的认识和兴趣。赵玉明先生鼓励我说："你的文章我看了，写得不错。现在难得还有年轻人愿意学习和研究广播史。你受过史学的训练，又在广播电台从事相关工作，还对广播史有兴趣，可以更多地参与一下广播史的研究。"在这之后，我开始逐渐接触到了更多广播史研究的前沿问题和热点问题。

编外"学生"

虽然我不是赵玉明先生的门下弟子，但享受到了很多学生的"待遇"。赵玉明先生经常在想起一些史学理论以及与中央人民广播电台的广播史的有关问题或者最近研究进展时，给我打电话。每次电话一接通，他都会亲切地说："喂，我是老赵。"电话交流经常意犹未尽，我都会直接到赵玉明先生的家中，在他的书房里进行更深入的探讨。

赵玉明先生很健谈，思路非常清晰，对广播史的史实、史料更是如数家珍、信手拈来。他给我讲述了很多自己摸爬滚打搜集材料、解决困难、研究广播史的经历，也跟我探讨过很多基于历史学的理论多视角研究广播史的思路，对我很有启发。

在赵玉明先生的鼓励下，几年来，我多次参加学校举办的广播电视史学术研讨会，也撰写了多篇广播史的研究论文，其中包括《用新文化史的方法研究广播史》、《史学视阈下的广播史学理论与方法创新》以及《近几年抗战广播史研究概况》等。在论文撰写前后，赵玉明先生都会提出很多宝贵的意见和建议。这些论文也多次获得中广联合会主办的全国广播影视学术论文评选二三等奖。我还因为做广播史研究取得的一点点成绩，被评为第六届全国广播影视"百优"理论工作者称号。我能在广播史研究方面取得一点点成就，绝不仅仅是我个人兴趣和努力使然，更多的来自赵玉明先生的教诲带给我的激励和启发。

精神永存

赵玉明先生虽已驾鹤西去，但他在精神层面给我们留下了非常宝贵的财富，永远值得我们铭记和汲取。

赵玉明先生留给我们的是踏实治学、永不言弃的精神感召。赵玉明先生一生都在学习、研究、探索。80岁高龄的他，还每天沉浸在书房里的文献档案材料中，还沉浸在广播电视史的推敲考据研究中，还对广播电视、新闻传播、宣传舆论时时关注。很多新视角、新理论、新思维，他比年轻人掌握得还快。每每因日常琐事繁多而给自己开脱，不读书、不学习、不研究的时候，我都会想起赵玉明先生伏案的身影和语重心长的话语，并成为鞭策自己的动力。

赵玉明先生留给我们的是系统完备、血肉丰满的精神成果。赵玉明先生是广播电视史学的奠基人和开创者，不但开创性地破解了很多广播电视史上的不甚清晰甚至充满争议的难题，为广播电视事业的发展厘清了过往的历史印记，而且系统性地编纂了《中国广播电视通史》，为广播电视史学成为学科搭建了最为坚实的基础，还汇编了大量关于中国广播电视史、抗战广播史等方面的文献材料，为后续的研究工作提供了源源不断的生命力和广袤无垠的空间。

赵玉明先生对广播电视事业和广播电视史学都带着深深的感情。从去年开始，他就时常念叨起人民广播成立80年之事。今年年底，这个基于赵玉明先生的研究成果被党和国家认定，这个让他心心念念的纪念日快要到来的时候，他却永远地离开了我们。想到此时，再想到听赵玉明先生谈古论今的点点滴滴，我不禁万分悲痛。愿赵玉明先生一路走好，愿广播电视史学万古长青！

（作者单位：中央广播电视总台创新发展研究中心）

玉汝于成　明心见性

——怀念乡贤赵先生

常志刚

　　听闻先生仙逝，我不禁失声大哭！太过突然。

　　电话那端，先生的女儿赵虹女士安慰我说，"我们一直陪着他，也有些心理准备，你们觉得突然，我们家人相对会好一些。"本想说些宽慰的话，却不知从何说起。

　　通电话时，赵姐正在医院做一些善后事宜，不便多说，只是在挂电话时补了一句："疫情期间，不方便，我爸也不希望劳烦大家。之后有空再来北京，还来我们家坐坐，不要我爸走了，就不来了，我妈会受不了！"这时，坚强如她，已是泣不成声。

———

　　结识赵先生，是因一场学术会议。2018 年 4 月，正值《毛泽东对〈晋绥日报〉编辑人员的谈话》70 周年，我供职的单位在时任全国新闻学研究会会长郑保卫先生的支持下，与中国新闻史学会、山西省晋绥文化教育发展基金会、中国人民大学新闻学院在北京联合举办一场主题性、纪念性的学术活动。基于此，我便代表学校和我们研究中心去拜访中国新闻史学会

图1　赵玉明（第一排右八）和常志刚（第二排右一）

创始人、第一任会长方汉奇先生。离开方先生寓所时，他补了一句："你可以去见见赵玉明，他是你们吕梁人。"

后知后觉，辞别拜谢！

欣欣然，惴惴然，我拨通赵先生家的电话，许久，电话接了起来。

"喂，谁呀？"

"先生您好，我是山西吕梁学院的小常。"

我报上姓名，说明来意，先生的语调明显提高，语气温和，并主动提出方便时到府上一叙，比我预想的要顺利很多，我暗自窃喜。

第一次登门，我准备仓促，只是在楼下带了些水果作为见面礼。

进门，茶已沏好，我与他隔着书桌，相视而坐。

先生边说欢迎欢迎，边拿出一沓早就准备好的资料放在我面前。"走时记得带上，年纪大了，我怕忘记，提前和你说一下。"

资料多与晋绥研究有关，有书、有复印好装订成册的研究论文和杂志文章，还有一些剪报。先生一一介绍，并说年纪大了，帮不了什么忙，做些资料整理性的工作，算是对小老乡的一点支持。

先生称我"小老乡"，紧张的心情便在刹那间放松了很多。与我同去的我的学生顺势拍了些照片作为留念。

至此，因在清华大学新闻与传播学院做国内访问学者，我便有了与先生多次亲密接触的机会。

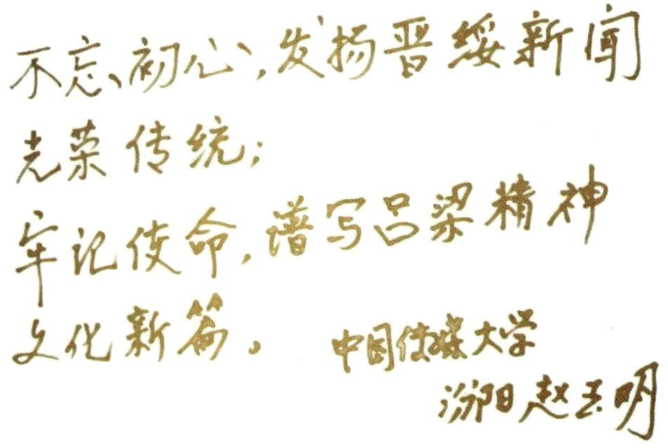

图2　赵玉明先生为吕梁学院晋绥新闻与文化研究中心题词

他的案头总放着一本《汾州乡情》，我每次去他都会和我聊聊吕梁，聊聊山西，聊聊他的汾阳老乡贾樟柯，聊聊一年一度的吕梁文学季，聊聊山西的高等教育，特别是新闻传播学科发展的情况。他曾说，他很小就离开了汾阳，离开了山西，前几年身体硬朗的时候，每年都会回去一两趟。他在担任中国新闻史学会第二任会长期间，曾向山西大学文学院新闻系（现山西大学新闻学院）提议，由他们牵头成立地方新闻史专业委员会，可惜因为各种原因未能如愿。每每提及此事，先生总觉得非常遗憾。如他所料，在新闻史学会第四任会长陈昌凤教授的任期内，华南理工大学牵头成立了地方新闻史专业委员会，这比先生的预想晚了10年有余，当然，更重要的是山西新闻传播教育界失去了一个面向全国学习、交流、切磋、展示的机会。

二

学人、学者、知识分子、大学教授是先生的基本身份。但他最珍视的称谓是"教师"。先生为人敦厚精诚，为学谨严质朴，文风平易畅达，话语如沐春风。离休以后，他仍多年坚持做博士生导师，且固定每周都去他一生坚守、毕生至爱的广院（今中国传媒大学）。先生在那里耕耘，在那里收获，在那里提携后辈，奖掖晚生，先生在那里成为讲师、副教授、教授，也在那里成为"全国优秀博士学位论文指导教师"，先生将自己获奖所得悉数捐出，设立"赵玉明教授研究生助学金"。

图3　赵玉明先生参加纪念《毛泽东对〈晋绥日报〉编辑人员的谈话》70
周年暨中国特色新闻学学科建设研讨会并做主题发言

据我粗浅的了解，作为学者，先生的主要研究聚焦在中国广播电视史，尤其是中国广播史。先生是中国广播电视史和中国广播电视学科发展的重要奠基人之一。他主编的《中国广播电视通史》《中国广播电视图史》填补了多项学术研究的空白，筚路蓝缕，以启山林。先生对新中国成立前解放区广播的研究投注了大量精力，并通过他的研究，将中国人民广播事业的纪念日改定为每年的 12 月 30 日。

先生曾说，他对党报党刊的重视受到三方面的影响。一是方汉奇先生将中国新闻史学会交给他接棒，使得先生的研究主攻方向从广播电视史扩展到更大范围的新闻传播史；二是在北大新闻学专业读书期间便已经产生的，他的老师甘惜分先生对他的影响；三是先生一直以来非常关注的老一辈革命家的思想对他的影响。

图 4　赵玉明先生分享研究心得

在先生的任期之内，中国新闻史学会从一个分会发展为四个分会，为后来的继任者程曼丽教授、陈昌凤教授、王润泽教授奠定了良好的基础。先生曾特别叮嘱我，办会一定要扎扎实实、认认真真。在他的任期之内，每年的中国新闻史学会年会都要出版一本论文集。当然，因为学会的不断发展壮大，学会会刊《新闻春秋》的独立化、建制化发展，使得论文集出版的重要性和必要性有所下降，但鉴于近年来各种学术会议纷纷扰扰、熙熙攘攘，难免走马观花、水过地皮，先生的"举办学术会议，参会人员要有所收获，大家要互相切磋、互相砥砺，争取落到实处"的叮嘱依然有持久的指导意义。

三

先生不抽烟，也不喝酒，晚年因心肺功能有所下降，听力有所衰减，多以散步养生。先生有一雅趣，便是在业余时间做周恩来研究。按他自己的说法，做着做着，业余爱好也变成了学术志趣了！

先生送我一本签名的《周恩来题词集解》，我天生愚钝惰怠，未来得及深入研读继而向先生请教，先生已然离开了我们。我对周恩来同志的认知是从小学课本中"为中华崛起而读书"的故事中展开的想象。先生对周总理的兴趣，多少与他中学阶段离开山西老家，只身一人就读于天津第三中学有关。在中华人民共和国的奠基人、老一辈无产阶级革命家当中，周总理和毛主席都对新闻舆论事业甚为关注且投注了诸

图5　赵玉明先生为作者签名赠书

多精力。从学生时代起，周恩来同志便主持创办《天津学生联合会报》。在革命战争年代，作为隐蔽战线的最高统帅，作为龙潭虎穴中斗争斡旋的灵魂人物，周恩来同志在重庆指导国民党统治区发行的中国共产党党报——《新华日报》，更是堪称新闻战线斗争艺术的典范和楷模。

先生的博士生金梦玉教授在《那长长的身影——怀念恩师赵玉明先生》一文中，曾提及他在中国传媒大学南广学院创办"周恩来班"的经历，想来先生的"业余雅趣"得以薪火相传，他在远方应甚是欣慰吧。

提及周总理，先生的一篇文章便又回到心头。因为前述办会的原因，赵先生不但亲自参会，还一次性提交了两篇论文，其中一篇文章与他长期关注的解放区广播事业有关。

我最后一次和先生联络是在 2019 年 11 月。上海邹韬奋纪念馆副馆长上官消波先生为筹建中的中国近现代新闻出版博物馆拍摄一些文化名人书房照，托我联络赵先生，准备登门拜访。赵先生一如既往地热情好客，11 月 20 日下午，回复道："建议先拍人大的汉奇惜分苑。欢迎他，来京具体

图 6 赵玉明先生在书房

时间可先约定。"此前我已经为上官先生安排去拜访方先生的事宜，赵先生不知此事，但每有如他所言的"抛头露面"的事宜，他总是第一时间想到自己的老师，处处可见先生的师道传承。

11月24日晚18时59分，先生给我的最后一条信息："已接待上官同志，谢谢你的中介。"先生向来言简意赅。我理解，先生所谓的"中介"，是"居中介绍"的意思。去年仲夏我离开北京，初秋来到上海，不觉一年有余，临行前再次去先生家，与他约定等博士论文初稿完成，一定第一时间奉上，不负他对我的提携帮扶。疫情期间，我曾去新华出版社洽谈"晋绥新闻与文化研究丛书"（第一辑）的出版事宜，因时间安排紧张且有多人同行，想来不便打扰，孰料竟成永远的遗憾！

中元节我回老家祭祖，面向北京的方向，献上一些水果，摆一个花篮，回想着第一次拜访先生的情景——他从我手中接过花束，笑容可掬，用特有的赵氏风格幽默地说："谢谢，让你破费了！"

图 7　赵玉明教授

　　斯人已逝，音容宛在，道不远人！

　　情不自禁，一时泪目！再拜，哭先生。

　　无以为报，只能在新闻传播的研究和教学中砥砺前行，为先生念兹在
兹的家乡的、山西的、中国的新闻教育事业和新闻传播事业贡献力量。

2020 年 9 月 9 日

于复旦大学北苑公寓

（作者单位：吕梁学院中文系）

怀念赵玉明师

郭镇之

我是赵玉明老师的第一个研究生，是赵老师将我引上新闻教育和学术之路。

1978 年 3 月，我作为 77 级编采班的一员，随 "文化大革命" 后第一批本科生进入北京广播学院（我们习惯地称为 "广院"，后来许多人称之为 "北广"，现在的名称是中国传媒大学）。当时有一门广播新闻概论课，是赵玉明老师与康荫、王珏等老师合上的，赵老师讲授中国广播史部分。据赵老师后来说，我写的课程论文给他留下了很好的印象。

1979 年，赵玉明与王珏两位老师分别担任中国广播史和新闻理论两个方向的导师，开始招收北京广播学院的第一批研究生。最近我才得知，这次招生是 "试招"。因为赵老师在中国社会科学院新闻研究所协助培养研究生，还参与教学取得了经验，所以得风气之先，获此资格。

一、学术导师

1979 年某天，赵老师在广院的大食堂门口见到我，问我想不想考研究生。我答，当然愿意。我当年已过 27 岁，在班里排序第四，为女生 "大姐"，迫切希望早早毕业。赵老师告诉我，这个研究生计划是为学校培养师资的，今后要留校任教。我说愿意。其实，在当时，留校当教师并不像今天这样抢破脑袋，我的许多本科同学后来都分到了国家机关和媒体，获得了很好的职业机会。但我那时并无职业规划，信奉的是"我是一块砖，东西南北任党搬"和到哪里都可以、都应该发光发亮的理想。于是，按照当时仅实施了一年的政策（可以从在读的本科生中招收研究生），我通过考试，于1979年9月从本科生转为研究生。

作为第一届研究生，我和新闻理论方向的师兄朱月昌得到的机会绝无仅有。因为缺少研究生课程，我们的政治理论课是到社科院新闻所旁听的。后来，学校将中国人民大学新闻系的方汉奇、张隆栋、傅显明等老师接到广院，为第一批、第二批研究生上中外新闻史课。

赵老师为培养我这第一个弟子倾注了满腔心血。在1980年夏秋之间，赵老师组织了一个考察组，由齐越老师带队，邀请杨兆麟、钱家楣、李志海等几位当年的"老广播"，沿着延安（陕北）新华广播电台的历史遗址进行了实地踏访。作为一门课程，我后来不仅跟随赵老师发表了一篇延安（陕北）新华广播电台旧址考察日记，而且写了一篇作业，名字就叫"读万卷书，行万里路"。此后，实地考察一直是我认为重要的当代史研究方法。

写学年论文时，赵老师将他搜集了多年的延安（陕北）新华广播电台《对蒋军广播》（后来改名为《对国民党军广播》）节目的档案资料交给我。我做了一些归纳整理、文献分析，经赵老师审阅成稿。从中，我练习了文献批判的研究方法。后来，此文发表在《新闻研究资料》上。当时（20世纪80年代初）大家还没有什么著作权的意识，否则应该将赵老师列为作者之一或者至少应该致谢的。

我的硕士论文选题（旧上海民营广播电台的历史命运）是赵老师指导我确定的。当时他给了我两个题目：一个是延安新华广播电台，一个就是上海的私营广播电台。我是好奇心强的人，喜欢探索。对我而言，民营广播电台是个"新鲜事物"，于是我选了它。赵老师帮我联系了上海广播电视局、电视台的负责人，解决了食宿等具体问题，我就一心一意搞调查了。跑了广播局、档案局、新闻出版署、工商联、邮电局等与广播电台有关的单位，经过顺藤摸瓜般的"侦查"，并访问了当时还健在的几乎所有民营电台经营者，最终收集到的材料有一大纸箱。复印资料所费不赀，我不知道也没有关心过赵老师是怎么帮我报销的。在调查研究过程中，我对"商业广播电台"的认识渐渐清晰，也初次接触到"受众商品"的论题。论文完成后，赵老师说，他没有想到我能做到这样——是嘉奖的意思，虽然他没有用现在导师们常用的"很棒"之类的鼓励话语。从此，在赵老师开辟的人民广播史（解放区＋新中国）的基础上，又生长出旧中国广播史的一块新领域。后来，赵老师组织了《旧中国的上海广播事业》一书的编写，他是领导者，我是执行者。我们与上海档案局合作，挖掘和保存了不少珍贵的史料。作为名副其实的垦荒者、开拓者，在中国的广播电视历史研究领域，赵玉明老师是当之无愧的学术领军人物。

二、人生导师

20 世纪七八十年代的研究生和导师的关系与现今的师生关系大不相同，那是一种更为平等、亲密的交往，学生不时地到老师家里蹭饭。

可能因为我是第一个研究生，赵老师对我的成长格外用心。在为人处世方面，他对粗心大意的我时有劝导。记得在陕北调查的时候，某次到了一个地方，当地的广播部门很热情，呼啦啦来了一堆人，摆桌拿酒端菜。齐越老师也赶紧站起来应酬，我却端坐不动。我感觉到齐老师脸色不好看，嘴里还嘟囔着什么，我竟不知道他是在生我的气。过后，赵老师批评我，做事不主动，缺乏眼力见儿。我还顶嘴说，该我干的事我没干好吗（我负责调查时做笔记）？那么多人挤挤攘攘的，我凑那个热闹干吗？有必要吗？赵老师也向齐越老师解释，说我家庭环境、个性如此云云（后来他也常常说我"只会做事，不会做人"）。这个毛病后来我注意了一些，但估计还是没怎么大改。齐老师后来对我似乎也调低了在"懂事"方面的期望值，始终对我慰勉有加，还帮我签了不少字——都是赵老师居间沟通。赵老师一直是一个很好的组织者。

算来我和赵老师相差只有 15 岁。赵老师刚开始带我时，头发还是黑的，就在三年之间，他的头发渐渐花白了。一次，我惊呼他头上的白发大增，赵老师半开玩笑地说，还不是因为替你操心！他对我以及在职读书、一直跟随他的哈艳秋，不似对后来年轻的弟子，更像平等的同事间关系。对我经常的自作主张和偶尔的言语顶撞，他曾叹息说"惯坏了"，今后要"吸取教训"。我想是希望更"师道尊严"些吧。

赵老师说："我这辈子，没离开广院，没离开广电史，没离开学生。"但我却没有杖履相从、追随左右。我后来到中国人民大学读博士，毕业后没有按照赵老师的愿望回到北京广播学院，而去了社科院，我想赵老师是有点失望的。

赵老师升任副院长以后，曾经到我家来动员我回广院，我没有考虑他建立学术梯队的需要，却以自己更爱好科研的真实理由婉谢了他的盛意。而在刘继南院长通过其他老师招兵买马、动员回归（当时的"重点人物"还有叶延滨）时，我却因为一个承诺去美国访学的机会回到了广院，而且因为研究方向转向中国电视史，去了与新闻系存在竞争关系的电视系。以赵老师的通情达理，他从来没有责备过我的选择。而且事后，他和学生谈话，总是把我为正面的例子，说我的好话，肯定我的成绩。一想到这些，我就觉得很惭愧！所幸，我后来去清华，赵老师似乎是欣慰的。

赵老师逝世的消息来得很突然。就在一周前，我整理旧照片，发现一张我们调查队在延安新华广播电台窑洞口的合影，还特地扫描并发给了赵老师。他没有回微信（通常他会回信），我也没有太在意，谁知竟失去了最后见面的机会。2020 年 9 月 1 日，赵老师的追悼会召开。因为疫情未结束，追悼会规模受限，承赵老师的第一个博士生艾红红安排，8月31日，我们提前到医院与赵老师告别。站在赵老师灵前，我心里默念着：赵老师，您的事业、您的心愿，我们都会牢记在心。您的学生永远不会忘记您……

2020年9月1日

（作者单位：清华大学新闻与传播学院）

恩师赵玉明：引领我走上学术之路的人

哈艳秋

2020 年 8 月 30 日，恩师赵玉明驾鹤西去，永远离开了我们，离开了他为之奋斗一生的、执着追求的事业。回顾与恩师 40 多年的相处交往，我的内心波涛起伏，心绪难平。赵老师为人正直、乐观、豁达的品质，学术上严肃、认真、严谨的治学态度和锲而不舍的精神，对青年人的呵护、包容，既严格要求又不断鼓励鞭策等做法，都将成为我一生宝贵的精神财富，永记心间。此生能得到赵老师的悉心教诲和言传身教，赵老师引领我走上学术之路，是我人生最大的福气。恩师，您匆匆地走了，身后留下了长长的一串脚印……

一、学术研究要有坐冷板凳的精神

1974 年 11 月，我带着黑土地的泥土和风尘从黑龙江来到北京广播学院新闻系编采专业学习，1977 年夏天毕业留在广播史教研室工作，从此与赵老师结缘，成为广播史教学和研究的一员。最初上班时，赵老师正在考虑编一套《中国报刊广播文集》之事，于是就给了我很多资料，让我边阅读边了解情况，并尽可能参与到资料的整理工作中去。《中国报刊广播文集》共六册，内容包括：①中共中央对新闻工作的决议、决定、指示、通知和通报；②党的报刊、通讯社、广播电视关于新闻工作的文章、社论；③毛泽东、周恩来、刘少奇等关于新闻工作的讲话、论述以及新闻单位负责人的文章和讲话等。最初看到这些近百万字的资料，我有些头大，不知所措，心里直犯嘀咕：这些资料与教学有关系吗？赵老师看出了我的疑惑，一天他一边讲这些资料与中国共产党新闻工作的关系和重要性，一边说"板凳须坐十年冷，文章不写一句空，做学术研究要耐得住寂寞，要下真功夫、笨功夫"。赵老师的话声音不大，但听起来很重、很有分量。道理明白了，知道了这些资料的价值，我看资料的时候劲头也足了。在我刚刚走上新闻教育工作岗位时，应该说值得庆幸的是，这是我最早接触到的中国共产党关于新闻工作的思想和理论，也是我最早接受的马克思主义新闻观的教育，为我以后从事的教学和研究工作奠定了理论基础。1980年夏，《中国报刊广播文集》（六册；见图1）以北京广播学院新闻系的名义在内部出版（没有书号），保障满足了教学和科研工作的需求。当时"文化大革命"刚刚结束不久，这部文集就能集辑出版，赵老师学术思想的敏锐程度和工作效率之神速从中可见一斑。

图1 《中国报刊广播文集》（六册）

二、学术研究要有紧迫意识，抓紧时间做好史料抢救工作

学术研究要有紧迫意识，这是赵老师的一个重要思想和工作作风，正是在这种紧迫意识的指导下，赵老师在广播史的研究上抓紧时间，克服了重重困难，于 20 世纪 80 年代就拿出了许多研究成果，如《中国人民广播回忆录》、《解放区广播历史资料选编》（一九四〇——一九四九）、《延安（陕北）新华广播电台广播稿选》（见图 2）等。

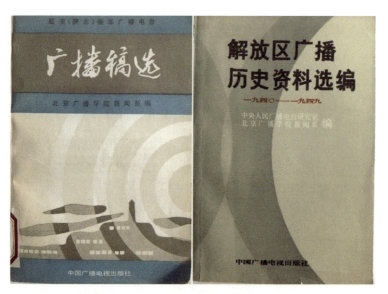

图 2　赵老师于 20 世纪 80 年代主持出版的部分成果：《延安（陕北）新华广播电台广播稿选》和《解放区广播历史资料选编》（一九四〇——一九四九）

在 20 世纪七八十年代，中国广播史上的前辈大多还健在，特别是战争年代在解放区做过广播的技术人员、播音员、编辑等，但随着岁月的流逝，他们中间有些人陆续离世。赵老师深感抢救这些"老广播"的重要价值，抢救这些"活"史料刻不容缓。1980 年春天，在赵老师的积极推动下，中央广播事业局下发文件征集《中国人民广播回忆录》，并委托赵老师担任征

集和编选工作。《中国人民广播回忆录》（见图3）收入解放区广播工作者的回忆文章220篇，一共4集，分别于1983年、1986年、1990年和1995年出版，内容主要涉及延安新华广播电台和其他解放区广播创建和发展的情况，解放区广播在各地的收听情况和反应等。这些回忆文章都是根据本人亲身经历写成的，反映了不同时期、不同地区的广播工作者的战斗历程，情节生动，具有相当重要的史料价值。

图3 《中国人民广播回忆录》

我当时参与《中国人民广播回忆录》编选工作，并完成解放战争时期曾在邯郸新华广播电台从事文艺广播工作的顾湘同志的回忆文章代写工作。顾湘在"文化大革命"期间遭受严重迫害，手落下残疾，赵老师就让我去她家，听她讲战争年代的广播故事，帮她完成了回忆文章的写作。参与《中国人民广播回忆录》的编选工作，让我深切了解了解放区广播发展的艰难曲折之路，看到延安精神在解放区广播工作者身上折射出的光芒。

三、学术研究处处要做"有心人"

这是赵老师当年常跟我说的话，其含义之一是平时工作、学习、看书看报时随时随地要注意发现、搜集、留存与新闻史、广播史有关的资料，发现后可以及时以摘抄、记录、剪报、复印等方式保存下来，千万不要错过，否则以后再查找下的功夫、花费的精力就大了。其含义之二，做什么事都可以和广播史工作联系起来，多从广播史方面考虑问题。受到方汉奇、丁淦林等老师研究中国新闻史工作的启发影响，赵老师也经常考虑广播史研究工作如何推进的问题。如 1987 年方先生的《中国新闻事业通史》获得国家社科项目立项后，赵老师 1990 年申请《中国广播电视通史》项目并获得批准，以后还完成了《中国广播电视图史》《中外广播电视百科全书》的编撰出版工作，赵老师自谦地称之为"照虎画猫"。进入 21 世纪以后，赵老师向中国广播电视协会副会长杨波和协会顾问刘习良积极建议开展《中国广播电视编年史》的研究工作，2009 年杨波、刘习良等向国家广电总局申请《中国广播电视编年史》立项并获得批准，积极组织人力投入编撰工作。中广协会秘书长张聪专门到我家来，让我参与 1923 年至 1948 年底《中国广播电视编年史》的编写工作，我当时带领几个博士、硕士研究生查阅大量的书刊资料，用了一年左右的时间完成初稿，以后又进行多次修改。令人高兴的是，经过 9 年左右的工作，《中国广播电视编年史》（第一卷、第二卷、第三卷，见图 4）已经出版，赵老师建议立项的《中国广播电视编年史》已见到成果。

学术研究处处要做有心人，赵老师不仅这样说，也是这样做的。赵老师发表的许多论文、文章、出版的著作，如《毛泽东同志与革命战争年代的人民广播》《周恩来同志在战争年代关怀广播工作的事迹》《中国广播电视通史》等，都是"做有心人"结出的累累硕果。40 多年来，赵老师学术

图 4 《中国广播电视编年史》（第一卷至第三卷）

研究成就斐然，与他长期坚持并倡导的学术研究要做"有心人"密切相关。

说到做"有心人"，还有一个细节令人难忘。1980 年，赵老师在编选《中国人民广播回忆录》第一集时，发现一位叫徐廷秀的作者于 1946 年 5 月 31 日发表在晋绥解放区的《抗战日报》上的一首诗，题目是《听延安 XNCR 广播》。诗中写道："收音机里传出嗡嗡嗡的声音，屋子里挤满了人，延安 XNCR 开始播音，大家含着微笑，侧耳静听……"赵老师当时就在想，这首诗的作者现在还在吗？他在哪里？他当年为什么写这首诗？有什么背景吗？一连串的思考、一连串的问题，萦绕在赵老师的脑海里。

一天，赵老师在给 77 级学生上广播史课的时候，向同学们介绍了这首诗，并提出来寻找诗作者的事情。说来也巧，当赵老师话音刚落，班里的一个叫徐永清的男同学站了起来，说这首诗的作者是他的父亲，其父名叫"徐明"，笔名"徐廷秀"，真是"踏破铁鞋无觅处，得来全不费工夫"。赵老师欣喜若狂，下了课就跟我说这个事情，之后通过这个学生联系到他的父亲，请他写一篇关于发表这首诗的回忆文章，作者徐明很快写了题为《延安之声鼓舞军心》，回忆了当年收听延安新华广播电台的广播后写这首诗前前后后的故事。

四、学术研究上开放包容，大胆重用青年人，让他们放开手脚去锻炼

赵老师在自己重视钻研广播史的同时，还注意大胆、放手引领青年人走上这条路，而且指导青年人时讲究方法，循循善诱、循序渐进地让青年人放开手脚进入学术研究领域。1979 年《北京广播学院学报》[《现代传播（中国传媒大学学报）》的前身] 创刊，赵老师就带领我和另一位同事曹焕荣（1978 年留校）合写了《周恩来同志与人民广播》一文，在学报创刊号上发表。当时三个人各有分工，每人分别写几个专题，这是我有生以来第一次把纸上文字变成铅字发表。

赵老师在学术研究上的开放包容，让我在 20 世纪 80 年代就有机会参与到多部教材的写作。1987 年我研究生毕业留校后，赵老师积极推荐我参加校内外教材的编写。20 世纪 80 年代，教师队伍青黄不接，急需青年人顶上来，为了让青年人写教材，赵老师担任系主任期间提出以老带新，合作出版教材的想法。1988 年北京广播学院新闻系出的《实用广播电视新闻学》（见图 5）就是以老带新的成果，其中的《中国广播电视事业简史》就是我和赵老师合作完成的。

随着广播事业的迅速发展，很多学校缺少广播学教材，为此，

图 5 《实用广播电视新闻学》

1987年赵老师推荐我参加了全国13所大学（北京广播学院、中央民族大学、国际关系学院、辽宁大学、河北大学、吉林大学、宁夏大学、杭州大学、郑州大学、天津师范大学、安徽大学、华中工学院、黑龙江宣教干部管理学院）组织编写的《应用广播学》教材（见图6），我负责"第二章广播事业简述"。该书于1988年由新华出版社出版。

与此同时，1988年赵老师还推荐我参加国家教委（后改称教育部）组织编写的全国高等教育自学考试教材《中国新闻事业史》（见图7）的编写工作。这部教材由丁淦林老师牵头担任主编，人民大学的张之华、四川大学的王绿萍、郑州大学的王洪祥、吉林大学的冯国和、暨南大学孙文铄、兰州大学朱锦翔等老师一起开会商讨教材的写作问题。该书于1990年由武汉大学出版社出版，我负责其中与广播相关的章节。据我所知，这部书应该是新闻学高等教育自学考试的第一部教材。

在参与上述教材的编写过程中，我走出校门进入更大的世界，有更多

图6 《应用广播学》

图7 《中国新闻事业史》

的学习锻炼机会，接触了广播学、新闻学，特别是新闻史等方面卓有成就的教授们，他们政治素质高，专业理论和知识丰富，谈到新闻史问题如数家珍，他们的学养、他们的谈吐、他们的学者风范教育并影响着我。

　　继全国高等教育自学考试教材《中国新闻事业史》完成之后，原班人马中的大部分人又参加国家教委组织编写的《中国新闻事业史教学大纲》（见图8左）任务，我负责写第十四章"社会主义现代化建设中的新闻事业"（改革开放以来的新闻事业）。我负责的部分，我一点基础都没有，完全是查阅大量资料后自创的。对于我写的这部分内容，丁淦林老师非常肯定，没做什么修改就通过了。1996年，丁淦林老师主编《中国新闻事业史新编》（见图8右），也邀请我参加这部教材的编写，正如丁淦林老师在这本书前言中所指出的"以马克思主义为指导，注重知识性、前瞻性和通用性，是我们这套教材的共同要求"，"编写教材同人都把编写教材的过程作为总结经验、研究方向，从事创作的过程力求能反

图8 《中国新闻事业史教学大纲》和《中国新闻事业史新编》封面图

映中国新闻学的最高水平"。《中国新闻事业史新编》于 1998 年由四川
人民出版社出版。

五、学术研究要善始善终，有计划、有安排、有检查、有结果

这是赵老师的一贯作风或者做事风格。回顾赵老师几十年来从事广播
史研究的工作经历，都是善始善终完成的。赵老师在学术研究上坚持做到
工作有计划、有安排、有检查、有结果。为了推动广播电视交流和学术研
究工作开展，1986 年中国广播电视学会（后改称中国广播电视协会）成
立，赵老师很快筹划在学会领导下的广播电视史研究委员会的成立工作。
1987 年 4 月广播电视史研究委员会在大连成立，并召开了第一次中国广
播电视史志研讨会（见图 9）。中国广播电视学会当时下设的专业委员会
不多，只有几个。广播电视史研究委员会是成立较早的专业委员会之一，
该会第一、二届会长是杨兆麟，副会长是赵老师、林青，第三、四届赵老
师任会长，我是第一任秘书。广播电视史研究委员会成立后每年都召开理
事会，每两年召开一次全体大会，按时向理事和全体会员汇报工作情况、
学术研究的进展，并在会上开展学术交流和研讨。广播电视史研究委员会
成立后的近 20 年里，共召开七次全国性会议，每次会议结束后，赵老师
都要求把会议内容结集成册，编成中国广播电视史志研讨会专辑（内部出
版，见图 10）。今天回头翻阅这几册专辑，看到广播电视史研究委员会 20
年的工作轨迹，看到了赵老师 20 年来对广播电视史研究委员会工作倾注的
心血。

从 1987 年成立到 2005 年，广播电视史研究委员会积极推动各地广播
电视史志的编纂工作开展，做到及早做计划、及早安排，随时了解科研项
目的进度和完成情况，如《中国解放区广播史》的编写（1992 年，中国
广播电视出版社出版）、《中国少数民族广播电视发展史》（2000 年，北京

图 9　中国广播电视学会广播电视史研究委员会成立和第一次
中国广播电视史志研讨会参会人员留影（1987 年 4 月，大连）

图 10　广播电视史研究委员会结集成册的中国广播
电视史志研讨会专辑

图 11 《中国解放区广播史》《中国少数民族广播电视发展史》
《中国广播电视企业史》

广播学院出版社出版）、《中国广播电视企业史》（由于涉及一些技术问题，1994 年内部出版）（见图 11）。广播电视史研究委员会还组织开展中国广播电视史志评奖工作，极大地调动了从中央到地方广电局（台）对广播电视史志研究工作的积极性。1987 年广播电视史研究委员会成立后，办公地点设在北京广播学院图书馆四层的一间小房子里，把相关的广电史资料都放在这里，便于各地来人查阅。1989 年 10 月 13 日中国广播电视学会广播电视史研究委员会设立的中国广播电视史志资料中心成立（见图 12），赵老师让我负责这个资料中心的工作，主要是分门别类地整理广播电视史资料，接待外面人员来访查阅等。

赵老师关于编写解放区广播史的想法由来已久。1987 年广播电视史研究委员会成立后，赵老师就把编写《中国解放区广播史》列入广播电视史研究委员会的工作规划，并把全书的执笔任务交给我，当时我深感责任重大，怕难以胜任。从 1987 年到 1990 年在赵老师的积极建议和组织下，广播电视史研究委员会先后在大连、烟台、咸宁召开三次解放区广播史研讨会（1986 年广播电视史研究委员会成立前，在北京广播学院还曾召开一次）。为了写好这部书，从 1987 年到 1990 年我查阅大量书籍和资料，核实

图 12　中国广播电视史志资料中心成立纪念，后排右二为赵玉明老师，
后排右一为本文作者（1989 年 10 月 13 日）

史实，特别是广播电视史研究委员会召开会议之际，积极听取"老广播"
的发言并及时记录、整理他们的发言。经过努力，1991 年《中国解放区广
播史》脱稿，1992 年该书由中国广播电视出版社出版。通过编写《中国
解放区广播史》，我对解放区广播的认识更加深刻，以往很多粗浅的、感
性的认识逐渐上升到理性高度。在这部书的最后，我还专门总结出解放区
广播的历史经验和优良传统。《中国解放区广播史》一书出版后，赠送给
日本新闻协会原会长、上智大学新闻学教授春原昭彦先生，他在回信中写
到，"你们写的《中国解放区广播史》已经拜读了，战争时期有关广播方
面的资料相当难找，这是件很难做，很不容易的事情。该书对战争年代广
播电台的介绍及人物志，我认为都是非常有参考价值的"，"像《中国解
放区广播史》这样资料丰富的书是很了不起，很有参考价值的"。1996 年
《中国解放区广播史》分别荣获国家广电总局（部级）二等奖和中国广播
电视学会二等奖。

六、学术研究要坚持"走出去""请进来",加强与各方面的合作交流

赵老师常说广电史研究要"走出去",不能孤家寡人,单打独斗,不搞闭门造车,要与社会各方面建立广泛的联系,多交流,包括与校内外交流、国内外交流,这也是赵老师的一贯思想。赵老师与上至国家广电总局、中广协会,下至地方广电局(台)的领导或相关人员以及许多新闻院系老师都有交往,不断把自己的研究成果、出版著作与相关单位或人员分享,从中可以看出赵老师非常重视与外界的交流合作,也可以看出赵老师对广播史的学术价值和社会价值的重视和积极利用。

20世纪80年代,随着广播史研究工作的开展,社会有关方面对它更加注意。一些有关的科研项目都积极吸收和利用广播史方面的研究成果。例如,大型丛书《当代中国》《中国大百科全书》《中国新闻事业史》等书,都注意吸收广播史方面的成果。20世纪80年代在延安筹建清凉山新闻出版革命纪念馆,利用并展出了许多赵老师为他们提供的广播史方面的资料和研究成果。此外,20世纪80年代的文学创作、影视作品等也直接或间接利用广播史的一些资料,如电影《巍巍昆仑》创作者就曾来广院采访赵老师,电影中有延安新华广播电台播音员播音的镜头,从一个侧面体现解放区广播在战争中发挥的作用。正是在与社会的广泛接触交流中,广播史越来越为人们所认可,为社会所承认。

赵老师在学术研究上坚持"走出去""请进来"的思想,他要求我们积极参加各种学术研讨会,公开发表自己的学术观点,在"请进来"方面,他要求尽可能在自己学校举行大型研讨会,把专家学者请到学校里来交流。2014年是中国传媒大学成立60周年,为了配合校庆,在赵老师的提议下,由我负责组织筹办的"广播电视史学:机遇与挑战"学术研讨会在这年10

月 18 日召开，这是国内规模较大的一次广播电视史学研讨会（见图 13，出版的论文集见图 15 左）。在会议筹备期间，赵老师经常过问会议的筹备情况，热情邀请京内外多位专家参会，积极撰写论文并做大会主旨发言，题目是《新中国广播电视史学研究的回顾、反思与建议》。赵老师在发言中充分肯定这次研讨会的召开，他说："我参加过多次涉及广电史的研讨会，但明确地称作广播电视史学的研讨会还是第一次。这表明广播电视史学作为广播电视学或者新闻史学的一门新兴的分支学科，基本上得到与会同志的公认。"赵老师在发言中指出："广电史学研究过程实质上也是不断创新的过程，从无到有是创新，从有到好也是创新，而且是高层次上的创新。如果说 20 世纪是广电史学研究的开创和建立阶段，那么 21 世纪必将是广电史学研究的创新和发展阶段。"

图 13 "广播电视史学：机遇与挑战"学术研讨会参会人员合影（2014 年 10 月，北京）

赵老师在发言中提出："广电史学的研究有待在'引进来'和'走出去'方面寻求突破，我这里讲的'引进来'，是指将国外的广电史著作译成中文，供我们研究中国广电史参考。'走出去'，是指将中国的广电史著作译成外文，使中国广电史的成果为国外同行所知。目前我们在这两方面几乎还是空白，期盼有朝一日能形成中外广电史著作互动交流的良好格局。"①赵老师的发言深刻具体、问题尖锐、针对性强，从中可见赵老师对广电史学研究历史和现状的长期关注和思考。

2014年赵老师从事广播电视史教学和研究工作55周年，适逢《赵玉明文集》（三卷）出版，他把多年潜心研究的这份沉甸甸成果赠送给这次会议的代表。

2015年为纪念中国人民抗日战争暨世界反法西斯战争胜利70周年，总结抗战新闻史研究成就和经验，解析当前抗战新闻史研究面临的问题，推动抗战新闻史研究繁荣与发展，2015年10月17日、18日在中国传媒大学召开"勿忘历史：抗战新闻史"学术研讨会，这是2015年国内召开的规模较大的一次抗战新闻史研讨会（见图14）。

图14 "勿忘历史：抗战新闻史"学术研讨会参会人员合影（2015年10月，北京）

---

① 哈艳秋."广播电视史学：机遇与挑战"学术研讨会论文集［M］.北京：中国广播影视出版社，2015：22-24.

　　早在 2014 年底，赵老师就和我提议召开抗战新闻史研讨会之事，让我抓紧时间筹备。2015 年春节期间，赵老师利用校领导到家看望他之际，又向学校领导提出此事。为了会议的召开，赵老师积极撰写论文，并做大会主旨发言，题目是"从零起步从细入手开展抗战广播史研究"，赵老师在发言中指出了当前抗战广播史研究存在的问题和不足。赵老师主编的《日本侵华广播史料选编》和《广播电视学学科体系建设研究》于 2015 年 10 月出版，赵老师为这两本书的出版花费大量心血，会议期间他把这两本书赠送给参会代表。2016 年抗战新闻史学术研讨会文集（见图 15 右）出版，赵老师写的《全面认识抗战历史，大力弘扬抗战精神》作为本书的代前言。

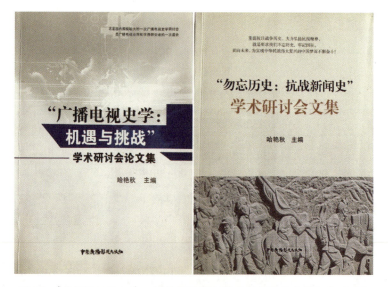

图 15 《"广播电视史学：机遇与挑战"学术研讨会论文集》与《"勿
忘历史：抗战新闻史"学术研讨会文集》

　　回顾赵老师多年来在广播电视史研究方面开展的各项工作和进行的不懈努力，在各种场合对中国广播电视史学研究的建议、呼吁、嘱托和期盼，特别是他对我学术上的引导，有形和无形的影响，让我受益匪浅。在赵老师病重期间，我和艾红红老师于 2020 年 8 月 21 日去看望他，当时赵老师

图 16　2016 年，赵老师学生为其祝贺 80 岁生日

身体极度虚弱，听说我们来了，赵老师多次和我们俩握手，还说不要来看望了，我们都挺忙的……听赵师母说，赵老师从年前开始就一直惦念今年的纪念中国人民广播事业创建 80 周年的事情，病中也经常提起此事。当时我在内心默默地为赵老师祈祷，希望他能创造生命的奇迹，早日康复，继续带领我们搞广播电视史研究。8 月 30 日上午，从微信群里得知赵老师去世的消息，我顿生失去恩师的悲痛。赵老师您一路走好，您虽然走了，您的音容笑貌犹在眼前，您关于广播电视史学的思想和主张仍余音绕耳，让我回味无穷。

2020 年 9 月

于中国传媒大学

（作者单位：中国传媒大学新闻学院）

忆恩师赵玉明老师二三事

袁　军

一

1988 年，我报考了北京广播学院（简称广院）新闻系新闻学专业攻读硕士学位研究生，正式成为赵老师的学生，从此结下了一生的师生情缘。

当时研究生招生人数很少，硕士招生简章上都明确标明导师名字，不像现在只报考专业和研究方向，导师则在入学后经过双向选择后最终确定，因此我直接报考的就是赵老师的研究生。

1988 年，赵老师只招收一个研究生，参加复试的也只有我一人。4 月下旬复试，复试地点为广院 5 号楼新闻系主任办公室。这是我第一次与赵老师见面。赵老师当时 50 岁出头，头发花白，精力充沛，学者风范。复试的主考官除赵老师外，还有哈艳秋老师。提的问题比较简单，问了我的学习和工作经历，还提了当时比较热门的"批评报道""舆论监督"等。显然，赵老师对我这个小学毕业、没有上过中学和正规大学的"野路子"学生的经历比较感兴趣，详细问了这方面情况，也透露了我的研究生入学考试成绩不错。后来，赵老师还多次提到"我这个学生小学毕业，直接考上的研究生"。我清楚地记得，赵老师还问了我是否愿意毕业后留校当老师，这为我三年后留校任教埋下了伏笔。

二

9月上旬报到，与导师第一次见面，赵老师就给我敲定了硕士论文题目范围。我的研究方向是广播电视史，赵老师要我研究中国大陆广播电视广告史，其边界十分明确：是广告史，而不是广播电视史〔广院新闻系当时正在紧锣密鼓筹备广告专业，第二年，即1989年开始招收广告学专业本科，是继厦门大学1985年开办广告学专业后，中国大陆（不包含港澳台地区）第二所设立广告专业的学校〕；广告历史，而非广告理论和业务。为此，赵老师还专门给我引介了当时负责具体筹备广告专业的魏永刚老师。

学术型研究生教育，无论博士、硕士，学位论文是重中之重，学位课程以及其他相应的教育教学环节，都应围绕学位论文展开。受赵老师启发，以后我带研究生，也是要求尽早确定学位论文选题，以确保学位论文质量，这几乎成了一条经验。

赵老师给我们新闻学及相关专业上学位课——中国新闻史。现在想起来，课堂形式颇具创新，是典型的研讨方式，每堂课由两位同学按事先划定的范围准备，课堂上，由两位同学先讲述课程内容并提出自己观点，然后大家讨论，赵老师最后概括总结，旁征博引，系统阐述学界研究热点、研究成果以及自己的观点。多年后，传媒大学大力倡导"互动课堂"，其实赵老师的课堂早已有成功范例。

导师课是史学研究概论，一对一，就我一个学生。配合这门课程，赵老师特别要求我查阅1920年至1930年的上海《申报》。这10年正好是美国无线电商人奥斯邦在上海开办广播电台前后的时段。《申报》作为上海最有影响的报纸，对当时上海民众称为"空中传音""令门外汉目瞪口呆"的"广播"，肯定有报道。实际上，从奥斯邦1922年底由日本东京携带广播无线电器材到上海，与《大陆报》合作开办广播电台，1923年1月23日开播，以及北洋政府出台法规条例规范限制广播这一新生事物等,《申报》无不有所报道、"记录在案"。十分难得的是,《申报》从 1872 年开办至 1949 年停办,整整 77 年,广院图书馆一张不落,完整收藏,一个月一册,为缩印版,装订考究。当时的《申报》平日 16 版,周末 20 版,国内国际要闻、社会新闻、广告、副刊等现代报纸的要素,一应俱全,版面编排、标题制作等颇为讲究,不愧为中国近现代民营报纸的翘楚。整整查了一个学期,没有复印机,重要的稿件、材料全靠手抄。查阅所得,最终悉数用于我的硕士学位论文,因为是一手材料,用起来很有底气,感觉良好。其中部分内容经整理,正式发表于新闻史权威杂志《新闻研究资料》。

围绕硕士论文选题,我开始了长达近两年的调研、写作。中央人民广播电台广告部 3 个多月,中央电视台广告部 3 个多月,再加上广播电影电视部办公厅档案处、国家工商局等相关单位的见习实践、调查研究、收集资料、访谈问询等,每去一处,赵老师都事无巨细,联系铺路。

论文题目具体定为"论 10 年来中国大陆的广播电视广告"。进入写作阶段,面对大量收集来的史料素材,我感到无从下手。关键时刻,还是赵老师给我支了一招。赵老师说,历史分期是研究历史的重要一环。分期体现了对历史发展进程的基本看法、观点,如无论是"春秋封建论"还是"战国封建论",反映的是史家重要的历史观,甚至形成不同的史学流派;进行分期,也便于分阶段安排史料素材,凝练观点;10 年广告历史虽短,但也必须找一到两个具有转折意义的时间节点进行分期。赵老师这段话令我茅塞顿开,问题迎刃而解,30 多年过去了,我至今记忆深刻。

1991 年上半年论文成稿,赵老师分送给几位专家征求意见。其中一位专家对论文中"中国广播电视广告是商业属性与宣传属性的统一体"的观点提出异议,鉴于当时的特殊背景,要求慎提媒体的"商业属性",建议"删除"。赵老师问我的意见,我初生牛犊、年轻气盛,阐明理由后坚持自己的观点,得到赵老师支持,这一表述得以保留。

这篇硕士论文以改革开放的第一个 10 年，即 1979 年中国大陆恢复和开办广播电视广告后的最初 10 年为研究对象，阐述了中国的媒介广告从"有"到"无"再到"有"的奇特历程。这一历程，展现了中国大陆媒介从纯事业机构到成长为一个巨大产业背后的原动因；也从一个特殊的角度，揭示了改革开放前 10 年中国社会结构已经或正在孕育的巨大变迁。论文引起海内外研究中国媒介和媒介广告的学者的高度关注。

三

广院是全国首批硕士授权单位，但一直没有获得博士学位授权，不能招收博士生，授予博士学位。这成为制约学校发展的"一块心病"。

1997 年，新的《授予博士、硕士学位和培养研究生的学科、专业目录》颁布，"新闻传播学"从隶属于"中国语言文学"一级学科下的二级学科升格为一级学科。在随后成立的新闻传播学学科评议组中，赵老师被推选为学科评议组成员，另外两位成员分别是人大的方汉奇教授和复旦的丁淦林教授，三位都是新闻史方面的专家。

1998 年，广院又一次申报博士授权单位。赵老师作为分管副校长，我作为具体负责申报材料的工作组成员，我们师徒之间有了不少沟通、交流，赵老师也给我提供了一些学科评议组的"内部信息"。这次广院终于如愿成为博士授权单位，实现了全国广播影视系统博士点零的突破。成为博士授权单位，也是接下来近 20 年广院名副其实"跨越式发展"一系列标志性成果中最重要、最具奠基意义的一项成果。

赵老师于 1979 年开始招收硕士生，是广院最早的几个硕导之一；1999 年广院开始招收博士生，赵老师又是第一批 8 位博导之一。赵老师曾说，在广院发展历程中，逢"9"必有大事，1959 年开始招本科，1979 年招硕士，1999 年招博士，并且恰好 20 年一个周期。作为一个新闻史学家，赵老师的确很善于总结历史发展规律。

2010 年，赵老师指导的博士生薛文婷的博士论文《中国近代体育新闻传播历史研究（1840—1949）》荣获全国百篇优秀博士论文。作为导师，赵老师得到学校颁发的 30 万元奖金。赵老师将 30 万元悉数捐出，于 2011 年设立"赵玉明教授研究生助学金"，旨在帮助家庭贫困、品学兼优的研究生顺利完成学业，鼓励获助者以感恩之心真诚回报社会，强调诚信教育、励志教育、感恩教育。该助学金每年资助 10 名研究生，每人 3000 元。2011 年，我作为分管研究生教育的副校长，主持了首届"赵玉明教授研究生助学金"颁发仪式。

赵老师离开我们近两年，在纪念文集即将出版之际，谨以以上文字追忆、缅怀恩师。

（作者单位：北京外国语大学）

此情可待成追忆

曲宗生

9 月末的一天，我突然做了一个梦，梦见在一次《中国广播电视年鉴》（简称《年鉴》）大会上，赵玉明院长批评我们编辑部没有做好会务安排工作，还指名说我"没有尽力……"情景真切，言犹在耳，让人惊醒……

惊醒后我知道，赵院长已经离去一个月了。

那是 8 月 30 日下午，我猛然在微信朋友圈里看到赵玉明院长去世的消息，一时不相信是真的。我立即向他的博士生、《年鉴》同事刘书峰老师询问，得到的回答竟然是"真的"……

这个消息的确是太突然了。

总觉得那是在昨天，在眼前，其实那是他和《年鉴》编辑部的同事们最后一次聚会。两年前，2018 年 5 月 12 日，他做东，携夫人和女儿跟编辑部全体同事在北京晋阳饭庄聚餐。他一直说，卸任主编后，要请大家一起吃顿饭。那天，阳光灿烂，少长咸集，其乐融融；那天，我特意给他带了一瓶法国红葡萄酒，他说等回去慢慢品尝；那天，他一如既往地谈笑风生、思维敏捷、腿脚健朗……

他去世后很长一段时间，我走在校园里，时常恍惚感觉他依然没有离去。就像传媒博物馆发表的一篇怀念他的文章里说的：

　　　　广院的那个老头走了……但我们依然相信，在下一个春天，那个
老头一定会回来，变成广院里那棵最年轻的白杨……

　　赵玉明院长从1986年《中国广播电视年鉴》创刊伊始就担任编委，那
时他是北京广播学院（现中国传媒大学）新闻系主任；后来他作为北京广
播学院副院长分管《年鉴》工作，并作为编委会副主任兼任《年鉴》主编。
一直到2016年底他辞去《年鉴》主编，他跟《年鉴》打交道整整30年。
我是从《年鉴》创办就开始做责任编辑，后来又主持编辑部工作，一直没
有离开过《年鉴》，跟赵院长一同共事《年鉴》工作也整整30年。

　　30年弹指一挥间，30年往事并不如烟……

　　30年的相处我知道，"尽力而为"是他的工作信条和习惯，"没有尽力"
是他最不满意的。在他主管并担任《年鉴》主编的最初那些年，《年鉴》还
处于创业时期，处境比较艰难，方方面面他几乎都要操心，都要"尽力而
为"，为此付出了很多心血。记得有一年，他在审读完我们初编的稿件之
后，把全体责任编辑叫到他办公室，逐一点评每人编辑中存在的问题。他
在领导岗位的忙忙碌碌之中，居然能把100多万字的稿件审读得那么认真
细致，指出的问题那么准确尖锐，令人叹服，也让我们这些晚辈汗颜！不
能不说，他的"尽力而为"、他的执着敬业、他的言传身教，对编辑部的
《年鉴》工作氛围潜移默化产生着深远的影响。

　　30年来尽力而为、精益求精、心无旁骛、砥砺前行，已经成为《年
鉴》编辑部的精神传承……

　　我担任《年鉴》副主编之后，跟他单独接触的机会更多了一些。他经
常会让我到他办公室一同商讨工作。他亲自起草了《年鉴》征订发行的"三
个一"方案（按照"三个一"的标准，做好《年鉴》的征订发行工作：司
局级干部人手一册，处级单位每处一册，地区县级局台站每局台站一册），
这个方案至今依然是《年鉴》征订发行工作的理想圭臬；考虑到当时《年

鉴》出版步履维艰，他亲自斡旋中央三台给予《年鉴》每年一笔出版经费补助，这项资助至今依然是《年鉴》印制出版的有力支撑……

自 2000 年版开始，《中国广播电视年鉴》增设了"卷首语"。这种带有本刊鲜明风格的卷首语在全国年鉴界独树一帜，作为新生事物，广受瞩目和好评。撰写一年一度的"卷首语"会承担不小压力，一度我曾经想搁笔。但他一直鼎力支持，给予我充分肯定；甚至他在卸任主编后，仍热情鼓励我坚持写下去。试想，如果没有他做坚强后盾，我们《年鉴》的卷首语不可能诞生，也不可能坚持下来……

他从校领导岗位退下来后这些年，依然担任着《年鉴》主编。这时的《中国广播电视年鉴》已经发展壮大了许多。虽然年事已高，他不再像从前那样对《年鉴》工作处处操心，但每年还会帮我们审阅部分稿件；还会时不时把他在《人民日报》《光明日报》等权威报刊上发现的一些有用资料剪下来给我们，提醒我们在《年鉴》里注意选用；还会亲自动手，为《年鉴》中的《附录》栏目提供他最拿手的史志资料；还会跟我们一起参加一年一度的年会，并主持开幕式……秉持老一辈专家学者的风范，他从不让人代拟会议讲话稿。只要应允做的事情，他都会尽力而为，事必躬亲。

《中国广播电视年鉴》创刊 30 周年的时候，我提议跟他合写一篇文章，他同意了。这篇文章后来在《中国广播电视学刊》上发表。这是我们合作的唯一一篇文章，也成为和他在《年鉴》共事 30 年的一个珍贵纪念。守护《年鉴》30 年，眼见它从筚路蓝缕中一路走来，而今已亭亭玉立，能感觉到他充满欣慰。

2016 年在银川召开的《中国广播电视年鉴》第 32 届年会，是他参加的最后一届。此前几十年，历届年会他从未缺席。2017 年在合肥召开的第 33 届年会，他第一次缺席。会上，我受他委托，向全体与会代表转呈他对《年鉴》事业的良好祝愿，并向大家告别。来自全国各地的近百名广电同人用经久不息的热烈掌声，表达对这位老主编的由衷敬意和感念。

　　回想跟赵院长交往这些年，我们之间是那么简单而纯粹的工作关系、同事关系、上下级关系、长辈晚辈关系，是君子之交淡如水，两袖清风，一尘不染；似乎并没有刻意为之，而是"随心所欲不逾矩"。也可能囿于这种关系，多年来我们共事《年鉴》，全心全意投入工作，所有联络都是工作上的事情，相互几乎没有"私交"，也就没有任何"私心杂念"。30 年里，我们工作配合一直轻松愉快，没有"代沟"；即使偶有意见不同，也会很快于不经意间化解。毋庸讳言，这样的简单而纯粹，这样的"书生意气"，对"板凳须坐十年冷"的《年鉴》事业来说，是不可多得、难能可贵的。因为排除了所有可能的干扰，我们可以放手工作，默默耕耘，专心致志。我想，在两代人中间，在 30 年的岁月里，也许我们是不谋而合地享受了这样一种近乎零消耗的工作关系，这样一种近乎迂腐的纯粹。

　　赵院长的家住在北京西城区南礼士路附近，离中国传媒大学比较远。卸任主编后，年逾 80 岁的他依然几乎每周要到中国传媒大学来。他眷恋着图书馆、传媒博物馆，依然乐此不疲地来这里搞他的广播电视史及相关研究。《年鉴》编辑部设在中国传媒大学，我就住在校园里，经常会在校园里见他迎面走来，不期而遇，顺便聊上几句。见他总是一如既往地谈笑风生、思维敏捷、腿脚健朗，很是为他高兴。也正因为这个一成不变的印象，总觉得来日方长，他还可以专心地做自己喜欢的事情，他还有大把的岁月可以差遣……

　　我不善交往，素来跟人联系比较少；加上新冠肺炎疫情防控原因，校园长期处于"封闭"状态，以致很久没有与他在校园相逢，也就没有在意。他的年轻态，也容易让人"忽略"，疏于问候。赵老师生病住院和最后病危，我竟然一无所知，以致都没有机会去看看。总以为随时会在校园见他迎面走来，不期而遇；总以为他会一如既往地谈笑风生、思维敏捷、腿脚健朗；总以为……真是万分遗憾！

　　赵院长去世后，我曾经撰写过一副挽联：

数十载耕云播雨期许真知明史册，

流连处嘉树成荫玉成胜景鉴春秋。

深秋时节，中国传媒大学图书馆、传媒博物馆外，《年鉴》编辑部在《中国广播电视年鉴》创刊 30 周年时种下的一排红枫树，已经成了校园里最美的风景，那是赵院长每次来学校的必经之路。那迷人的秋色，那历尽沧桑的岁月如歌，他一定会感受得到……

总在想，如果上苍再给他些一如既往的岁月，也许我们之间会有机会谈及更多，也会让我有机会感悟到更多……

每念及此，伤时感事，不由感慨嘘唏……

2020 年 10 月初稿，11 月修订于中国传媒大学

（作者单位：中国传媒大学《中国广播电视年鉴》编辑部）

老赵和小赵

赵　均

　　我和赵玉明老师相识是在 2001 年。那是一个同事之间互相都不称呼官职、只称呼老师的年代，那也是一个办公室经常搬家的年代。我工作的党委宣传部从西配楼五层搬到主楼二层，和当时在老教授协会的里间办公的赵老师门对门，一来二去我们就认识了。熟悉赵老师的人都知道，他是一个非常随和的人，再加上我说起话来一贯得没大没小，不知从哪一天起，赵老师和我就成了那种一见面就开玩笑、逗乐打趣的一对儿。赵老师贵为校领导，虽然退休了，但作为新闻学界的权威、中国广播电视史学的开创者和奠基人、中国传媒大学的首批博导，名声在外，我在内心非常敬重他，但熟悉以后不影响我们在口头上的互相调侃。有一次，他对我说："咱俩都姓赵，你是小赵，我是老赵。"过了几年，又说起这事时，他又说："你也不小了，不能再称小赵了。"我说："大家都叫我老赵。"他说："你叫老赵，那我叫什么？"我逗他说："您该叫德高望重的赵老了。"他笑着说："等你被称作赵老时，我该叫什么，我该叫赵姥姥了。"然后俩人相对哈哈大笑。这就是我们通常说话的口吻，时不时夹杂着一些活跃气氛的搞笑段子。赵老师的思维一直很机敏，可以轻松接住你抛去的梗，再随手抛回来。和他一起聊天，我每次都很愉快。他不仅幽默有趣、学识素养深厚，又有亲身经历后的人生感悟，更重要的是他愿意和年轻人交流，愿意指导、点拨你。

2004 年，我调到学报编辑部，虽然不和赵老师门对门办公了，但我会时不时去他办公室和他聊几句，赵老师有时也会顺路到编辑部来取刊物，这样我们还是会经常见面。那时他已经 70 岁左右了，身体还是非常康健，每次来编辑部，都是未见其人，先闻其声。通常在走廊里，他就高着嗓门喊着"小赵呢，赵均呢，又偷懒，干啥呢？"我就赶紧从办公室里钻出来，搭着茬："是老赵啊！甭吵吵，人在呢，人在呢！"然后迎接着坐下来，说说最近新闻学界，尤其是新闻史学界发生的一些事情，谈谈他对刊物近期发表论文的感想，每次都是轻松活泼又有所得的欢聚。赵老师对《现代传播（中国传媒大学学报）》很关注，每期都会认真阅读评点，对我们的编辑工作提出意见。他自己会把自己的很多佳作交给我们发表，也经常向我们推荐优质稿件，还亲自帮助我们组织过一次关于"广播电视学学科体系建设研究"的专稿。我校德高望重的康荫教授去世时，他专门给我打电话，建议在《现代传播（中国传媒大学学报）》上刊发介绍康荫教授的文字，本来《现代传播（中国传媒大学学报）》是一本纯学术刊物，一般不介绍学术人物，但胡智锋主编接受了赵老师的建议，在 2012 年第 2 期专门刊发了《康荫同志生平》一文。也就在这期间，我在去和人事处老师一起办理残疾人就业保障金减免时，才知道赵老师有一只眼睛几乎是失明的，他在这样的身体条件下，获得如此高的学术成就，怎不令人敬佩？赵老师一生节俭，却又慷慨大方，2010 年他指导的博士毕业论文获评全国优秀博士论文，这是中国传媒大学第一次获此殊荣，学校奖励了他 30 万元，他用这笔资金设立了"赵玉明教授研究生助学金"，用于资助困难学生。这体现了他对学生们的关爱和对教育事业的热爱，对比他日常的简朴穿着和简单饮食，尤其让我觉得这很伟大。

2016 年我调到《中国广播电视年鉴》编辑部。赵老师当时兼任《中国广播电视年鉴》（简称《年鉴》）主编。我刚去不久，《年鉴》就在银川举办年会，那也是他最后一次参加《中国广播电视年鉴》年会。在返京路上，他向我讲述了很多《中国广播电视年鉴》的情况，让我对《年鉴》工作有了全面的认识。2017 年 10 月，经他多次请辞，学校同意他辞去《中国广播电视年鉴》主编的职务。从 1986 年创刊，赵老师就参与《年鉴》工作，是《中国广播电视年鉴》的主要奠基人之一。赵老师从 1992 年起担任《年鉴》主编已经 25 年了，为《年鉴》工作做出了巨大的贡献。我和《年鉴》同人一起计划举办一次热闹的欢送会，我们《年鉴》退休的梁振远老师绘画功底深厚，我们请她为此做一幅画，梁老师眼神已经不济了，但还是接受了我们的请求，专门为此画了一幅牡丹，《年鉴》同人都在画上面签了名。本来我们还准备把赵老师参加《年鉴》工作时的照片集结制作一个画册，后来因为资料收集困难只好作罢了。当天，我们把退休的老同志都请回来，大家一起给赵老师和师母赠送了牡丹画和红围巾，现场气氛很热烈，大家畅谈《年鉴》工作的过往。几天后，赵老师还专门在北京晋阳饭庄回请我们吃饭。之后每周三他依然会固定到《年鉴》办公室来取报纸和书信，我们俩还是一见面就说着"对口相声"。一次，他一改平时随意的穿着，西装革履地走进来。我立刻就开逗："赵老师，您这身穿衣打扮，是有想法啊！是想当新姑爷吧？"赵老师笑着说："嗨，这是女儿给我买的，我得赶紧穿，再不穿就要烧了。"赵老师就是这么达观，和他谈话，不必有什么顾忌，一切皆可谈，一切皆可调侃。

2018 年后，我就感觉到他的身体不像以前那么好了，说话的底气不像以前那么足了，说话速度变慢了，耳朵也不大好使了。说话时他侧过耳朵对我说："你大声点，我现在耳朵不行了。"这时我在心底才感觉到他是一位老人了。记得最后一次通话，我向他咨询《中国广播电视年鉴》向总局办公厅申请发文征稿的事情，他还给我介绍这件事的前因后果，鼓励我继续努力。

我有幸认识赵玉明老师 20 年，感受到这位学术大家日常工作生活的点点滴滴。他从来不矜夸，平易近人，没有一点架了，想起他，就真实体会到"桃李不言，下自成蹊"这八个字的真义。我在听到他故去的消息时，瞬间泪流满面，写到这里，我又哭了。作为一个成年人，不是很容易流泪的，但一想到他，我就忍不住悲痛，虽然他是高寿故去，虽然他已离开我们9个月了。

（作者单位：中国传媒大学出版社）

桃李不言，下自成蹊

——记恩师赵玉明教授二三事

薛文婷

2020 年 8 月 30 日上午 10 时 6 分，博士同门群里弹出一条信息："我们敬爱的赵老师今天凌晨离开我们了。"虽然此前一周我刚刚探望过赵老师，知道他的情况非常不好，但听到这一消息，还是一时无法接受！再过 20 多天，就是赵老师的生日了！多希望能再给他过一次生日！多希望春节还能去拜访老人家！多希望再听他讲讲中国广播、中国新闻教育的那些人、那些事儿！可是，再也没有机会了！痛苦中，我开始翻找照片，开始回忆和赵老师相处的点点滴滴。

一

我第一次见到赵老师，是在 1998 年春天来北京广播学院参加硕士生面试的时候。当时竞争很激烈，我不但两眼一抹黑，谁也不认识，还是地方院校出身的跨专业考生，内心的忐忑可想而知。因为紧张，具体面试内容我早就不记得了，但印象中有一个不苟言笑、头发花白的老者。最终，那年新闻学专业新闻史方向的唯一录取名额留给了我。赵老师当时刚刚离任副院长职务，又是新闻史领域的专家，他的意见自然至关重要。多年以后，他在接受采访时曾经说过这样一段话："现在有不少学校在选拔人才的时候要求本科非'211'不可，我觉得这其实是缺乏从实际出发考核真正人才水准的表现，也是不足取的。自古英雄不怕出身低，我们对学生应当尽量做到宽进严出。"感谢赵玉明老师、哈艳秋老师，还有面试组的其他老师，他们没有嫌弃我出身低微，给了我这个求学深造的机会。

2003年冬天，已在北京体育大学从事新闻教育的我，准备报考赵老师的博士。当我在电话中惴惴不安地谈及中国体育新闻事业史的研究设想时，赵老师给予了相当的肯定和支持。这给了我信心，让我得以全身心备考。考试过后一段时间，我又斗胆给赵老师打了一个电话，想探听点消息，却一无所获，赵老师很严肃地告诉我：博士生录取是研究生院的事情，他不参与、不过问。我当时颇有些难为情，却感受到了赵老师的做人原则，同时也知道，做赵老师的学生，只要老老实实做人、清清白白做事、踏踏实实做学问就行。此后多年，我和赵老师的相处之道就是这样简单而又纯粹。

二

赵老师是中国广播电视史教学与研究的奠基人和开拓者，一辈子热爱广电史、研究广电史、讲授广电史。我在读研和读博期间，曾两度聆听赵老师授课。

在硕士期间（第一学期），赵老师为我们讲授中国新闻史课。印象比较深的有两点。一是他每次都会提前布置讨论题目，引导我们课下查阅资料，课上参与讨论。因为他德高望重、不怒自威（之后熟悉了，发现赵老师其实是个和蔼可亲、平易近人、风趣幽默的老头儿），同学们都不敢懈怠。作为跨专业且又是新闻史方向的学生，每次上赵老师的课，我都很紧张，会在课前认真阅读书籍并准备讨论提纲。二是每次上课，赵老师都会结合教学内容精心准备并展示他多方搜集、购买到的史料，帮助我们更好地理解新闻史。

在博士期间（第二学期），赵老师给我们三个博士开设的是基础理论与专业课——中国广播电视史研究，2学分。那是那个学期唯一的一门专业课，我每次都要从北京体育大学穿越半个北京城去中国传媒大学上课，每次都满载而归。赵老师非常注重引导我们思考如何搜集、辨析史料，如何从史料中发现问题，如何做到史论结合。时逢抗战胜利60周年，赵老师还指导我们撰写并发表了有关抗战广播的论文。

在听讲和交流讨论的过程中，我深切地感受到了赵老师对广播史研究的热情、投入和严谨态度。为了撰写中国广播史，赵老师多方搜集史料，如流连图书馆、档案馆和资料室，组织座谈会，征集史料和回忆文章，进行实地考察等。1980年，赵老师历时20多天，组织、参加了对延安新华广播电台编辑室、播音室和发射台等10多处旧址的实地考察，并撰写调查报告。最终，中央广播事业局发出通知，将中国人民广播事业的创建日从1945年9月5日追溯到1940年12月30日。这个更改意义重大，赵老师也很自豪。再过三个多月，中国人民广播事业即将迎来80华诞，赵老师却先行离去，这大概是他老人家最为遗憾的事了。8月22日，我和高金萍去探望赵老师的时候，他还念念不忘中国人民广播事业创建80周年，还像以往做研究那样让师母拿来纸笔试图记下我们的名字和时间，却已虚弱得无力完成，让人泪目。

他不但身体力行，也一再告诫我们，历史研究来不得半点浮躁，来不得丝毫马虎。上学期间，他屡屡叮嘱我们要"板凳须坐十年冷，文章不写一句空"。毕业之际，我曾慨叹自己的研究太冷门、太边缘，他又笑呵呵地赠了我一句话："学林探路贵涉远，无人迹处有奇观"，鼓励我坚守体育新闻传播历史研究领域。

三

我的博士学位论文选题相较考博时的科研设想更务实了一些，从"中国体育新闻传播史研究"改为"中国近代体育新闻传播历史研究（1840—1949）"。因为确定选题较早，赵老师几乎从我博士一入学开始就源源不断地给我提供材料，或是一本书，或是报纸上的一篇文章，或是一条资讯。几乎每次见面，他都会给我准备一个纸袋，里面是平日为我搜集的资料。不仅对我，他对每一个学生都是如此。

2007年春节，我向赵老师提交了博士论文初稿，大约28万字。赵老师说，手头有两本博士论文要评阅，我的论文字数太多，一时半会儿看不完，让我推迟半年毕业。赵老师还提醒我，论文要再精练一些，字要再大一点，当时老人家已经71岁高龄了。我很懊恼，但正是这半年的推迟，让我有时间进一步完善论文结构，充实论文内容。那一年，我的博士论文数易其稿，但字数始终不少于25万字，每次赵老师都全面审读并提出具体修改意见，从标点符号到遣词造句，从历史分期到框架结构，从史料取舍到主题提升。

赵老师不但不厌其烦地指导我，还精心组织开题报告、预答辩、校外盲审和答辩环节，请多位校内外专家为我的论文把关：2007年10月29日上午9：30，赵老师邀请哈艳秋、李绍荣、宫承波、李磊老师参加我的学位论文预答辩，地点在中国传媒大学东配楼五层中国新闻史学会秘书处；2007年12月24日，赵老师邀请郑保卫、郭镇之、哈艳秋、张舒、易剑东老师参加我的学位论文答辩会，地点在东配楼五层新闻系资料室。两次答辩会上，专家们既肯定了我的付出，也指出了论文存在的问题，并为我指点迷津，让我获益匪浅。最终，我顺利通过答辩，论文也被评为中国传媒大学优秀博士学位论文和2010年全国优秀博士学位论文。这既是对我的鼓励，更是对赵老师一生致力于教书育人的肯定。

因为我的博士学位论文，赵老师还专门策划了一次研讨会。2007 年春，看到我的论文初稿后，身为中国新闻史学会会长的赵老师，萌生了举办体育传播史暨奥运传播研讨会的想法。当时，我颇有畏难情绪，觉得自己只是个讲师，无力承担这样的重任。赵老师却鼓励我说，当年自己组织并参加延安新华广播电台旧址考察的时候也只是个讲师，要有开拓精神。我只得答应了，好在得到了我所在单位领导的支持。

经过磋商和紧张筹备，2007 年 12 月 15 日至 16 日，由中国新闻史学会、中国传播学会体育传播专业委员会主办，北京体育大学体育传媒系承办的奥运传播暨体育新闻传播史研讨会在北京体育大学顺利举行，来自新闻单位、新闻院系、体育院系的领导、专家、老师和学生共聚一堂，研讨中国体育新闻传播 / 奥运传播的历史、理论与实践。这次会议的成功举办，促进了我的博士学位论文写作和后续研究，推动了新闻传播院系和体育新闻传播院系的沟通交流，也为北京奥运会的举办营造了学术氛围。

这次会议也让我再次见证了赵老师的严谨细致和对新闻教育的倾力付出。为了研讨会顺利举行，赵老师提前一天入住北体大宾馆，和承办方负责人见面，核对会议流程，检查准备情况，落实工作细节。在开幕致辞中，赵老师指出，体育新闻传播史研究将充实新闻传播史和体育史的内容，促进体育新闻传播学科的未来发展，为体育新闻传播的健康发展营造氛围，并认为本次会议是"我们以自己的方式送给 2008 年北京奥运会的一次厚礼"。

孔子曰："其身正，不令而行；其身不正，虽令不从。"赵老师的学术修养、人格魅力潜移默化地影响着我，让我在博士期间暗下决心，一定要认真撰写学位论文，不给老师丢人，不给学校抹黑；让我在毕业后也不敢懈怠，继续在体育新闻传播历史研究领域苦苦耕耘。就在去年 9 月，赵老师又审阅了我几十万字的关于新中国体育新闻传播史的书稿并写了序，还殷殷叮嘱我要"不忘初心,为编著体育新闻传播史再立新功;牢记使命,为培养体育新闻传播人才尽心竭力"。如今,书尚未出版,赵老师却已仙逝!想起老人家还有一本文集正在出版过程中,他在病中一再说,那是他留给大家的一个纪念,这又是一件憾事!

"桃李不言,下自成蹊。"沉痛哀悼导师赵玉明教授!祝老人家一路走好!学生会永远记得您的教诲:"板凳须坐十年冷,文章不写一句空""学林探路贵涉远,无人迹处有奇观。"

2020 年 9 月 1 日

(作者单位:北京体育大学新闻与传播学院)

纸短情长念恩师

——怀念赵玉明教授

高金萍

8 月 30 日凌晨，我的博士后合作教授赵玉明老师驾鹤西去。站在北大人民医院告别室老师的遗像前，混沌如我，好像直到此刻我才明白赵老师之于我的重要意义。人说，师生如父子。在过去 15 年里，赵老师父亲般地庇护与扶持，再不会有了；过去 15 年里的师生之情，会永驻我心。

站在赵老师的遗像前，我问老师，您还记得咱们作为师生的第一次联系吗？那是在北京广播学院更名为中国传媒大学后，2004 年 11 月，那天我接到您的电话："高金萍同志吗？我是赵玉明。"那是您看到我的入站申请材料后，询问我是否愿意从事外国广播电视理论研究。虽然我和赵老师在学术会议上见过几次面，这么亲切的通话还是让我既意外又惊喜。

成为中国传媒大学第一届博士后的喜悦并没有多久，2005 年春节后我的父亲匆匆辞世。送别父亲两周后，依然魂不守舍的我来到中国传媒大学办理入站手续，下午见到了赵老师。那是 2005 年 3 月 8 日下午，春日暖阳下，刚给博士生上完课的您略显疲惫，微笑着跟我话些家常，问答之间让我那失去依凭的感觉淡淡而去。恍惚之间，慈爱的父亲又回到我身边，笑看这小丫头折腾来去，仿佛如来看着悟空花样百出，却始终在其掌握之中。您知道，这种感觉始终在我心里，所以我可以在您面前漫谈自己的空想、放纵自己的得意、抒发自己的愤懑；所以我会在您不给我提建议时哀怨，在您提点我稳妥时释然。这些年来，我的小伎俩，您都看在眼里吧？

站在赵老师的遗像前，我问老师，您还记得我的博士后出站报告会吧？2007 年 6 月 13 日，您邀请了马元和（广电部外事司前司长）、刘利群（中国传媒大学国际传播学院院长）、陈卫星（中国传媒大学国际传播学院副院长）、王甫（中央电视台高级编辑）、刘燕南（中国传媒大学电视与新闻学院教授）参加出站报告会。几位老师尖锐的"批判"让我颇有些张口结舌，不知如何应对，只能硬着头皮等待老师们判决。在宣布答辩结果为"优"时，您开心地咧着嘴帮我一一感谢各位答辩委员。坐在回家的地铁上，我想这个"优"既是对我出站报告的评价，也是对合作教授指导的好评。2009 年春节，我和爱人给您拜年并送上出版的博士后报告《西方电视传播理论评析》，此书的后记中写道："一日为师终身为父，于我斯焉。"

我的博士研究选题与西方广播电视理论的关联度不大，您把我纳入自己主持的教育部人文社科重点研究基地重大项目"广播电视学学科体系建设研究"，负责西方广播电视理论研究，实质上这让您承担着很大风险。万一我不能按时完成工作，必定影响课题整体进度。幸甚至哉，在您的鼓励下，我按时完成课题研究、出站。感谢您的信任，带我进入一个全新的研究领域，在中国电视研究尚不成熟的时刻寻找他山之石，以攻己之玉。每次您召集博士生研讨时，总是邀我参加，给我博采众长的机会。每次我去中国传媒大学，要坐 3 个多小时的地铁；多次从中国传媒大学回来，都提着您赠送的外国广播电视研究资料和书籍。即使是出站后的这 10 多年，每年春节给您拜年时，您都会赠我些图书资料。2020 年 8 月 20 日，我和薛文婷最后一次去看您时，您还说："我最后那本书，给你们一人一本。"您很少说"好好做学问"，却用实际行动鼓励着我、支持着我。

站在赵老师的遗像前，我问老师，您还记得您出席的最后一场学术会议吧？2019 年 11 月 18 日，您来北京外国语大学参加我们国际新闻与传播学院主办的第一届马克思主义新闻观研究与实践高端论坛。此前一周您感冒了，虽然我切盼您能来北外，为我压台，但是也担心如此寒冷的天气您吃不消。开会前三天，您发微信来告知参会。会上，您第一个发表主旨演讲，强调马克思主义新闻观研究要回归马克思主义经典作家的原著，重视细读经典、深挖史料，为马克思主义新闻观寻根溯源；您指出 100 年前，列宁就高度重视广播技术和广播事业发展，但是目前缺乏关于列宁对广播事业发展贡献的系统深入的研究。您的发言中，史料信手拈来，观点发人深省，给予参会者以极大启发，后面多位发言者对您的观点进行了呼应。

焚香半晌，香灰坠下，落于我的手背，我心中一惊。这是您在提醒我吗？人生路长，有苦有乐。有师长陪伴的路上，我们可以任情恣肆；没有师长的陪伴，我们更要善待自己、善待旁人。您总是用幽默、乐观、勤奋感染着同事、学生和亲人们。您被唤作"广院的老头儿"；您的微信名也是那么朴素——"老赵"。您从没把自己看作副校长、史学会会长、传媒影响力人物、中国广播电视学奠基人，您就是我们身边的那个"老头儿"，广院（中传）在，您就在，一辈子"没离开广院、没离开广电史、没离开学生"。

如今，您驾鹤而去，未来的路要我们自己去走了，我们会继续努力的，会稳重前行的。您放心吧，一路走好！

2020 年 9 月 1 日

（作者单位：北京外国语大学国际新闻与传播学院）

那长长的身影

——怀念恩师赵玉明先生

金梦玉

明净的灵堂里，焚献三炷香，向着棺中的导师三鞠躬，内心深深地呼唤：导师，您走了吗？梦玉还没来得及告知您我回来了呢。

那年先生54岁

我第一次与先生见面是在 1990 年 5 月，在合肥那个栀香风轻的时节。北京广播学院安徽函授站的老师介绍，主位上的您是北京广播学院副院长赵玉明教授。赵院长代表北京广播学院与当地的函授教师座谈。您穿着西装，戴着眼镜，端正的姿态，面堂饱满，笑意可掬。那副小圆框眼镜在宽大的脸庞上略显幽默。但过早的白发给我的特异感留存了很多年。那年先生 54 岁，我 27 岁。我们于 30 年前已经结下了师生缘。可惜的是，办事简陋的函授站连个合影都没考虑到。

"不是博士的博士'母鸡'"

1996 年我硕士毕业后，任教于北京广播学院新闻传播学院。先生每每因工作到学院对每一个人都称名道姓，对给予他的问好，他都微笑地回应，走廊里回荡着他爽快的声音。

我与先生直接接触始于 1998 年新闻学博士点开创阶段。那时候，学院申报新闻学博士点，学院推荐我去做秘书。赵玉明、曹璐、朱羽君三位教授是北京广播学院新闻学首批博导。他们商量着，我记录整理。我去人大、社科院、复旦做调查，参与课程设计和培养计划。

一次，赵老师说："小金，你不是博士，就敢做博士培养计划。我们不是博士，就要做博士的'母鸡'了。"那时，迟钝的我对于是否读博还没决定好，一句滑到嘴边的话"就招我做开门弟子呗"终究没说出。

经过半年多的紧张劳动，学校终于推出了新闻学、广播电视艺术学两个专业 7 个方向，包括课程大纲在内的两大厚本 1.0 版博士生培养计划。

有了博士点，北京广播学院的培养层次提高了。学校督促那些中层干部们上考场。很快，报考者渐多，报考博士的压力就显现了。一番拼搏后，我成了先生的第三位博士生。

第一堂课是跟着先生在老图书馆的一间资料室上的。我对这里并不陌生。再次看着那些珍藏着他赠给学校和慢慢积累的广播史资料，我的内心有种沉淀感。那时，我在世纪之交的网络媒体研究已有两年，正在兴头上。看着先生精心挑出来的史料，各种旧时期的文件、盖有图章的档案，心里想着，真的要翻这些"老古董"啊。先生似乎看穿了我，讲了他从事广播史的来历，就是培养广播电视人才的北京广播学院，没有广播史，搞不清中国广播的来龙去脉，是说不过去的。他说，博士其实是"钻士"，要"钻"一个领域；历史是这个领域的抓手；至于"钻"哪个领域，可以根据你的兴趣。

后来，先生给我材料，要求分析他关于现代广播史实的争论性论文。先生的教导方式是启发性的，要我自己读，有了感想后再与他交流。难道是先生发现了我的不足，要我弥补短板吗？我终究没有问。那时的我下定决心，要做一番学问，从史学理论入手，学一学理论和方法。其间，我去涉县等地调研，跟随新闻学教指委调研，参加国家广电部的两项大型调查，搜集了丰富的资料，切身感受到了国家和省地市基层媒体正在发生的巨变。

"你不着急，我更不着急"

2004年上半年，到交论文的时候了。我因为在带的第一届3名硕士生的论文修改上花的功夫很多，担心自己的经验不足，耽误了学生，就放下自己的赶稿。我和导师说了，他深表理解，说在职读博士，早半年、晚半年没关系，学生毕业找工作要紧。导师这一松口不要紧，我给自己松了弦了。没想到这一晚就不是半年。下半年，学校更名为中国传媒大学，9月9日参加完人民大会堂的50周年校庆和更名庆祝会之后，内心想着好好搞教学，抓紧写论文。不料，9月10日，学校党委组织部和人事处要选拔一批人员到南京创办一所新学校，我在其中。我带着想去的念头征求导师意见，导师说，既然是学校的事，那就去吧。这再一次的松口，我走向了另一个方向。

9月12日，我随学校一支50来人的队伍飞抵南京，立即投入了南京江宁那所没有校园、没有宿舍，连教学楼兼办公楼都是租借一所中学实验楼的新型大学的创业工作。第二年转到新校区，在新楼和脚手架工地间，一切都是那么新鲜，那么吸引人。因为它是更名后的中国传媒大学唯一的一所独立学院，因为要建构"北有北广、南有南广"的大格局，因为它要为全国地市级广播电视机构培养应用型人才，因为老校长的有效鼓励和亲临示教，投身其中的我多少有些使命感和责任感；办学特色探索，人才培养模式创新，课程改造，让我感觉到参与一所新学校的创业，仿佛西南联大一般是难得的人生历练。我全身心扑到这所新的大学，觉得需要实习基地，我创办了中国传媒大学南广学院报；需要学术阵地，我申请创办了《传媒与教育》刊物；需要活跃学术氛围，我提名创办了南广大讲堂。似乎能做的事很多，自我实现的价值就在那里。加上离老家近，我方便回去看望老父亲，就这样，一年再一年，一转眼，博士论文落下来两年多了。春节面见先生，先生笑脸相迎。师母照例端来切好的水果。我觍着脸笑着说论文在写。忽而，先生拉下脸来说："你不着急，我更不着急。"继而，先生回到书房，拿出一大沓剪报递给我。一看，这些都是与我博士论文有关的网络传播发展研究材料，每一份都标注了报纸名称和日期。我大为震撼：这些精心保留的材料，是先生专为我才看的啊！

那一年，我延长了假期，中间请了假，紧赶慢赶，算是了却了这桩心头大事。

从这以后，每年见先生，他都免不了问我在南广学院的情况。听到一些成绩，他就勉励，有时告诫一句，"别把业务丢了"。临走时，他总是给我一袋子先生新出的书。每每拿着这些书，我的内心都受到一些撞击。

"学说故事了咳"

深夜，看着书架上显著位置的先生的著作，我思绪联翩。

导师曾说，史学研究有描述式，有反思式，有展望史；由于历史的因素，自己的成果就限于描述式层面吧。其实，这是导师的自谦。认真研读不难发现，先生的广播史研究是在步步深入，已经不是描述的层次。《中国广播电视图史》以图补文、以文说图，图像和文字互相参证，给读者一部直观、形象的史书阅读空间，呈现出知识的新形式。不仅广播史，电视史，后来推动党报史，助力党刊史，都有具体印证。2004 年 9 月 16 日，他在中国传媒大学党报党刊研究中心举办的人民共和国党报论坛上，以中国新闻史学会会长身份，建议"在党报党刊的研究中加强对党报史特别是执政党的党报史的研究"。联想到 2020 年国家社科重大项目指定招标课题中设定了"百年中共党报党刊史"，先生 16 年前的远见堪称新闻史学家的自觉。先生对广播史的研究，由实证调研、文献爬梳到资料累积，还支持建立传媒博物馆，让历史时空的实物研究发挥着作用，形成了一种以建构主义为特征的媒介史，有着对中国媒介发展整体图景的包举体认。其中隐含的逻辑是清晰的，即通过材料发现（文字、影像、实物等）、文本理解和表述，抵达媒介史演化过程的建构。这种媒介史（含报刊史和广播电视史）知识的生产，不仅凸显了学科认知价值，更具有育人功能。

那次回来拜年，讲到在南京成立"周恩来班"，我以"周恩来的'新媒体观'告诉我们"为题给"90后""95后"的学子们讲周总理年轻时与广播这个"新媒体"的故事。我告诉先生，这是受他的文章的启发，看到他深入本科生班级讲"周恩来题词背后的人和事"，是借喻延伸的。他戏谑地笑道："学说故事了咳。"

现在想来，我是有意开发革命家与媒体关联的价值资源。我多次请来了周恩来的侄女周秉德女士、周总理身前秘书纪东将军，请来了朱德的孙子朱和平将军、军委政治部廖毅文等同志讲伟人故事、弘扬伟人精神；与南京梅园新村纪念馆合作；2016年暑期，组建3支小分队，分赴延安、重庆、广州、武汉、天津等地追寻周总理的足迹，做周总理的好大学生。年轻学子们在红色文化的感召和激励中，在40多摄氏度的炎日高温下，举杆拉线，拍摄采访。年过半百的带队辅导员给学生倒水擦汗。基于连续多年获得全国"周恩来班"称号和党建育人的体会，我提出"育红色传媒人"的理念。在红色文化熏陶下的这批学生中走出了一批考上研究生、出国、开创公司的小精英。今年5月，我回归中国传媒大学，他们还不断地给我喜讯。当初播种红色文化的初衷，与阅读先生写的毛泽东、周恩来、刘少奇、邓小平等革命领袖与广播电视的文章有关，是它们教益我要与育人实践相结合的。

当下引介、舶来的扎根理论、媒介考古学、知识社会学、批判语言研究等为年轻学人所热衷的新的理论学说固不可偏废，但我们也不能忽视原发型的、本土的、开放的知识谱系，忽视这种本土性知识生产的优势。20世纪的"30后""40后"正如下面照片中的多位前辈学人一样，他们荣耀地完成了一代学人对于中国当代新闻传播学科建设的使命，在时间的流逝中，化为经典原型。如果说外来理论作为一种"视界融合"，可以启迪我们打开中国文化传统和学术叙事的新方式，那么前人的文化文本和经典书写则为知识观和历史观的全面晋级，尤其是主体性视域开启做了范式准备，在本体论和价值论上做了奠基。在前人的肩上，实现代际传承及中国学术的世界性对话，方能抵达中国学术弘扬和传播的最佳境界。

1999年9月10日，面向21世纪课程教材《新闻理论教程》编写人员合影。

注：赵玉明（前左二）、曹璐（后左四）教授陪同甘惜分（前左四）、洪一龙（前右二）先生来编写组。编写组有成美（前左一）、何梓华（前左三）、吴高福（前右一）、刘树田（后左五）、雷跃捷（后右四）、段京肃（后右一）、董炜（后左二）、李卓君（后右三）、金梦玉（后右二）。后左三为责编武黎。

生命理性的身影

8月31日下午，在北大人民医院小小的明净而朴素的灵堂里，先生的女儿赵虹说，导师的灵堂和小小仪式都是家人做的，不仅是新冠肺炎疫情的缘故。我理解，不给人添麻烦（哪怕是单位），简朴做人契合导师的个性。

皓月悬空，沉夜如水。想到先生在最后一段时光还在准备讲稿，践行"健康工作 50 年"的诺言，幻觉式的一个词——"生命理性"钻进脑子里，向我昭示人生能走多远，生命的意义又何在。

是的，不断增强的医疗保障技术及生命健康知识在延长人的寿命，但是据以事功的生命年华就只有一小段；而立于事功的生命精华更只有风华正茂的时候。对于学人来说，他的生命的价值不取决于生命的长短；对其价值的评判也不取决于他人，总归还是自己的行为和书写；他人、社会和国家将依据自己的行动、书写来评价。能把握自己的生命价值是一种崇高的生命理性。在这个对生命价值多少有些犹疑的时代，在一切商品化、等值或不等值交换的时代，导师这一代学人没有犹疑彷徨过，对闲言一笑置之。这人生的路越走越坚定。留给后人的则是一段长长的，既现实又幻化了的身影。那个身影便让人觉得，在他生前身边时，他很实在，很亲和，甚至很有些小老头的顽皮或有些身形瘦弱；当他在世间远去后，那身影便越来越高大，渐渐地，在后人面前像丰碑一样地矗立。

2020 年 8 月 30 日凌晨，导师辞世，享年 83 岁。导师仙逝的消息宛若静澜巨石，迅速在微信群朋友圈波荡。各种悼念、追思、怀想超出了想象。在我的眼前，一座精神文化的丰碑已然矗立了起来。

噫吁嚱：

惟明克允，恩泽铭心；

懿范之光，勉育后人。

2020 年 8 月 31 日夜记

9 月 1 日至 4 日修改

（作者单位：中国传媒大学新闻学院）

点点滴滴忆吾师

谢鼎新

今天是赵老师的头七，七天前，即 8 月 30 日上午，赵门弟子群里艾红红老师发了一条消息："我们敬爱的赵老师于凌晨 2 时离开大家。"没病没灾的，怎么会这么突然传来此噩耗？（后来才知道赵老师一生低调，不愿打扰别人，生病了有意让家里人不对外说）我们都倍感震惊，痛心不已，头脑也是乱乱的。看了许多悼念文章，每个人有每个人的经历和角度，我也把我和赵老师相处的点点滴滴记录下来。

一

我是博士阶段跟着赵老师读的。那是在 2003 年，我们笔试、面试之后，北京开始闹"非典"，在长时间的等待之后，再问学校还是没有消息。我想大概是没戏了，广院（我们进校时还叫北京广播学院，第二年改名为中国传媒大学）不录取也不明说，我也就不再打探了。一天，我突然接到赵老师的电话，赵老师在电话那头告知："小谢，你已被录取了。"在不报什么期望的情况下，接到这一电话，我有点欣喜若狂了，太好了。我想也许自己有某些方面，老师对我还算满意吧，他争取名额来的，他一定是想到我等这个消息很久了，故在第一时间电话告知我这一好消息，从此我进入了赵门。

我们的专业课学习就在广院图书馆五楼的广播电视史志资料中心，课程学习带有研讨性质，不像现在的研究生教学还要有教学大纲、课时计划、督导听课检查什么的。那时就是老师讲，我们听，我们随时可以提出问题，有时提到某个老报刊，老师告知在哪里，我们打开书柜取出来翻看，这样的学习氛围和学习方法很好，很能熏陶人，我很喜欢。这个资料中心可是赵老师的"宝贝"，每份资料的来源，他都如数家珍细细道来，我们从中受益多多。在以后的时日里，我经常来这里，毕业论文从中获取大量的资料。至今我都非常留恋这个凝聚老师毕生的心血、摆放着各种材料的资料中心，在这里我仿佛还在向赵老师请教、探讨，通过他收集的一份份珍贵资料又在和故人们进行交流、对话。

在指导我们学业过程中，赵老师潜移默化、言传身教。一次，老师的论文自选集要出版，起个什么名字，他让我们大家帮助起，大家七嘴八舌。我记得我起的是"攀岩与泛舟"，一是有"啃硬骨头"的意思，攻克学术上的难题；二是在学术领域徜徉，涉笔成趣，娓娓道来。赵老师说："泛舟还可以，攀岩是攀不动了"，其实他在考考我们，以给书起名的方式，不动声色地促使我们思考一些问题。

在治学路上，赵老师总是善于发现问题，启发开导我们。记得在和老师讨论科研的选题时，我曾吐露过我的苦恼：老师的重要研究成果之一，即提供田野调查，考证中国人民广播事业的诞生日为 1940 年 12 月 30 日，这种方法我们现在做不到啊。赵老师倒是很开通，说了一句我至今印象深刻的话："一代人有一代的事，我们有我们的任务，你们有你们的任务。在学术路上，既是我带着你们，又是你们推着我，大家共同前行。"此番话令人茅塞顿开。后来我调到南京财经大学工作，向老师汇报此事，他说："南京是个好地方，可利用第二历史档案馆做民国广播史的研究。"老师的耳提面命、不断的指导，我算是有了一个稳定的民国广播史研究方向，并帮着老师收集了一些资料。

赵老师是从事广播电视史研究的大家，渐渐地我发现我们这个领域从事历史方面研究的前辈，大都性情温和、宽厚待人，对晚辈的任何一点小小的发现、小小的进步都给予热情的鼓励和扶持。一次，我在翻阅老报纸时，发现日伪时期安徽芜湖开办一个养正广播电台的信息，他让我把资料提供给他，后收录的在其主编的《日本侵华广播史料选编》中。

赵老师给我们的印象是学业上要求严格，我们甚至有点"怕"他，怕布置的任务没完成好，怕他不满意，以至于怕赵老师的表扬。记得一次我们就《中国广播电视学刊》上发表"谁是中国电视第一人"的文章开展研讨，我去国家图书馆查了一些资料，提出一些不同的看法，有理有据，得到赵老师的表扬，我反而觉得有点诚惶诚恐。当时的想法是这次做好了，下次可就不一定了，还是不表扬的好。对赵老师的这一印象，好像同门中各位都有。一次学术会议期间，在聊到赵老师的时候，人大周晓普教授曾对艾红红和我说："你们的赵老师，人可真逗！"我们都说："开始的时候，我们还是有点怕他。"周老师理解地说："你们是入室弟子，要求和感觉与别人不同吧。"

二

其实在生活中，赵老师是一个很宽容、很随和、很幽默的一位老者，一位智者。

记得 2004 年国庆，我的妻子带着孩子来北京，我们一起去拜访老师和师母，当时他还住在真武庙三层楼的广电总局家属院。一见面，赵老师、师母非常热情地说："小谢来啦，……哦，小朋友也来啊"，又是倒茶，又是削苹果，还拿出湿纸巾，对着还在上小学的女儿说："妈妈是当医生的，咱们要讲卫生，手要擦干净"，一席话扫除了我们的局促感。事后妻子跟我说："你们赵老师还是北京的博导，和北京的大爷、大妈一样啊！"

说到大爷，我想起在赵老师担任中国新闻史学会会长期间，广院举办全国高校新闻史师资培训班，班上从天津高校来的老师自豪地说："赵大爷是我们天津人。"当时我听了觉得有点怪怪的：一是如此场合下，还有将博导赵老师称赵大爷的？二是赵老师明明是山西人，怎么又成了天津人呢？后来我才明白，赵老师祖籍是山西，从小随经商的家人来到天津，算是晋商后代吧。

记得读博期间，一次我和赵老师一起去青岛开会，那时还没有动车，要坐十几个小时的火车，同去的还有延安时代的"老广播"杨兆麟等。大家一起在车上聊天，聊到广播史，赵老师像忽然想起什么似的，高兴地说："老杨，你父亲找到啦！"杨兆麟先生听了觉得莫名其妙，经赵老师解释恍然大悟，原来有人写了一本书叫《中国广播之父——刘瀚传》（此观点学术界还有争议，这是另话）。没错，那就是你"老广播的父亲"啊！众人皆笑不已。还是在青岛，早餐时，服务员不小心将一杯牛奶打翻，泼到赵老师身上，服务员赶忙擦拭、赔不是，赵老师则幽默地说："以前听说宋美龄有牛奶浴，现在我们也奢侈一下，用牛奶洗衣服啦"，机智巧妙的话语化解了尴尬的场面。

还有一次，在赵老师主持的教育部人文社会科学重点研究基地重大项目"广播电视学学科体系建设研究"的研讨会上，当时请了很多学界大咖，有清华大学的郭镇之教授、复旦大学的孟建教授、华中科技大学的石长顺教授等，我和弟子王文利、艾红红等是课题组成员，赵老师叮嘱我们好好听取各方意见和建议。会上各位专家发言，都侃侃而谈、头头是道，发言结束后，赵老师要求将发言的内容整理成文章时，各位专家都很忙，面露难色推托道：我们是来学习的，随便说说，云云。此时，赵老师反应极快地说："那好，那就交一份学习小结吧。"这下他们可不好拒绝了，看着他们讪讪而笑的表情，我们都在下面偷着乐。老师对问题的反应，化解各种问题时的机智、风趣都是过人的，有时我在想大概晋商的后代有这方面的遗传基因，有先天禀赋吧，学是学不来的。

毕业多年之后，在杭州的一次学术会议期间，我同赵门弟子艾红红、刘书峰，还有艾红红指导的博士生冯帆一起聊天。那时我们刚给赵老师举办过八十大寿，后续还有些事情，冯帆说到去爷爷的办公室拿什么材料，爷爷又说了什么……一口一个爷爷，喊得非常自然。是啊，我们都是他老人家的徒子徒孙。在众多的哀悼文章中有篇文章的标题很特别：《广院的那个老头儿走了……》，如此家常、如此亲切。那个老头就是我们的恩师——赵玉明先生。

2020 年 9 月 5 日

于南京

（作者单位：南京财经大学新闻学院）

回忆"严师"赵玉明先生

王文利

2002 年，我所在的单位湖南师范大学新闻与传播学院刚刚增设了广播电视新闻学专业。为了加强专业建设，开出新课，学院派我到中国传媒大学（当时名称为北京广播学院）进修电视节目制作课程，为期半年。中国传媒大学是我国广播电视学术研究和人才培养的重镇。进修期间，我被这里浓厚的广播电视学术氛围所吸引，如饥似渴地在广播电视知识的海洋中汲取营养。我不仅认真学习进修班开设的所有课程，还利用课余时间到本科生、研究生课堂旁听了许多我感兴趣的课程。当时我就暗下决心，一定要报考这所学校的博士研究生。

后来在吴高福先生的引荐下，我拜见了敬仰已久的赵玉明先生。1996 年我考上了武汉大学新闻学院的硕士研究生，研一时师从刘家林先生研究中国新闻史，研二时刘家林先生调到暨南大学后，我转而师从吴高福先生从事新闻理论研究。初次见到赵玉明先生，我感觉先生不苟言笑，厚厚的近视镜片后面透着许多严肃；但接触多了，发现先生脑子非常灵活，也很风趣，常能在不经意间发掘笑料，活跃气氛，根本就不是人们印象中的老学究。

2004 年，我如愿以偿考上了中国传媒大学广播电视新闻学专业（后改为广播电视学专业）的博士研究生，师从赵玉明先生从事广播电视史研究。刚进校时，先生正在主持申报教育部人文社会科学重点研究基地重大项目

"广播电视学学科体系建设研究"。在先生的指导下，我负责项目申报书的起草工作。申报书数易其稿，在此过程中，我不仅接触了大量的广播电视相关学术资料，开阔了视野，而且感受到先生严谨的学术作风。

2005年初，课题"广播电视学学科体系建设研究"获得立项，为教育部人文社会科学重点研究基地重大项目。我承担了该项目子课题"中国广播电视学术史"的研究任务，并将此选题作为我博士论文的选题。

刚开始着手进行中国广播电视学术史研究工作时，我非常茫然，因为当时国内还没有一本广播电视学术史方面的专著，相关论文也较少。特别是对于"文化大革命"前中国内地广播电视的研究情况学界涉及甚少，除了哈艳秋教授和谢鼎新教授的三篇论文外，其他相关论著往往语焉不详。在赵玉明先生的启发下，我决定以"中国广播电视新闻研究史"为突破口开展研究工作。此后，在先生悉心指导下，我埋头于北京图书馆、中国传媒大学图书馆、湖南省图书馆和湖南师范大学图书馆的"故纸堆"中，收集了"文化大革命"前大量珍贵的广播电视研究资料。在中国传媒大学老图书馆四楼阅览室有一间小房子是先生的办公室，大约30平方米，里面存放了先生数十年来收集的各种广播电视研究资料。读博期间，我常独自一人到此室阅读和沉思。每每翻阅先生一笔一画抄写下来的堆积如山的文献资料时，我就深刻地体会到什么叫厚重、毅力和宁静致远。2008年，我的研究结出了硕果，20万字的专著《中国广播电视新闻研究简史》由湖南师范大学出版社出版了。

就在我潜心于博士阶段的学术研究时，2006年我所在单位为了迎接教育部组织的本科教学评估，让我返校工作，并身兼院长助理和广播电视系主任二职。作为院长助理，我负责协助院长抓研究生和学科建设工作，起草并撰写了十几万字的学科点申报、研究基地评估、研究生教学管理等相关文件；作为广播电视系主任，我承担了广播电视新闻学、播音与主持艺术、广播电视编导三个本科专业的专业建设和日常管理工作，湖南省播音与主持艺术专业统考和广播电视编导专业统考考纲的起草、修订工作，一年一度湖南省播音与主持艺术专业统考、广播电视编导专业统考的资料准备工作，湖南师范大学播音与主持艺术专业、广播电视编导专业外省招生专业考试的资料准备工作，以及至少一年四期的针对高中生的播主、编导高考专业培训班的教学设计、组织和管理工作。此外，我还要承担本科生、研究生的课程教学工作。繁重的行政工作和教学工作压得我喘不过气来，我不想继续进行博士论文的研究工作。因此，我向先生提出能否将已经出版的20万字专著《中国广播电视新闻研究简史》修改一下，作为博士论文进行答辩，但先生拒绝了。他说："你是广播电视系主任，负责广播电视新闻学、播音与主持艺术和广播电视编导三个专业的建设工作，继续进行博士论文研究工作，拓展广播电视领域的知识视野，对你的工作有帮助。"此后，先生通过各种方式鼓励我、督促我、鞭策我、帮助我，几年后我终于完成了40万字的博士论文《中国广播电视学术研究史稿（1925—2011）》。

目前我所负责的广播电视编导专业、播音与主持艺术专业和广播电视新闻学专业（现改名为广播电视学专业）建设得还算不错，在湖南省位居一流，在全国也有一定的影响。我本人也能够承担摄影技术与艺术、电视摄像与构图、影视化妆与照明等广播电视相关专业的核心业务课程的主讲工作。这些都应归功于赵玉明先生。如果当初不是先生鼓励我继续进行博士论文的研究工作，督促我涉猎与播音主持艺术、广播电视编导有关的领域，我作为一个本科学历史、硕士学新闻史论的人，怎么可能胜任播音与主持艺术、广播电视编导、广播电视新闻学三个专业的建设工作呢？怎么可能承担得起湖南省和湖南师大播音与主持艺术专业、广播电视编导专业高考招生专业统考的相关工作呢？

人常云"严师出高徒"，我虽然不是高徒，但赵玉明先生的严格要求却令我没有辜负我的工作，让我成为一位还算合格的广播电视系主任。

（作者单位：湖南师范大学新闻与传播学院）

一生广院人　一世广电情

——追忆恩师赵玉明先生

庞　亮

2020 年 8 月 30 日是个令人伤心的日子。上午 9 点多，我从恩师女儿赵虹女士的来电中得知，恩师已于凌晨仙逝。听到消息的一刹那，我的心里一阵震颤。挂掉电话，与恩师交往 20 多年的点点滴滴一幕幕浮现在眼前。

初识恩师

最早见到赵老师，是 1999 年夏天在新疆乌鲁木齐市召开的《中国广播电视年鉴》（简称《年鉴》）的工作年会上。当时，我在新疆人民广播电台新闻中心任记者，受中心领导指派去采写报道。在会上，第一次见到了刚从北京广播学院副院长岗位上退下来的赵老师。他时任《年鉴》编委会副主任兼主编。我在采访间隙第一次聆听赵老师做了有关如何编好广播电视年鉴的工作报告。由于不熟悉《年鉴》编辑业务，对赵老师报告的内容印象不深，听完后也匆匆离会发稿，并未上前去打招呼。但他满头白发、温文尔雅的学者形象却深深地镌刻在了我的脑海之中。

机缘巧合，几个月后，我竟然在北京广播学院正式拜见了赵老师。

1999 年 9 月下旬至 10 月下旬，我受新疆人民广播电台委派，作为随团记者参加新疆党政代表团，赴京报道国庆 50 周年系列庆祝活动。在京期间，记得是 10 月中旬的一天，我从居住的甘家口新疆办事处打车去北京广播学院看望此前已从新疆广电厅调任北京广播学院任职的老领导赵建华同志。做了几年的新闻工作，我一直就有考研的想法。这次再见时，我便表明了心迹。在他的鼓励下，我下定考研的决心。

老领导赵建华古道热肠，做事雷厉风行，当天谈完就张罗着介绍老师指导我。碰巧当天下午，赵老师就在学校南门主楼的二层办公。在老领导的引荐下，我惴惴不安地来到赵老师的办公室，自我介绍一番后随即道出想法。本想一切会很顺利，没想到他很平静地告诉我："小庞啊，太不巧了，我从今年开始只招博士生了，但我的学生哈艳秋现在招硕士生，我把你推荐给她吧。"见面时我才得知，北京广播学院于 1998 年获得了新闻学、广播电视艺术学两个二级博士点，赵老师作为首批校内 8 个博导之一，从 1999 年起只招博士生了。在经历一番紧张的复习考试后，2000 年 9 月，我从乌鲁木齐市来到北京广播学院，成为一名新闻学专业硕士研究生。

投入师门

读硕士伊始，由于课业非常繁重，考虑到自己的身份，我并未主动想去联系赵老师。没想到，一年级第一学期的某一天，我突然就接到了赵老师的电话。他开门见山地说："小庞，我正在组织编写中国广播电视通史，你如果有时间、有兴趣，可以来找我，做点工作。"我非常兴奋，没想到赵老师还记得我。几天后，我如约而至，与他相谈甚欢。从那以后，每周把赵老师审阅过的手写稿件在电脑上敲打成文字便成为我读书之余最重要的工作。也就是从那时起，我逐渐对中国广播电视史和新闻广播学术研究有了较为清晰的认识。

随着《中国广播电视通史》(第 1 版)的付梓出版,我于 2003 年 7 月顺利毕业。当年 5 月,在征得赵老师同意后,我抱着试一试的心态报考了博士。由于没有把握,我先行选择留在学校从事管理工作,计划工作两年后再考。幸运的是,当年赶上了 21 世纪初我国高等教育大幅扩招,招生名额有所增加。原本一个导师只能招一个博士生,后来增加到可以招 3 至 4 个。就这样,我也成功上岸,幸运地被录取为 2003 级赵老师的 4 个博士生之一,正式成为授业弟子。

此后几年,他基本每周来学校两次,除了给我们上课外,还定期出一些命题论文。每逢重要的广播纪念日、领导人物重要纪念周年、重大历史事件的宣传等,他都会提醒我们写点文章,经常是周一布置,一周后交稿。就是在他这种手把手的培养下,我在几年间相继发表了《为全中国人民和全世界人民服务——毛泽东广播电视宣传思想简论》《邓小平广播电视宣传思想的基本内涵》《弘扬抗战广播的民族精神》《"中国人民广播诞生地"纪念碑的由来及其意义——访中国传媒大学教授赵玉明》《从新闻学到新闻传播学的跨越——近十年来中国新闻传播学教育和研究新进展评述》等 10 多篇新闻广播学术论文,为后来在专业上的成长打下了重要的基础。

博士生阶段最难的就是博士论文写作。在最艰难的时刻,赵老师用一句非常朴素的话给我以莫大的鼓励。他说:"不要怕,多看看别人的,照猫画虎,画也要画出一篇来。"后来我带研究生时,也常常用这句话来勉励他们。在他的悉心指导下,经过一段时间的前期准备,并参考了多部研究邵飘萍、范长江、邓拓等著名报人的专著以后,我把博士论文的选题圈定在中国广播电视人物研究上,选定梅益同志作为研究对象。在整个论文写作过程中,从陪我一次次去梅益家采访其家人到把他收藏的梅益与广播电视有关的史料转送于我,再到后期修改润色论文文字,赵老师都付出了极大的心血。2008 年 5 月,我的论文《声屏世界里的思想者——梅益广播电视宣传思想研究》正式出版，后来在 2009 年第六届全国广播电视学术著作评选中获得了三等奖，也算是对赵老师的一种回报吧。

未能"毕业"

2008 年 7 月博士毕业后，我继续在研究生处工作。此后我虽历经校工会、党校办、学科建设与发展规划处等多个单位的转岗，但与赵老师在工作和生活上的联系却更加紧密。尽管赵老师在 2007 年正式退休，但他仍然坚持每一周或两周来学校一次。只要时间允许，我每次都会去办公室与他见面，他或问我工作情况，或给我布置研究任务。即使见不着面，我们也会通过电话、短信等多种方式沟通交流新闻广播电视学界和业界动态，他会提醒我关注重要的学术前沿和热点难点问题。就是在他这种不间断的耳提面命下，博士毕业后的这些年，我依然作为赵老师团队的一员，跟随他陆续完成了《中国广播电视图史》《广播电视学学科体系建设研究》等多个重要科研项目的研究工作，积累了一些重要的学术成果。

与此同时，从 2004 年开始，我也作为他担任主要负责人的中国新闻史学会、中国广播电视协会广电史研委会的助手，协助他组织召开多次学术研讨会和换届工作会，密切了与新闻广播电视学界和业界同人的联系，为更好地从事学术研究工作提供了便利。特别让我感动的是，为支持我在校内从事的发展规划和学科建设管理等本职工作，他还经常在报刊上搜集与我本职工作相关的报道、资料等，每次见面都复印一份送我留存参考。学校相熟的同事总问我，"你的博士还不毕业？导师经常召见你，真够负责的"。听到这话，我也不多解释，这种未能"毕业"的幸福，不是他们所能体会到的。

2010 年，我的同门薛文婷的博士毕业论文获评全国优秀博士论文，学校专门奖励赵老师 30 万元，他用这笔资金设立了"赵玉明教授研究生助学金"。记得我曾多次在颁奖座谈会上对获奖的研究生说，这个奖来之不易，要倍加珍惜，因为"赵玉明"这个名字的含金量太高了，他可是广院的"镇校之宝"。北京广播学院发展史上的好多个"第一"都有赵老师，1959年赵老师成为第一批本科生教师，1979年成为第一批硕士生导师，1997年成为学校第一位进入国务院学位委员会学科评议组的成员，1999年成为第一批博士生导师，2004年成为第一批博士后流动站合作导师，2010年首位荣获"全国优秀博士学位论文指导教师"殊荣……可以说，赵老师的教学研究生涯就是北京广播学院建设发展的历史缩影，他把一生最宝贵的年华和智慧都给了广播学院，给了广电事业，给了自己的学生。

正如赵老师的老师方汉奇教授近日在深切悼念他时所书，"兰摧玉折，哲人其萎。典型尚在，垂范后昆。"赵老师的确是一位真正的学者，作为一介平民，无论在做人还是做学问上，都达到了常人难以企及的高度，是名副其实的新中国广播电视史学教学研究的奠基人和开创者，也是中国新闻传播学从稚嫩走向成熟的重要参与者、见证者和推动者。赵老师以杰出的学术成就和谦卑的道德品格，赢得了新闻广播电视学界和业界的认可和尊重。

今年农历大年三十前几天，我给赵老师家里打电话，相约每年过年的惯例活动，大年初一给他和师母拜年。此时新冠肺炎疫情已开始肆虐，赵老师不让来家里。后来得知，他当时已经身体有恙，怕给我们添麻烦。5月中旬，在他治疗一个多月出院后不久，我去家里看望，他看起来十分消瘦，但精神尚可，聊了一个多小时，他还把中国人民大学出版社出版的21世纪新闻传播学系列20多本教材送给我，嘱咐我回去认真研究，争取出版学校的系列教材。不料此后他的病情急转直下，8月19日下午，我再次去家里看望，默默祈祷他能够迈过这个坎。唉，天不遂人愿，病魔还是无情地击倒了他，最后一面竟成永别！

9月1日上午10时，我怀着悲痛的心情，和恩师的家人、朋友、同事、弟子们一起为他送别。在告别仪式上，我见到了慈祥的师母，看着投屏照片里恩师熟悉的面庞和身影，一语未完，已是潸然泪下……

心香一瓣，聊寄哀思。敬爱的恩师，您一路走好！您永远活在我们心里。

2020 年 9 月 2 日

于北京定福庄

（作者单位：中国传媒大学）

探究广电古今，一生教书育人

——怀念我的导师赵玉明教授

刘书峰

2020 年初，《北京志·广播电视志》第二轮编修进入总纂的最后阶段，赵老师是该志书的顾问，我是该志书的责任撰稿兼副主编。3 月 23 日，我发了一条几百字的微信给赵老师，向他请教一些该志书编纂的具体问题。赵老师的回复是："我身体欠佳，无力查询，自力更生吧。"看到这样的回复，我心神不宁地度过了一整天。3 月 25 日，我把不好的感觉告诉了艾红红老师，询问她最近有没有跟赵老师联络。艾老师最初的回答让我长舒一口气，她说上周刚与赵老师联系过，他还是和师母每天下楼遛弯儿，一会儿再联系问一下。然而几分钟后的消息却是赵老师已经病重住院，而且病情很严重。其实在我发微信给赵老师的那天，他就已经病得非常严重了，但他嘱咐家人尽量保密，不要打扰别人。这正是赵老师一贯的风格——尽量不麻烦别人。彼时我心急如焚，却又无能为力，只能暗自祈祷，希望他能快点好起来。5 月，好消息传来，赵老师终于出院回家了，有时还能下楼走走，我压在心中许久的巨石终于可以放下了。然而噩耗最终还是在 8 月 30 日传来。

回想起最后一次见赵老师，是今年寒假前在学校的广播电视史志中心的资料室。资料室里都是赵老师个人收藏的资料，其中民国时期的无线电广播资料和新中国成立初期的广播资料在全国绝无仅有，史料价值非常高，他都无偿捐献出来建成这个有学校特色的资料室。那天我们如常聊天，只是感觉似乎他的耳朵听得更不清楚了。中午 11 点多，我们一起从资料室出来，他扶着我的胳膊走下图书馆高高的台阶，经过《中国广播电视年鉴》纪念创刊 30 年时栽的一排美国红枫树，再穿过新教学楼和动画学院之间的小路，走向北院食堂。冬天这条路总是没有阳光，迎面总是有寒风吹来。我和赵老师裹紧外衣，靠得更近了一些，争取尽快走到食堂前暖暖的阳光下。和以前一样，赵老师在食堂的午饭是三两水饺、两勺醋、一份汤。饭后，我们又穿过校园走回南门的办公室。这一切那么自然、亲切、熟悉，却再也回不来了。

严谨认真的老师

2004 年 9 月，我来到中国传媒大学读博士。一般每周一、周三，赵老师会来学校办公。在主楼 217 老教授协会办公室的里间，一张老式的木质办公桌上摆满了各种资料和一部老旧的电话座机，办公桌前后是几个摆满了各种书籍资料的木质简易书架，旁边是一张用来午休却总是摆满了各种资料的单人床。小小的办公室里，只能摆得开一张灰色的会客椅。每次我去主楼 217 找赵老师时，他总会从写在稿纸背面或信封背面长长的事项清单中找出与我相关的那些内容。他有时给我为我搜集的资料，有时问我是否了解某个最新的研究成果，有时布置一些具体的任务。经常我还没走，下一位来访者已经在外面等了。

赵老师不会用电脑打字，有时他会将自己手写的论文初稿或发言稿拿给我，让我录入电脑后打印出来下次见面时给他，再下次见面时，他会将手写修改完的稿子交给我，往返数次，最终成文。作为一个刚刚准备踏入学术界的博士生来说，这对我的帮助非常大。他让我看到一篇论文从构思到形成初稿，再到最终定稿的全过程，包括如何行文架构、捋顺思路、调整完善等。更重要的是，我看到赵老师是如何一遍遍修改自己的每一篇文章和发言稿，我深深感受到文章不是写出来的，而是改出来的。

赵老师以研究广电史见长，他主编的《中国广播电视通史》堪称中国广播电视史研究的奠基之作和集大成之作。20 世纪 80 年代，他指导当时的研究生郭镇之老师对中国境内第一座广播电台及其创办者奥斯邦进行了深入挖掘，为广电史研究找到了源头。然而奥斯邦从何而来，电台停办后又去了哪里，却一直没人了解，他对此深以为憾，并在我刚入学时就鼓励我到英语世界中进行搜索和研究。我深深记在了心间，可惜多年来均查询无果。后来偶然的机会，我竟然在香港 20 世纪 20 年代的英文老报纸中寻得了踪迹。在赵老师的鼓励下，我用了近 3 年的时间，搜寻能找到的所有香港中英文报刊，并根据其中的线索前往澳门档案馆查阅葡文资料，基本厘清了奥斯邦离开上海后前往香港、澳门继续其广播事业的脉络。看到我的文章后，赵老师非常兴奋，还将这一情况修订到他与艾红红老师共同主编的最新版广电史教材里。我也在这一段研究经历中深切地体会到了做学问的快乐。

工具书是一门学科发展的基础，专业性强，而且非常耗费时间和精力。赵老师下了很大功夫在编纂广电领域的辞典、百科全书、地方志、年鉴、史料集、回忆录等最基础的工作上，为整个广电学科的发展奠定了重要基础。我的博士论文以广播电视志为题，这正是赵老师用力最深的领域之一。从首轮修志开始，赵老师已持续 20 多年密切关注广播电视志的编修情况。在他担任中国广播电视学会广播电视史研究委员会会长时，每年的年会总要召集各省编修广电志的负责人介绍情况、探讨问题、交流经验，会后出版的内部文集更是集中记载了全国各地首轮编修广电志的情况，汇集为非常宝贵的资料。赵老师卸任会长之后，全国各地二轮编修广播电视志就基本各自为战了。现在看来，赵老师建议我选择这个题目，正是各省广播电视志首轮基本编修完毕，总结经验、积蓄力量、着手开展二轮修志之时，在理论和实践两方面都具有相当大的现实意义。当我最终下定决心以此为题时，他不但把搜集到的所有省级广播电视志以及部分市县广播电视志与志稿都交给了我，还拿出一份他自己手工绘制的大大的表格——他自己拿几张 A4 纸用胶水拼接而成的，上面有他手写的全国 20 多个已经出版的省级广播电视志的主要信息，这让我既感动又佩服。在赵老师的建议和联络下，我还访问了上海、云南、湖南以及中国地方志指导小组办公室的工作人员，最终我的博士论文成为全国第一个以新修专业地方志为主题的学位论文。进入 21 世纪，他还组织艾红红老师和我共同编纂了一部《新修地方志早期广播史料汇编》（上下册），将散见在几十本广电志书中中华人民共和国成立之前广播的内容集中起来，方便有关研究人员和爱好者查阅。

除了广播史，赵老师还对周恩来总理的研究一往情深，这出于他那一代人对总理深深的爱戴。赵老师一直坚持搜集周恩来的题词，退休后还发表了多篇关于周总理题词及思想的文章，并出版了《周恩来题词集解》一书。该书的创意、收集、编辑，大部分由赵老师独立完成，然而该书最终的面貌并不完全符合赵老师原本的设计，他也专门撰文将他几十年对周恩来题词研究和该书的来龙去脉进行了记述。值得一提的是，这些有关周恩来题词的研究文章，他虽然也是手写，却很少让我帮他录入。这是因为他始终坚持"公私分明"，他觉得那是他的个人爱好，对我的专业研究并无直接帮助，所以他更多采用剪刀加糨糊的方式，在自己费力手工修改多次后，才偶尔让我帮忙录入最终版本。直到最后基本成书，需要到中共中央文献研究室联络送审出版事宜时，赵老师才带我和以周恩来新闻思想为博士论文题目的贾临清老师前去接洽。这也是赵老师给学生开阔视野、争取指导机会的方式。

敬业乐业的领导

对我来说，赵老师既是导师，又是领导。在赵老师的指引下，读书期间我以广播电视史为研究方向，毕业论文以广播电视志为题目，工作则是在《中国广播电视年鉴》(简称《年鉴》)编辑部。赵老师从《年鉴》创刊就参与其中，先后担任《年鉴》编委、编委会副主任兼主编。作为校领导时还分管《年鉴》工作，退休后虽多次辞职，但学校和编委会仍然邀请他继续担任《年鉴》主编，直至他80岁时才正式卸任。赵老师为《年鉴》的按时定期出版打下了坚实基础，更亲自参与《年鉴》具体的编纂工作，比如《年鉴》中所刊登的史志资料大多是赵老师亲自组织的。有关《年鉴》的报告、讲话和信函都是他自己起草写成的，从未烦劳他人代替。30年来，他从未缺席《年鉴》年会、编委会主任会议等重要场合，经常到编辑部了解工作进度，询问有没有困难需要他帮忙解决。赵老师和多年来担任编辑部主任的曲宗生老师配合得相得益彰，曲主任对《年鉴》编纂有深刻而独特的认识，每年都会带领编辑部对《年鉴》进行改版创新，偶遇困难或不好解决的问题时，赵老师总能及时出现，提出恰当的解决方案或思路。在赵老师、曲老师的带领下，《中国广播电视年鉴》连续十几年获得年鉴界最高奖，达到全国年鉴一流水平，享有良好的口碑。赵玉明老师本人也获得中国出版协会年鉴工作委员会颁发的从事年鉴工作30年"明鉴春秋"纪念章。

2004年，赵老师在方汉奇老师后继任中国新闻史学会第二任会长。从2005年起，我开始担任中国新闻史学会的秘书，这让我有机会目睹赵老师在中国新闻史学会兢兢业业的工作。赵老师长期担任中国广播电视学会广播电视史研究委员会会长，在学会工作方面非常有经验，在中国新闻史学会的工作中也得心应手。他注重建章立制、规范运行，派我去参加民政部组织的社团管理培训班，严格遵守教育部、民政部等部门的各项规章制度。为了下一届会长单位的确立，赵老师提前两年开始策划，最终顺利完成换届选举。在发展二级学会问题上，赵老师安排我多次前往教育部办公厅社团办征求意见，向其他有经验的一级学会进行请教和交流，反复斟酌并发布《中国新闻史学会关于开办二级分支机构的意见（试行方案）》，最终发展了 3 个二级学会。赵老师非常尊重学会的前辈和老师，如方汉奇先生、宁树藩先生、丁淦林先生、卓南生先生等，在重大事件和会议中，总要多方征求这些前辈老师的意见。在赵老师当会长的几年中，中国新闻史学会坚持以新闻传播史学研究为主，做了许多实实在在的事情，进一步扩大了中国新闻史学会在新闻界、教育界、社科界的影响。比如《新闻春秋》这个史学会的品牌源于方汉奇老师，赵老师则努力将其发扬光大。在赵老师的联络下，史学会与北京日报集团《新闻与写作》杂志及中国记协主办的《中华新闻报》合作，分别开设《新闻春秋》专栏，由李磊老师和我经手创办的学会官方网站也定名为"新闻春秋"，史学会每次组织学术研讨会后出版的论文集同样以《新闻春秋》为名。赵老师会长任期结束时，还编印了一本以中国新闻史学会成立 20 年为主题的《新闻春秋》纪念专刊，把史学会的相关史料结集成刊，并邀请会员撰写回忆和纪念文章，为史学会留下永恒的纪念。

和蔼可亲的长辈

在日常生活中，赵老师乐观开朗、关心他人。赵老师爱打趣，他常说自己不是博士、不是硕士，而是"近视"——这里的近视既与传统的"进士"同音，又是在说自己的高度近视。中国新闻史学会组织的学术会议一般安排在周末，许多老师为了挤出时间参会往往赶最早或最晚班的飞机。我多次见到赵老师提醒几位已届花甲之年、古稀之年的老师要注意身体、不能大意，建议他们出差时最好与本单位的年轻老师结伴同行，便于照应。

刚留校工作时，我分到校内教师公寓的一套宿舍。赵老师得知我搬进去后立即说："走，去你宿舍看看！"看到空荡荡近 40 平方米的两间房，他就给我讲十几年前他们一家四口人住的房子还不如我现在房子面积大的故事。随后他就帮我张罗家具，帮我借老教授协会张老师家因装修而暂时不用的沙发，还送了我许多日常用品。几年后，等我在通州买了房刚装修好搬过去不久，赵老师又去了我家，回来后给我说："这下我就放心啦！"

我是赵老师指导的所有博士生中年龄最小的一个，一直在学校读书，所做的许多事情其实并不能达到赵老师要求的标准，但赵老师都是以幽默的方式为我化解，在言传身教中让我找到正确的路。有一次，他以开玩笑的口吻对我说："你们这些年轻人，之所以不出成果，就是可玩儿的东西太多：看电视、玩电脑、网上聊天……我们那时候，下午六点钟吃完晚饭，就是坐在书桌前看书、写东西。"听了这话，我惭愧不已，现在懈怠时，还总是言犹在耳。

从 2004 年 9 月我来到中国传媒大学算起，在老师身边差不多有 16 年。这些年里，赵老师已经成为我心目中的一个标杆，在遇到困难或懈怠时，我总会想一想，如果现在赵老师遇到这样的问题或情况，他会怎样做。而内心的答案一般都是积极地去想办法，做好自己应当做的事。师兄庞亮曾经在不同场合这样说："作为一个普通人，赵老师已经达到了一般人难以企及的高度。"这番话我非常认同。十几年来，我有幸在赵老师身边学习、工作，本以为已经非常熟悉赵老师的一切了，然而前些日子陆续读到一些老师的回忆文章，才知道赵老师还在各个领域做了那么多事，影响了那么多人。能成为他的授业弟子，真的是一件幸运的事。在赵老师身边的日子，似风、如水，细节点点滴滴，似乎从来不曾想起，但永远不会忘记。

2020 年 9 月 30 日

（作者单位：中国传媒大学《中国广播电视年鉴》编辑部）

惦念终生的一世师生缘

——缅怀恩师赵玉明教授

刘英华

17 年前，与您结缘，一副口罩，因为一场"非典"。

17 年后，与您告别，一副口罩，因为一场"新冠"。

人生天地，忽如远行。过往诸多，自有冥冥。

8 月下旬，在一场因新冠肺炎疫情停摆好久之后的京外研讨会上，我遇到了同门小高，因为她不久前刚刚看望过您，现在回想起来，当时她闪烁其词、欲言又止的神态举止中已经预示一种不祥，但我却并没有往坏处想，还想着回京后稍加休整就去看望您，没想到回京后第三天就得到了您永远离去的噩耗……

人生有很多东西都是有烙印的，如养育之恩，还有就是师恩。回首结缘于您门下后走过的每一步，之于您，除了感恩与感谢，似乎都是满满的回忆！

17 年前，在国内高校的一片博士风中，底气不足、脚跟不稳、资历尚浅的我，也匆忙走上了读博之路。一川风雨，又岂是绵绵数语可倾诉得了的？那也是一个戴口罩的年月（2003 年"非典"）。由于"非典"蔓延，当时的教学已处于非正常状态，幸好，之前的博士入学考试已经考完。回到家中则是漫长的等待考博结果的时间。现在思忖起来，自己当时报考广播电视史学研究方向真有些自不量力，因为这之前我对历史研究几乎空白，而且隔着广告与新闻的专业跨度，凭着当时一股年轻气盛的冲劲，要做就做最好，硬是慕名至全校乃至全国研究广播电视史的大家——您的门下，当然也多多少少有一点扑个冷门、提高命中率的私心。结果那一年投考您的大有人在，甚至不乏连考几年的执着之辈，而直到面试之前您对我还一无所知，迂腐至极的自己在这之前和您也从没有过任何形式的沟通。不知道是不是"非典"的原因，那一年考博录取通知书发放得非常晚，无形中增加了等待的煎熬。最后当然是一个满意的结果，我终于如愿以偿地投奔到您的门下。

其实，这之后，我一直好奇地想问却又不敢说出口：您当年招录我的理由是什么？因为在您所有的弟子当中，我几乎是唯一一个没有新闻专业学术背景的学生，我真的有些诚惶诚恐。这之后我也曾自己寻找过答案，直到在整理您的口述史时，才找到了蛛丝马迹，在您的自选集中您在回忆参与创办原北京广播学院广告学专业历程时，曾有过这样一段回忆的话语："……分系之后，新闻系只有一个专业，即新闻学专业，发展空间不大。1984 年，我应邀到厦门大学新闻传播系，为该系凭借校外师资招收的硕士生和青年教师讲课。同时了解到，该系地处厦门特区，改革开放先行，已在着手培训广告学方面的师资，为开办大陆第一个广告学本科专业做准备。获知此信息后，我即向该系有关教师了解筹办广告学专业的事项。回京后，立即向校领导进行了汇报，并提出由新闻系筹办广告学专业的建议。此建议经学校原则同意后，筹办广告学专业紧锣密鼓地开始进行。……当时系领导商定，筹办工作从两方面着手：一是在系内选拔优秀毕业生留校送到广告部门开办的培训班学习；二是动员系内具备条件的教师实行新闻、广告教学双肩挑，一边教好新闻课，一边准备广告课。我当时提出新闻概论课教师准备广告概论课，广播史课教师准备广告史课，编采写作课教师准备广告写作课……1988 年 11 月，国家教委批准了我校呈送的开办广告学专业的论证报告，我校遂成为中国内地第二个开办广告学专业的高校。1989 年秋，第一届广告学专业本科生入学时，我已调离新闻系，原已开始准备的广告史课也就束之高阁，因而失去了和广告学专业师生近距离接触的机会……"而我正是您亲手创办的原北京广播学院广告学专业第二届学生，1990 年入学，虽然和您失之交臂，晚相识了 13 年，但在 2010 年，入学 20 年、毕业留校 16 年后，我开始主讲了您当年错过去的广告史课……

这不是缘分一词就可以解释得了的，也许在您来看，是一种未竟的情结，而在我则是一份幸运。人们常说，人的一生中所走的路中最关键的只有几步；而能遇到几个能改变自己命运走向的关键的人，何尝不是幸之又幸？！只可惜，现在不仅个中答案无从验证，而且连表达这种致谢心意的机会都没有了……每个人经历的背后都有一段无法释怀的过去，我真想对您长久以来对我的扶持与托举，说声谢谢！

记得到了 2003 年的下半年，所有人阴郁了大半年的心都放晴了，可我未觉丝毫放松，因为一场真正的读博之旅已经开始。我重新过起了白天自己去听课、晚上再去给自己的学生上课的日子。转眼过了一年，到了 2004 年的春天，我终于有了和自己的导师面对面接触的机会。难忘南院图书馆那间四周堆满了书、现在去可能都找不到了的那间小小的办公室，同届的"四人组"在这里和您开始了一学期的导师课。忘不了导师课上您严谨布置的对比阅读、课下纠错，也忘不了您带回的延安广播研讨会的史学界的声音，还有那些墨迹未干、带着油印香的《新闻春秋》。学期末结课之际，您又推荐我们参加了教育部主办的新闻史师资研修班，聆听了更多包括您在内的史学大师的教诲。整整一学期的导师课，真正让我们感受了您身上那种"板凳须坐十年冷，文章不写一句空"的老一代学者的风范。

在就读期间，您多次的耳提面命、当面的教诲，让我们浸润于您的学德师范中，虽不能至，但心向往之。在读博的岁月中，我更是沐浴了您那种一丝不苟、求真求证、严谨又不失宽容的学风。一直以来，我总把您当作自己大学读书时的校领导而敬而远之，一度不知道如何安排接下来的学业。因为这时自己已经进入广告史学的教学研究领域，一切都是全新未知，所幸您给了我宽松的研究空间和知微见著的贴心指导，让我集中两年的精力主持完成了《中国广告图史》的编撰工作。在这之后自己的博士论文选题也是数易其稿，尽管您从没亲口提起，但我能够感知，最终变换之后的选题已经与您的研究领域渐行渐远，作为自己弟子选题的亲近感和价值度可能早已打了折扣，但不出我所料，您像对待其他有类似情况的同门一样，给了我足够的个人学术思考的空间，依然用您那包容宽厚之心竭尽所能为我的新稿论文做辅导。

回想 8 年读博路，我真感觉自己就像是高高在空、自由翱翔的风筝，而线的那一头却稳稳地攥在您的手中。而您却从未食过我送您的一糕一饴，这纵然有您那老一代学者谨小慎微、清高淡洁的品质使然的因素，也有我辈不近人情世故、木讷的脾气本性在作祟。忘不了，大年二十九，您亲自来到学校的办公室字斟句酌地与我讨论论文，小到一个引文和注释，细到诸如应该称为"中日建交"还是"中日邦交正常化"这样的措辞，都在您的笔尖指点之下；如此这般，作为一个学生而言，感激之情何以堪？只能说，人生中遇到这样的导师，幸哉！您的学风乃至为人，不仅让我敬仰，而且必将让我惦念终生。

博士毕业 5 年之后的 2016 年初，我在为《中国新闻传播教育年鉴》组稿的过程中，责无旁贷地承担起您的口述史的撰写任务，从而也有机会或者从您过往的文集墨宝之中追寻您学术的生涯、人生的轨迹，或者亲耳聆听您对过往流金岁月的抚今追昔……

您还记得 2016 年 11 月初北上沈阳高铁上的情景吗？我陪着您去辽宁大学参加 2016 版《中国新闻传播教育年鉴》首发式。那时的您白发苍苍，年届八旬。我也没想到能在那个初冬的季节有个和您共乘高铁相扶北上的机缘，一路上听您讲很多逸闻掌故。作为广告学专业出身的学生，我自然是对您作为力主创办广告学专业的筹建者之一那段历史最感兴趣，问了您很多关于专业创办始末的细节。您讲到您利用在京的有利条件，除在广电系统调查外，又先后组织人员到中宣部新闻局、国家工商总局广告司、中国广告协会、中国对外经济贸易广告协会以及中国广告联合总公司和其他广告公司做广泛调查，内容包括广告管理、广告业务、广告人才需求等。这些调查有的由校领导带队，有的由您本人牵头进行，这个过程持续了两三年……您讲累了，会瞌睡会儿，醒来再继续讲……在您瞌睡时，我也会发呆，会忽生感慨，人这一辈子，最关键的仅有几步，同时关键的还有每一步遇到的关键的几个人吧？！这就是所谓的因缘际会吧？是啊，没有您的力争力主，也许我们一生的轨迹都会被改写。然而，我最终还是来了这里，还进入了您的门下，甚至差一点教了同一门课，这是现实版的缘分注定。彼时彼刻，时间被定格在每一个文字里，时间也被刻进您每一条皱纹里、每一根白发中……时间都留给了满满的记忆！

这次北上的行程，言语上，您利用一切空闲时间给我点拨的，总结起来就是两个词："坚守"和"特色"；行动上，八旬老人亲躬参加每一场分论坛，而且都坚持到总结的最后一分钟。人，难得保持一生的矢志不渝。表面上看，一路上是我在搀扶步已蹒跚的您，但您却用您那有言之凿、无言之行，为我树范了这样的人生哲理：受的苦、吃的亏、担的责、扛的罪、忍的痛，到最后都会变成光，照亮前行的路。这在某种程度上何尝不是对我的一种精神意义上的搀扶？！

追随您沉浸史学虽不到二十载，但您教会了我知道什么叫慈爱，什么是包容，什么叫坚强和刚毅，教会我如何勇敢面向未来，迎接明天。事业是情怀，生活是土壤，会反思，才能前行，这也是您教会我的。生活总是这样：志同道合者相聚。众生苍茫，万物相帮。孤灯黄卷，晨钟暮鼓，花开花落，恍若昨日。提笔写下这些文字时的我们已经阴阳两隔，红尘驿站，门里门外总有人来人往。每当我再次翻看您的文字，心中再次回忆您的话语，脑海再次闪现您的笑容，心里领悟的总是：心无旁骛才能水滴石穿，时光永远不会被辜负。走更远的路，望山外山，历人间事，写时代书，感恩生活的美好，这是您教会我们的，也是您希望我们这样做的吧？

　　赵老师，您安息吧！

　　　　　　　　　　　　　　　（作者单位：中国传媒大学广告学院）

碎影如流忆恩师

——怀念导师赵玉明先生

贾临清

一

神思涣散唇红肿，
细雨茫茫天暗灰。
步履不停逐岁月，
恩师此去几时回？

二

无人迹处觅奇踪，
杏密坛深笑语浓。
老树新枝多茂盛，
园丁何故去匆匆？

三

桃李不言蹊自现，

高德处处有佳邻。

寒星闪烁风低语，

碎影如流难自禁。

摇摇晃晃的春夏过去了，秋天劈头送上的竟是如此重重的一击。

当然知道总会有这一天，挡不住，推不开，追不上。

碎影如流，眼前不断闪过老师的音容笑貌，和那高速放映的一举手、一投足。老师身量不高，也不胖，但走路步幅大，轻而且快，年轻人跟在旁边也得脚下加劲。老师爱戴帽子，春秋的时候经常戴一顶洗得发白的棒球帽，夹克扣子也不系，就那么敞着，潇洒得很。老师手里的办公包很特别——就是某次会议上发的资料袋，拿着它直接进菜场逛早市一点都不违和，好点的呢，还包个边，厚实些，差点的呢，就是个薄薄的无纺布袋。袋子不起眼，里头的东西可有分量：可能是作为中国新闻传播界唯一一个一级学会——中国新闻史学会会长的工作资料，也可能是作为新中国广播电视史教学与研究的权威学者的最新思考，还可能是作为教授、博导给学生们收集的研究信息，如一本书，一期杂志，或者一张不规则的剪报。

想起了老师的小拉杆箱。它还在默默地等候主人带它出发吧？春夏秋冬，晨昏日暮，数不清拉箱就走的旅行，老师的足迹遍及大江南北。"非要把这史学会（工作）搞上去"，这是多年前与师母聊天时听来的一句话。师母只是随口提及，于我却如钟响磬鸣，萦绕脑际，经久不息。我能想象老师说这话时的神情，却无法想象他心中的使命感和事业心怎样如火山熔岩般涌动、喷发，不可阻挡。在那些日子里，只要有助于扩展史学会的影响，发挥它的积极作用，推进新闻传播教育与研究事业的发展，哪里有需要，老师就会去向哪里。小拉杆箱也像安装了永动机似的不知疲倦，步履不停。

老师有个小动作让我印象深刻：不管刚才在说什么、做什么，只要文字资料摆在面前，老师埋头阅读时，右手食指常常不自觉地抵在下颌，好像小学生思考作业时把铅笔咬在嘴角一样。这个小习惯是什么时候养成的，没准儿老师自己也不知道；可是"专注"，不用问，一定是贯穿老师一生的一种素质。老师小时候独自在天津上学多年，最后以优异成绩蟾宫折桂，全靠自觉；到广院工作后，便埋头躬耕于广电史领域，心无旁骛。我甚至觉得，老师的人生大厦大概就是用这样的小动作一点点建构起来的。

老师是山西人，少小离家的缘故，言语间并无山西口音；满口的京腔，又让人忘了他其实是在天津长大的。想不出说一口天津话的老师什么样，但京津文化中的幽默风趣在老师这里得到了真传。在轻松的玩笑间渲染气氛，化解尴尬，甚至解决问题，这样友善机智的故事不胜枚举，让人觉得老师似乎总是笑着的，在他面前没有难题。其实怎么可能呢？师母说，老师从来不愿提起小时候独自生活的事，总是说"都过去了，说那干啥？"不过偶然跟老师聊天，也会探出一鳞半爪，比如火炉子怎么也生不着，弄得满面尘灰；吃饭经常有一顿没一顿，有时煮一锅粥，连着吃几天。说这些时，老师也是轻描淡写，一笑而过。小小少年，思想单纯，生命力旺盛，也许这些问题总能熬过去。可是，在漫长的成人世界里，在一个树欲静而风不止的社会环境中，老师一定也有愁对孤灯、苦不堪言的时候，只是我们没有看到。我们看到的总是风趣、笑容、专注、奔走……

老师是一面镜子，映照着人生和时代，有他们的，也有我们的。

碎影如流，流在心里。亲爱的老师，您该歇歇了。天高路远，请您缓步慢行。

（作者单位：山西大学新闻学院）

立志欲坚不欲锐，成功在久不在速

——忆敬爱的赵玉明老师

赵琳琳

　　我是赵老师的硕士关门弟子，因为跟老师同门，同学们私下都叫我"赵小明"。在教授如云的弟子中，我是为数不多在一线从事电视节目创作的学生。自毕业之后，就投身到如火如荼、没日没夜的电视工作中，跟老师后续的沟通接触比较少。逢年过节偶尔去看看老师，他也不生气，谈笑风生地跟我聊着健康、养生、孩子教育，我从没有想过老师会突然离开。当艾红红师姐在微信群里说要帮忙争取送别赵老师的名额时，我生怕错过最后一次机会。

　　在北大人民医院的告别室里，老师孤单地躺在带有玻璃盖的柜子里，化妆后的皮肤白皙，表情安宁，瘦瘦的脸上戴着眼镜，还是那副熟悉的样子。一条咖啡色的羊毛围巾围在脖子上看起来很厚实，我心里觉得放心很多，老人很容易感冒，护住脖子就不容易着凉了。我心魂不安地点燃了三炷香，结果被烫了一下，好疼，心更疼。那一刻你会发现死亡让生活变得如此粗粝，原本存在那里的人就像自己的父母一样，尽管会因终日忙碌忽略他，但是你知道，在你需要的时候，只要一转身，那股温暖的力量会承接你所有的苦恼。但是那一刻我知道，这样的力量真的没有了。双手举香，泪目，心里默念，真是对不起，亲爱的赵老师！三生有幸成为您的学生，虽没有继承您的衣钵，但我没有给您丢脸。

现在回想起赵老师的音容笑貌都是 20 年前我读研究生时候的样子，瘦小的老头，严肃、严谨，偶尔开怀大笑，经常挂在嘴边的一句话就是"板凳须坐十年冷，文章不写一句空"。

记得刚考入北京广播学院的时候，我并不知道自己的导师是谁，后来听北京广播学院"土著"说是一位学界泰斗，北京广播学院的原副院长，心里着实紧张一阵。第一次见赵老师是在他的办公室，身形的瘦小和硕大、堆满资料书籍的办公桌形成鲜明对比，一顶鸭舌帽尽显学者风范，表情严肃地简单问了我的基本情况后就让我回去了，导致后来我只要上新闻史课就会紧张。后来我发现紧张的不仅我一个。

赵老师的课堂最有趣的一道风景就是，全班只有我和另外一名新闻史专业的同学坐在教室第二排，第一排一定是空着的，其他同学全部挤在最后面。赵老师每次进入教室一贯不苟言笑，放下书本后会抬头透过眼镜的上缘看一眼大家的常规阵容，若无其事地进入正题，绝无废话。如果有人迟到，他会面无表情地说："谁来晚了，坐第一排。"看似是惩罚，结果招来全班的一阵大笑。用现在的网络用语形容，他就是一个流量附体、自带反转的人。

临近考试的时候，这种紧张的氛围进而促发一个段子的流行："赵老师一定会考延安新华广播电台门口有几根电线杆子。"有些同学不明就里还真去图书馆一通查，后来被大家当作笑料讲给学弟学妹。段子通常来源于生活蓝本，也高度捕捉了赵老师标识性的鲜明特点：史学大家的严谨治学。

听赵老师的女儿说，老师生前唯一交代的就是他的书该怎么处理。那不得已的安排里，一定藏着太多的不舍。这让我想起上学的时候赵老师曾经安排给我最重要的一件事，也是整理他捐献给图书馆的宝贝资料。为了安顿好这些书，图书馆专门辟出一个角落作为广播电视新闻史专区，我负责编码、贴上标签。面对着一本本泛旧的图书，当时我心里一直琢磨一个问题：谁会来看呢？当年的北京广播学院学生最引以为荣的是在电视台谋个实习的差事，那才不枉来广电圣地学习一遭。图书馆里最抢手的也是《电视研究》之类跟创作有关的书，新闻史之类的少有问津。整理图书的时候，赵老师只要有空也是亲力亲为。书架旁那个被夕阳拉长的身影，头发花白，透过眼镜去仔细检查我的分类是否准确，话很少。现在回想起这个画面，我竟然热泪盈眶，一个学科真的需要有人耐得住寂寞去默默坚守，扛着大旗，就像《八佰》里用生命守住楼顶旗杆的那些无名战士，张扬、蓬勃的传媒大学如电影中堡垒之侧的繁华上海滩，这面旗帜显得尤为落寂，但却是所有人心中的力量源泉。赵老师就是所有人摇摆时可以回头看的那面旗帜，如定海神针一般，让这个学科不断壮大，开枝散叶。他就是金字塔最坚韧的底座，也蕴含着一个时代最值得致敬的虔诚。

平时总是被俗世琐事缠身，不乏急功近利之心，我想这也是多数人的常态。赵老师的一生却在告诉我们"立志欲坚不欲锐，成功在久不在速"。人生海海，众生芸芸，最终定义我们是谁的，不是身份和地位，而是我们有过怎样的执着过往，并在为之付出的路上遇见了拥有坚定信仰的自己。

很后悔没有当面问问延安新华广播电台门口到底有几根电线杆子，如今答案再无。

2020 年 9 月 6 日

于褐石

（作者单位：北京体育大学新闻与传播学院）

中国广电史研究的开创者与奠基人

——怀念恩师赵玉明教授

艾红红

赵老师离开我们已经一个多月了。这期间几次想写点回忆文字，但每欲凝神静思，悲痛之情便会再次来袭。我于 1999 年考取北京广播学院（今中国传媒大学）新闻传播学院，成为赵老师招收的第一个博士生。20 余年来，沐浴老师的关爱，面聆老师的教诲，领悟老师的治学精神，其铭感于心者，实在不胜枚举。老师一生以教育与学术立身，我也因"学"而与老师结下深厚的师生情谊。在此暂且搁置数不清的温暖回忆，尝试着梳理和总结老师对学术、学校和学林所做出的独特贡献。

一、开创中国广播电视通史研究的新天地

赵老师的广电史研究，是为满足学校和国家培养广电人才的需求，借鉴报刊史研究的方法起步的。在他之前，国内广播史领域已有《三年来上海无线电话之情形》《十年来的中国广播事业》等成果，但均缺乏全局性和贯通性；尤其是新中国成立以来的广播电视史，更是无人涉足。1959 年从人民大学新闻系毕业分配到广播学院后，赵老师便承担了北京广播学院新闻系广播史教学的任务，为 1959 级和 1960 级本科生开设了新闻广播史课程。

为了教好书，他一头扎进这个此前只有零星成果的学术领域，自此沉浸其中 60 年，以苦为乐，无怨无悔。苦于找不到早期广播的"实物"证据，赵老师首先从查找报刊入手，在报刊文字中寻觅无线电广播的蛛丝马迹。北京图书馆（今国家图书馆）、中央广播事业局（今国家广播电视总局）档案馆、书店常让他流连忘返，一支笔、一个大本和布包是他的出行必备。也是从 1959 年起，赵老师开始以"于明"等笔名，陆续在《广播业务》《广播爱好者》等刊物上发表了一系列广播史论文，是当时除延安时期的"老广播"外唯一产出广播史成果的青年学者。

众所周知，媒介史研究的基础是已经发生的相关媒介事实，包括事物和事件。对于书籍、报刊史、电影史的研究，一般都能找到相关事物和事件等对应实物，即直接证据；但对于广播电视史，尤其是早期的广播和电视传播而言，就大不一样了。在录音、录像等储存手段未能普及之前，广播电视节目播出后，除极少数特殊内容外，绝大多数都是随播随逝，后续研究难以找到直接的一手证据，只能依赖相关文字或图片等二手史料。正是由于研究对象的这一特性或者说"局限"，研究者的史料获取之困难，无疑增大很多。赵老师深知这一研究领域的特殊性，在奔波于各图书馆、档案馆、书店搜寻涉及广播、电视的文字和图片的过程中，只要见到任何跟广播相关的资料，都会细心地收集、保存或购买。如他购买和保存的《广播周报》《大声：无线电》《无线电问答汇刊》《咪咪集》等一批宝贵的民国期刊，还有 1970 年代以前的《广播业务》杂志，后来都捐赠给了传媒大学图书馆。尤其是《广播业务》杂志，在全国图书馆都找不到馆藏的今天，这份传媒大学独有的刊物越来越显示出其重要性。

不只如此，赵老师还手抄了大量中央广播事业局档案馆、北京档案馆等地的档案资料，并分门别类加以整理收藏。20 世纪 80 年代，他还带领自己的研究生和上海档案馆合作，整理出版了《旧中国的上海广播事业》等多部广播史的史料集。赵老师本人则如一部中国广播电视史的"活字典"，很多他收集保存了几十年的广播史资料，只要有人问起，他都会如数家珍，准确地找到出处，并对访者娓娓道来，真正体现了严谨治学的史家作风。后来他带研究生，又把这种史料搜集与整理的方法手把手教给我们。至今犹记得我读博期间和毕业教书后，每每去见他老人家，总会收到一份与我的研究相关的近期剪报或杂志，上面通常还会有老师手写的剪报出处，以及到哪儿去进一步寻求史料的相关内容。2020 年 7 月 2 日，赵老师的女儿赵虹师姐因单位庆祝"七一"建党活动，想确认一下解放战争时期延安新华广播电台有无播出毛泽东的诗词，问我是否有相关资料，我完全没有这方面的知识储备，羞赧不知如何作答。当她不得不打扰重病中的父亲时，赵老师随手就找出了自己 1962 年手抄的相关档案条目，展现了他作为现代广播史"活档案"的一贯作风。也正因为这一点，很多广播电台、电视台、广播电视史志办等单位，在处理相关史料时，只要遇到拿不准的，都会向赵老师请教核实，也总能从他那儿得到满意的答案。他离开我们后，每当需要查询或核实某个广播电视史料时，我的第一反应依旧是去向老师请教。但等转念回到现实，总不免悲从中来，久久难以平静。

正是在查找和比对报刊资料的过程中，赵老师与延安时期的"老广播"温济泽、杨兆麟一起发现了人民广播开播日期早于当时国家法定的 1945 年 9 月 5 日的证据。原来，早在 1941 年，党中央机关报《新中华报》、中央军委三局机关刊物《通信战士》、山东地区党组织机关报《大众日报》和中共中央北方局机关报《新华日报》（华北版）上都曾刊载延安新华广播开播的通知和节目预告。以这些报道为蓝本，结合国民党的有关档案资料，赵老师起草的重新确立中国人民广播事业纪念日的调查报告被当时的中央广播事业局采纳，后经中宣部批准，中国人民广播事业纪念日被重新确定为 1940 年 12 月 30 日。也是在开展上述工作的过程中，赵老师主持编纂的六卷本的《中国报刊广播文集》于 1980 年由北京广播学院内部出版。

日积月累，赵老师对中国广播电视业发展的整体脉络和版图有了清晰的认知与判断，最终厚积薄发，于 1983 年由吉林省广播电视学校出版发行《中国广播简史》，填补了国内相关研究的空白；1987 年，在此基础上修改完善后的《中国现代广播简史》由中国广播电视出版社正式出版。作为第一部对现代中国广播业进行翔实梳理的拓荒性作品，《中国现代广播简史》"丰富了中国新闻史的内容"（方汉奇先生评价）。也因其框架结构，还有内容的独一性、原创性，该书获得首届全国广播电视学术著作二等奖（1990）。

1992 年开始，赵老师又带领团队深耕广播电视通史领域，用前后近 10 年时间，于 2004 年出版的《中国广播电视通史》是第一部全面系统的中国广播电视史权威著作，迄今无人超越。

二、奠立中国广播电视史学研究的稳固基石

赵老师很好地利用了中国传媒大学的"业缘"优势，抓住转瞬即逝的时代机缘，为后继研究者整理、编纂了大量珍贵史料，为后来者从事广播电视史学研究奠立了稳固的基石。

为了做实、做细早期的广播电视历史，田野调查、组织当事人撰写回忆录等近年才引起新闻史学界关注的一些研究方法，赵老师早在几十年前就身体力行了。

中国广播不过百年，早期播出的节目虽已难觅踪迹，但直到历史驶入 21 世纪前，很多当时的广播工作者和听众依然健在。作为广播历史研究者，赵老师深知，通过亲历者回忆来"复现"早期广播形貌，抢救这些随时间流逝而日益减少的"活史料"，是一项势在必行的迫切任务。因此他一方面与温济泽、杨兆麟、钱家楣等解放区"老广播"密切合作，记录和保存了他们在世时的大量回忆文本（包括部分录音资料），还协助他们的后人将其早年日记、藏书、文献等捐赠给传媒大学传媒博物馆，为中国早期广

播保存了一批珍贵史料；另一方面，他又促使中央广播事业局于 1980 年下发文件，征集"中国人民广播回忆录"，前后联络了数百名早期的人民广播亲历者，组织他们撰写了一批解放区广播工作的回忆文章。这种当事人回忆过去"事件"的历史叙事，无疑极大提高了早期广播"事件"的可靠性。而在组织早期广播亲历者撰写回忆、参与访谈时，赵老师既坚持孤证不立，又注意交叉验证，严把"事实"关。如延安新华广播电台 XNCR 的英文缩写，赵老师采信的就是 1941 年初参与筹备延安台日语广播的张纪明同志的说法，因为从信源渠道看，张纪明同志的说法显然更权威。

如今，在回看他所主持的一系列打捞"历史"的工作时不难发现，他在合适的时间做出了正确的选择。如果没有超越时代的远见卓识，上述史料恐已永久丢失而难以再补——若无这次大规模的抢救性整理，随着那些"老广播""老听众"陆续离世，他们的亲历和记忆也将随之消散。而其中收录的部分广播听众的回忆，则为后继者研究早期的广播听众、广播效果提供了部分实据。

在寻访"老广播""老听众"的同时，为核实延安新华广播电台和陕北新华广播电台当时的播音情况和迁址路径，赵老师还曾几次组织人员亲自到实地进行探访，最终确定了位于王皮湾两孔石窑洞中的延安发射台位置。他又结合当事人回忆，一一核实、记录电台的电力供应、供电瓦数、广播开始曲等细节。正是基于对大量广播当事人和播音电台的实地探访经验，他对近几年如"比延安新华广播电台更早的人民广播""最早的国人自办电台"等新的学术"发现"和"观点"，持开放态度，同时发扬一贯的让证据说话原则，在认真核验对方证据的同时，用自己掌握的扎实证据层层推导，证明对方史料与逻辑中的谬误。同他的做人一样，赵老师的文字质朴无华，没有一处史料属于"移花接木"，没有一个观点是故意制造噱头，字里行间唯有潜心治史者的君子之气，绝无上纲上线者的"文化大革命"遗风。他从多种渠道收集史料、重视当事人视角的思维与逻辑，又使相关研究不落窠臼，寥寥数语即抓住问题要害。如他最后一篇发表在 2020 年 7 月《档案春秋》的《鲁迅与广播二三事》，文字不到 3000 字，却是赵老师通读《鲁迅全集》之后的成果，也是他重视听众收听体验的产物。

凭实证，做信史，贯穿了赵老师的一生。他襟怀坦荡，对学术界同人从无门户之见，只要看到有价值的广播史研究成果，都不遗余力地为其提供帮助和宣传。这在很多人的回忆中都有提及。正是从这一意义上说，他不仅奠立了广播电视史的研究基石，也是很多广播史、电视史研究人员的领路人。

"学林探路贵涉远，无人迹处有奇观。"赵老师是这么说的，也是这么做的。2020 年病重期间，他让女儿录制了一段讲新闻传播史研究创新的视频，寄语后辈学人。其对新闻传播、对广播电视史研究的拳拳之心，令人动容。

水流云在，人去文存。赵老师走了，他开创的广播电视史研究还在继续。作为他的学生，我们都在努力继承他的学术"衣钵"，学习他做人做事的精神。

（作者单位：中国传媒大学新闻学院）

相距圩载校友缘　延续一生祖孙情

冯　帆

2020年8月30日上午10点8分，我收到了导师发来的微信，文字很短，只有5个字，"赵老师走了"。看到这则信息的那一刻，我的心里一阵颤动。虽然在此之前，我已经知道赵老师生病和紧急住院的消息，但从内心我依然相信这位乐观坚强又自信的老爷子能够在良好的医疗条件保障下迈过这道坎，进而逐渐恢复健康。但天不遂人愿，短短5个字的到来，打破了我的祈祷。我再也没有机会能够陪伴在赵老师身边了。

匆忙奔赴北京，在导师的安排下拜谒了赵老师的遗容。回到天津，夜深人静，我独自坐在电脑前，头脑中回溯着赵老师的点点滴滴，浏览着电脑中保存的陪伴赵老师身边的照片。虽然已是第三代学孙，虽然只有短短三年，但之于我自己，赵老师留给我的是一种博士在读期间难以磨灭的特殊印记和一段段不同于任何同学和同门的祖孙情谊。

"我也是三中的呐"

年至而立，我怀着忐忑的心走进了中国传媒大学的校门，开启了自己人生的一次崭新挑战。原本以为三年的博士研究生生涯将会在教室、图书馆、宿舍、食堂的四点一线中匆匆度过，没想到在第一次的专业课上，导师艾红红教授便分配给我一个"重大任务"，就是在读期间，在赵老师每周一次来学校指导学生上课的时候，与师弟一起陪在老人家身边，小心照应。

接下这个任务的最初，我心里真的无比忐忑。在我心里，赵老师的名字就像天空中的星斗一般灿烂，卑微如我从未想过自己有一天能够陪在他的身边照顾左右。短短几周后的一天，导师通知第二天中午要带我一起和赵老师吃午饭，正式介绍我给赵老师认识。那一刻，我不由得想起了自己人生中第一次见到赵老师的情景。

那是 2013 年的金秋，当时刚刚走上讲台的我收到了即将有重量级专家来院讲座的通知。作为一名刚刚入门的新人，懵懵懂懂的我走进会场后便看到了坐在讲台中间的这位老先生。那是我与赵老师的第一次相遇。讲座结束后，老师们安排我"护送"赵老师离开会场。说是我"护送"赵老师，其实老人家走得飞快，我只有在后面跟着一路小跑，才勉强追上他的脚步。临走前，赵老师向我挥手："小伙子再见！"

我想，这一句再见，也许就注定了我和赵老师 5 年后的再次相见。

获知导师安排的那天晚上，我迟迟没有睡下。一是因为内心的激动难以抑制；二是因为难以平息的不安。记得那一夜，我几乎把宿舍中所有与新闻史相关的书籍全都翻看了一遍，又一次次地背诵赵老师《中国广播电视通史》中的重要观点：我生怕自己第一次这么近距离地与赵老师谈话时露怯。

第二天中午，我终于跟在导师和赵老师身后战战兢兢地走进了学校外西街的小饭店，开始等待着即将到来的"大考"。第一次和师爷在一张饭桌上吃饭，我记得自己的手心一直在不断冒汗。而赵老师似乎看出了我的紧张，主动开口与我交谈："你是天津来的啊？我也是半个天津人啊！"为了我这个小字辈，赵老师特意收起了他几十年的北京腔调，以一口标准的天津话说出了这两句。一下子，赵老师笑了，导师笑了，我也笑了。积累了一天的紧张和局促顿时消散了。于是，我开始放开胆子与赵老师交流起来。

在这顿饭前，我恶补了专业知识，同时在网上查阅文献资料，想更深入地了解赵老师的生平信息。在一篇文章中，我无意间发现赵老师中学时毕业于天津市第三中学，而我也正是在这所中学度过了 6 年的时光。于是，我壮着胆子和赵老师提到了这一巧合。出乎我的意料，赵老师一听便马上来了兴致："我是 1955 年毕业，你是 2005 年毕业，咱们之间正好差了 50年。"随后，赵老师又向我询问了三中的现状以及近期发展。谈到这里，他突然说道："2001 年学校百年校庆的时候，我因为有事没能回校参加，还是有些遗憾。"我随口接道："哪天您有时间，我陪您回学校看一看！"

就在一个月之前，我于机缘巧合之中与天津三中的老师们又取得了联系，并得知明年即将迎来 120 周年校庆的消息。在导师的支持下，我马上把这个消息通报赵老师，并提出待到赵老师身体恢复，与他一起参加校庆，以期待能给他带来些许安慰。7 月 25 日晚上 7 点 18 分，我收到了赵老师回复我的信息："多谢。"没想到，这短短两字竟是赵老师发给我的最后一条信息。

四两饺子

导师交给我的任务，除了在每周赵老师来学校的那一天跟随身旁照顾他，还有一项任务就是当天中午要和他一起吃午饭。在读博三年期间，几乎每周二或周三的中午，学校北苑食堂一楼水饺窗口旁都会出现赵老师和我以及师弟赵康帅的身影。在窗口旁，赵老师会从口袋中掏出自己的"校园卡"，然后熟练地向食堂阿姨伸出四个手指。"老爷子，还是来四两对吧？"作为水饺窗口的老主顾，食堂阿姨早已对赵老师的习惯了如指掌。而在他身后，我和师弟往往会只打三两水饺。美其名曰少吃减肥，实则是每次都能够分到赵老师盘子里的几个水饺。用赵老师的话来说："四两我吃不了，三两我吃不饱，给你们一人两个，咱们三个都正好！"

　　三年的"水饺宴"成为我和赵老师每周固定的交流时间。在食堂餐桌上，我褪去了初见赵老师时的生涩，开始主动将自己的学习情况和科研计划与他谈起，而赵老师也会在每遇到一个熟人后便向我谈起他们之间的故事。

　　赵老师是山西汾阳人，山西人爱吃面食是出了名的。于是在三年之中，尽管我们曾多次向他提起去尝试新的窗口，但他对水饺却是情有独钟。有的时候，我和师弟会找到一张餐桌后请赵老师坐下，然后一人帮他打饭，另一人则买上一碟小菜，或素什锦，或酱肉片。师弟吃饭较快，往往几口下去，饺子就已经吃干净了。在这个时候，赵老师就会指着面前的小菜对我们说："快吃快吃，不要浪费！"对于从苦日子中走过来的赵老师来说，勤俭、朴素已经成为他人生的底色。

　　因为知道赵老师爱吃面食，所以上学期间偶尔去赵老师家中，我都想着随身带些面食、水果之类。但赵老师在我第一次去他家时给我泼了一盆凉水。记得那次，我带着买好的水果按响了赵老师家的门铃，他开门后看到手中拎着瓜果的我，立刻板起了脸："以后来我家，不要带东西，你还是个学生，吃喝都是找家里要的，不许再买东西了！"也许是担心我背上心理包袱，在临走的时候，赵老师特意从一个纸盒中掏出了几个小塑料包装袋，对我说："这个给你尝尝，是我家乡的特产。"我拿在手里，是几袋鼓鼓囊囊的石头饼。

　　从此之后，我便记着赵老师的话，去他家时再也没有带过东西。直到我毕业后顺利找到了工作，在新闻学院纪念赵老师从教 60 周年的大会之后，带着一盒用自己工资买的天津"狗不理"面食礼盒来到他家。这一次，赵老师终于没有生气，高高兴兴地收下了我的一点点心意。

　　赵老师生病后，因为疫情管控，我无法离津探望他。因此，当得知北京终于可以寄送生鲜食品后，我第一时间又将一大盒天津面食寄到了赵老师家中，请他品尝最喜欢的面点。8 月 5 日晚上 8 点 17 分，我收到了赵老师在微信上发来的一条消息："收到了，替我父母谢谢你！让你惦记了！"这条消息，是赵老师的女儿通过他的手机发送的。

定福庄、真武庙、中关村、建国门

在读博三年期间，除了每周一天陪同赵老师在学校外，赵老师不时还会分配给我和师弟一些"京内差旅工作"。赵老师德高望重，经常会有各种学术会议和纪念活动请他参加并做主题发言。于是，数不清有多少个周末，我都会跟随着赵老师的脚步走进北京各大高校和科研院所，感受高端的学术盛宴。

三年期间，与其说是我陪着赵老师，不如说是赵老师带着我走遍了几乎北京所有知名高校：他带我穿越过人民大学的校园，在明德楼前向我讲述他与方汉奇先生的师生情缘；他带我"突破"过北京大学严密的安保，在文史楼前指给我看当年他读书的地方；他带我走进中国社科院的大门，同我追忆起当年给社科院首届新闻学研究生上课答辩的情景；他带我跨过国家图书馆来到民族大学，神秘地告诉我校园中哪个食堂饭菜最丰盛……

作为一个30岁才初到北京生活的天津人，起初我实在无法想象北京那早晚高峰拥堵的交通，因此竟然闹了一次乌龙。记得那次，赵老师要我去他家中给他送材料，并让我约定时间。考虑到赵老师每天午后要休息，我便脱口而出："早上九点我到您家！"赵老师也在电话另一旁欣然应允。

乘坐地铁从传媒大学所在的定福庄到赵老师家所在的真武庙并不费力，仅换乘一次即可，但我忽略了八通线那汹涌的早高峰。当我按照往日习惯于早上8点来到传媒大学地铁站并且自信满满地计划40分钟后出现在赵老师家小区里时，才发现早高峰时段的八通线已无法登车。即便在人挤人的情况下，我足足等了近30分钟才终于在一趟列车中找到了立锥之地。待我下车后匆匆忙忙跑向赵老师家中，时针已经指向了9点15分。手机微信此时也发出滴滴的声响："到哪里了？"这是赵老师给我发来的信息。

当我终于满头大汗地出现在赵老师家中时，他并没有因为迟到而批评我，反而安慰道："早高峰的地铁不好上，下次可以稍微晚一点来，下午也没关系。"虽然赵老师并未责怪，但这件小事在我心中久久难以释怀。我暗下决心，今后绝不再迟到。此后不久，赵老师告知我需要早上 7 点半陪他去民族大学开会。吸取了之前的教训，我早上 5 点多便从宿舍起床，坐上第一班地铁不到 7 点便来到了赵老师家小区门前。由于正是深秋，此时天边刚刚发亮。我站在小区门前叫好出租车，一边吃早饭一边等待着赵老师。不一会儿，手持公文包的赵老师便从小区中走了出来，看到我的第一句话便是"今天来得这么早啊！"

记得每次从各大高校回返，赵老师总会坐在出租车后排，一路沿线给我讲解途经地标。当车辆行驶到长安街时，他又会逐一向我这个外地人介绍道路两旁的"北京十大建筑"，并告诉我在京三年，除了认真读书外，一定要抽出时间好好看一看这偌大的北京城。赵老师曾建议我去离他家不远的首都博物馆参观，他还曾将一张国家大剧院的宣传页递到我手中，告诉我，"行万里路"和"读万卷书"同样重要。

500元稿费

即将毕业之时，在宿舍中收拾行李的我从衣柜底层抽出了悄悄藏在这里的一个信封。这个普通得不能再普通的牛皮纸信封里有 5 张百元人民币。记得当时我恭恭敬敬地将信封放在了书桌上，并写下了"赵老师稿费，勿动"7 个字。如今，再次捧起这个信封，百般滋味一下涌上心头。

在毕业论文写作初期，导师建议我通过田野调查的方式获取一手材料，以弥补现有研究资料的不足。在这样的背景下，我通过多种方式搜集信息，终于发现天津有一家刚刚建成的收音机博物馆。回校后，我把这个消息告诉了赵老师，老人家立刻产生了强烈的兴趣，不停地向我询问有关这家博物馆的馆藏情况。还记得他告诉我，现在全国仅有两三家专门以广播为主题的博物馆，而天津收音机博物馆的开放是广播史研究的生动案例。

当时的赵老师已82岁，但翻看了我拍摄的照片后，欣然决定亲赴天津参观考察。记得在临行前几天，赵老师突然把我叫到身旁，从提包中小心翼翼地掏出了一个信封，递到我的手里告诉我，这是他新近写文章拿到的稿费，交给我算作出差考察的路费。我一时诚惶诚恐，连忙告诉他来回路费由我负责，不用老人家自掏腰包。但赵老师立刻严肃起来："出门考察是我定的，让你陪我去，怎么能再叫你花钱呢！"几个来回反复后，我还是接过了信封。

记得当时在天津收音机博物馆考察时，赵老师一边聆听讲解，一边仔细打量着展柜中的各种收音机，并不时给我们讲起每一台收音机的功能、历史及意义。看到一张标注为"原广电部礼堂"的照片时，赵老师立刻指出了图片提示存在错误，并建议修改。考察浏览持续了近三个小时，其间

图1　赵老师在天津收音机博物馆参观

我和导师多次建议赵老师坐下休息，但老人家坚持一口气全部把展览看完，并欣然为收音机博物馆题词留念。

赵老师一生研究广播，挚爱广播。遇到同样关注广播历史和广播发展的人，他也从不吝惜对他们的支持和帮助。在赵老师的牵头帮助下，天津收音机博物馆很快成为中国新闻史学会博物馆与史志传播研究委员会的常务理事单位。如今，其在天津已是小有名气的特色博物馆之一。

每周一次按时"上课"

如果说上文记述的是我三年来与赵老师生活交往的点滴回忆，那么攻读博士期间的学术研究上赵老师给予我的关爱和支持则恩重如山。我曾无数次骄傲地和同学们提及，三年的读博时光我不仅得到了导师悉心的教育和培养，更是一路在师爷赵玉明教授的关爱和指导下成长起来。这是我莫大的荣幸。

读博之初，导师便安排我和师弟在每周赵老师来校期间贴身照顾。本以为赵老师每周来校是需要和各方领导专家交流，谁知真正开始后方知，赵老师每周来校是为了辅导我们这些都已是他孙辈的学生。

在图书馆一层，有一间是广播电视史志研究中心。这是我们每周一次聆听赵老师授课的地方。读博三年，除了宿舍和教室以外，这里留下了我最多的足迹。还记得刚刚入学的时候，这间偌大的研究室中还是满地凌乱堆积的成捆书籍。赵老师布置给我们的第一个任务，就是将这些涉及方方面面的书刊资料分门别类上架。当时的我对于这看似"粗浅"的重体力活还略感不解。可随着分类的开始，我才发现原来这看似不起眼的搬运工作其实并不简单。在近一万件资料书目中，我们需要从中分拣出新闻史、新闻理论、新闻业务、新闻教育、新闻人物文集及回忆录、广播电视史、广播电视理论、广播电视人物文集及回忆录、地方史志资料、中央三台台史资料、校史资料和文史类工具书等 10 余种类目，并将这些书籍按照类目和相关性分别安置。

上架工作持续了将近一个学期，在这期间，赵老师每周都和我们一起整理书目，并不时从中抽取一本或几本书籍，向我们讲述书籍和作者的故事。有时，赵老师会在一摞摞已经发黄发脆的文件里反复翻阅，忽然站起身来，手中挥舞着刚刚找到的"宝贝"，大声招呼我们全都聚拢过去，看看他当年的讲义和笔记。

整理工作结束后，赵老师每周都会在资料室里准时等候导师和我们这些三辈学生。他会将自己几十年教学研究的经验倾囊相授，也会指导我们通过何种方法研究历史，更会针对我们自己的论文和研究进行细致入微的点拨。

回想三年间，这每周一次的"上课"成为我们这些青年学子千金难买的宝贵财富。记得每一次"上课"前，赵老师都会坐在研究室的书桌前翻

图 2　赵老师在资料室中给学生讲课

阅堆积面前的文史材料，并将其中珍贵的史料小心翼翼地存放到身旁的玻璃柜中。

犹记得毕业典礼当天，我身着红黑相间的博士服回到研究室中和赵老师拍下了一张珍贵合影，并与赵老师约定，工作后只要没课，我都会回到资料室，继续聆听老人家的授课。如今，无论是从藏书数量还是珍贵程度，资料室都已颇具规模，但这里却再也没有了赵老师挥舞史料、召集大家的身影。

图3 笔者博士毕业典礼后与赵老师合影

纸不短，情更长

初到中国传媒大学，我曾常常陷于一种些许的自卑之中。看着身边本硕博均出自传媒的同学们，我内心既无比羡慕，又不禁暗自菲薄：来自一所普通高校的我，与他们的差距实在太大了。

导师和赵老师似乎看出了我的这点心思，他们时常的鼓励和肯定逐渐让我树立起了迎头赶上的信心。当得知我在硕士就读及工作期间曾参与《中国名记者》《天津新闻史》等专著的写作后，一次上课后赵老师找到我，让我尝试为《中国新闻传播教育年鉴》（简称《年鉴》）写一篇以时任北京广播学院党委书记左荧为研究对象的理论文章。接到这个任务后，赵老师不仅指导我查阅资料，还亲自为我讲述他与左荧的共事和交往。

经过一段时间的研究和写作后，我终于完成了文章初稿。当我心怀忐忑地将稿件递到赵老师手中时，他微微笑道："写得还挺快，我先看看，然后再和你商量。"原本以为赵老师会根据文中的错误、不足提出一些意见建议，没承想，当一周后我在课堂上拿到赵老师转回来的稿件时，干净的纸张早已成了"大花脸"。上面密密麻麻写满了赵老师的修改意见和增添文字，不仅纸张正面都已写满，就连几页纸的背面也是密密麻麻布满了文字。

拿着这份有千斤重的稿件，我一时语塞。还是赵老师的一席话将我拉回了现实："写得不错，我在你写的基础上稍微做了一点点修改。"听着赵老师的话，又看了看手中的稿件，这哪是一点点修改啊！由于赵老师的文

图 4　赵玉明老师手写、笔者整理的各种文稿

字是手写，怕我看不清楚，老人家又逐字逐句向我解释说明，并挨条阐释修改、添加或删除的理由。最后，那熟悉的微笑挂上他的面颊："再改一改，下周给我行吗？""行！没问题！"

经过一周的修改，我又一次将重新打印整理的稿件递到了赵老师的手中。"好！我再看看！"几天后的一个晚上，我突然接到了一个以"010"开头的座机电话来电，接起后电话另一端传来了熟悉的声音："喂，冯帆吗？我是赵老师。我又看了看稿子，有几个建议再和你沟通下……"

这篇题为《左荧的新闻教育实践和思想》的文章仍然挂在传媒大学官网白杨网上。作者名一栏单独写着我的名字。可只有我自己知道，这篇划分5页的文章，几乎字字都由赵老师修改而成，而我自己，与其说是作者，更不如说是一个记录者。

有了第一次的实践，赵老师便鼓励我再接再厉，继续研究。在赵老师的指导下，我又为《年鉴》写了一篇研究时任北京广播学院院长周新武新闻教育思想的理论文章并顺利刊发。而文章的背后，同样有赵老师数不清的亲笔修改和反复叮咛。

如今，那些赵老师亲笔修改的稿件我还都一一珍藏。见字如面，它们将成为我一生最为宝贵的财富。

塌下心来做研究

在完成对左荧和周新武两位老一辈新闻教育家思想理论的总结后，赵老师又对我提出了新的考验和要求。作为我国新闻史和新闻传播教育领域的泰斗，赵老师真正让我们这些后辈学人看到了什么才叫"活到老，干到老，思考到老"。在我与老人家接触的三年时光中，他无时无刻不处在一种深入的思考和总结之中。而对于新中国新闻教师队伍的代际划分，正是他这种思考总结的直接成果。

记得在写作了《左荧的新闻教育实践和思想》一文后，赵老师找到我，跟我谈及他自己最新的研究计划：在单一教育家的基础上，总结一下新中国成立初期的第一代新闻教育家及其办学思想。"先前对于新闻教育者的研究，基本都是停留在个人层面的，而对于一个集体或者代际的研究则相对缺少。"在赵老师的建议和支持下，我开始着手尝试以安岗、罗列、甘惜分、陈望道、王中、左荧和温济泽等新中国第一代新闻教育家为对象，梳理他们共同的办学思想。

对集体的研究不同于对个人的研究，既要充分收集整理每一位教育家的生平活动和教育思想；还要将这些教育思想和办学主张分类整合，找出其中的共性规律。面对从未遇到过的艰巨挑战，我从材料入手，收集各种文集、回忆录、年鉴以及理论文章，虽称不上是"汗牛充栋"，但也到了"无处插足"的地步。仅介绍这些新闻教育家的书籍材料就已经堆满了整个书桌。

借书容易读书难。在随后的半个多月时间里，我每天将自己埋在故纸堆中，翻阅这些新闻教育家的著作、论文和回忆文章，从中寻找他们的教育思想和办学理念。俗话说"读书破万卷，下笔如有神"，但真的到了需要下笔的时刻，我却慌了神，不知从何写起。

在那一周的课堂上，赵老师似乎看出了我的焦虑，给我讲起了"板凳须坐十年冷，文章不写一句空"的赵门门风和他几十年如一日走遍各大图书馆、档案馆、资料馆查阅史料的历史。正是在"板凳须坐十年冷，文章不写一句空"的信念感召下，我重新整理思路，从历史阶段、校际划分、思想理念等几个角度构建文章布局，终于完成了初稿的写作。

就像先前的两份稿件一样，我呈递给赵老师的初稿回到自己手中后，又成了密密麻麻的"大花脸"。经过数次修改、数次调整后，《新中国第一代新闻教育家及其办学思想探析》终于定稿。

稿件敲定后，赵老师建议我将稿件投给《现代传播（中国传媒大学学

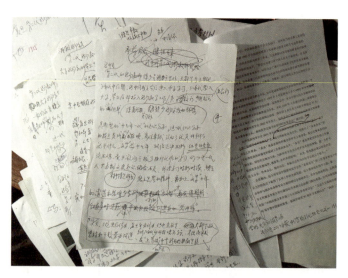

图 5　赵玉明老师对笔者稿件进行修改的手稿

报）》。虽然在传媒大学读书，但作为学界"四大刊"之一的《现代传播（中国传媒大学学报）》的重要意义和投稿难度我早有耳闻，因此也从未妄想能在读博期间在其上刊登文章。但赵老师再一次看出了我的心思，便鼓励我勇于尝试，不怕失败。在老人家的建议下，我鼓起勇气将稿件发给了《现代传播（中国传媒大学学报）》编辑部，并最终获得了编辑部老师的认可。当我真的拿到那本泛着墨香的 2018 年第 1 期《现代传播（中国传媒大学学报）》杂志时，看着纸面上清晰印刷的作者名：赵玉明、冯帆，竟突然说不出话来，这怎能是激动、兴奋可以言表的感情！

　　在此之后，赵老师又鼓励我再接再厉，继续在我国新闻教师代际划分的领域深入研究。他将自己的研究思路和资料文献倾囊传授，又通过各种方式帮我联系人民大学、北京大学、复旦大学等高校的相关专家学者，以便获取更多材料信息。而我则塌下心来在宿舍堆积得越来越高的书山中埋头阅读，标注线索、抄誊文字。记得那段时间，总有隔壁宿舍中学习其他专业方向的同学来到我这，看着那几乎被"埋进"书堆里的我，开起了幸好没学新闻史的玩笑。

2018 年底，赵老师指导下的第二篇文章《新中国第一代新闻教师的开创性贡献探究》也有幸发表。而在我去给他送杂志的那天，老人家又立刻拿出来自己手写的厚厚材料，建议我继续深入，开始挖掘新中国的第二代新闻教师群体。

打深井，找漏洞

三年的博士攻读时光似乎很长，但实则短暂。一转眼，我已走到了论文开题的关键时刻。在导师的建议下，我将自己博士毕业论文的研究对象放在了自己的家乡，并结合广播史研究特色制定了研究民国时期天津广播事业发展历程的研究主题。

虽是一气呵成定下了这个研究主题，可真的到了细致思考时，我却接连遇到了很多阻碍：前期成果基本为零、相关史料屈指可数、亲历人物大多作古……就是在这样的重重困难中，我开启了自己的博士论文写作。

我带着种种挑战和问题又找到了赵老师，他先是肯定了我的论文选题有研究价值，随后突然离开了座椅，走向堆放着史志资料的书架。在书架前，老人家一本一本地打量着那些成套装订的影印本期刊，紧接着从书架最顶端拿出了厚厚的一大本方志和一套期刊：《天津通志·广播电视电影志（1924—2003）》《天津广播电视史料》。"这两个材料可是我珍藏好久的，拿去看看，你应该用得上。回去好好看看，再找找其他材料，争取能给他们挑出几个错误来！"两份珍贵的史料一下子打开了我的思路，时至今日，回顾全篇论文，这两份史料均被大量引用。而受到赵老师激励的鼓舞，我在论文写作过程中真的找到了先前史料中的数处错误并逐一进行了指正。

帮我破解了史料难题后，赵老师又拿起了他随身携带的电话本翻找起来。正当我一头雾水的时候，他突然拿起电话，按下数字："喂，是老宋吗？我是广播学院的老赵！"这位赵老师口中的老宋，就是时任天津人民广播电台副台长和《天津通志·广播电视电影志（1924—2003）》副编审的宋银章。赵老师和宋台长多年前因工作结缘，没想到这次因为徒孙的毕业论文，赵老师竟会亲自致电。挂断电话后，赵老师对我说："老宋之前是天津广播电台的副台长，专门负责史志方面的事情，你去找他准没错。还有，给他带一套我的文集过去，请人家帮忙不能没有礼貌。"赵老师不仅帮我联系访谈对象，就连需要注意的细节也帮我一一顾及。

在论文中期答辩中，我的论文得到了评审老师们的肯定。在当周的课堂上，我向赵老师介绍了中期答辩的过程和继续写作的计划。听过我的计划后，赵老师再次建议我将研究继续深入，同时着力挖掘新的研究对象。

在先前的广播史研究中，电台、人物和法律法规一直是重点研究对象，但对于收听工具的研究则相对匮乏，而近代以来的天津正是我国收音机工业最重要的发源地之一。正因此，赵老师鼓励我在现有研究框架的基础上加入对收听工具演变史的研究，补充先前在这个领域研究的不足。

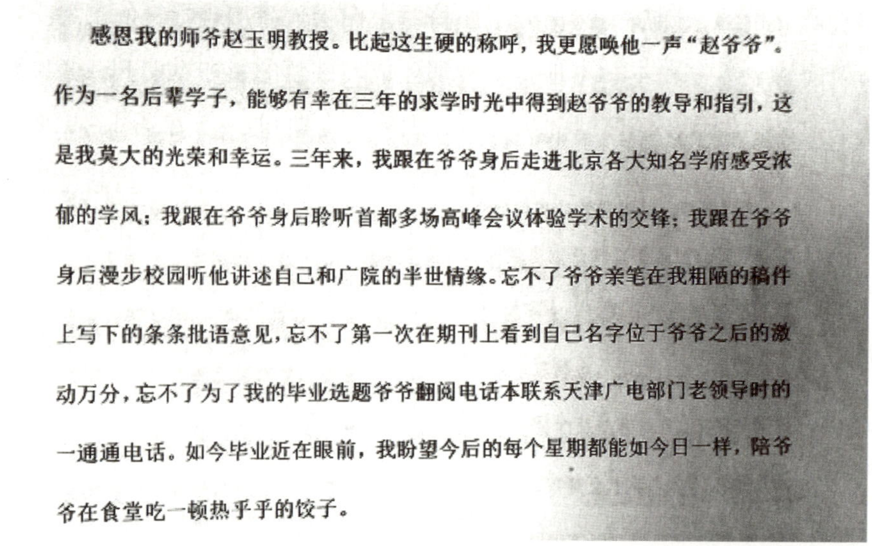

感恩我的师爷赵玉明教授。比起这生硬的称呼，我更愿唤他一声"赵爷爷"。作为一名后辈学子，能够有幸在三年的求学时光中得到赵爷爷的教导和指引，这是我莫大的光荣和幸运。三年来，我跟在爷爷身后走进北京各大知名学府感受浓郁的学风；我跟在爷爷身后聆听首都多场高峰会议体验学术的交锋；我跟在爷爷身后漫步校园听他讲述自己和广院的半世情缘。忘不了爷爷亲笔在我粗陋的稿件上写下的条条批语意见，忘不了第一次在期刊上看到自己名字位于爷爷之后的激动万分，忘不了为了我的毕业选题爷爷翻阅电话本联系天津广电部门老领导时的一通通电话。如今毕业近在眼前，我盼望今后的每个星期都能如今日一样，陪爷爷在食堂吃一顿热乎乎的饺子。

图6　笔者在毕业论文致谢中对赵玉明老师的感激

按照老人家的建议，我重新收集资料、进行访谈、研究实物，终于写作出了以收听工具演变为对象的完整章节。在最终的论文外审和毕业答辩中，收听工具演变史这一章节得到了评委老师们的高度认可，成为全篇论文的最大亮点。

一丝欣慰，两个遗憾

当写完上面的文字，我从暖暖的追忆又回到冷冰冰的现实之中。赵老师已经离我们远去了，这位辛劳一生、笔耕不辍的学术泰斗终于放下自己的笔和纸，得到了身心的大休息。

赵老师离世一天后，我得到导师的通知，在经过赵老师家人的同意后，包括我在内的几位赵老师生前亲近的学生得到了去医院向赵老师最后告别的机会。于是我匆忙赶往北京，在北大人民医院的追思堂中向赵老师做了告别。

从追思堂出来，赵老师的女儿赵虹老师代表家人向导师和几位赵老师的学生致谢。随后，她特意转向我，对我说："你给爷爷买的好吃的，爷爷吃到了，谢谢你！"听到这几句话，我突然再也抑制不住自己的难过。一个月前给赵老师寄送了面食礼盒，但收到的是赵虹老师的回复。如今她的这句话，仿佛堵上了我心中的一个大窟窿，让我知道自己在万般无力和千般无奈之中还是做了一点点事情。

但些许安慰过后，更大的遗憾却在我心里涌开。8月30日，原本是我和导师约定一起去探望赵老师的日子。赵老师爱吃饺子，我一次打趣地跟他提到，哪天我来给他包一次饺子。为了这次迟到半年的探望，我提早购买了饺子盒、冰袋和保温箱，准备给赵老师包好饺子送去。但27日晚上却得到导师微信通知，赵老师已经住院。如今，饺子盒、冰袋和保温箱还静静放在厨房里。如果能再早一周，赵老师是否能够吃上一口徒孙亲手包的饺子呢？

在研究了第一代新闻教师群体之后，赵老师曾建议我着手研究第二代新闻教师群体。博士毕业回到母校天津师范大学工作后，我随即开始了对相关内容的研究，并于去年11月将撰写的初稿交给了赵老师。赵老师依然是一字字地修改和一句句地补充。初稿整理完毕后，赵老师建议我就具体内容再向师叔庞亮老师请教。在庞老师的指导下，我又开始了几个月的再调整和再修改。在这期间，赵老师经常在微信里问及我论文写作状况，而我每次都是告诉他，稿件还在修改中，一有确定的消息马上就向他老人家汇报。

就在不久之前，稿件刊发终于有了眉目。我和导师约定，待论文排版校对之时，便把文件打印出来送给赵老师，并在期刊出版的第一时间给老人家送上一本。但是赵老师却走了，没有等到他所代表的新中国第二代新闻教师群体研究文章正式出版。如果我能够再优秀一点，再努力一点，赵老师是否就能够看到这篇文章的发表了呢？

赵老师走了，留给了作为徒孙的我无比温暖的回忆和同样莫大的遗憾。能在求学道路上得到赵老师的点拨，是我无比的荣幸。能与赵老师成为相隔50年的校友，是我莫大的机缘。能够有机会叫他一声"爷爷"，收获一段记忆终生的祖孙情，更是我人生中永远值得珍藏的最宝贵财富。

图7 2017年6月14日，赵玉明教授参加左荧生前日记捐赠活动时发言

图8 2017年6月28日，赵玉明教授与艾红红教授及笔者和师弟师妹合影

图 9　2017 年 9 月 22 日，赵玉明教授二代及三代学生为赵老师庆生

图 10　2018 年 3 月 31 日，赵玉明教授在纪念《毛泽东对〈晋绥日报〉编辑人员的谈话》70 周年研讨会上做主题报告

图 11　2018 年 6 月 14 日，赵玉明教授在《中国新闻事业编年史》
（第二版）出版研讨会上发言

图 12　2018 年 6 月 24 日，赵玉明教授在白润生先生学术思想座谈会上发言

图 13　2018 年 6 月 29 日，赵玉明教授参观天津收音机博物馆

图 14　2018 年 9 月 18 日，学生为赵玉明教授庆生

图15　2018年10月14日，赵玉明教授在北京大学新闻学研究会成立
100周年学术研讨会上做主题发言

图16　2018年11月24日，赵玉明教授在中国社会科学院新闻与传播研
究所成立40周年学术研讨会上受聘担任新闻与传播研究所马克思主义
新闻学专家顾问

图 17　2018 年 11 月 25 日，赵玉明教授在首届中国新闻学传播学论坛上发言

图 18　2018 年 11 月 27 日，赵玉明教授在史志研究中心阅读
《中国新闻传播教育年鉴》

图19　2018年12月11日，赵玉明教授参加戴美政老师
新书发布仪式并发言

图20　2019年9月25日，学生为赵玉明教授庆生

2020年9月9日

（作者单位：天津师范大学新闻传播学院）

关于赵玉明老师的点滴回忆

赵康帅

尚未入师门之前，就听立雷师哥说起，入学以后肯定也要当赵老师的"小秘书"。当时的我，对赵老师这位只在考研参考教材上见过名字的广电史泰斗的印象是十分模糊的，只觉得高山仰止，遥不可及。

研一开学后，在导师的带领下，我终于见到了赵老师，他给人的感觉和蔼可亲、平易近人，完全没有我想象中学术泰斗的架子。顺理成章地，我也开始跟随着导师和师哥的足迹，协助赵老师整理资料、录入文稿，这样一晃就过去了三年。研究生三年里发生了许多事情，我寻觅着过往的记忆碎片，一一追忆。

刚接手文稿录入工作时，我不太能辨认赵老师的手写字体，再加上自己性格有些毛躁，偶尔会出现文字上的纰漏。赵老师治学严谨，对论文稿件要求很严格，但面对我犯的各种小错误，他从来都没有严厉批评过我，只是耐心教导我下次要更加细心一些。他自己总是不厌其烦地去修改、校对，再仔细更正，有的文章甚至来回反复修改了不下 10 次，才最终定稿。面对文章中不能确定或者记不清楚的细节，他的选择一定是暂时先空下来，再去图书馆资料室查找史料印证。

除了文稿录入工作，我偶尔还会陪同赵老师去北京别的高校开会。有一次，会议开始的时间比较早，北京的冬天天亮得很晚，屋外刮着刺骨的风，等我早早起床穿过北京城到达南礼士路准备去接赵老师时，发现赵老师已经站在他家小区的门口等着我了，他总是把方便留给我们。2010年，赵老师捐资30万元设立了"赵玉明教授研究生助学金"，用来帮扶和鼓励品学兼优的家庭经济困难学生，今年应是第10届了。我参加了三年的颁发仪式，在会场协助拍摄照片，总记得每年赵老师教导受助学生们要"诚信为本，励志成才，感恩回报"。

每每临近放假，我到赵老师家送新印的稿件，他一定会问候我的家人，又时常拿出一个信封，说是给我的稿费，让我买点东西带回家，还拿出家里的山西特产"石头饼"，让我拿回去给家人品尝。

在和赵老师相处的日子里，让我印象最深的莫过于每周中午和赵老师到北苑食堂吃饺子。或是周二或是周三，赵老师总会早早地从二环南礼士路的家中来到五环外的学校图书馆整理史料。每到11点半，赵老师会放下手中的资料，由冯帆师哥和我陪着去北苑食堂，吃啦啦啦牛肉面窗口旁边的饺子。他每次都会点上四两饺子，淋上一勺醋。他担心我们吃不饱，还会再分给我和帆哥一人几个。有时候，我和帆哥会点上一两个隔壁窗口的凉菜，赵老师也会在我们的劝说下尝上几口，然后故意和我们说"太辣啦，下次别点了"。吃过饺子后，我们会陪着赵老师慢慢地走到学校南门。到了南门口，有时候赵老师返程的出租车打不到，他总是让我俩先回宿舍，生怕耽误了我们的时间。

三年转瞬而过，临近毕业，我决定回到家乡工作，听到这个消息，赵老师也很高兴，和我说有时间多陪陪父母。临行前，他送给我一个他从日本带回来的公文包，勉励我好好工作，又和我说他们这一代人是"国家分配到哪里工作，就去哪里工作"，我们这一代人可以拥有自己的选择，要珍惜选择的权利。回到家乡后，我时常在微信朋友圈里和师友分享家乡美食和生活碎片，赵老师虽然不能像以前一样拍着我的臂膀说"又长胖了"，却会悄悄在朋友圈给我点赞，再发微信夸我拍的东西看着很好吃，夸我的书房装修得很好看。

今天接到赵老师溘然长逝的噩耗，我一时不敢相信，才毕业一年，那个关心我学业和生活的老人家就这样离开了。回想起去年国庆，我到北京和同门欢聚，刚好那天赵老师没来学校，我只能托文婷师姐把我带的长沙特产——"茶颜悦色"的茶叶送给赵老师，那时候赵老师在微信上回复我说"你的香茶已收到，谢谢康帅"。现在想来，那天返校没有见到赵老师，真是永久的遗憾。

临近中元节，逝者安息，祈愿赵老师在另一个世界没有病痛，身心安宁。

2020 年 8 月 30 日

（作者单位：湖南马栏山文创产业园）

缅忆赵玉明先生

陈 芝

初识先生，如沐春风

2016 年我在中国传媒大学攻读播音主持艺术专业的博士学位，姚喜双教授是我的博导。经姚老师引荐，我去真武庙广电总局家属楼拜访了赵老先生。初见先生，他虽是寿登耄耋之人，但面色红润、精神矍铄，我称呼他"赵院长"，因为他曾经担任北京广播学院副院长，他说："叫我赵老师就好。"当他得知我的基本情况以及我对广播史的兴趣后，兴致勃勃地和我聊起天来。赵老思维敏捷、语言流畅，我告诉他，我的家乡在赣南，期望立足家乡进行特色研究。他便饶有兴趣地和我深入交流红色中华新闻台的相关话题。他说："我去过赣南，红中台值得研究。"平易近人的赵教授第一次会面就向我推荐了几本书和几个人，以便我在研究中做调查和访问用。随后，我又到赵老家中拜访过两回。在赵老的悉心指导下，我查阅资料，翻阅档案，采访专家学者，对红色中华新闻台的相关问题进行了深入考证。根据调研结果，我撰写了《人民广播事业孕育期的红色中华新闻台考索》一文，发表后被人民网转载。赵老说希望我把红色中华新闻台的课题继续深入研究下去。

2018 年，我开始撰写博士论文，论文属于中国播音史的范畴。我再一次去向赵老请教。他有一个习惯，每周五都会去中国传媒大学史志资料室，那里有他所有的藏书。他把自己的藏书、珍贵史料和自己的论著都捐赠给了中国传媒大学图书馆。因此成立了广播电视史志研究中心，仅书和杂志就有7000多册，加上档案材料，共有八九千册（件）。只要我和赵老提前联系，我就能够在史志资料室见到赵老。对于我写博士论文中遇到的难题，他依然十分亲切和蔼地认真倾听和解答。可以说，我的博士论文的完成除了姚喜双教授指导外，还得益于赵老的精细点拨，他毫无保留地给予了我高屋建瓴的意见和建议。

缅忆君容，宛然在目

博士论文答辩后，赵老向我要了一本博士论文放在史志资料室。毕业时，我十分不舍，在资料室和赵老合影留念。今年6月24日，赵老还用微信发给我一个征文通知。暑假期间，我在准备两篇论文的投稿，还没来得及再次向他请教。今天上午，惊悉赵老去世的消息，我唏嘘不已。作为一个普通学生，能得到80多高龄的赵老亲自指导，我觉得荣幸之至。往事历历，深铭心怀。赵老正像他自己说的那样："我这辈子，没离开广院，没离开广电史，没离开学生。"他这一生都在认认真真地从事一个行业、一项事业。他从事广播电视史的研究，倾其一生，这既是一种追求，更是一种境界。赵老退休后获得"中国传媒大学突出贡献教授"称号，赵老为北京广播学院的新闻传播学学科做出了奠基性贡献。他对学术严肃认真、一丝不苟，对待学生因材施教、深切关爱，他赠送给我的《中国现代广播简史》《中国广播电视通史》《中国广播电视史文集》，我会倾心深入研读。

"板凳须坐十年冷，文章不写一句空"，这是赵老从事学术研究的真实写照，也是先生对广播电视史学后辈研究者的教诲箴言，我将铭记于心中，践行于日常。

2020年8月30日

（作者单位：赣南师范大学新闻与传播学院）

缅怀赵爷爷

刘雅婷

赵爷爷总是笑眯眯的。每次在图书馆见到他，爷爷总会坐在办公桌前翻看他以前收集到的资料。爷爷看得很细，每一页纸都会仔仔细细看一遍，有时候挖到宝了，就开心地跟我们分享，这个材料是他当年在一个很难得的机会里一个字一个字抄下来的，那张报纸上有当年一件大事的报道。去年夏天，我和同届的博士师哥毕业了，我俩穿着学位服轮番跟赵爷爷和导师拍照，爷爷笑着调侃说，我们把他当吉祥物了。

赵爷爷从前走过的路很长，成就也很多。爷爷将自己积累的所有史料都捐给了学校，足有整整一屋子，这些被我们整理过很多遍的材料都是赵爷爷一点一滴累积的心血，它们被时间赋予了更多历史厚度，弥足珍贵。跟着赵爷爷学习的那段时间，我看到了老一辈学者兢兢业业的研究作风和对待历史谨慎敬畏的态度。对我来说，这是一段非常宝贵的人生财富。

（作者单位：中国劳动人事报社）

缅怀赵玉明教授

徐　瑶

2020 年 8 月 30 日，我们的赵玉明教授驾鹤西去，享年 83 岁。当得知这个消息时，我震惊了好久没有缓过来，明明上次见面的时候他还在神采奕奕地工作。我的脑海里还是赵老师笑着和我们打招呼的画面，往事一幕幕浮现在眼前。

在我尚未踏进中国传媒大学校门的时候，就已经读过赵老师的诸多著作，其严谨治学的形象深深刻在我心中。因此和赵老师的第一次见面，我满怀着敬畏的心情，没想到他是那么和蔼可亲，在交谈中十分关心我们的学业。赵老师一生淡泊名利，对学生的关心无微不至，他发起了"赵玉明教授研究生助学金"，资助家庭困难的学生，鼓励了很多同学。

赵老师其实早在 2007 年已经退休，但是他仍然坚持每周来图书馆的教研室工作，他对新闻史事业满怀赤诚，全身心投入学术与工作中，真的令人钦佩。每周来到图书馆，我都能看到赵老师在那一方小书桌前伏案工作，徜徉在广电史的海洋中，衣着朴素的赵老师在这一方天地里熠熠生辉。有时候他还会和艾老师一起探讨学术问题，常常使我们受益匪浅。教研室里有很多赵老师的"宝贝"——广电史的历史资料，许多资料都非常珍贵，甚至仅此一份，我也有幸参与过部分资料的整理，看着泛黄的纸张，真的感觉自己仿佛在与历史对话。而这些，都来自赵老师长久以来的珍藏与保护，其对广电史、新闻史的贡献自然不言而喻。

去年 11 月 23 日，新闻学院召开赵玉明、曹璐教授从教 60 周年纪念座谈会，我有幸参与其中，更进一步地了解了赵玉明教授。这次座谈会中有很多赵老师的学生发言，我也真切感受到了赵老师桃李满天下的幸福。彼时的赵老师精神矍铄、眼神坚定，他用大量翔实的史料讲述了新闻系成立以来不同阶段的发展和变革故事，生动地讲述了自己从教 60 年的经历，打动着现场的每一个人，也让我更加钦佩这位满腹学识的老人。

去年放假前我们还笑着和赵老师道别，一起约定开学再见，往事历历在目，没想到这一面竟成永别。赵老师虽然离去，但是精神长存！我们永远会铭记他积极乐观的生活态度、从容淡定的坦荡胸襟、严谨踏实的治学精神、严于律己的个人修养。我们会化悲痛为力量，用实际行动告慰赵玉明老师。

2020 年 8 月 31 日

（作者单位：安徽省合肥市庐阳区人民政府）

怀念赵玉明教授

周　微

2018年10月初，金秋时节，在北京大学新闻学研究会成立100周年学术研讨会上，80多岁的赵玉明教授精神抖擞，站在台上细数自己与中国新闻的点点滴滴，仿佛时间拉回到当年那个意气风发的少年，那些艰难岁月在老人家口中变成一个个生动有趣的故事。

这是我第一次见到赵爷爷，我远远地，满怀崇敬与激动，感受着百年中国新闻教育的传承与发展。

我和赵老师再次见面，是在图书馆赵爷爷的资料室。导师每周会安排我们线下见面，因为研一课程与师门见面时间冲突，所以第一次参加时已是学期过半。我还清楚地记得，我到图书馆时，师哥师姐们或在讨论，或在查找资料，艾老师伏在办公桌一旁弯腰低头与一位头发花白的老爷爷交流。赵爷爷穿着黑色夹克，眼镜挂在鼻梁上，手里翻动着一叠微微泛黄却又整整齐齐的资料，不停地向艾老师指出这些是哪年哪月在哪儿得到的东西。对于我们的到来，老人未有丝毫察觉。

我偷偷在一旁观察，整整一个上午，赵爷爷都在不停地翻阅、整理资料。虽说行动有些缓慢，但总能准确地从数不胜数的书卷找到自己想要的材料，认真翻阅后又及时放回书架。他来来回回在办公桌前忙碌着，似身无旁人，沉浸在自己的学海中。

晌午，师哥贴耳问赵爷爷："今天还是去老地方吃饭吗？"赵爷爷欣喜地回答"是"。

后来我才知道，一顿饺子是赵爷爷标准的"学术午餐"。

此后，每到师门见面日，我总能看到一个熟悉的身影独自在办公桌前忙碌，从凉秋到炎夏，从黑色夹克到白色衬衫。

又到一年秋冬之际，资料室里开了暖气。我和小伙伴在整理一堆近百年前的公文函件，这是赵爷爷的宝贝之一，我们需要将这些珍贵资料数字化。赵爷爷如往常一般忙到中午，快要离开时，他看到我们在扫描信件，慢慢走来拿起盒子里的信封，扶着眼镜仔细端详了一会儿，然后兴致勃勃地给艾老师和我们讲起这些信函的渊薮。虽不是第一次听赵爷爷"讲课"，但如此近距离又有针对性的解惑教学却是首次。临走前，赵爷爷嘱咐我们一定要小心整理，并好好利用这些资料搞学术研究。

秋天的北京，狂风吹得树枝左右摇晃，但我的心里十分温暖。

2019 年 11 月 23 日，在赵玉明教授和曹璐教授从教 60 周年纪念座谈会上，两位老人无不怀念地讲起他们与广院、与传媒大学的过往。我们在鲜花、掌声和无数学子声泪涕下的感激声中度过了又一个值得纪念的日子。

这是我最后一次见赵爷爷，远远地，但内心的敬仰和祝福一如往常。

赵爷爷对中国新闻学、中国新闻教育之贡献自不必多说，他总能以自己的方式感染着一代又一代的学子。如此幸运，我能成为其中之一。

又到秋天，返校在即，资料室外不日便会有一片金黄落叶。但那位桌前忙碌不已的白发老人却再也不会到来。

今突闻噩耗，过往点滴皆浮现在脑海。我问自己，究竟怀念的是什么？

是对事业的热爱，对工作的执着，对学术的精神，还有那如阳光般温暖人心的关怀与寄托。

　　天堂该是图书馆的模样吧，浩瀚星海，里面有一位老人伏在案前翻阅文章。

2020 年 8 月 31 日

（作者单位：中共四川省成都市新津区委组织部）

⟫ 资助中心与受助学生缅怀

缅怀赵玉明教授

中国共产党党员、著名新闻教育家、新闻史学家、国务院学位委员会第四届学科评议组新闻传播学学科（首届）评议组成员、中国传媒大学（原北京广播学院）前副校长、教授、博士生导师赵玉明同志，因病医治无效，于 2020 年 8 月 30 日凌晨 2 点 39 分，在北京逝世，享年 83 岁。

赵玉明教授学术造诣深厚，是中国广播电视史学的开创者和奠基人。从教 60 年，忠诚教育事业，一生诲人不倦，桃李天下，为我国的新闻教育事业做出了重大贡献。

2010 年，赵玉明指导的博士毕业论文获评"2010 年全国优秀博士学位论文"，这是 1999 年该奖项设置以来全国新闻传播学专业第四篇获奖论文，也是我校首篇获此奖项的论文。学校为此奖励论文指导教师赵玉明教授科研经费和奖金共计 30 万元，赵玉明教授全部拿出设立了"赵玉明教授研究生助学金"，以表彰和资助经济困难、品学兼优的研究生。10 年来，赵玉明教授资助了近百名学生完成研究生阶段学业。被资助的学生在得知赵玉明教授逝世的消息后表示"痛失恩师，悲痛万分"。

中国传媒大学学生资助中心

2020 年 9 月 15 日

　　赵老师，您好！我是 2015 级电视学院广播电视专业电视编导方向的研究生常庆星，也是您当年的资助者。现在工作于航空工业成都飞机工业（集团）有限责任公司，投身于建设新时代航空强国的事业。非常感谢您当年对我的帮助！您的大爱我将铭记于心，并将这份大爱转化为航空报国的无限动力！

　　近日得知赵老师离世，甚为悲痛。我突然一下子回忆起了赵老师的音容笑貌。那一年我获得了"赵玉明教授研究生助学金"，那一年也是我第一次认识赵老师，赵老师是那样的慈祥可亲，那样的温文尔雅。从那以后，我经常在餐厅里、在校园路上遇到赵老师，在我的印象里，赵老师永远都是那么朴素。可是有多少人知道在他那朴素的外表下是那样一颗金灿灿的、高贵的灵魂？每年他都在坚持帮助像我一样的学生，这一坚持就 10 多年，而他对我们唯一的期许就是做一个对社会有用的人。简单的话语承载着的却是赵老师对我们德行、学业、事业的期望，承载着的是他对教育事业的无限忠诚和热爱。我不知道赵老师一共帮助过多少个像我一样的学生，但是赵老师的这份大爱我们会铭记于心，不管我们身在何处，我们都将会把这份大爱转化为努力拼搏奋斗、贡献社会的无限动力！

　　感恩中国传媒大学让我认识赵老师！感恩赵老师，感谢您的无私大爱！！

2015 级广播电视　常庆星

　　听闻赵玉明教授因病去世，我心里十分震惊。记得我第一次见赵教授，是在 2016 年的助学金授予仪式上，他亲手把 3000 元奖金颁发给我，当时的赵教授虽白发苍苍但精神抖擞。更进一步了解赵教授后，我才发现他的一生都奉献给了广院、奉献给了我们这些学生。毕业后，我有幸加入选调生群体，进入最基层的广阔天地学习历练。赵教授严谨的治学态度、求真的学术精神，时刻激励着工作中的我。作为一名基层工作者，我认真对待群众的每一个诉求，尽心尽力帮助他们解决。在向书本学、向群众学、向实践学的过程中，我更加体会到诚信、励志、感恩的意义。以后工作中，我会一直传承赵玉明教授的精神，通过自己的努力回报社会，回报母校。

2015级政治学理论　王亚涛

我第一次见到赵老师是在大学生活动中心，当时和获得"赵玉明教授研究生助学金"的几名同学与赵老师进行了一次简单的交流。世事无常，没想到再次收到赵老师的消息时，赵老师已经逝世了。

赵老师颁给我的助学金证书一路随着我从北京到云南，从云南到广州。我一直带着它，是因为证书中所写的几行字："诚信为本，从自我做起；励志成才，从小事做起；感恩回报，从现在做起。"时刻激励着我着眼小事、稳步前行，这是这几行字带给我的力量。

帮助能够帮助到的人，是我一直想做，也一直在做的事。一路走到现在，我收到了很多和赵老师一样的人的善意。这些善意不断提醒我自己，也要做个温暖的人，如他们一般温暖的人，在别人需要的时候，给予力所能及的帮助。

感谢赵老师给予的帮助、力量，还想再次和您说声感谢。

2016级新媒体　胡俊潇

　　听到赵老师逝世的消息，我心中万分悲痛。我曾在学校有幸获得赵玉明教授的助学金，还依稀记得颁奖典礼上赵老师的音容笑貌。如今步入社会，我始终铭记赵老师的帮扶，认真工作、努力成长、善待他人、回报社会、报效祖国。目前我在雄安建设新区，凭着一腔热血，凭着一份执着，凭着一份理想，我来到这里，坚守这里，扎根这里。雄安新区是习近平总书记亲自谋划、亲自决策、亲自推动的重大国家战略，作为青年人，我愿意来到祖国最需要的地方贡献自己的青春。我相信荣获赵老师助学金的所有学子，一定带着赵老师这份善意、这份无私在祖国乃至世界各地发光发热，传递温暖，传承力量！最后再次感谢赵老师，并对他的逝世表示沉痛的悼念！

2015 级传播学　苗红敏

　　刚刚得知赵玉明教授逝世的消息，我悲痛万分！

　　我是曾受助于赵玉明教授助学金项目的一名学生，获得这笔资助金的时候，我刚入学不久，正处于需要帮助又没有办法的窘迫境地。当时初到北京，我不想再给原本就困难的家庭增加负担，但一时也寻不到兼职的机会，得知有这个资助项目时，心里十分感激。还记得在受资助时，我见到了赵玉明教授和他的家属，他非常亲切温和，就像和煦的阳光一样温暖着周围的人，言语之间尽显慈爱。后来得知赵玉明教授是一位新闻教育家，对中国新闻史和中国广播电视史的研究颇深，我对他的钦佩之情更重了。作为新闻学界的泰斗，他不仅潜心钻研知识，还对我们这些初入学界的学生如此无私地帮助和关照，非常令人敬重。而至今我仍深感羞愧，自己在学术钻研和待人处事上都还有极大欠缺。但赵玉明教授的这种人格精神将一直激励着我不断学习、不断努力，不断尽自己之力帮助他人。

　　很遗憾和后悔在学校就读期间没有太多机会去看望赵玉明教授。刚刚得知教授逝世的消息，震惊之余我更添了后悔。我只能通过这种方式表达自己对赵玉明教授的哀思，也希望赵玉明教授的家属能够节哀顺变，保重身体！

2016 级广播电视艺术学　肖梦玲

2011 年我来到广院，在广院这个温馨的大家庭里度过了最美好的 7 年。犹记得 2014 年学校 60 周年校庆的时候，各界校友纷纷为母校送上祝福的场景，那是多么宏大的盛况，我们可以自豪地说，我们就是祖国传媒界的"黄埔军校"。

60 年风风雨雨，母校走出今天的道路，离不开一代又一代传媒人的建设，作为其中的佼佼者，赵玉明教授为母校、为祖国的传媒事业立下了汗马功劳。从一开始的一座小楼到现在成为定福庄亮丽的风景线，母校变得更加美丽、更加包容，不变的是赵老师等传媒人简朴实干的作风、开拓向前的精神。

作为一个受过赵老师资助的学生，我和其他一些同学可能有些不同。赵老师后来在学校的办公室在主楼 217，而我就在他的隔壁。年轻人都爱睡懒觉，每次踩着 8 点半的点走到实验室的时候，隔壁 217 的门已经是敞开的了。他的办公桌在靠近窗口的位置，迎着初晨的阳光，依然能感受到他内心的昂扬。当时的他已迈入耄耋之年，但是能感受到他的内心依然怀揣着让母校、让传媒事业更好一点、再好一点的理想与希望。那一刻的身影没有了佝偻的脊梁，变得无比伟岸高大。

感恩赵老师，感恩像赵老师一样勤勤恳恳的传媒人。以我最喜欢的一句诗送别先生："事了拂衣去，深藏身与名。"愿先生千古，愿先生之精神永世长存。

2015 级通信与信息系统　任佳伟

　　时光荏苒，转眼间我已经从中国传媒大学毕业一年有余了。几天前，我意外在母校的微信公众号看到了赵玉明教授逝世的消息，深感震惊和悲痛。赵玉明教授虽然不是我的任课老师及导师，但他的教诲给了研究生期间的我很深刻的影响。记得那是 2017 年末，我很荣幸地获得了"赵玉明教授研究生助学金"。在活动仪式上，耄耋之年的赵玉明教授表达了对每一位受资助学生的关心和爱护。当时的他手持一份报刊，对报刊上报道的目前我国研究生教育的最新政策也表示出了极大关心。赵玉明教授的助学金纪念证书上写着先生对学子的三句教诲："诚信为本，从自我做起；励志成才，从小事做起；感恩回报，从现在做起。"这是先生在做人方面对学子们的期望。学习广播电视艺术学专业的我，深知赵玉明教授专注广播电视史超过半个世纪，不仅积极推动中国传媒大学的学校发展，还积极活跃在广播电视行业当中。这是他在做学问方面对广大学子的引领。无论是做人还是做学问，赵玉明教授都令我感到无比的尊敬与崇拜。师德楷模，育人模范，斯人已去，音容犹在。我相信，赵玉明教授的精神会被更多的广院教师及学子传承下去、发扬下去。

2016 级广播电视艺术学　李军侠

　　听闻赵玉明教授驾鹤西去，我的内心悲痛不已。光阴似箭，人生几何？臧克家说："有的人活着，他已经死了；有的人死了，他还活着。"赵玉明教授虽然离开了我们，但他的人格光辉依然温暖着许多人的心，传播的知识仍然在各行各业中闪闪发光，他的恩情教诲永远照亮着我们前行的道路，他永远是我们的恩师。

　　因为不是新闻专业的学生，我与赵玉明教授接触并不多，更没有机会做他的门生，但赵玉明教授伟岸的人格、严谨的治学精神、高深的学术造诣我早已耳闻。虽无机会切身聆听赵教授的教诲，但身为中传学子，我在耳濡目染中也会以赵教授为榜样，虽不能至，心向往之。

因为家庭的变故，我的求学路上有经济困难。但我又是幸运的，2016年我获得了"赵玉明教授研究生助学金"，更幸运的是，在捐助仪式上我见到了已是满头白发的赵玉明教授。赵教授给我的印象是整洁清爽、平易近人，有种邻家爷爷般的亲切之感，说起话来语调清晰舒缓。在捐助仪式上，我们聆听了赵玉明教授对我们的教诲和叮嘱，感受到赵玉明教授对我们的关心和关爱，那个时候我心里暖洋洋的。我想，我一定不能辜负赵教授对我们的帮助，我一定要努力学习。

赵玉明教授对我的帮助，极大地减轻了我经济上的负担，使我可以有更多的时间投入学习生活中去，不用在学习之余再为生活奔波。而赵玉明教授对我精神上的鼓励和心灵上的慰藉，时至今日仍在极大地鼓舞着我。"赵玉明教授研究生助学金"对我来说不只是一份帮助，一份来自赵玉明教授的关怀，更是我学习的动力和源泉，获得"赵玉明教授研究生助学金"的那一刻起，我就暗暗定下了目标：一定要努力学习，掌握更多的知识，成为一个有理想、有抱负、有志向的新一代青年，为建设祖国贡献出自己的力量。

怀着一颗感恩的心看这个世界，就会发现这个世界的更多美好，心情也跟着舒畅起来。安东尼·罗宾曾经说过：成功的第一步，就是先存有一颗感恩的心，时时对自己的现状心存感激，同时也要对别人为你所做的一切怀有敬意和感激之情。所以，对于赵玉明教授的资助，我一直心存感激，也一直努力学习，不辜负赵玉明教授的帮助。在赵玉明教授的帮助和鼓励下，我努力学习文化知识、刻苦钻研，在顺利完成学业的同时，也找到了理想的工作。这一切都要感谢赵玉明教授，是赵玉明教授的资助帮助我完成了学习，更给了我努力生活的信心。在以后的工作学习中，我也将继续铭记赵玉明教授的嘱托和帮助，全身心投入工作，用知识和汗水回报赵玉明教授、回报国家、回报社会，在自己有能力时去帮助更多的人，将爱心继续传递下去！

2016 级人文学院中国现当代文学　王俪颖

这是我在学校获得的第一个奖学金，也是我人生中第一个与资助人面对面的资助项目。我还清楚地记得那天虽是冬日，却艳阳高照，赵老师满脸慈爱地走进会议室，我一下子就被这个白发的老头儿吸引了。赵老师怀着赤诚之心在中国广播电视史学方面做研究，这一研究就是半个世纪，他所撰写的书籍、所编的词典填补了专业史学方面研究的不足，更为中国广播电视学的发展留下了宝贵财富。"诚信为本，从自我做起；励志成才，从小事做起；感恩回报，从现在做起。"这是"赵玉明教授研究生助学金"证书上的赠言。赵老说："奖学金是次要的，重要的是我们要共勉，这远远比奖学金的意义更重大。"所以在证书赠言上，他特别强调自我和小事。这样一位谦逊有礼、给人以温柔而坚定力量的老教授坐在我们的对面，我心中充满了尊敬和感恩，尊敬于他对职业和专业几十年如一日的坚守，感恩于他工作之外对贫困学生的亲切关怀和默默关注。我将带着这份暖心的爱执着于我的专业，在我羽翼丰满的时候也不会忘记回头看看，也贡献自己的一份力量。遗憾的是，赵老师看不到那一天了，但我想，到那个时候，一定会通过别的方式向他转达。向您致敬，赵老师！

2019 级广播电视艺术学　黄梅

2018 年 12 月 18 日，那天的场景我记得很清楚，80 多岁高龄的赵玉明教授欣慰地看着我们这些学生，慈祥、和蔼、睿智，这大概就是学者的共同特点，我的丝丝紧张感也被这和谐的气氛排到了九霄云外。当我从赵玉明教授手中接过证书的时候，我感受到了那一字一句的厚重，"诚信为本，从自我做起；励志成才，从小事做起；感恩回报，从现在做起"三个短句，不仅仅是赵玉明教授为人、治学的写照，更寄予了老先生对我们这些学生时刻以诚信、励志、感恩之心回报社会的殷切期望，也将成为我行之一生的至理箴言。

我时常在想，一个人留给世人的到底什么最珍贵。赵玉明教授学术造诣深厚，从事中国新闻史、中国广播电视史教学研究工作，编写多部论著，是中国广播电视史学的开创者和奠基人；赵玉明教授一生献身教育，桃李满天下，为广播电视事业的发展培养了大批高素质人才；赵玉明教授公而忘私，捐赠 30 万元设立奖学金，旨在帮助家庭贫困、品学兼优的中国传媒大学学子顺利完成学业。老先生是伟大的，留给世人的财富也是无穷的，但是我觉得老先生的精神更是一泓永久的甘泉，诚信、励志、感恩，值得我们后人用一生去钻研、践行。

如今，我已经离开了校园，走上了工作岗位，新的机遇伴随新的挑战。我将以赵玉明教授为一生的榜样，珍惜青春，不负韶华，做一个对国家、对社会有用的人。

2017 级人文学院中国现当代文学　赵亦飞

去年，我十分幸运地得到了赵玉明教授 2019 年度助学金的资助，回想起来，心里充满了感激和感恩。在申请"赵玉明教授研究生助学金"时，我填写了个人承诺书，那些话语至今还历历在目。后来，学校组织我们与赵玉明教授见面，给我留下了深刻印象的是，赵教授衣着朴素，满面慈祥，声音十分洪亮有力。从赵教授的手里接过证书时，我还跟赵教授打趣道："赵老师，我也姓赵，咱们可是本家呢。谢谢您的仁心师德和慷慨奉献，今后我也一定会在教育事业上继承您的衣钵，做一名有德有才的好老师。"说完这话，我从赵教授的眼睛中看到了赞许和肯定。

今年是赵玉明教授与受资助学生"十年之约"的最后一年，没想到听闻了赵教授逝世的噩耗。虽然我与赵教授只有过一面之缘，但他的品格和风骨深深地刻在了我的脑海中。带着这份感恩和怀念，我想我一定要在教育事业上不懈奋斗，继承赵教授的师心仁德。教育事业是多么意义深刻又影响深远的一件事，好的教育能塑造人、培养人，坏的教育能扭曲人、瓦解人。教师站上讲台，知识素养和道德素养是首要的，但责任心却是最重要的。对学生要有爱心，时刻秉承一颗温暖明亮的师心，将学生的知识汲取、心理塑造、身体发展都放在心上，这样的教育是我想为之奋斗终生的，这也是我从赵老师身上学习到的。

赵玉明教授，其实我更想称您为"老师"。"老骥伏枥，志在千里；师心师德，我必铭记。"您的思想和精神点亮了我，我愿意追随您的脚步，做一名不忘初心、奋勇前进的好老师。

2019 级　赵巧妮

很感恩在 2018 年获得了赵玉明教授的资助，并有幸见到了赵玉明教授本人。其实现在的心情有点复杂，虽然不是第一次写对赵教授的受助感想。很遗憾，今年赵教授离开了我们，在得知这个消息的时候我很震惊，然后就是伤心，不能接受，我感觉像失去了一位亲人。也许这话听着矫情，但是现在写这份感想的我心情还是难以平复。可能无法想象，明明前不久还在和你说话的人，下一秒就永远离开了。赵教授在我心里是一位伟人，他不仅为我国的新闻事业做出了杰出的贡献，更是博爱之人，牺牲自我、奉献社会，我一直觉得能做到这样大爱的人都是很难得和值得永远纪念的人。

赵教授虽然离开了我们，但是他的精神永远留在了这片大地上，我也一定会将这份精神传承下去。我会以自己的力量去帮助更多困难的人，尤其是像我一样家庭困难的学生，让他们有学上，能够缓解经济压力，有一个好的学习环境；同时，我也会从事其他的公益和志愿服务事业，用自己的专业能力去做哪怕很微小的事，我认为都是值得的。只要有所奉献，做到真正去帮助那些需要帮助的人，用自己的力量去传递更多的爱与帮助。能谈的只有只言片语，谢谢赵教授对需要帮助人的爱与奉献。我会永远记得您，记得您的话，记住您的精神。

新媒体研究院　胡倩倩

第四编

学校纪念与媒体报道

≫ 学校纪念

中国传媒大学新闻学院师生沉痛缅怀赵玉明教授

中国传媒大学（原北京广播学院）前副校长、教授、博士生导师赵玉明同志，因病医治无效，于 2020 年 8 月 30 日凌晨 2 点 39 分，在北京逝世，享年 83 岁。

赵玉明教授是中国新闻教育事业发展的先行者和见证者，是中国广播电视史学的开创者和奠基人，是中国传媒大学新闻学专业和新闻学院的奠基人之一，曾获得中国传媒大学首批"突出贡献教授"称号。

赵玉明教授学术造诣深厚，从教 60 年，忠诚教育事业，一生诲人不倦，桃李天下，为我国的新闻教育做出了重大贡献。新闻学院全体师生怀着无比悲痛的心情，沉痛缅怀赵玉明教授，并向先生家属表示深切慰问。

中国传媒大学曾对赵玉明教授进行过专题报道。今天，我们一起重温赵玉明教授潜心教学科研、诲人不倦的一生，将先生的治学和育人之道铭记和传承。

"我这辈子，没离开广院，没离开广电史，没离开学生"

"这里啊，就是以前学校分给我的宿舍。"眼前满头银发、身着藏青色套装的老人便是赵玉明教授。他笑容和蔼，把我们迎进了书房。

　　房间不算宽敞，但每一件家居物品都摆放得井然有序。环形书柜里是各式各样的书籍和奖状，"中国传媒大学突出贡献教授"奖牌摆放在书柜正中最高的位置。书桌的玻璃板下压着一张黑白合照，上面写着"北京广播学院 1963 年度应届毕业生合影留念"，这是赵老师的第一批学生，也是北京广播学院第一届毕业生。一路行来，这位 83 岁老人与北京广播学院走过了近一个甲子。

图 1　2018 年，赵玉明教授于中国传媒大学图书馆

筚路蓝缕　以启山林

　　1959 年夏，23 岁的赵玉明从中国人民大学新闻系毕业，来到刚刚成立的北京广播学院。最初，学院只有新闻系、无线电系、外语系三个系，新闻系的专业课便落在了十几个人民大学毕业生身上。确定教授科目时，出于对历史的浓厚兴趣以及之前在人民大学报刊史课程的学习，赵玉明选择了广播史。这对他来说，具有很大的挑战性。当时，整个中国广电界很少有人对广播史进行专门研究，既无系统资料，又无前人经验。连赵老师自己都说："来广院前，除了听过广播，对广播几乎一无所知。"

带着茫然和困惑，年轻的赵老师回到了母校，又一次旁听报刊史课，同时找到了当年的任课老师方汉奇。"广播史我没搞过，但它与报刊史一样，都是'史'字类的课，搞历史要从收集整理史料开始。我告诉你，可以从报刊中找广播史料。广播方面的大事，报刊上总会有记载的。"方老师一番点拨，让他豁然开朗，"自己动手找史料"成为赵老师从教的座右铭，长达半个世纪，被赵老师戏称为"照虎画猫"的研究就此开始。

于是，赵老师和他的同事们一起先查找档案，再根据档案线索寻找报刊里的记录。一开始是从《新华日报》《解放日报》等党报党刊中寻找人民广播史的痕迹，后来扩展到从各类报刊、档案、书籍中发现民国时期各种官办、民办乃至外国在华办广播的史料。走出书斋，赵老师访问了许多曾在延安办广播的老同志，邀请他们撰写回忆录，结集出版。为了考证核实史料、回忆录中的细节，他和同事们还多次考察延安（陕北）台旧址。日积月累，先后形成了《解放区广播历史资料选编（一九四〇——一九四九）》《旧中国的上海广播事业》等，这为后来赵老师系统编著广播电视史著作奠定了基础。回忆起当年研究的细节，老人家记忆犹新。

1960 年，在整理"老广播"回忆录时，大家发现好几篇文章提到了 1940 年冬天延安开办广播的历史，在此之前，学界一直以 1945 年 9 月 5 日作为延安广播电台的开播时间。为了准确界定，赵玉明和他的同事们用半年时间搜集了 20 世纪 40 年代延安台的珍贵史料。20 世纪 80 年代初，他参与了调查组，和齐越等老师一起考察延安（陕北）台的编辑室、播音室和发射台等 14 处旧址，并撰写报告。经过反复论证，1980 年，中央广播事业局将人民广播创建纪念日更改为每年 12 月 30 日，历时 20 年的研究为解放区广播史书写了重要一笔。

怀着一颗赤诚和敬畏之心，赵玉明老师耕耘不辍，为中国广播电视史留下了一笔笔丰厚的财富：《中国现代广播简史》（1987）、《中外广播电视百科全书》（1994）、《广播电视辞典》（1999）、《中国广播电视通史》（2004）

图2　1963年，赵玉明教授于新闻系办公室留影

图3　1985年春，赵玉明教授与延安（陕北）台原编播人员留影

图 4 《中国解放区广播史》等书影

图 5 为老一辈广播电视工作者编著的纪念文集书影

图6　1979年7月，在
延安王皮湾延安台石窑
洞旧址留影

图7　1980年8月31日，在延安清凉山考察延安台编辑部旧址留影

图 8　1980 年 9 月 2 日，在延安盐店子山上考察播音室旧址留影

图 9　1985 年夏，赵玉明教授与齐越、丁一岚同志在天安门城楼上合影

等一大批著作相继问世；2012 年，由他主持完成的"广播电视学学科体系建设研究"结项，对广播电视学的学科地位和架构等提出了比较系统、完整的见解。

图 10　《中国现代广播简史》等书影

图 11　《中国广播电视通史》等书影

在赵老师等的不懈探索下，新闻传播学、广播电视学生根发芽，渐成体系。1997年，新闻传播学升格为一级学科。此后，新闻学、传播学、广播电视学先后成为二级学科。如今，我校的新闻传播学已经入选国家一流学科建设名单。作为培育者、见证者，赵老师十分感慨："这是几十年努力的结果，非常不容易，同学们一定要抓紧机会好好学习。"

图12　20世纪90年代初赵玉明教授在办公室留影

化育桃李，严字当头

从1959年起，赵玉明老师耕耘讲台超过半个世纪，培育了一代又一代学生，如今活跃在新闻传播、广播电视学界的知名教授郭镇之、哈艳秋、艾红红等均出自他的门下。谈及教学生涯，赵老师道出了自己的原则：宽进严出。

"在政策允许的范围内，老师要多给学生机会。"赵老师回忆，有一年招生时，一个考生仅差几分，将与北京广播学院失之交臂。正好当年教育部出台政策，如果学生承诺毕业留校任教，便可破格录取。经协商，赵老师还是录取了这名学生。尽可能让符合条件的学生获得培育机会，便是

图 13　1982 年 7 月 9 日，郭镇之硕士毕业论文答辩留影

图 14　赵玉明教授与郭镇之教授（右）、艾红红教授（中）留影

图 15　2006 年 9 月，赵玉明教授 70 寿辰与在读及毕业研究生合影

"宽进"。"宽"字还渗透在他的教学之中。培养研究生时，赵老师通常只划定范围，不限定题目，从而激发学生探索知识的积极性，逐渐获得学习能力。"授人以鱼，不如授人以渔"，就是这个道理。

而对学生的要求，赵老师则总结为"严"：教学工作要严肃，该上课时上课，该考试时考试；治学要严谨，史学也罢，其他学科也罢，都要扎实深入；要求要严格，每年毕业之际，赵老师几近苛刻，绝不容许一个"残次品"走出学校。他曾说："不合格的毕业生，既是对学生不负责任，也是对学校、社会不负责任。"在他的建议下，在硕士生、博士生答辩时，严格把握预答辩、答辩环节，对自己指导的学生尤其如此。

赵老师不仅严格要求学生，对自己也是一样。50 年教学生涯，他一共指导了 10 名硕士、12 名博士、3 名博士后，数量并不多。对此，赵老师有他的考虑："担任校领导后，虽然还在招硕士生，但基本就是毕业一个招一个，因为多了也带不过来"，"我的工作方针是少招生、勤交流、严要求"。

图 16　指导的优秀博士论文获奖证书及师生合影

图 17　已出版的指导过的博士论文书影

本着因材施教的理念，赵老师根据学生的具体特点进行针对性的引导，填补了很多研究空白。哈艳秋熟悉日文，赵老师便引导她研究伪满广播史；有学生要赴美留学，赵老师便为他确定美国广电史的研究选题；薛文婷有体育传播的教学经验，博士生入学前赶上北京奥运会，赵老师便引导她进行近代体育新闻传播史研究，这才有了后来的全国优秀博士论文。

观察并挖掘学生的闪光点，将个人特长和观点融入科研，不仅提高了学生的科研水平，而且促进了学科发展。在赵老师和他的学生身上，我们感受到了教学相长。

回忆起与赵玉明老师相处的点点滴滴，1977 年毕业于新闻系、现任我校新闻学院博士生导师的哈艳秋教授感慨道："赵老师是我学术上的引路人，他的言传身教使我受益终身。"

"板凳须坐十年冷，文章不写一句空"，时至今日，哈艳秋老师仍然铭记赵玉明老师当年的教诲。严谨的治学让她逐渐找到了新闻史的乐趣，也发现了自我存在的价值。让哈老师难以忘怀的还有赵老师指导学生的"宽"与"严"。每次外出调研，他都事先沟通好，整理资料、审阅大纲，尽可能为学生提供帮助。"他就像一位慈爱的父亲，给予我们无微不至的关怀。"
而当学生疏忽不当，赵老师则会一针见血地指出，绝不含糊。身为曾经的
学校领导、广播研究大家，在赵老师的身上并没有专家权威的架子，他风
趣幽默、平易近人，无论老少都愿意与他交流。

从师生到同事，回想起过去的 40 多年，能够得到赵老师的指导，哈艳
秋老师深感幸运："他把自己的一生都献给了新闻教育、献给了热爱的广电
事业，他既是我们的榜样，更是我们心目中的英雄。"

情系广院　呕心沥血

从 1984 年开始，赵玉明老师由一位单纯业务型的教学老师转入领导岗
位，先后担任新闻系副主任、主任。1989 年 3 月，担任广播学院副院长。
直至 1998 年，62 岁的他"超期"退役。在此期间，学院的整体面貌和办
学水平发生了巨大的变化，逐渐成为培养广播电视专业人才的重镇学府。

图 18　1989 年 9 月 7 日，赵玉明教授主持广院校庆 30 周年大会留影

图 19　1994 年 7 月 12 日，赵玉明教授在学校董事会成立大会上
汇报筹备经过及章程说明

图 20　《广播电视辞典》等书影

1980年学院教学结构调整时，新闻系被重组为新闻系、播音系、文艺编辑系、电视系等四个系，以及新闻研究所和语言文学部。赵老师接任新闻系主任后，与全系教职工一起做了许多工作：筹建了全国第二家广告专业；专科、本科、研究生，甚至面向社会的函授班均发展起来，办学层次明显提高；形成了新闻系第一代教材，从理论、历史到实务面面俱到；倡议编纂《广播电视简明辞典》，策划成立中国广播电视学会广播电视史研究委员会，并为北京广播学院争得一席之地，对内对外扩大了新闻系的影响。

图21　赵玉明教授讲课留影

如今，提起我校三大奖项——"中央三台奖学金""星光研究生奖""周恩来班"，每一个传媒学子再熟悉不过。然而，很少有人知道时任北京广播学院副院长的赵玉明老师付出的汗水与辛勤。

1989年，刚刚履职的赵玉明老师拜访了"中央三台"（中央人民广播电台、中国国际广播电台、中央电视台）的台领导和人事部门，协商设立"中央三台奖学金"。赵老师提出了自己的想法："评奖时邀请台领导一起参与，评选出的也是三台最需要的优秀人才，这是'双赢'。"经过赵老师等人的努力，"中央三台奖学金"成功设立，奖金也逐年递增。该奖项成为第一个面向全校的社会性奖学金。在此之后，赵老师积极牵线搭桥，北京星光集团等企业先后在广院设立了"星光研究生奖"等奖项，实现了校企合作，为学生参与社会实践铺就了道路。一直以来，赵老师对周恩来总理的人格魅力充满敬意，致力于总理题词的研究；周总理也为中国广播电视事业做出了积极贡献。鉴于此，他建议与中共中央文献研究室等机构协商，设立了"周恩来班"，在评选、学习中勉励同学们志存高远，传承伟人精神。

为了激励学生，赵老师也贡献了自己的一份力量。2010 年，他指导的博士毕业论文获评全国优秀博士论文，这是中国传媒大学第一次获此殊荣，学校因此奖励赵老师 30 万元，他用这笔资金设立了"赵玉明教授研究生助学金"。对助学金的发放，他进行了充分考虑："我的奖学金，针对那些学习成绩尚好但不拔尖、家庭条件相对困难的学生。"提到自己的贡献，赵老师说："首先，指导学生获得的钱要花在学生身上；其次，这是集体的努力，不是我个人的成就。"他动情地回忆："我上北大的时候也曾享受过助学金，这算是对学校和社会的一个回报吧。"面对获奖同学，赵老师殷切期望：第一，诚信，这是立身之本；第二，励志，"穷且益坚，不坠青云之志"；第三，感恩，回报父母、回报学校、回报社会。学生只要做好这六个字，受益一生。

除此之外，担任校领导的 9 年时间里，争取部级科研立项、推动建设 211 工程、图书馆建设……方方面面的工作中都有赵玉明老师的身影。"3000 多个日日夜夜，忙于日常科学教研、行政事务工作，个人经历酸甜苦辣，但也确实做了几件对于学校建设长期有益的实事。"回忆起那段经历，赵老师说得很平淡。

图22　2011年，赵玉明教授与首届"赵玉明教授研究生助学金"获奖研究生合影

图23　赵玉明教授对荣获助学金同学的三点期望

初心不老　耕耘不辍

　　专注广播电视史超过半个世纪，赵玉明老师不仅积极推动学校发展，还积极活跃在社会中，其中既有领导机关聘任的，如在国务院学位委员会新闻传播学学科评议组、教育部高等学校新闻学学科教学指导委员会担任职务，也有在中国新闻史学会、中国广播电视学会广播电视史研究委员会

图 24　1995 年 9 月 17 日，赵玉明教授主持华语电视展望学术研讨会

图 25　1995 年 12 月 6 日，赵玉明教授在《中国广播电视年鉴》创办 10 周年座谈会上留影

图 26　2009 年，赵玉明教授在首届中国广播学研讨会上留影

等的工作。

　　之所以这样忙碌，赵老师有他的想法：首先，积极参加与自己专业相关的学术组织和学术活动，有机会和同行交流切磋，不至于故步自封；其次，成为学科带头人，有责任去组织、推动学科的研究和发展；再次，以学科评审组成员认真承担相关工作，既可以提高自身学术水平，也从一个侧面展示了学校成就。

　　赵老师的多年投入获得了社会的认可，从 1992 年起领取国务院颁发的政府特殊津贴，2001 年被中国广播电视学会评为首届全国"十佳百优"广播电视理论工作者"十佳"之一，2012 年中国老教授协会授予他"老教授科教工作优秀奖"，2013 年获中国高等教育学会"从事高教工作逾 30 年高教研究有重要贡献学者"称号。而更让他感到满足的，是与专家、学者、同行探讨学科建设、科研项目和教研改革中获得的无形财富。

　　"不闲着，别累着"是赵老师对退休生活的定位，虽然没有了朝九晚五的工作，但他依然很忙碌。

　　研究广电史 50 余载，收集的资料足足 6000 余册，赵老师如数家珍：

图 27　1990 年 12 月 30 日，长期从事广播电视
工作荣誉证书

图 28　1992 年 10 月 1 日，国务院颁发的政府特殊津贴证书

图 29　2001 年，赵玉明教授在首届广播电视
理论工作者评选中荣获"十佳"称号证书

图 30　1987 年，赵玉明教授在第一次中国广播电视史志研讨会上致辞

图 31　历次中国广播电视史志研讨会专辑一览

图 32　赵玉明教授捐赠的中国人民广播史讲稿资料

图 33　广播电视史志研究中心：赵玉明教授捐赠书藏

"这些是当年从台湾带回的年鉴；那些是原来的讲课提纲，还有广播电视史志、新闻传播书刊……"在他看来，这才是学校最宝贵的财富，赵老师将它们悉数捐赠，图书馆一层的广播电视史志研究中心由此而来。

在日常生活中，赵玉明老师多与文史书籍为伴，遇有重要学术活动，他还是积极参与："2018 年是改革开放 40 周年，也是新闻研究生教育 40 周年，还是中国新闻教育的百年纪念。经历了半个世纪的新闻教育，我作为第二代新闻教师，有责任回忆第一代新闻教育家，帮助记录这段历史。"

图 34　赵玉明教授登上 2013 年 10 月号《新闻爱好者》杂志封面

图 35　2013 年，赵玉明教授在《中国广播电视年鉴》第 29 届年会期间留影

图 36　2018 年，赵玉明教授接受采访

　　媒介在变革，时代在发展，赵老师坦言："毕业分配的时代一去不返了，现在的学子可以自主选择，同样也需要更多的奋斗。我所做的，就是把知道的、经历过的传递下去，希望对今后的人还有些许价值。"

　　从学生到老师，从风华正茂到两鬓斑白，悠悠岁月在他身上留下了印记，但抹不掉他的姓名，抹不掉他在北京广播学院的声与影。在采访最后，耄耋之年的赵老师心心念念三个"没离开"："我这辈子，没离开广院，没离开广电史，没离开学生。"寥寥数语，看似平静，令人动容。

中国传媒大学新闻学院

广院的那个老头儿，走了……

2020 年 8 月 30 日，早晨天气有点阴，落了几滴雨，中午变得闷热潮湿，见不到一丝阳光。毫无征兆地，赵玉明老师在这一天离开了我们，校友群、朋友圈里弥漫着震惊与错愕，然后涌来潮水一样的回忆。

从 1959 年初到广院，到 2020 年生病入院，赵玉明老师一生都没有跟广院分开过，他去世的消息无异于一场风暴，搅动着校园内外许多人的神经。这个身材瘦小、腰杆笔直、步履匆匆的老头儿已化身成为广院的符号，灵魂一样的存在，他身上有无数光环——新闻学界泰斗、博士生导师、前副校长……但他人生最为得意之处是"我这辈子，没离开广院，没离开广电史，没离开学生"。

他是怎样一路走来的

1936 年，赵玉明出生于山西汾阳的一个乡村家庭，由于父亲早年在天津经商，20 世纪 40 年代举家迁往天津，一直到晚年，赵玉明对天津许多地方仍然记忆犹新、如数家珍，"我的中小学都是在那儿念的，我可以算半个天津人了"。他的性格里既有山西人的质朴与内敛，又透着天津人的豁达与幽默。

少年时代的赵玉明深受高中语文老师的影响，他的理想是考入北京大学中文系。1955 年，他踏入燕园就读新闻专业，在湖光塔影的映照下，这

图 1　全家福（1983 年摄于山西汾阳康宁堡旧宅）

图 2　童年时代的赵玉明（左一）

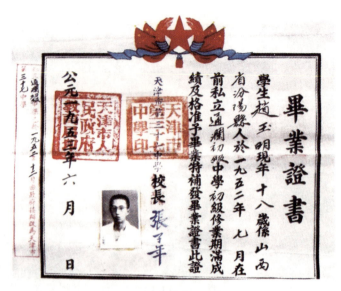

图 3　中学毕业证书

个青涩少年将家国情怀化为新闻理想。1958 年北京大学新闻专业并入人民大学，阴差阳错的院系合并让他成为人民大学第一届新闻系毕业生，特殊的年代造就了特殊的轨迹，从 55 级北京大学新生到 59 届人民大学校友，赵玉明的求学之路折射出新闻学学科建设的坎坷缩影。

　　1959 年北京广播学院成立，刚刚大学毕业的赵玉明成为这所学校里最年轻的教师，他经常用"从校门到校门"来形容自己的人生选择，当年他与学生年龄相差无几，却充满谦卑："你们成了大学生，我们成了小老师。"广院创办初期的校址在复兴门外一幢灰楼里，从 1959 年到 1966 年，这里培养出新中国第一批受过高等教育的广播电视人才。灰楼是赵玉明教学生涯的起点，也是他一生深切怀念的地方，时隔多年，他用三句话概括灰楼时期的生活，那就是"艰苦的办学条件、勤奋的学习风尚和敬业的工作精神"。灰楼时期，师生同甘共苦、相濡以沫的经历让他一生对教育事业充满热爱，对学生舐犊情深……

　　其后几十年间，伴随着中国广播电视学科和传媒事业的发展，赵玉明

图 4　1956 年，在北京大学（右一）

图 5　1958 年，在人民大学

图 6　1963 年，在灰楼新闻系办公室

图 7　20 世纪 60 年代，带学生到武汉实习

逐渐成长为广电传媒领域的领军人物。他的人生中有许多高光时刻：1979年成为北京广播学院第一批硕士生导师；1988年晋升为北京广播学院第二批教授；1989年出任北京广播学院副院长；1999年成为北京广播学院第一批博士生导师；20世纪80年代考察确立了中国人民广播诞生日，对新闻史学界做出重大贡献；主持编纂我国第一部广播电视百科全书《中外广播电视百科全书》；担任中国新闻史学会会长；设立"赵玉明教授研究生助学金"等。对于如此多的成就，赵玉明总是轻描淡写，他将"板凳须坐十年冷，文章不写一句空"视为圭臬，在学术上时刻保持史学家的严谨与苛刻，在完成大量理论研究著作的同时，培养出10名硕士、12名博士、3名博士后，他对学生质量的要求远胜于数量，他曾说："不合格的毕业生，既是对学生不负责任，也是对学校、社会不负责任。"

他与传媒博物馆

作为学校里的晚辈，很难复盘赵老师的人生经历与人格风骨，但作为传媒博物馆和校史馆的建设者，有幸得到赵老师的关爱与支持，在工作和人生中受益良多。

退而不休，是赵老师晚年的状态，每周他会抽出固定时间来学校办公。传媒博物馆建设之初，综合楼那间办公室是博物馆老师经常造访的地方。赵老师有种神奇的魔力，能迅速化解人与人之间的距离感，他会一边轻松诙谐地发着牢骚，一边把博物馆需要的珍贵史料递给我们，然后再补充一句："我可不能给你！"

博物馆建成后，展厅里经常会看到赵老师和学生们的身影，他会指着延安王皮湾的那张照片，得意地说起20世纪80年代他怎样在那些山沟里跨越沟沟坎坎，最终找到新华广播电台的旧址……

后来，赵老师和传媒博物馆的关系越来越密切，在他的积极促成下，

图 8 1988 年被评为教授

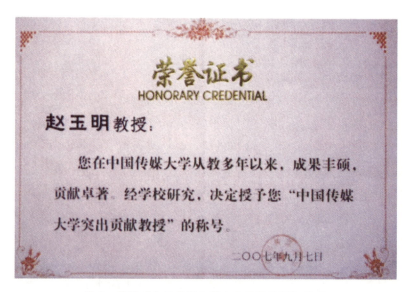

图 9 获得"中国传媒大学突出贡献教授"称号

图 10　2009 年在新闻史学会成立 20 周年纪念座谈会上

图 11　荣获"全国优秀博士学位论文指导教师"荣誉证书

北京广播学院新闻系教师合影(1985年)

黄家汉 孙振澳 罗建平
赵传仜 全梁一 高樊啊永
王振业 崔纳征 赵玉明 吴纽
朱启良 姜才杰 张 舒
刘庆东 章崇栋 冯俊英
魏永刚 何 淑琴 刘京常秀英
吴 玄 任晓路 赵淑薛
何松 曹 卢令庄 林英
胡平 万淑华 郭锦之
陆锡初 马先燕

1985年
31人

图12　赵玉明为捐赠照片写的说明

454

传媒博物馆先后征集到著名新闻教育家温济泽的手稿文献、原中央广播事业局局长梅益的日记、原北京广播学院院长左荧的遗物……赵老师把自己珍藏的 500 多件书籍、照片、信件、报纸、证书等资料陆续捐赠给我们，传媒博物馆利用这些资料或举办相关展览，或开展学术研究，或申报重点课题，赵老师用他的方式不断激励着传媒博物馆的学术进步。

2014 年，赵玉明将自己收藏的几千册图书资料捐赠给学校图书馆，成立了广播电视史志研究中心。他的办公室也从综合楼搬到图书馆，与传媒博物馆仅一墙之隔，从此赵老师每周有了固定的在传媒博物馆的时间。他总在周二上午带着自己的"宝藏"出现在我们办公室，或是一张泛黄的照片，或是一张珍贵的报纸，或是某个学者的最新文章。每次他都会叮嘱："这些资料留给你们，然后复印一份给我。"

图 13　中国传媒大学给赵玉明教授颁发的捐赠证书

2019 年，寄托着几代广院人夙愿的校史馆终于落成，赵老师兴奋得像个孩子，当在展厅中看到自己当年写给 59 级学生的毕业留言时，他激动得说不出话，最后还是忘不了调侃一句陪同参观的博物馆老师："以后我天天来，你们可不许不开门！"

图 14　2014 年赵玉明教授在中国传媒大学
建校 60 周年纪念展开幕式上

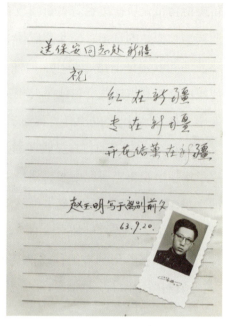

图 15　赵玉明写给 59 级毕业生的留言
（中国传媒大学校史馆收藏）

有趣的灵魂穿越时光

　　在初秋的校园里，金黄的银杏叶开始落下，碧绿的核桃已经挂满枝头，当崭新的"小白杨"们整理好行装，朝着梦想启程的时候，广院的那个老头儿走了。他也许到未名湖畔去赴一场青春的约会，也许去延安清凉山上用脚步丈量新华广播电台的遗址，也许回到灰楼的讲台上

图 16　2019 年 9 月在西便门河边

给同学们讲一段广播史，也许去看望他牵挂多年的学生。但我们依然坚信，在下一个春天，那个老头儿一定会回来，变成广院里那棵最年轻的白杨……

中国传媒大学传媒博物馆

≫ 媒体报道

中国新闻史学会名誉会长、新闻学界
泰斗赵玉明逝世

澎湃新闻记者从赵玉明教授多名亲友处获悉，中国新闻史学会名誉会长、中国传媒大学教授赵玉明8月30日凌晨在北京逝世，享年83岁。

据新闻界期刊《新闻爱好者》2013年第10期刊文《教师是我一辈子的身份——访中国传媒大学教授赵玉明》介绍：1936年，赵玉明生于山西汾阳的一个农村，父亲早年在天津经商，20世纪40年代初，全家人迁往了天津。时至今日，赵玉明对天津的许多地界仍记忆犹新、如数家珍，"我的中小学都是在那儿念的，我可以算半个天津人了"。

由于父亲生病，没过几年，家人又从天津搬回了老家，只留下赵玉明一人在天津上学，直至1955年高中毕业。"高中毕业的时候准备报考大学，我当时学习还可以，文科理科都凑合，我们的班主任是语文老师，希望大家学文科，所以我就报了中文系。"因为老师的影响，赵玉明一口气填报了北大中文系、南开中文系和北师大中文系三个志愿，最终被北大中文系顺利录取，成了北大中文系新闻专业55级2班的学生。

赵玉明对在北大求学的那段经历记忆犹新，"当年北大中文系大概招了200多人，新闻专业一共3个班，一个班30多人，占了将近一半。那时候我们的老师有甘惜分、方汉奇、张隆栋、郑兴东、何梓华，还有去年去世的罗列。1958 年 6 月，北大新闻专业和人民大学新闻系合并，罗列老师带着我们全体师生从北大燕园搬到了铁狮子胡同 1 号，也就是早先人大在城内的校址，现在叫张自忠路。"赵玉明说，"因为人大新闻系 1955 年招收了第一届学生，我们在北大也是 1955 年入学，所以 1959 年我们又成为人民大学新闻系的第一届毕业生。"特殊的年代造就特殊的轨迹，从 55 级的北大新生到 59 届的人大校友，赵玉明的新闻求学之路折射出新中国新闻学学科建设的坎坷缩影。

1959 年 4 月，经国务院批准，以 1954 年的中央广播事业局广播技术人员训练班为基础开办的北京广播专科学校正式升格为北京广播学院，开了本科办学层次的先河。刚刚大学毕业的赵玉明成为这个新兴院校正在组建中的师资队伍里的一员。

在其后的几十年时间里，伴随着中国广播电视学科和广播电视教育事业的发展壮大，赵玉明也逐渐从一个初出茅庐的大学毕业生成长为广播电视学教授，慢慢从一个蹒跚学步的青涩教师走上了本系以及学校广电教学科研的领航之路。

20 世纪 60 年代末，"文化大革命"风暴中的北京广播学院被"四人帮"污蔑为"黑基地"，全校师生被迫迁往河北保定的望都县农村进行"斗、批、改"，赵玉明也在这段时期跟随着大家一边拿镰刀，一边喊语录。

回忆起那段经历，赵玉明一直觉得自己非常幸运，"1970 年 11 月初，中央广播事业局因为要筹备延安广播历史展览，紧急把我从'五七'干校调回北京。一年以后，展览告一段落，我打点行李准备返回干校，但没想到组织又分配我去中央人民广播电台新闻部上班，我参与了报摘、联播节目的编辑工作，干了将近一年半"。

1973 年春，历尽低谷的北京广播学院恢复招生，赵玉明从中央台又回到了当时满目疮痍、破败不堪的北京广播学院，一边修整校园，一边迎新备课。"文化大革命"结束后，学校工作逐步走上正轨，赵玉明也渐渐迎来了事业的发展：1979 年，他成为广播学院第一批硕士生导师；1983 年晋升为副教授；1984 年调升为新闻系副主任，后历任代主任、系主任；1988 年晋升为教授；1989 年 3 月，经民主评议，出任北京广播学院副院长，至 1998 年 2 月离职；1999 年，赵玉明成为北京广播学院的第一批博士生导师，招收新闻学专业中国广播电视史研究方向的博士生；2004 年，他又随着学校博士后科研流动站的建立担任了流动站的合作导师。

"1988 年我晋升为教授时已经 52 岁了，这在当时还算比较年轻的，和现在 30 多岁的优秀青年教师就可晋升教授比，简直不可同日而语。"赵玉明事业推进的每一个足迹，几乎都折射了北京广播学院事业发展的步履从容以及不同时代背景下的个体与环境的特殊。

值得一提的是，1980 年，赵玉明参与了中国广播史上的一项重要考察——对延安新华广播电台的创建史和中国人民广播事业创建纪念日进行了重新考证。"为了实地考察延安台的早期旧址，广播学院组织了以齐越教授为首的调查组，我是成员之一。在温济泽、杨兆麟等几位'老广播'的指导、帮助下，我们历时 20 多天，对延安（陕北）台的编辑室、播音室和发射台等 14 处旧址分别做了实地考察并撰写了调查报告。"

1980 年底，中央广播事业局听取讨论了"老广播"的建议并报中宣部批准后，发出了关于更改人民广播创建纪念日的通知，将中国人民广播事业的创建日从 1945 年 9 月 5 日追溯到 1940 年 12 月 30 日，这个更改可谓意义重大。

上述《新闻爱好者》2013 年第 10 期文章还介绍：在赵玉明几十年耕耘的学术沃土中，有一个话题很少有人问及，而眼前的这位老先生却举重若轻，并不避讳，那就是学术争鸣的问题。

赵玉明说："中国广播电视史是一门新兴学科，特别是对中国早期的广播史，有不同的见解和观点是正常现象。就有关问题展开讨论、争鸣也是必要的，没有学术的争鸣和讨论，学术研究也不能发展，但是我们今天对学术讨论一定要吸取过去的教训。"

正是怀着对中国广播电视史学研究的一片赤诚，从教从研半个多世纪的赵玉明为中国广播电视学留下了一笔笔财富。1987 年，他撰写的《中国现代广播简史》出版，被著名新闻史学家方汉奇教授评价为"填补了中国广播史研究的空白"。1989 年，他主持编纂的我国第一部广播电视专业辞典《广播电视简明辞典》问世，并于 1999 年由他主持增订后更名为《广播电视辞典》再次问世。

1994 年，赵玉明又主持编纂并出版了我国第一部广电专业百科全书——《中外广播电视百科全书》。2004 年，由赵玉明担任主编及主要撰稿人的《中国广播电视通史》正式出版。2012 年，他主持完成了本校广播电视研究中心立项的教育部人文社科重点研究基地重大项目"广播电视学学科体系建设研究"，对广播电视学的学科地位和架构等提出了比较系统、完整的见解。

据《人民日报》2004 年 5 月消息，中国新闻史学会第三届理事会第一次会议在河南省开封市河南大学举行。会议组建了第三届常务理事会。新一届常务理事会经协商推举中国人民大学方汉奇教授任名誉会长，北京广播学院赵玉明教授任会长。学会新聘新闻史方面的专家宁树藩、丁淦林和陈业劭教授为顾问。

卸任会长职务后，赵玉明教授继续担任中国新闻史学会名誉会长。中国新闻史学会是中华人民共和国境内新闻传播学方向唯一的一家以研究中外新闻传播历史与现状、促进新闻传播学发展为宗旨的全国一级学术团体。学会是在我国著名新闻传播史学者方汉奇、宁树藩等教授的倡导下，于 1989 年 4 月经民政部正式批准在北京成立，业务主管单位为教育部。

2020 年 8 月 30 日

（澎湃新闻）

这位"一嘴天津话"的广播史研究大师走了！

　　1936 年，赵玉明生于山西汾阳的一个农村，父亲早年在天津经商，20世纪 40 年代初，全家人迁往了天津。赵玉明在生前接受采访时曾回忆："到天津大概是 1942 年，在我六七岁的时候，我是在天津上的中小学。我的小学过去叫天津私立第一小学，现在这学校已经没了。初中也是一所私立中学，叫通澜中学，然后考上了公立的天津三中。三中是一所百年老校，当时在红桥区铃铛阁。我在天津住过的几个地方，基本上都是围绕着鼓楼，先在南门里，再在东门里，最后在北门里。现在我们家的旧址找不着了，初中也找不着了，高中还有，但不在铃铛阁，已经迁新址了。"赵玉明对天津的许多地界记忆犹新、如数家珍，可以算半个天津人了。

　　由于父亲生病，没过几年，家人又从天津搬回了老家，只留下赵玉明一人在天津上学，直至 1955 年高中毕业。"高中毕业的时候准备报考大学，我当时学习还可以，文科理科都凑合，我们的班主任是语文老师，希望大家学文科，所以我就报了中文系。"赵玉明在生前回忆，因为老师的影响，赵玉明一口气填报了北大中文系、南开中文系和北师大中文系三个志愿，并最终被北大中文系顺利录取。谁知报到以后，赵玉明很快又面临一个抉择："北大中文系有三个专业，文学、语言、新闻，我们必须再报专业。当时我第一不知道新闻专业学什么，第二觉得自己一嘴天津话，语言专业肯定不行，所以我报的是文学专业，但最后我还是被分给了新闻专业。"赵玉明曾感慨，"我们这代人的特点就是这样，让干啥干啥，让到哪儿到哪儿，大家都服从分配。就这样，我成了北大中文系新闻专业 55 级 2 班的学生。"

如果说北大的求学经历给赵玉明打下了新闻学史论基础的话，那么在人大所经历的则是理论与实践的结合和反思。1958 年夏天，赵玉明到当时还在天津的河北日报社实习，10 月又到了山西日报社，实习半年多后，赵玉明要面临毕业分配了。赵玉明生前接受采访时回忆："那时候毕业分配也可以填志愿，但我印象当中大家的第一志愿都是服从分配，没有人在第一志愿中说我要上哪儿，只是在第二、第三志愿中才填自己的想法。我们都不知道自己最后会去哪儿，等待分配的时间是最难熬的。"1959 年夏天，一辆大轿车把包括赵玉明在内的人民大学新闻系的十几个大学毕业生拉到了他们未来的工作地点——一座五层的灰楼、两个篮球场大的院子，这就是中央广播事业局刚刚兴办的北京广播学院，旧址在复兴门外，现已改建为中国广播电视音像资料馆。也正是从这里开始，赵玉明跨越半个多世纪的教学人生悄悄地拉开了大幕。

"照虎画猫"写下中国广播史

1959 年夏天，23 岁的赵玉明从中国人民大学新闻系毕业，来到刚刚成立的北京广播学院。最初，学院只有新闻系、无线电系、外语系三个系，新闻系的专业课便落在了十几个人大毕业生身上。确定教授科目时，出于对历史的浓厚兴趣以及之前在人大报刊史课程的学习，赵玉明选择了广播史。这对他来说，具有很大的挑战性。当时，整个中国广电界很少有人对广播史进行专门研究，既无系统资料，又无前人经验。连赵玉明自己在生前也说："来广院前，除了听过广播，对广播几乎一无所知。"

带着茫然和困惑，赵玉明再次回到中国人民大学，又一次旁听报刊史课，同时找到了当年的任课老师方汉奇。"广播史我没搞过，但它与报刊史一样，都是'史'字类的课，搞历史要从收集整理史料开始。我告诉你，可以从报刊中找广播史料。广播方面的大事，报刊上总会有记载的。"方汉奇老师一番点拨，让赵玉明豁然开朗，"自己动手找史料"成为赵玉明从教的座右铭，长达半个世纪，被赵玉明戏称为"照虎画猫"的研究就此开始。

于是，赵玉明和他的同事们一起先查找档案，再根据档案线索寻找报刊里的记录。一开始是从《新华日报》《解放日报》等党报党刊中寻找人民广播史的痕迹，后来扩展到从各类报刊、档案、书籍中发现民国时期各种官办、民办乃至外国在华办广播的史料。走出书斋，赵玉明访问了许多曾在延安办广播的老同志，邀请他们撰写回忆录，结集出版。为了考证核实史料、回忆录中的细节，他和同事们还多次考察延安（陕北）台旧址。日积月累，先后形成了《解放区广播历史资料选编（一九四〇——一九四九）》《旧中国的上海广播事业》等，这为后来赵玉明系统编著广播电视史著作奠定了基础。回忆起当年研究的细节，老人家记忆犹新。赵玉明生前还饶有兴致地回忆道："我们最早的广播史课是'三老带一小'，就是把广播史分成四段，三位'老广播'分别讲三段，我再讲一段。到第二年给60级上课的时候，四段变成两段，我讲其中的两段，另外一位老同志讲两段。再到后来，就我一个人讲了。"

1960年，在整理"老广播"回忆录时，大家发现好几篇文章提到了1940年冬天延安开办广播的历史，在此之前，学界一直以1945年9月5日作为延安广播电台的开播时间。为了准确界定，赵玉明和他的同事们用半年时间搜集了20世纪40年代延安台的珍贵史料。20世纪80年代初，赵玉明参与了调查组，和齐越等老师一起考察延安（陕北）台的编辑室、播音室和发射台等14处旧址，并撰写报告。经过反复论证，1980年，中央广播事业局将人民广播创建纪念日更改为每年12月30日，历时20年的研究为解放区广播史书写了重要一笔。

这辈子，没离开广院，没离开广电史，没离开学生

在其后的几十年时间里，伴随着中国广播电视学科和广播电视教育事业的发展壮大，赵玉明也逐渐从一个初出茅庐的大学毕业生成长为广播电视学的教授，慢慢从一个蹒跚学步的青涩教师走上了本系以及学校广电教学科研的领航之路。

20 世纪 60 年代末，"文化大革命"风暴中的北京广播学院被"四人帮"一伙污蔑为"黑基地"，全校师生被迫迁往河北保定的望都县农村进行"斗、批、改"，赵玉明也在这段时期跟随着大家一边拿镰刀，一边喊语录。

回忆起那段经历，赵玉明表示自己非常幸运，"1970 年 11 月初，中央广播事业局因为要筹备延安广播历史展览，紧急把我从'五七'干校调回北京。一年以后，展览告一段落，我打点行李准备返回干校，但没想到组织又分配我去中央人民广播电台新闻部上班，我参与了报摘、联播节目的编辑工作，干了将近一年半"。

图 1　赵玉明讲课留影

1973 年春，历尽低谷的北京广播学院恢复招生，赵玉明从中央台又回到了当时满目疮痍、破败不堪的广院，一边修整校园，一边迎新备课。赵玉明也渐渐迎来了事业的发展：1979 年，他成为广播学院第一批硕士生导师；1983 年晋升为副教授；1984 年调升为新闻系副主任，后历任代主任、系主任；1988 年晋升为教授；1989 年 3 月，经民主评议，出任广播学院副院长，至 1998 年 2 月离职；1999 年，赵玉明成为广播学院的第一批博士生导师，招收新闻学专业中国广播电视史研究方向的博士生；2004 年，他又随着学校博士后科研流动站的建立担任了流动站的合作导师。"1988 年我晋升为教授时已经 52 岁了，这在当时还算比较年轻的，和现在 30 多岁的优秀青年教师就可晋升教授比，简直不可同日而语。"赵玉明事业推进的每一个足迹，几乎都折射了北京广播学院事业发展的步履从容以及不同时代背景下的个体与环境的特殊。

与国内很多知名教授所不同的是，赵玉明在 50 余年的教学生涯中亲自招收并培养的硕士、博士以及合作的博士后从数量上看并不多，前后算起来，总共带了 10 位硕士、12 位博士，以及 3 位博士后。

正如他所说的，从 1959 年走上北京广播学院本科教学的讲台，到 1979 年招收第一个广播史方向的硕士研究生，再到 1999 年招收第一个广播电视史方向的博士研究生，桃李满天下的赵玉明生前最念念不忘的却是自己不改初衷、坚守如一的三个"没离开"："我这辈子，没离开广院，没离开广电史，没离开学生。"他说得淡然，却令人动容。

从不避讳学术争鸣，"学术没有争鸣讨论，就不能发展"

在赵玉明几十年耕耘的学术沃土中，有一个话题很少有人问及，而眼前的这位老先生却举重若轻，并不避讳，那就是学术争鸣的问题。赵玉明生前曾说："中国广播电视史是一门新兴学科，特别是对中国早期的广播史，有不同的见解和观点是正常现象。就有关问题展开讨论、争鸣也是必要的，没有学术的争鸣和讨论，学术研究也不能发展，但是我们今天对学术讨论一定要吸取过去的教训。"

正是怀着对中国广播电视史学研究的一片赤诚，从教从研半个多世纪的赵玉明为中国广播电视学留下了一笔笔财富。1987 年，他撰写的《中国现代广播简史》出版，被著名新闻史学家方汉奇教授评价为"填补了中国广播史研究的空白"。1989 年，他主持编纂的我国第一部广播电视专业辞典《广播电视简明辞典》问世，并于 1999 年由他主持增订后更名为《广播电视辞典》再次问世。

1994 年，赵玉明又主持编纂并出版了我国第一部广电专业百科全书——《中外广播电视百科全书》。2004 年，由赵玉明担任主编及主要撰稿人的《中国广播电视通史》正式出版。2012 年，他主持完成了本校广播电视研究中心立项的教育部人文社科重点研究基地重大项目"广播电视学学科体系建设研究"，对广播电视学的学科地位和架构等提出了比较系统、完

图 2　在 2009 年首届中国广播学研讨会上留影

整的见解。

　　据《人民日报》2004年5月消息，中国新闻史学会第三届理事会第一次会议在河南省开封市河南大学举行。会议组建了第三届常务理事会。新一届常务理事会经协商推举中国人民大学方汉奇教授任名誉会长，北京广播学院赵玉明教授任会长。学会新聘新闻史方面的专家宁树藩、丁淦林和陈业劭教授为顾问。

　　卸任会长职务后，赵玉明教授继续担任中国新闻史学会名誉会长。中国新闻史学会是中华人民共和国境内新闻传播学方向唯一的一家以研究中外新闻传播历史与现状、促进新闻传播学发展为宗旨的全国一级学术团体。学会是在我国著名新闻传播史学者方汉奇、宁树藩等教授的倡导下，于1989年4月经民政部正式批准在北京成立，业务主管单位为教育部。

　　退休后，赵玉明对新闻教育事业的发展和新闻人才的培养一直保持着密切的关注，对于身后已然留下的车辙和财富，他淡然地表达："我们这代人做了一些基础性的工作，广播电视的史学研究没有止境，下一代人的任务就是思考怎样培植采摘创新成果，这是个大有可为的时代，你们必将大展宏图。"

　　大师，缅怀！

　　一路走好！

2020年8月30日

（天津广播）

新闻教育家赵玉明：
为广电作信史，为新闻育传人

在赵玉明的书房里有一个环形书柜，里面填满各式各样的书籍和奖状。在书柜正中间最醒目的位置是"中国传媒大学突出贡献教授"奖牌。

这是一位学人一生的注脚。赵玉明治学一个甲子，一辈子没离开过广院，没离开过学问，没离开过学生。

中国新闻史学界的泰斗方汉奇说，赵玉明搞广播史，只此一家，别无分店。中国传媒大学称赵玉明是"中国广电史奠基人"。

2020 年 8 月 30 日凌晨 2 点 39 分，中国共产党党员、著名新闻教育家、新闻史学家、国务院学位委员会第四届学科评议组新闻传播学学科（首届）评议组成员、中国传媒大学（原北京广播学院）前副校长、教授、博士生导师赵玉明，因病在北京逝世，享年 83 岁。

一辈子没离开广院

退休之后的赵玉明，依然会时不时来广院。

手提一个学术会议纪念袋，端着一个看起来有些年头的杯子，数得过来的几套衣服，"赵爷爷"留给冯帆的记忆，就是干净朴素。

艾红红是中国传媒大学新闻学院教授、博士生导师，也是赵玉明的第一个博士。"赵爷爷"来学校，常常由艾红红的博士生冯帆陪同。

1998年，赵玉明卸下领导职务，2007年，正式从教学岗位退休。这一年，赵玉明70岁。

从70岁到83岁，赵玉明每周都会来一次学校。冯帆常常会陪着"赵爷爷"从学校南门走进来，待后者处理一上午的事情后，再陪到南门，目送"赵爷爷"打车回家。

在冯帆的印象中，"赵爷爷"不重衣着，也不看重吃喝。在学校的时候，午饭几乎顿顿都是饺子，蘸点醋。赵玉明瘦瘦的，说话慢条斯理，但腿脚依然利索，年轻人有时候反倒跟不上。偶尔，赵玉明会停下来，拍拍晚辈的肩膀，说一声"该减肥啦"。

这个在校园里行色匆匆并不算起眼的老人，却是中国广播电视史泰斗，当之无愧的开路人。就连人民广播创建纪念日，也是赵玉明的研究成果。

新闻学界一直将1945年9月5日视作延安广播电台的开播时间。但1960年，学界发现"老广播"回忆录里的好几篇文章提到，1940年冬天延安开始开办广播。

为准确界定时间，赵玉明等搜集20世纪40年代延安台的史料，在延安（陕北）台的编辑室、播音室和发射台等14处旧址考察，经过反复论证，1980年，中央广播事业局发出关于更改人民广播创建纪念日的通知，将中国人民广播事业的创建日从1945年9月5日追溯到1940年12月30日。

2020年12月30日是人民广播创建80周年纪念日，也是赵玉明生前最关注惦念的日子。

今年8月20日，学生薛文婷和高金萍站在病床前对赵玉明说："80周年那天，你一定会好起来，你一定可以见到这天。"而在5月份，赵玉明还在号召学生撰写纪念文章。

赵玉明曾向学生薛文婷要来材料，透露自己正在做一本广电史的文集。病房里，老爷子还跟学生说："等文集出了，你们一人一本。"

文集没有等来，老先生溘然长辞。

一辈子没离开学问

在新闻传播学界，广播史算不上显学。这条"冷板凳"，赵玉明坐了一辈子。

1959 年，广电史研究还是个新生事物，没有前人经验可循，也没有系统的文献资料。经过授课老师方汉奇的点拨，赵玉明自己动手找史料，"照猫画虎"的研究从此开始，持续一生。

中国新闻史学会副会长吴廷俊说："老赵的研究，从不说无根之语，撰无据之文。"在学术界，赵玉明的研究以扎实著称：重视一手资料的收集，每逢报刊资料，都会动手剪拼保存。

"赵老师的手都使不上劲儿了，眼睛也看不清楚，但他还是让师母找来纸笔，想要记录下探望他的人的名字和时间。一辈子做历史研究的老先生，特别喜欢记录。"

在赵玉明生命的倒数第十一天，学生薛文婷和高金萍来家里探望。

聊着聊着，瘦弱的老人一边慨叹记忆力变差，一边让老伴找来纸笔，记下当日见闻。"好记性不如烂笔头"。在老爷子看来，今天发生的事就是明天的历史。

记录和收藏的习惯伴随赵玉明的一生。

生活中的赵玉明总是金句频出。女儿赵虹回忆，父亲在世时常常说："我培养了很多博士、硕士、学士，但我是个近视。"当上博导后，赵玉明笑称自己是"不是博士的博士'母鸡'"。

对于自己的专业，赵玉明也大大方方地打趣。华中科技大学教授吴廷俊记得，赵玉明曾说自己："广播史、电视史、广播电视史，一堆史，搞了一辈子史，做一辈子'搅屎棒子'。"

471

图 1　赵玉明（前排左三）和学生们在一起

中国传媒大学图书馆有一间赵玉明教授捐藏室，用以整理和归类资料，现在被称为广播电视史志资料研究中心，里面放着赵玉明陆续捐赠的 7000 多册广播电视书籍、期刊、报纸和手抄资料。

这些资料就是一个学人的一辈子。

一辈子没离开学生

赵玉明曾经告诉学生，"板凳须坐十年冷，文章不写一句空""学林探路贵涉远，无人迹处有奇观"。这是送给自己的话，也是反复向学生宣诚的道理。

在教学中，赵玉明始终保持着"少而精"，一个甲子的讲台生涯里，一共只带 10 位硕士、12 位博士，以及 3 位博士后。

数量不多，成才率却很高。如今，活跃在新闻传播学界的郭镇之、哈艳秋、艾红红等人都是赵门弟子。

图 2　工作中的赵玉明

对待学生，赵玉明口硬心软，一边严厉地说，一边又循循善诱。

学生金梦玉因各种事务，博士论文落下两年多，赵玉明一边板着脸说，"你不急，我更不急"，一边拿出一大沓剪报，全部是与金梦玉的博士论文有关的材料，每一份都标注有报纸名称和日期。

直到今年 5 月，艾红红还收到赵玉明收藏的一些史料，"他知道我们每个人的研究方向，平时还会替我们收藏史料，然后送给我们"。

赵玉明对后辈寄予厚望，期待着后辈的成长。在冯帆的印象里，"赵爷爷"对学生来者不拒、有求必应。

面对外校的年轻人，也是如此。2013 年，就职于天津师范大学的教师陈娜在《新闻爱好者》杂志上开辟一个专栏，对话国内新闻界的大家，最终形成当代中国新闻传播学术研究者的口述史系列。

陈娜找到赵玉明之后，老爷子欣然应约，并邀至家中书房访谈。

事后，陈娜的口述史研究一直被赵玉明惦记着，并主动牵线自己的"搭档"曹璐接受访谈，"如果没有赵老师引荐，曹老师一向如此低调，可能不会接受"。之后多年，赵玉明也多次关心口述史系列的进展。

2020 年 8 月 31 日，陈娜终于拿到已经出版的书。

原本，陈娜和冯帆商量等疫情过去，一起去看望赵玉明，送上书。

如今，这本书还躺在陈娜的手边，而"赵爷爷"再也没能看到。

2020 年 9 月 9 日

（新京报）

后　记

2020年8月30日，敬爱的导师赵玉明教授永远地离开了我们。

赵老师逝世后，中国传媒大学第一时间对外发布了讣告，中国新闻史学会、中国新闻史学会新闻传播教育史研究委员会、《中国新闻传播教育年鉴》编委会、中国教育电视台、教育部语言文字应用研究所、广播电视语言研究中心、《中国广播电视年鉴》、北京广播学院1999级续本班等熟悉赵老师的学会、单位相继发来唁电。很多高校新闻院系的唁函也纷至沓来。其中有清华大学新闻与传播学院、中国社会科学院新闻与传播研究所、北京外国语大学国际新闻与传播学院、中央民族大学新闻与传播学院、复旦大学新闻学院、武汉大学新闻与传播学院、武汉大学国家文化发展研究院、华中科技大学新闻与信息传播学院、浙江大学传媒与国际文化学院、南京大学新闻传播学院、南京师范大学新闻与传播学院、四川大学文学与新闻学院、郑州大学新闻与传播学院、河北大学新闻传播学院、河南大学新闻与传播学院、广西大学新闻与传播学院、山西大学新闻学院等。一些赵老师的亲朋师友、同学弟子则纷纷撰写文章或诗词悼文寄托哀思。日本友人、日本海国际交流中心理事长古贺克己在听到赵老师逝世的消息后，也向中国传媒大学发来了唁电。诚如中国新闻史学会唁函中所言，赵老师毕生从事新闻传播教育事业，是当代著名的新闻传播教育家；他致力于中国广播电视史研究，著作等身，是中国广播电视史教学与研究的奠基人和开拓者。

他的逝世是我国新闻传播学界的重大损失！

本书的出版初衷是纪念赵老师，学习他的优秀品德和治学精神。经多方努力，历时近两年，《粗缯大布裹生涯　腹有诗书气自华——赵玉明教授纪念文集》如今终于面世了。

封面标题"粗缯大布裹生涯　腹有诗书气自华"，取自赵老师家中客厅悬挂的苏轼诗词，也是他一生的真实写照。"代前言"是赵老师发表于2019年的作品；第一编中的第一部分为他的论文选编，第二部分为两篇研究赵老师广播电视史学思想的论文，分别是哈艳秋教授与她的博士生何婧合作，还有哈艳秋教授指导的博士生燕频的研究。第二编为讣告和告别仪式上传媒大学新闻学院院长隋岩、赵玉明教授女儿赵虹的致辞，以及挽联、挽诗。第三编为亲朋师生纪念文章，以及中国传媒大学学生资助中心与受助学生缅怀文章。第四编为学校纪念与媒体报道。需要特别强调的是，限于篇幅和编者视野，本书选取的纪念文字并非全部，在此谨向未被收录的作者致以诚挚歉意。

赵老师热爱本职工作，热爱学校和学生，晚年不仅向中国传媒大学图书馆捐献了自己一生购买与收藏的7000多册图书、报刊与手稿，还设立助学金，连续10年资助家庭经济困难的学生。"我这辈子，没离开广院，没离开广电史，没离开学生"是他的自我总结。实际上，赵老师的贡献与价值远不是上述三个"没离开"能涵括的。

中国传媒大学校领导、新闻学院领导对本书的出版提供了大力支持，在此深表谢忱！中国国际广播出版社的祝晔老师、责编张晓梅为本书的出版花费了不少心血，在此也表示由衷的感谢。

哈艳秋　艾红红

2022 年 8 月 30 日